汽车电气维修技能进阶丛书

汽车底盘及车身电控系统
故障诊断检修一本通

黄费智　编著

机械工业出版社

本书编写的目的是帮助汽车维修一线技术人员通过自学与工作实践,能够迅速掌握汽车底盘和车身电控系统故障诊断及检修的基本原理、基本方法与基本技能,以快速提高汽车电控系统故障诊断和维修技术水平。

全书分九章,包括汽车自动变速器、汽车行驶主动安全电控系统、汽车电控动力转向系统、汽车电控行驶系统、汽车被动安全电控系统、汽车巡航控制系统、车身辅助电控系统、车载移动通信系统与汽车导航系统,以及车载网络通信系统的故障诊断与检修。

本书具有"宽、新、深"的特点。"宽",指本书有关汽车电控系统故障诊断的知识体系科学完整,知识介绍系统全面。"新",指本书知识、方法介绍紧跟行业发展,案例新,技术水平先进。"深",指本书将汽车电控系统的结构原理与故障诊断基本方法紧密结合,具有一定的深度。

本书可作为汽车维修技术人员的自学用书,也可作为职业院校汽车类专业学习汽车电控技术及故障诊断的教辅书,还可供汽车维修管理人员、汽车驾驶人和汽车爱好者学习了解汽车电控系统故障诊断知识的参考书。

图书在版编目(CIP)数据

汽车底盘及车身电控系统故障诊断检修一本通/黄费智编著. —北京:机械工业出版社,2020.9
(汽车电气维修技能进阶丛书)
ISBN 978-7-111-66205-1

Ⅰ.①汽… Ⅱ.①黄… Ⅲ.①汽车-底盘-电气控制系统-车辆检修②汽车-车体-电气控制系统-车辆检修 Ⅳ.①U472.41

中国版本图书馆CIP数据核字(2020)第137246号

机械工业出版社(北京市百万庄大街22号　邮政编码100037)
策划编辑:母云红　责任编辑:母云红　刘　煊
责任校对:张　薇　封面设计:马精明
责任印制:孙　炜
河北宝昌佳彩印刷有限公司印刷
2020年10月第1版第1次印刷
184mm×260mm・19.5印张・484千字
0001—1900册
标准书号:ISBN 978-7-111-66205-1
定价:69.00元

电话服务　　　　　　　　　网络服务
客服电话:010-88361066　　机　工　官　网:www.cmpbook.com
　　　　　010-88379833　　机　工　官　博:weibo.com/cmp1952
　　　　　010-68326294　　金　书　网:www.golden-book.com
封底无防伪标均为盗版　机工教育服务网:www.cmpedu.com

前 言

我国已连续10余年汽车产销量位居世界第一，汽车产业早已成为我国国民经济的支柱产业。如何维修好两亿余辆汽车，充分发挥其效能，降低其能耗、污染与交通事故这三大负面效应，已成为当今社会人们关注的重大课题。与此同时，随着现代科技飞速发展，现代汽车也迅速变成一种知识与技术高度密集型产品，汽车的电控系统犹如现代汽车皇冠上一颗光彩夺目的明珠。但每当打开汽车发动机舱盖，面对那密如蛛网的汽车电控系统线路，人们常常会感到迷茫；而面对那些电控系统所发生的复杂故障，则更加不知所措。

目前，我国大中小城市蓬勃发展的汽车维修业仍处于技术相对落后的局面，究其原因，主要还是由于从事汽车维修业务的人员技术水平不足。因此，改变这种落后局面的关键在于迅速提高广大汽车维修技术人员的知识水平与技术素质。

本书是面向汽车后市场广大维修技术人员的一本关于汽车电控系统故障诊断的技术培训读物。其目的是帮助汽车维修一线技术人员通过自学与工作实践，能够迅速掌握汽车电控系统故障诊断的基本原理、基本方法与基本技能，以迅速提高故障诊断和维修技术水平。

本书具有"宽、新、深"的特点。"宽"，指本书有关汽车电控系统故障诊断的知识体系科学完整，知识介绍系统全面。"新"，指本书知识、方法介绍紧跟行业发展，案例新，技术水平先进。"深"，指本书将汽车电控系统的结构原理与故障诊断基本方法密切结合，具有一定的深度。

全书分九章，包括汽车自动变速器、汽车行驶主动安全电控系统、汽车电控动力转向系统、汽车电控行驶系统、汽车被动安全电控系统、汽车巡航控制系统、车身辅助电控系统、车载移动通信系统与汽车导航系统，以及车载网络通信系统的故障诊断与检修。

本书可作为汽车维修技术人员的自学用书，也可作为职业院校汽车类专业学习汽车电控技术及故障诊断的教辅书，还可供汽车维修管理人员、汽车驾驶人和汽车爱好者学习了解汽车电控系统故障诊断知识的参考书。

限于作者水平，书中难免有错误与不当之处，恳请同行及广大读者批评指正，并与13554833809@163.com 联系。

编　者

目录

前言
第一章　汽车自动变速器故障诊断与检修 ································· 1
　第一节　几种主要的自动变速器 ······································· 1
　　一、现代自动变速器的主要类型 ··································· 1
　　二、无级变速器 ··· 1
　　三、双离合变速器 ··· 4
　第二节　自动变速器基础知识 ··· 5
　　一、自动变速器的功能 ··· 5
　　二、自动变速器的结构 ··· 6
　　三、自动变速器的技术指标与优缺点 ······························· 6
　　四、自动变速器的控制原理 ····································· 6
　第三节　自动变速器故障诊断检修的基本方法 ··························· 8
　　一、自动变速器故障诊断程序及维修安全注意事项 ··················· 8
　　二、自动变速器的初步检查 ···································· 10
　　三、自动变速器故障自诊断法 ·································· 13
　　四、自动变速器故障试验诊断法 ································ 15
　　五、自动变速器故障征兆表诊断法 ······························ 21
　第四节　自动变速器常见故障诊断检修 ································ 24
　第五节　自动变速器零部件损坏类型与检修方法 ························ 27
　　一、各类传感器结构与检测 ···································· 27
　　二、各类控制开关的结构、原理和使用 ···························· 32
　　三、自动变速器的执行机构及其检修 ······························ 36
　　四、自动变速器五种主要零部件损坏类型与检修方法 ················ 38
　第六节　自动变速器故障诊断检修案例 ································ 40
第二章　汽车行驶主动安全电控系统故障诊断与检修 ······················· 51
　第一节　防抱死制动系统技术基础 ···································· 51
　　一、ABS 的功能与基本原理 ···································· 51
　　二、ABS 的主要特点与组成 ···································· 54
　　三、ABS 各种控制方式的定义 ·································· 54
　第二节　防抱死制动系统主要部件及机构的结构原理 ···················· 55
　　一、车轮速度传感器 ·· 55
　　二、减速度传感器 ·· 57
　　三、控制器 ·· 58
　　四、控制开关 ·· 60
　　五、制动压力调节机构 ·· 61
　第三节　驱动轮防滑转调节系统 ······································ 68

一、TCS 的功能和基本原理 ……………………………………………………………… 68
　　二、TCS 的调节方法 ……………………………………………………………………… 68
　　三、驱动轮防滑转系统实例 ……………………………………………………………… 70
　第四节　制动力分配系统和车身电子稳定控制系统 ………………………………………… 78
　　一、EDB 的功能、组成与工作原理 ……………………………………………………… 78
　　二、ESP 的控制原理、结构组成与实例 ………………………………………………… 78
　　三、车身稳定控制过程与控制效果 ……………………………………………………… 80
　　四、车身动态综合管理系统 ……………………………………………………………… 82
　第五节　防抱死制动系统故障检修方法和注意事项 ………………………………………… 83
　　一、ABS 的初步检查与故障排除的一般操作方法 ……………………………………… 83
　　二、ABS 检修注意事项 …………………………………………………………………… 84
　第六节　防抱死制动系统的故障诊断 ………………………………………………………… 86
　　一、ABS 故障诊断基本流程 ……………………………………………………………… 86
　　二、ABS 故障诊断基本方法 ……………………………………………………………… 87
　　三、ABS 故障自诊断 ……………………………………………………………………… 99
　　四、ABS 常见故障的诊断分析 …………………………………………………………… 104
　　五、ABS 故障诊断案例 …………………………………………………………………… 105
　第七节　驱动轮防滑系统故障诊断检修方法 ………………………………………………… 114
　　一、TRC 系统故障自诊断法 ……………………………………………………………… 114
　　二、TRC 系统电路检测法 ………………………………………………………………… 115
第三章　汽车电控动力转向系统故障诊断与检修 ……………………………………………… 119
　第一节　电控动力转向系统的结构原理 ……………………………………………………… 119
　　一、液压式电控动力转向系统的结构原理 ……………………………………………… 119
　　二、电动式电控动力转向系统的结构原理 ……………………………………………… 123
　第二节　电控动力转向系统的故障诊断与检修 ……………………………………………… 126
　　一、电控液力式动力转向系统的检测 …………………………………………………… 126
　　二、电控动力转向系统常见故障现象及其原因 ………………………………………… 128
　第三节　电控动力转向系统故障诊断检修与案例 …………………………………………… 132
　第四节　电控四轮转向系统 …………………………………………………………………… 138
　　一、电控四轮转向系统的结构组成 ……………………………………………………… 138
　　二、四轮转向系统的功能 ………………………………………………………………… 139
　　三、四轮转向系统的类型 ………………………………………………………………… 139
　　四、电控四轮转向系统的工作原理 ……………………………………………………… 140
　第五节　转向系统新技术简介 ………………………………………………………………… 141
　　一、主动式转向系统 ……………………………………………………………………… 141
　　二、线控转向系统 ………………………………………………………………………… 142
第四章　汽车电控行驶系统故障诊断与检修 …………………………………………………… 143
　第一节　电控悬架系统概述 …………………………………………………………………… 143
　　一、电控悬架系统的功能与分类 ………………………………………………………… 143
　　二、电控悬架系统的组成与控制过程 …………………………………………………… 144
　第二节　电控悬架系统控制原理 ……………………………………………………………… 145
　　一、车身高度电控系统的功能、组成与控制原理 ……………………………………… 145
　　二、悬架刚度电控系统的组成与调节原理 ……………………………………………… 147

三、电控变阻尼悬架系统的组成与结构原理 ………………………………………… 149
第三节　电控悬架系统综合实例 ………………………………………………………… 152
　一、三菱汽车变高度、变刚度、变阻尼悬架系统的组成 ………………………… 152
　二、三菱汽车变高度、变刚度、变阻尼悬架系统的控制 ………………………… 153
　三、三菱汽车变高度、变刚度、变阻尼悬架系统执行元件的工作情况 ………… 155
　四、三菱汽车变高度、变刚度、变阻尼悬架系统指示灯的功能 ………………… 156
第四节　电控悬架系统的故障诊断与检修 ……………………………………………… 156
　一、悬架系统故障原因与排除方法 ………………………………………………… 156
　二、电控液压主动悬架系统使用操作及维修注意事项 …………………………… 157
　三、电控液压主动悬架系统的故障自诊断 ………………………………………… 158
　四、减振器常见故障的诊断与检修 ………………………………………………… 159
　五、电控液压主动悬架系统的故障诊断方法与案例 ……………………………… 161
第五节　汽车车轮总成新技术简介 ……………………………………………………… 164
　一、轮胎气压监测系统 ……………………………………………………………… 164
　二、制动盘新技术简介 ……………………………………………………………… 168
第六节　车轮故障诊断检修方法 ………………………………………………………… 168
　一、车辆跑偏的原因分析 …………………………………………………………… 168
　二、车轮常见故障原因与排除方法 ………………………………………………… 168
　三、车轮定位故障的诊断与排除 …………………………………………………… 171

第五章　汽车被动安全电控系统故障诊断与检修
第一节　安全气囊系统基础 ……………………………………………………………… 173
　一、安全气囊系统的功能、组成与分类 …………………………………………… 173
　二、安全气囊系统的控制过程 ……………………………………………………… 174
　三、安全气囊系统的结构原理 ……………………………………………………… 176
　四、安全保护装置的结构特点 ……………………………………………………… 183
　五、安全气囊的智能化与预防车辆侧翻系统 ……………………………………… 185
第二节　安全带收紧系统基础 …………………………………………………………… 186
　一、安全带收紧系统的结构特点 …………………………………………………… 186
　二、安全带的分类与组成 …………………………………………………………… 186
第三节　安全气囊系统故障自诊断测试 ………………………………………………… 187
　一、丰田汽车SRS故障自诊断测试 ………………………………………………… 187
　二、广州本田轿车SRS故障自诊断测试 …………………………………………… 189
第四节　安全气囊系统的故障诊断与检修 ……………………………………………… 192
　一、SRS诊断检修注意事项 ………………………………………………………… 192
　二、SRS故障诊断检修方法 ………………………………………………………… 194
　三、安全气囊报废处理方法 ………………………………………………………… 198
　四、SRS故障诊断案例 ……………………………………………………………… 199

第六章　汽车巡航控制系统故障诊断与检修
第一节　汽车巡航控制系统的结构组成 ………………………………………………… 204
　一、巡航操纵开关 …………………………………………………………………… 204
　二、巡航执行机构 …………………………………………………………………… 206
　三、巡航控制单元 …………………………………………………………………… 209

第二节　汽车巡航系统控制原理与控制电路组成 ……………………………… 211
一、汽车巡航系统的控制原理 …………………………………………………… 211
二、汽车巡航系统控制电路的组成 ……………………………………………… 211
第三节　汽车巡航控制系统故障诊断与检修 ……………………………………… 215
一、汽车巡航控制系统的自诊断测试 …………………………………………… 215
二、汽车定速巡航系统常见故障现象及主要原因 ……………………………… 217
三、汽车定速巡航系统的检修技巧 ……………………………………………… 217
四、汽车巡航控制系统故障诊断方法与案例 …………………………………… 217

第七章　车身辅助电控系统故障诊断与检修 ………………………………………… 225
第一节　汽车前照灯主要类型和仪表报警系统常见故障诊断 …………………… 225
一、汽车前照灯的主要类型 ……………………………………………………… 225
二、仪表板显示内容与使用方法 ………………………………………………… 226
三、仪表报警系统常见故障诊断与检修 ………………………………………… 230
第二节　遥控中央门锁系统与防盗器原理及故障诊断 …………………………… 233
一、中央门锁的工作原理 ………………………………………………………… 233
二、遥控门锁系统故障诊断案例 ………………………………………………… 234
第三节　故障诊断案例 ………………………………………………………………… 237

第八章　车载移动通信系统与汽车导航系统故障诊断与检修 ……………………… 245
第一节　车载移动通信系统 …………………………………………………………… 245
一、移动通信的分类及其在车辆定位系统中的应用 …………………………… 245
二、车载移动通信系统的功能与分类 …………………………………………… 247
三、车载移动通信系统的组成 …………………………………………………… 248
四、车载蓝牙系统 ………………………………………………………………… 248
第二节　汽车导航系统 ………………………………………………………………… 254
一、汽车导航系统的主要功能 …………………………………………………… 254
二、汽车导航系统的组成与基本原理 …………………………………………… 255
三、汽车导航系统的分类 ………………………………………………………… 256
第三节　汽车内部信息导航系统 ……………………………………………………… 258
一、汽车地磁导航系统 …………………………………………………………… 258
二、汽车内部信息导航系统应用实例 …………………………………………… 259
三、汽车惯性导航系统的工作原理 ……………………………………………… 260
第四节　车载无线导航系统 …………………………………………………………… 261
一、车载无线导航系统的组成 …………………………………………………… 261
二、电子地图 ……………………………………………………………………… 262
三、自律导航系统及地图匹配器 ………………………………………………… 262
四、卫星定位系统 ………………………………………………………………… 263
五、车载无线导航系统（车辆混合导航系统）应用实例 ……………………… 266
第五节　汽车导航系统故障诊断与检修 ……………………………………………… 268
一、汽车导航系统组成及其部件的安装位置 …………………………………… 268
二、汽车导航系统故障诊断的步骤 ……………………………………………… 268
三、汽车导航系统故障诊断的预检查过程 ……………………………………… 269
四、汽车导航系统的故障码表 …………………………………………………… 279

第九章　车载网络通信系统故障诊断与检修 284
第一节　控制器局域网络技术基础 284
一、车载网络基本术语 284
二、控制器局域网络的结构组成 285
三、控制器局域网络的功能 286
四、通信网络节点连接图的组成 286
五、车载网络传输的基本原理 287
第二节　现代汽车车载局域网 288
一、网络通信协议 288
二、车载网络系统的功能与优点 289
三、几种主要车载网络协议（标准）简介 290
四、车载网络的结构组成与分类方法 293
五、车载网络实例 295
第三节　车载网络通信系统故障诊断基本方法 296
一、车载网络故障的主要类型、典型故障和诊断特点 296
二、CAN 总线常见故障分析方法 298
三、车载网络系统故障诊断注意事项 299
四、车载网络故障诊断案例 300

参考文献 304

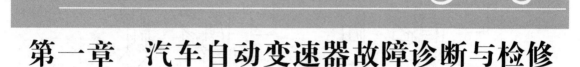

第一章　汽车自动变速器故障诊断与检修

第一节　几种主要的自动变速器

一、现代自动变速器的主要类型

现代自动变速器主要类型如下。

1）液力自动变速器（Automatic Transmission，AT）。AT的优点是转矩范围非常广，能够适应各种车型。它是目前使用最广的一种类型。但其行星齿轮机构结构复杂，成本较高。

2）电控机械自动变速器（Automated Mechanical Transmission，AMT）。AMT是在手动变速器的基础上增加了一套机械控制装置实现自动换档，主要适用于中、低档车型。

3）无级变速器（Continuously Variable Transmission，CVT）。CVT是通过摩擦实现传动的，传动效率较低，能够传递的最大转矩受限（大约400N·m），主要适用于中小排量车型。

4）双离合变速器（Dual Clutch Transmission，DCT）。DCT采用一个双离合器模块，通过交替传动完成换档，其优点是换档更快捷，转矩范围比较宽，适用的车型比较多。但双离合器模块还包括一套液压模块，结构比较复杂。

二、无级变速器

1. 金属传动带式无级变速器的工作原理

金属传动带式无级变速器的工作原理详见图1-1及其注解。

金属传动带式无级变速器的工作原理

1) 结构组成。如图1-1所示，金属传动带式无级变速器由金属传动带，主、从动工作轮，液压泵，起步离合器和控制系统等组成。

2) 动力传动路线。发动机的动力经飞轮、离合器、主动工作轮1、金属传动带6、从动工作轮7传给中间减速器8，再经主减速器与差速器9最后传给车轮，驱动车辆前行。

3) 无级变速系统工作原理。① 该变速传动系统中的主、从动工作轮均由固定部分与可动部分组成。工作轮固定部分与可动部分之间形成V形槽。金属传动带在V形槽内与工作轮相啮合。② 当工作轮可动部分在液压控制缸作用下做轴向移动时，即可自动改变金属传动带与主、从动工作轮的工作半径，从而改变金属传动带的传动比。③ 主、从动工作轮可动部分轴向移动是由电子控制单元(Electronic Control Unit，ECU)根据车辆行驶工况，控制液压系统进行连续调节而实现无级变速传动的。

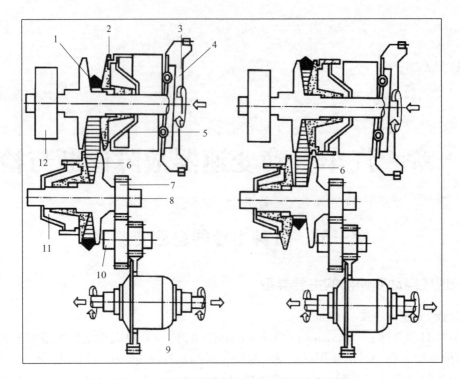

图 1-1 金属传动带式无级变速器的工作原理

1—主动工作轮不动部分 2—主动工作轮可动部分 3—离合器 4—发动机飞轮 5—主动工作轮液压控制缸 6—金属传动带 7—从动工作轮固定部分 8—中间减速器 9—主减速器与差速器 10—从动工作轮可动部分 11—从动工作轮液压控制缸 12—液压泵

2. 金属传动带式无级变速器的结构组成

金属传动带式无级变速器的结构组成详见图1-2～图1-4。

金属传动带式无级变速器的结构组成
1) **CVT**系统组成。CVT系统由起步离合器、行星齿轮机构、无级变速机构、中间减速机构、主减速器与差速器及控制系统等组成。各组成部分的结构分述如下。 2) 起步离合器。其主要功能是使汽车以足够大的牵引力平顺地起步,并提高驾驶舒适性,在必要时切断动力传输。其结构形式分为湿式离合器、电磁离合器和液力变矩器三种。 3) 行星齿轮机构。其作用主要是实现前进档与倒档之间的切换。CVT系统一般采用双行星齿轮机构,在行星架上固定有内、外行星轮和右支架(它通过螺栓固定在行星架上)。外行星齿轮与齿圈啮合,内行星齿轮与太阳轮啮合。 4) 无级变速机构。它由金属传动带、主动轮组与从动轮组组成。① 金属传动带由280～400片金属片和两组金属环组成。金属片以1.5～1.7mm厚的工具钢片制成,它在两侧工作轮挤压力作用下实现动力传递。而每组金属环是由10～12片厚度约为0.18mm的钢带环叠合而成,其作用是提供预紧力,并在动力传递过程中引导与支撑金属片的运动,有时还可承担部分转矩的传递。金属传动带的结构详见图1-3。② 工作轮由可动与不动两部分组成,其结构原理详见图1-4,工作轮工作表面为直线母锥面体,V形槽夹角一般为22°。工作轮可动部分在液压控制系统作用下,依靠钢球-滑道结构做轴向移动,使主、从动工作轮可连续地改变传动带的工作半径,以实现0.445～2.6传动比的无级变速传动。 5) 中间减速机构。其功能是增大无级变速机构的传动比范围至0.8～5.0。 6) 主减速器与差速器。其功能是进一步提高传动比和实现左右半轴的差速运动。 7) 控制系统。其功能是实现CVT系统传动比的无级自动变化。分机械-液压控制系统和电控-液压系统两种。

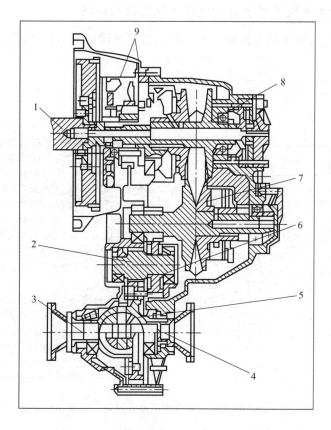

图 1-2　金属传动带式无级变速器结构组成

1—横置发动机前轴　2—中间轴　3、4—前驱动左右半轴　5—差速器　6—主减速器
7—从动锥盘　8—锥盘金属传动带变速器　9—前进、倒档离合器及其换向机构

图 1-3　金属传动带的结构组成

1—金属片　2—金属环

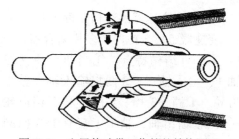

图 1-4　金属传动带工作轮的结构原理

由于液力自动变速器结构复杂、制造工艺难度大、质量较大及成本高,所以在中、小型普通轿车上的应用受到限制。因此,一种能够更适用于中、小型普通轿车上的能连续换档的机械式无级传动应运而生。机械式无级传动系统的传动带有胶带式、金属带式、金属链式等,以金属传动带式无级传动系统应用最广。相关对比试验结果表明,它在动力性、燃油经济性、传动效率、排放以及成本等方面,均优于液力机械自动变速器。

3. 金属传动带式无级变速器电控液压系统的结构原理

金属传动带式无级变速器电控液压系统的结构原理详见图 1-5 及其注解。

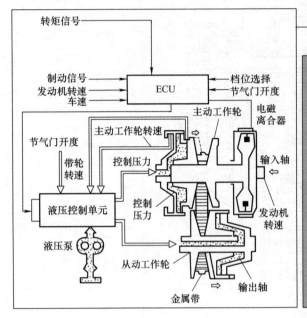

图 1-5　金属传动带式无级变速器电控液压系统结构原理

三、双离合变速器

【案例 1-1】 大众 6 速双离合变速器

（1）双离合变速器的结构原理

1）变速器组成。由两个多片离合器、三轴式齿轮变速器和电控液压换档机构组成。

2）零部件结构特点。①当两个独立控制的离合器结合后，发动机动力分别传递给输入轴 1、输入轴 2。②两根输入轴，轴 2 为空心，轴 1 从其中穿过，轴 1 上安装有奇数档齿轮（1 档、3 档、5 档）和倒档齿轮；轴 2 上安装有偶数档齿轮（2 档、4 档、6 档）。③两根输出轴，轴 1 上装有 1/3 档同步器和 2/4 档同步器和相应空套着的四个齿轮，以及输出齿轮 1；输出轴 2 上装有 5 档同步器和倒档/6 档同步器和相应空套着的三个齿轮，以及输出齿轮 2；输出轴 1/2 分别通过输出齿轮 1/2 将动力输出给驱动桥的输入齿轮。④还有一根装有倒档双联齿轮的倒档轴，其中稍大的齿轮与输入轴 1 上的 1 档齿轮啮合输出倒档动力。⑤离合器 1 分担 1 档、3 档、5 档和倒档的动力传递；离合器 2 分担 2 档、4 档、6 档的动力传递。

3）1 档传递路线。具体如图 1-6 所示。

4）6 档传递路线。具体如图 1-7 所示。

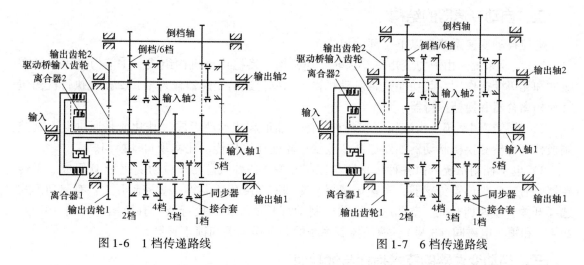

图 1-6　1 档传递路线　　　　　　　图 1-7　6 档传递路线

双离合变速器是基于手动变速器而非自动变速器的一种介于两者之间的新型变速器。它综合了两者的优点，也称为"半自动变速器""无离合手动变速器"或"自动手动变速器"。

（2）DCT 与 AT 比较

DCT 不是在自动变速器基础上开发出来的，与 AT 具有明显区别，如未采用液力变矩器、行星齿轮变速机构等。

（3）DCT 与 CVT 比较

DCT 比 CVT 可以传递更大的转矩。

（4）DCT 与传统手动变速器比较

1）相同之处。具有装配了齿轮的输入轴、输出轴和倒档轴，同步器以及离合器。

2）不同之处：①使用相互独立的双离合器，一个离合器控制奇数档位（如1档、3档、5档、倒档），另一个离合器控制偶数档位（如2档、4档、6档）。由于使用此种布局，在换档时，可提前啮合下一个顺序的档位，故换档过程中无动力中断，大大提高了换档平顺性。②离合器有湿式和干式两种形式。③取消了离合器踏板，而采用最新的电控液压系统，包括电子控制单元、执行换档的变速器控制单元（Transmission Control Unit，TCU）、电磁阀和液压单元等来控制离合器。驾驶人通过转向盘上的按键、按钮或变速杆来控制 TCU 进行换档。

第二节　自动变速器基础知识

一、自动变速器的功能

自动变速器的功能：①自动换档控制，是指电控系统能够根据车速和发动机负荷的变化，自动控制变速器的换档时机和液力变矩器的"锁止"时机，以获得良好的动力性和燃油经济性。②失效保护，是指当电控系统的某些重要元件失效时，控制系统仍能挂入部分档位维持汽车续驶到修理场所。③故障自诊断，是指当某些元件发生故障时，控制系统能够将故障部位编成代码存储以供维修参考；同时还控制超速切断指示灯（O/D OFF LAMP）闪烁输出故障码。

二、自动变速器的结构

电控自动变速系统由以下三部分组成。

1）变速系统。由液力变矩器、齿轮变速机构和换档执行机构组成。①液力变矩器具有缓冲和无级变速作用，其功能是将发动机输出功率传递给变速器输入轴；②换档执行机构包括换档离合器和换档执行器。

2）液压控制系统。由液压泵和各种阀体、油道和传动液组成，其功能是通过电磁阀控制换档离合器和换档制动器油路通断，改变齿轮变速机构传动比实现自动换档。

3）电子控制系统。由各种传感器与控制开关、各种执行器和自动变速 ECU 组成。①传感器：有节气门位置传感器、车速传感器、冷却液温度传感器等；②控制开关：有驱动模式选择开关、超速档开关、空档起动开关、制动灯开关等；③执行器：有换档电磁阀（1号、2号）和锁止电磁阀（3号）、液压控制系统的各种换档阀和锁止阀等。

三、自动变速器的技术指标与优缺点

1. 自动变速器的技术指标

自动变速器的主要技术指标有四项，即传动效率、轻量化设计（它与功率密度和转矩密度息息相关）、换档平顺性及噪声振动性能。

2. 自动变速器的优缺点

自动变速器具有以下优点。

（1）驾驶操纵轻便简单

取消了离合器，无须频繁换档，使得驾驶操作简单轻便，降低了劳动强度并提高了行驶安全性。

（2）提高了整车性能

1）液力变矩器为柔性传动，具有缓冲和过载保护功能，有利于延长发动机和传动系统零部件的寿命。

2）自动变速器在一定范围内能实现无级变速，可自动适应行驶阻力变化，有利于发动机功率充分利用和提高动力性，且具有起步平稳和乘坐舒适等优点。

（3）高速运转时节约燃油和减少污染

自动变速器具有经济型和动力型等驱动模式选择开关，当在高速公路或高等级公路行驶时，可选择经济型模式并使用超速档 O/D 行驶，使得发动机多数时间处于经济与低排放工况运转，能够节约燃油和减少污染。

自动变速器主要缺点是结构复杂、制造成本高和维修困难。此外，在低速行驶时，其传动效率比手动变速器低，因此在低等级公路行驶的油耗大约增加 10%。为克服此弊病，目前开发出"手自一体"自动变速器，且已普及于天津一汽丰田皇冠 3.0、帕萨特 B5、马自达 6、奥迪 A6 等中高档车型。

四、自动变速器的控制原理

1. 电控自动变速器的控制原理

电控自动变速器控制原理详见图 1-8 及其注解。

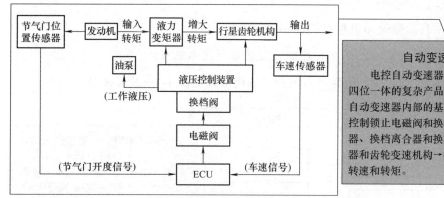

图1-8 电控自动变速器基本控制原理

自动变速器控制原理

电控自动变速器是一种"机、电、液、控"四位一体的复杂产品。"机、电、液"三者在自动变速器内部的基本控制逻辑关系是ECU→控制锁止电磁阀和换档电磁阀→控制锁止离合器、换档离合器和换档制动器→控制液力变矩器和齿轮变速机构→控制汽车驱动轮的转向、转速和转矩。

2. 自动变速器电控系统控制电路原理图

不同年代不同型号的自动变速器所采用的传感器和控制开关不尽相同,但最基本的传感器、控制开关和执行器有节气门位置传感器、车速传感器、冷却液温度传感器、换档模式选择开关、超速档开关、空档起动开关、制动灯开关,以及1号、2号、3号电磁阀等。自动变速器电控系统控制电路原理如图1-9所示。

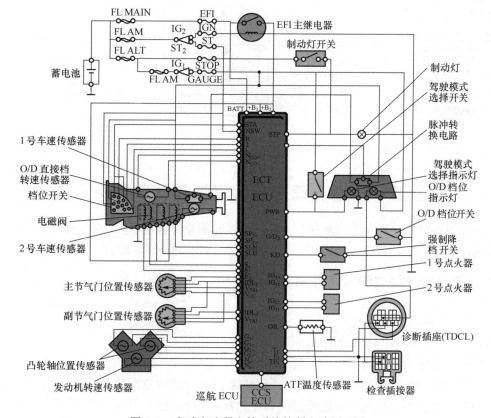

图1-9 自动变速器电控系统控制电路原理图

3. 自动变速器电控系统的组成框图

下面通过实例说明自动变速器电控系统的组成。

【案例1-2】 丰田佳美、塞利卡A140E型自动变速器电控系统组成

丰田佳美、塞利卡A140E型自动变速器电控系统组成详见图1-10及其注解。

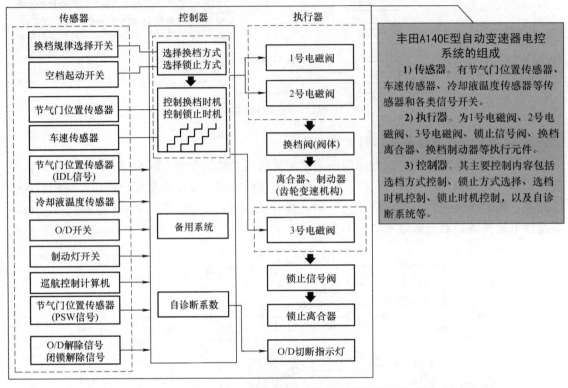

图1-10　丰田A140E型自动变速器电控系统的组成框图

第三节　自动变速器故障诊断检修的基本方法

自动变速器故障诊断基本方法包括AT故障诊断的程序步骤、AT八项基础检验、AT故障自诊断法、AT试验诊断法，以及利用AT故障征兆表排除故障法五种，分述如下。

一、自动变速器故障诊断程序及维修安全注意事项

1. 自动变速器故障诊断程序

自动变速器故障诊断程序如图1-11所示。

根据以上诊断程序，延伸出如下故障诊断六项基本步骤。

1）首先深入地了解故障发生过程和表征现象。如故障现象在何种温度下出现、出现的频率、与负荷的关系，以及维修保养情况等，做到心中有数。

2）认真查阅技术资料。在进行检测诊断前，应先针对性地查阅对应车型的使用说明书和《自动变速器维修手册》，掌握必要的结构原理图、微机系统电路图和液压图等相关技术

资料。

3）区别故障的性质和分清故障部位。汽车的变速性能是一项受到发动机、汽车底盘、ECU 及变速器自身等多种因素影响的综合性能。尤其是发动机调整不当导致加速不良、底盘制动不回位等现象都容易误诊为自动变速器故障。因此，在进行自动变速器检查之前，首先必须确定故障到底出现在哪个部位。并区分故障性质是机械性质的，还是液压或电控性质的；是比较简单的维护保养问题，还是需要大动干戈进行彻底拆卸修理的复杂问题。

4）按照"先简后难、逐步深入"原则，从最简单元件开始着手。如开关、拉索、自动变速器液压油的状

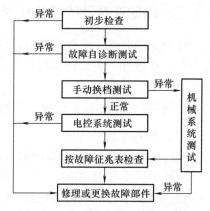

图 1-11　自动变速器故障诊断程序

况等。先从那些最容易接近的部位或容易忽视的部位开始，逐步深入到实质性故障，必须经过拆卸后才能确诊的故障放到最后程序。

5）充分利用电控系统的自诊断功能。故障自诊断系统能够在汽车行驶过程中，不断监测自动变速器各部分的工作情况并检测出控制系统中大部分故障和存储的故障码。

6）充分利用自动变速器的相关试验：从基本检查和失速试验、液压试验、迟滞试验、手动换档试验，以及道路试验中查找故障线索和诊断思路。

2. 自动变速器维修安全注意事项

1）用举升机或千斤顶顶起及支承车辆时，应确保牢靠，以防安全事故发生。并采取必要的防护措施，避免划伤车身表面漆层。

2）分解自动变速器的两个注意事项：①应对其外部进行彻底地清洗，且需保持工作现场干净，以防弄脏内部的精密件；②必须使用厂家推荐的专用工具，严格遵守紧固件的紧固力矩规范并使用扭力扳手测力紧固。当拆卸与分解自动变速器和现场摆放时，必须严格保持零部件的原有顺序，以防装复时装反或错装。

3）对于不可重复使用的易损件必须更换新件，如垫片、O 形密封圈、开口销、油封等（一般在自动变速器维修手册均以特殊符号标出）。凡修理中新换的密封油环、离合器摩擦片、离合器钢片等具有旋转或滑动配合的摩擦副零件表面，必须涂抹变速器油。当更换新的离合器、制动器及其摩擦片时，应将其在自动变速器油中至少浸泡 15min 以上时间后再行装配。

4）拆检电气元件之前，应将点火开关拧至 "OFF" 或 "LOCK"，并取下蓄电池的负极接线。但在断电前，必须做好有关记录，以防故障码及防盗系统、音响系统等参数丢失。检测电气元件时必须使用数字式高阻抗万用表（其内阻高于 10kΩ/V）。若需更换熔断器，其许用电流值必须与原熔断器相当。

5）除非绝对必要，一般不要打开 ECU 的罩壳，以防集成电路被静电损坏。拆开导线插接器时一定要拉插接器本体而不能够拉导线。当用测头或探棒检查插接器导通情况时，要小心插入，以防端子松动或弯曲。

二、自动变速器的初步检查

自动变速器初步检查又称自动变速器八项基础检验,目的是检查自动变速器工作条件是否正常,并通过初步检查发现与排除某些因使用维护不当而引起的故障。其主要内容包括以下八项。

1. 自动变速器油液品质与油位的检查

(1) 检查油质的方法

应经常观察自动变速器油液(Automatic Transmission Fluid,ATF)的颜色和气味的变化,可从油尺上嗅出油液的气味,并用手指感觉油液中是否有渣滓,或将油尺上的油液滴在干净的白纸上查看油液的颜色和气味,并据此判断油液品质的好坏与能否继续使用。

(2) 检查油位的方法

首先可检查油位是否在规定的范围内,其方法详见图1-12及其注解。

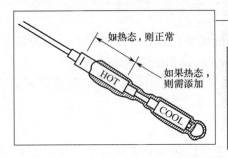

检查变速器油位的方法
① 将车辆停放在平坦的地面上,拉紧驻车制动器;② 起动发动机并怠速运转;③ 踩下制动踏板,并将变速杆从P位拨到L位运转,使ATF温度迅速达到70~80℃,然后又拨回P位;④ 拉出量油尺擦拭干净,再将油尺全部插入套管中;⑤ 再次将油尺拉出,检查油位是否处于"HOT"范围内。

图1-12 检查变速器油位量油尺

表1-1给出了自动变速器油液的状态与油质变化的原因。

表1-1 自动变速器油液的状态与油质变化的原因及处理方法

油液状态	原因及处理方法
透明、呈粉红色	正常
颜色发白、浑浊	油液中含有水分。应检查密封件,特别是处于散热器下储液罐内的油液冷却器是否锈蚀腐烂
黑色、黏稠状、油尺上粘有胶质油膏	变速器油温过高
油液颜色呈深褐色、棕色	油液使用时间过长。更换新油 长期大负荷运转,或某些部件打滑、损坏,引起变速器过热
油液中含有金属屑或黑色颗粒	离合器片、制动带、单向离合器磨损严重
油液有烧焦味	油温过高,油面过低 油液冷却器、滤清器或管路堵塞
油液从加油管溢出	油面过高 通气塞脏污、堵塞。进行清洁、疏通

(3) 油位不正常对于自动变速器性能的影响

1) 油位过低的影响。当油位过低时,液压泵吸入空气,会使油压降低,液压阀与液压元件工作失常，离合器和制动器打滑，加剧摩擦片磨损和急剧升温，使得油液变稀、变脏、氧化而变质，丧失润滑和冷却作用，形成噪声、零件因热膨胀而发卡等恶性循环。

2) 油位过高的影响，油位过高有三项负作用。第一，被浸泡在油液中的行星齿轮机构及其他旋转元件对油液产生强烈搅拌动作，引起油压和油温升高，产生气泡，气泡进入液压控制装置引起液压下降，带来上述油压过低的同样恶果。第二，由于油位过高，离合器和制动器的出油口被堵塞，使得施加于离合器和制动器的液压不能完全释放或释放很慢，将导致离合器和制动器功能失常，变速器传动系统产生混乱。第三，油压和油温升高，引起变速器严重漏油。由此可见，经常检查油位并严格保证规定油位和油质很重要。

2. 更换自动变速器油与检查漏油的方法

(1) 更换自动变速器油的方法

一般，国产汽车行驶 8000~10000km 应更换，进口汽车为 20000~40000km（或 24 个月）应更换。其方法详见图 1-13 及其注解。

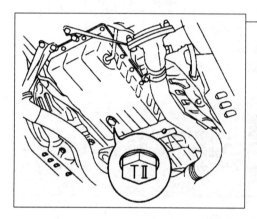

更换自动变速器油的方法
1) 在正常温度(70~80℃)时检查油位，必要时加油。
2) 拆下放油塞，将油排放到容器中，再将放油塞紧固。
3) 发动机熄火后通过加油管加入新油。
4) 起动发动机，将变速杆由P位换至L位，再退回P位。
5) 检查油位，应在规定范围内。

图 1-13 更换自动变速器油的方法

(2) 检查漏油

漏油会导致油压下降、液面高度下降，使换档打滑和延迟。检查漏油的方法主要是目视检查各油封与管接头等部位是否漏油。

3. 选档机构的检查

(1) 选档机构的作用

将驾驶人操作意愿传送到变速器液压控制装置变速杆（手动阀），并通过手动阀传递换档命令。若选档位置不准，会影响其液压元件正常工作。

(2) 选档机构检查方法

详见图 1-14 及其注解。

4. 自动变速器节气门阀拉索位置的检查调整

自动变速器节气门拉索连接变速器的节气门阀与发动机的节气门，其功能是通过节气门阀的位移量变化，将发动机节气门开度信号转换为节气门的油压信号。因此，拉索松紧必须调整适度，不能过紧或过松，以保证节气门阀在拉索带动下，随发动机节气门从最小开度准确运动到最大开度。自动变速器节气门拉索位置的调整方法详见图 1-15 及其注解。

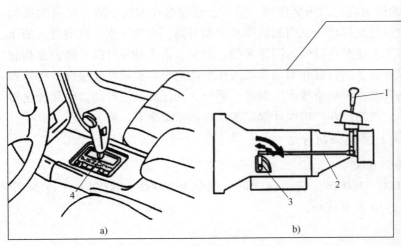

图 1-14 变速杆的位置及其调节机构
a) 变速杆的位置 b) 变速杆锁紧螺母式调节机构
1—变速杆 2—连杆 3—手柄阀摇臂 4—空档位置

选档机构检查方法
1) 目视检查法。观察选档机构的连接杆件是否变形，有无干涉，其拉索有无破损、弯曲和折叠，各连接处固定是否良好，有无脱落等。
2) 变速杆试验法。将变速杆分别挂入每个档位，通过手感判断其工作是否正常，例如挂入档位是否灵活自如，挂档阻力是否合适，挂档后的变速杆是否处于正确位置，且其位置不会变动等。
3) 杆系调整法。同时转动两只锁紧螺母，即可实现杆系位置调节。

自动变速器节气门阀拉索的调整
1) 调整目的。保证将发动机负荷信号传递到自动变速器节气门阀，以准确控制换档时机。
2) 调整方法。分为下列两种类型。① 带防尘套管型：按图1-15a所示方法调整，即将加速踏板踩到底时，保证拉索上的标记与套管端面之间的间隙为0~1mm。② 无防尘套管型：按图1-15b所示方法调整，在节气门全关时调整，且保证拉索上的标记与拉索罩套管端面之间的间隙为0~1mm。

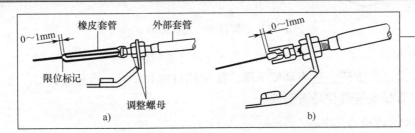

图 1-15 ECT 节气门拉索位置的调整
a) 带防尘套管的拉索 b) 无防尘套管的拉索

5. 空档起动开关的检查

空档起动开关的检查方法详见图1-16及其注解。

6. 超速档控制开关的检查

（1）检查目的

确认超速档工作是否正常。

（2）检查方法

1）变速器油温应为50~80℃。

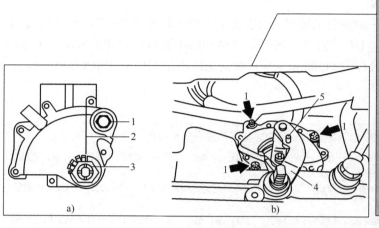

图 1-16 空档起动开关的调整
a) 空档起动开关的调整基准 b) 用定位销定位的方式
1—固定螺栓 2—空档基准线 3—定位凹槽 4—手柄阀摇臂 5—调整定位销

2) 将发动机熄火,并打开点火开关。

3) 按动超速档控制(O/D)开关。

4) 查听变速器内部有无电磁阀发出的"咔嗒"响声,如能听见"咔嗒"响声,则表明其工作正常。

7. 强制降档开关的检查

强制降档开关检查如下四项内容。1) 检查强制降档开关是否用锁紧螺旋副良好地固定在底板或支架上。2) 检查导线的连接是否良好。3) 电阻检测,开关电阻只有两种状态:小电阻状态,应为 3~10Ω;大电阻状态,应为 30Ω 以上。4) 电压检测,当开关接通与开关断开时,其电压应有明显的改变才正常。

8. 怠速转速的检查

(1) 怠速转速过低或过高的弊端

怠速过低,当变速杆从 N 位或 P 位拨入到 R、D、2、L 等档位时,会引起熄火或车身抖动现象;反之,怠速过高,会引起换档冲击,或当换至行驶档时,会产生异常的"车辆蠕动"(除非用力踩住制动踏板)。

(2) 怠速转速检查方法

发动机应处于正常工作状态,其温度应在正常范围内(50~80℃),将变速杆拨到 N 位,并断开所有用电设备(包括空调和冷却风扇等),然后检查怠速转速是否在规定的范围内(装有电控自动变速器系统的发动机一般怠速转速约为 750r/min),否则应进行调整。

三、自动变速器故障自诊断法

自动变速器故障自诊断法主要包括如下三项要点。

1. 检查 O/D OFF 指示灯

（1）不同车型警告灯的特点

当电控系统出现故障后，一般黄色故障警告灯会点亮，但不同车型略有区别。例如，丰田：O/D OFF 一直亮；本田：D4 一直亮；日产：POWER 闪亮 8s；通用：Service Engine Soon 亮（Engine 和 AT 的电脑合称为 PCM）；宝马：在信息区出现 TRANS PROGRAM 且档位指示灯不亮。

丰田汽车自动变速器控制系统故障代码波形显示特点

1）若系统功能正常，则 O/D OFF 指示灯的闪烁波形及其时间如图 1-17a 所示，每秒闪烁两次，高电平灯亮，低电平灯熄，时间均为 0.25s。

2）若自动变速器控制系统 ECU 中存储有故障码，则 O/D OFF 指示灯的闪烁规律如图 1-17b 所示（图中闪烁规律表示的故障码为"62"）。

3）故障码均为两位数字。O/D OFF 指示灯先显示十位数字，后显示个位数字。同一数字灯亮与灯灭间隔均为 0.5s，十位数字与个位数字间间隔均为 1.5s。如果有多个故障码，则按故障码大小由小到大显示。故障码间隔为 2.5s。故障码全部输出后，间隔 4.5s 再重复显示。

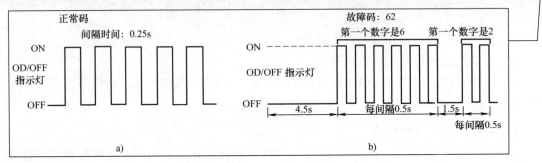

图 1-17 丰田汽车自动变速器控制系统故障码显示波形
a）正常码的波形 b）故障码"62"的波形

（2）检查方法

1）首先接通点火开关，当按下变速杆上的 O/D 开关按钮（O/D 开关置于 ON）时，O/D OFF 指示灯应当熄灭。

2）再按一下 O/D 开关按钮（O/D 开关置于 OFF）时，若 O/D OFF 指示灯闪亮，则表明自动变速器控制 ECU 中存储有故障码；若 O/D OFF 指示灯熄，则表明 O/D OFF 指示灯、指示灯线路、O/D 开关或蓄电池有故障，应分别检查。

2. 读取故障码的三种方法

（1）利用跨接线跨接诊断插座读取故障码

1）接通点火开关（点火钥匙转到 ON 位置），但不起动发动机。

2）将 O/D 开关按钮置于 ON 位置。注意：仅当 O/D 开关按钮置于 ON 位置时，O/D OFF 指示灯才能显示故障码。

3）利用跨接线跨接诊断插座上的诊断触发端子 TE1 与 E1（或 ECT 与 E1）。

4）按照仪表板上的 O/D OFF 指示灯的闪烁规律读取故障码。

5）当故障码读取完毕后，拆下跨接线，盖好诊断插座护盖，断开点火开关。

(2) 不同车型跨接端子的方式

1) 丰田

跨接 TE1 和 E1。

2) 本田

跨接双头诊断座（在前排乘客面板下）。

3) 日产

①置入 D 位，按下 OD 开关使 OD 灯亮，点火开关关闭 2s；②打开点火开关，置入 2 位，使 OD 灯灭；③置入 1 位，OD 灯亮，加速踏板踩到底，松开；④从 POWER 灯闪烁读取故障码。

4) 通用

①非 OBDⅡ的 12 端子：跨接 A 和 B，打开点火开关；②OBDⅡ：由仪器读取。③宝马、奥迪：用仪器读取。

(3) 利用按键屏幕式自诊断测试读取故障码

1) 接通点火开关但不起动发动机。

2) 同时按下显示屏上的"SELECT"和"INPUT M"按键 3~5s。

3) 再按下"SET"按键 3s 以上，显示屏上就会显示故障码。

4) 若自动变速器控制系统 ECU 中存储有两个以上故障码，则故障码之间将间隔 5s。当采用按键屏幕式进行自诊断测试时，不要踩踏加速踏板，否则控制系统会退出自诊断测试程序。

3. 清除故障码的五种方法

(1) 方法 1

断开点火开关时，将熔断器盒中"EFI"熔断器（20A）拔下 10s 以上时间，即可清除故障码。

(2) 方法 2

拆下自动变速器控制系统 ECU 10s 以上。

(3) 方法 3

拆下自动变速器控制系统 ECU 主熔丝 10s 以上。

(4) 方法 4

用仪器清除。

(5) 方法 5

将蓄电池的搭铁线拆下 10s 以上时间，即可清除故障码。但此种方法将会清除控制系统中所有信息（包括发动机 ECU 与制动系统 ECU 的故障信息以及音响和防盗密码），因此应慎重使用。

四、自动变速器故障试验诊断法

自动变速器故障试验诊断法包括失速试验、油压试验、换档迟滞试验、手动换档试验以及道路试验五项内容，其目的是通过试验发现存在的问题并找出故障部位。

1. 失速试验

(1) 失速试验目的

失速试验的目的是通过测量自动变速器在 D 位和 R 位时发动机的最高转速，来分析判断发动机和自动变速器的性能及工作状况。

（2）失速试验方法

失速试验的方法详见图1-18及其注解。

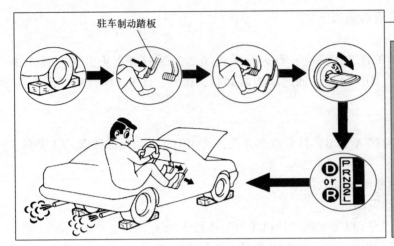

图1-18 失速试验方法

（3）失速试验结果分析与注意事项

1）若D位和R位的失速转速相同，且都低于规定值，则表明发动机的功率不足。若失速转速低于规定值600r/min，则表明变矩器导轮的单向离合器打滑。

2）若D位和R位的失速转速相同，且都超过规定值，则表明离合器或制动器打滑。打滑的原因主要是油路故障，如油量不足、液压泵油压过低、油过稀或油质过差、主油路压力过低等。若失速转速高于规定值500r/min，则可能是变矩器叶片损坏。

3）若D位的失速转速超过规定值，而R位的失速转速正常，则表明前离合器或制动器打滑，打滑原因可能是摩擦片磨损或控制油压过低、液压泵或调压阀故障等。

4）若R位的失速转速超过规定值，而D位的失速转速正常，则表明后离合器或制动器打滑，打滑原因可能是摩擦片磨损或控制油压过低、液压泵或调压阀故障等。

5）也可以在各个档位进行试验，以判断每个档位的执行器工作是否正常。

6）注意：进行失速试验时，由于将变矩器涡轮制动死，发动机全部动能都转变为变矩器内部油液动能，其内摩擦极大，油温急剧升高，故每次失速试验时间不得超过5s，且失速试验总次数不得超过3次。

2. 油压试验

（1）油压试验目的

油压试验的目的是通过控制管路中油压的测量来判断液压系统元件（液压泵、调压阀、控制阀等）工作质量，查明是否存在故障或需要进行调整和修理。

（2）油压试验方法

油压试验方法详见图1-19及其注解。

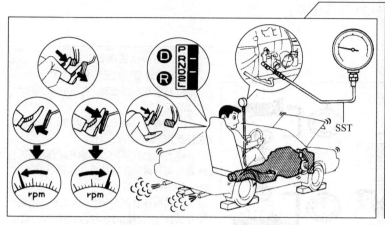

图1-19 油压试验方法

油压试验方法
1) 将车轮悬空。
2) 将变速器油温升到50~80℃。
3) 主油路油压试验：拆下主油道测压孔螺塞，装上油压表。
4) 保持发动机怠速运转，并分别将变速杆置于D位和R位测试。
5) 测量发动机怠速和失速时的油压，并与维修手册规定值做对比。
6) 速度控制阀油压试验：拆下速度控制阀测压孔螺塞，装上油压表。
7) 换入D位，测量发动机怠速油压，并与维修手册规定值做对比。

（3）油压试验结果分析与注意事项

1）规定的主油压值见表1-2。

表1-2 规定的主油压值

档位	D 位		R 位	
发动机转速类别	怠速	失速	怠速	失速
规定主油压/（kgf/cm²）	3.9~4.5	12.3~13.9	5.9~6.7	16.7~19.0

2）油压试验结果分析见表1-3。

表1-3 油压试验结果分析

序号	故障现象	故障原因与修理
1	D位、R位主油压都高	节气门拉锁失调 调压阀故障，应更换新弹簧或增减调整垫片
2	D位、R位主油压都低	节气门拉锁失调，调整或更换 调压阀故障，应更换新弹簧或增减调整垫片 油泵故障，更换新件 C0故障，检修
3	仅D位主油压低	D位循环油泄漏 C1故障，前离合器漏油，检修
4	仅R位主油压低	R位循环油泄漏，检修 C2故障，后离合器漏油，检修 B3故障，检修

3. 换档迟滞试验

（1）换档迟滞试验目的

换档迟滞试验的目的是通过换档迟滞时间的测量来检查C0、C1、C2、B3的工作情况。

(2) 换档迟滞试验方法

换档迟滞试验方法详见图1-20及其注解。

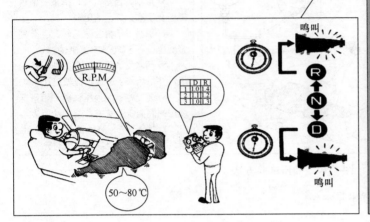

图1-20　换档迟滞试验方法

(3) 换档迟滞试验结果分析

换档迟滞试验结果分析如表1-4所示。

表1-4　换档迟滞试验结果分析

序号	故 障 现 象	故障原因与处理方法
1	N→D迟滞时间较长	1）主油压过低，重新调整主油压 2）C1磨损，间隙过大，更换 3）C0磨损，间隙过大，更换
2	N→R迟滞时间较长	1）主油压过低，重新调整主油压 2）C2磨损，间隙过大，更换 3）B3磨损，间隙过大，更换 4）C0磨损，间隙过大，更换

4. 手动换档试验

(1) 手动换档试验的目的

手动换档试验（去掉变速器自动换档功能而使之成为手动换档状态）的目的在于鉴别故障是来自电控系统还是机械系统。

(2) 手动换档试验的方法

手动换档试验的方法详见图1-21及其注解。

5. 道路试验

(1) 道路试验的目的与准备工作

自动变速器道路试验是对其各项性能进行的综合测试。其目的在于检查换档点（即升档和降档的转速)、换档冲击和换档执行元件是否打滑、振动和有噪声等现象。道路试验在维修的前、后均应进行,以检查维修后性能是否得以恢复。在路试前必须排除发动机和底盘的故障并使油温达到正常范围(50~80℃)。道路试验主要依据车速表、发动机转速表以及驾驶人的直观感觉,因此试验拟由具有多种自动变速器操作经验的人员进行,以便敏锐地感觉换档冲击等故障。

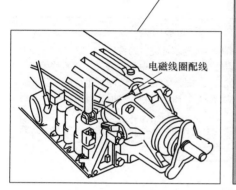

手动换档试验方法

1) 脱开自动变速器全部换档电磁阀的线束插接器。
2) 起动发动机,进行道路试验或将驱动轮悬空做台架试验。
3) 将变速杆拨至不同位置,通过观察发动机转速与车速对应关系来判断变速器所处档位。不同档位发动机转速与车速的对应关系可参考表1-5。
4) 若当手柄置于不同位置时的试验结果与表1-5相符,则表明变速器的阀板及其换档执行元件工作基本正常;否则,阀板及其换档执行元件有故障。
5) 试验结束后接上电磁阀线束插接器并清除因脱开电控线束后所产生的故障码。
6) 若各档位动作全部正常,则表明故障出在电控系统。反之,若仅有个别档位动作异常,则表明故障是机械和液压系统所引起的,应进行机械试验查明故障原因。

图 1-21 手动换档试验方法

表 1-5 不同档位的发动机转速与车速对应关系参考

档位	发动机转速/(r/min)	车速/(km/h)
1 档	2000	18~22
2 档	2000	34~38
3 档	2000	50~55
超速档	2000	70~75

(2) 道路试验检查主要内容
1) 机械传动系统的各离合器和制动器的工作情况。
2) 液压控制系统和电控系统的自动换档点速度是否正确。
3) 换档时车辆的平顺性。
4) 行驶过程中自动变速器内部有无异响。
5) 各种行驶模式时车辆的行驶性能。
6) 液力变矩器的锁止情况。
7) 变速杆在各位置时的换档范围。
8) 发动机制动状况等。
(3) 道路试验的项目与方法
道路试验项目包括:D位试验、L位(或强制1档)试验、R位试验、P位试验和强制低档试验五项内容，分述如下。

1）D 位试验。变速杆置于 D 位，打开 O/D 开关，踩下加速踏板使节气门全开，进行下述试验。

① 升档试验：升档试验的方法如图 1-22 所示。升档试验过程中的故障分析如下：a) 若无 1→2 升档，则可能是由于 2 号电磁阀卡住或 1 档至 2 档换档阀卡住。b) 若无 2→3 升档，则可能是由于 1 号电磁阀卡住或 2 档至 3 档换档阀卡住。c) 若无 3→O/D 升档，则可能是由于 3 档至 O/D 档换档阀卡住。d) 若换档点不正常，则可能是由于节气门阀、1 档至 2 档换档阀、2 档至 3 档换档阀、3 档至 O/D 档换档阀等发生故障。e) 若锁定不正常，则可能是由于锁定电磁阀卡住，或锁定继动阀卡住。

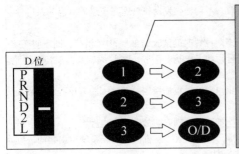

图 1-22　升档试验方法

② 检查打滑及振动情况。用同样的方法检查升档时打滑和振动情况，详见图 1-23 及其注解。

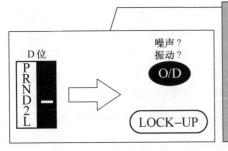

图 1-23　升档时检查打滑和振动试验方法

③ 2 档位置行驶，松开加速踏板检查发动机制动效果，若无制动，则可能是 2 档制动器故障。

④ 检查有无异常噪声或振动。升档时异常噪声和振动检查、降档试验和锁定机构检查方法详见图 1-24 及其注解。

2）L 位（或强制 1 档）试验。将变速杆置于 L 位（或强制 1 档），在路试过程中，不应出现 1→2 的升档现象。当松开加速踏板时，应有良好的发动机制动效果。在加、减速行驶过程中，应无异常噪声或振动；否则，为 1 倒制动器失效。

3）R 位试验。将变速杆置于 R 位，节气门全开行驶，应能够迅速倒车，且不应有倒车打滑现象。

4) P位试验。将汽车停于大约9%（5°左右）斜坡位置，变速杆置于P位，放松驻车制动器，检查停车锁止机构是否可将汽车可靠停在原处。

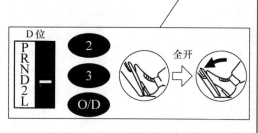

图1-24　升档时异常噪声和振动检查、降档试验和锁定机构检查方法

5) 强制挂低档试验。让汽车在D位下中速行驶，然后迅速踩下加速踏板，此时变速器应能自动降低一个档位并有明显的增矩效果，而当抬起加速踏板后又能自动回到原来的高档位，就表明变速器的强制低档功能正常。若当迅速踩下加速踏板时未能自动降低一个档位，则表明其强制低档功能失效。若当迅速踩下加速踏板时能自动降低一个档位，但发动机转速异常升高，而当抬起加速踏板时出现换档冲击，则表明换档执行元件严重磨损而打滑。

五、自动变速器故障征兆表诊断法

1. 故障征兆表的用途

故障征兆表又称故障诊断表，主要用于疑难故障的诊断。

2. 故障征兆表的内容

不同厂家的故障征兆表各有特色，丰田公司的故障征兆表见表1-6～表1-8（详见相关产品使用说明书）。丰田汽车公司将故障分为三类：①自动变速系统"控制部件及其线路"故障诊断表；②自动变速系统车上修理故障诊断表；③自动变速系统车外分解检修故障诊断表。

3. 故障征兆表的使用方法

1) 凡表中带"*"号的电路，可用故障诊断仪进行检查。

2) 在进行自诊断测试时，如果显示的故障码为正常码但故障仍旧存在，则可依据故障诊断表所规定的顺序，逐项进行检查排除。

3) 检查程序如下。①先按照故障诊断表1-6所列内容逐项检查。②如全部内容检查正常，再按照表1-7所列内容逐项检查。③如全部内容检查正常，再按照表1-8所列内容逐项检查。④如全部内容检查正常，再检查或更换ECT ECU。⑤检修完毕后应进行道路试验或其他试验，以确认系统工作良好。

表1-6 丰田汽车自动变速系统控制部件及其线路故障诊断表

故障特征	可能部位	*1号、2号电磁阀线圈电路	*3号电磁阀线圈电路	*4号电磁阀线圈电路	*1号车速传感器电路	*2号车速传感器电路	*O/D离合器转速传感器电路	*节气门位置传感器电路	空档起动开关电路	自动跳合开关电路	停车灯开关电路	驱动模式选择开关电路	O/D开关O/D OFF指示灯电路	O/D解除信号电路	冷却液温度传感器电路	ECT ECU	见车上修理诊断表	见车外修理诊断表
车辆不能在任何前进档或倒档行驶																	1	2
车辆不能在特定的一个档位或几个档位行驶																	1	2
无升档	一档→二档	1			3	3		2								6	4	5
	二档→三档	1			3	3		2							6	7	4	5
	三档→O/D档	2			4	4		3	5				1	6	7	10	8	9
无降档	O/D档→三档	3			4	4	4	2		5			1			7	6	
	三档→二档	2			3	3		1		4					6	7	5	6
	二档→一档	2			3	3		1		4						9	7	8
无锁定			1		4	4		2			3				6	7	5	6
无锁定解除			2		4	4		1			3					5		
换挡时车速过高或过低					4	4			1							2		
在L位升档至二档或二档至三档				2				1								2		
O/D开关在OFF位置时由三档升至O/D档				2									1					
发动机尚未预热时	N位→D位				3	3		1							2	5	3	4
	锁定																	
换挡冲击	任何档位							1	3							6	4	5
打滑	前进档和倒档特定档位	1					3									6	4	5
无自动机制动		3	2		3	4										7	5	6
无驱动模式选择												1					1	2
加速不良															3		1	2
无自动模式选择											1				5		4	2
起动后或停车时振动								2							2			
较大或发动机失速		2														4		3

第一章 汽车自动变速器故障诊断与检修

表 1-7 丰田汽车自动变速系统车上修理故障诊断表

故障特征		可能部位 节气门拉索	变速杆	油滤器	停车锁止机构	手动阀	倒档控制阀	1~2档换档阀	2~3档换档阀	3~4档换档阀	锁定信号阀	锁定继动阀	蓄压器控制阀	电磁调节阀	C_1蓄能器	量孔控制阀	电磁继动阀	C_2蓄能器	低档滑行调节阀	B_2蓄能器	二档滑行调节阀	B_0蓄能器	C_0蓄能器	进油滤网	卸压阀	见车外修理表
车辆不能在任何前进档或倒档行驶		1	2		4	3																				5
车辆不能在倒档行驶							1																			2
车辆不能在特定的一个档位或几个档位行驶（倒档除外）																										1
无升档	一档→二档							1																		2
	二档→三档								1																	2
	三档→O/D档									1																2
无障档	O/D档→三档									1																
	三档→二档								1																	
	二档→一档							1																		
无锁定或锁定解除											1	2														3
换档冲击	N位→D位												1	2	3	4										5
	N位→R位												1	2				2								4
	N位→L位												1	2			3									4
	一档→二档(D位)												1	2	3											2
	一档→二档(2位)												1	2	3				1							
	一档→二档												1	2						3						
	二档→三档												1	2							3					4
	三档→O/D档												1	2									3			4
打滑	前进档和倒档	1																								4
	一档	1	2															3					3		5	6
	二档		2																		1					2
无发动																										2
机械动 无自动跳合								1	2																	3

表1-8 丰田汽车自动变速系统车外分解检修故障诊断表

故障特征	可能部位	F_0	B_0	C_0	O/D行星排	液力变矩器	B_3	B_1	C_2	前后行星排	C_1	F_2	B_2	F_1
车辆不能在任何前进档或倒档行驶		1	2	3	4	5								
车辆不能在任何前进档行驶											1			
车辆不能在倒档行驶				5			4	1	3	2				
车辆不能行驶	D、2、L位										1			
车辆不能行驶	D、2位											1		
车辆不能行驶	2位							1						
车辆不能行驶	L位						2	3					1	
无升档	一档→二档										3		1	2
无升档	二档→三档								1					
无升档	三档→O/D档		1											
无降档	O/D档→三档								1					
无降档	三档→二档												1	2
无降档	二档→一档										1			
无锁定或锁定解除						1								
换档冲击	N位→D位										1			
换档冲击	N位→R位						2		1					
换档冲击	二档→三档							1						
换档冲击	三档→O/D档		2	1	3									
换档冲击	O/D档→三档		1	2										
换档冲击	锁定					1								
打滑	前进档和倒档（暖车后）		2	3	1									
打滑	前进档和倒档（起动后就行驶）				1									
打滑	倒档	2						3	1					
打滑	一档	2									1	3		
打滑	二档	3									1		2	4
打滑	三档	5		1						3	2		4	
打滑	O/D档		1							3	2			
无发动机制动	一档（L位）						1							
无发动机制动	二档（2位）								1					
加速不良	所有档位				1									
加速不良	O/D档			1	2									
加速不良	O/D档以外的所有档位		1											
加速不良	一档和二档								1				2	
加速不良	一档和倒档							1						
加速不良	倒档									1				
起动后或停车时发动机失速					1						2			

第四节 自动变速器常见故障诊断检修

自动变速器11种常见典型故障诊断与排除方法如下。

1. 挂入行车档无驱动反应，不能行驶，无前进档或无倒档

（1）故障现象

变速器挂入前进档或倒档而无驱动反应，无论变速杆位于倒档、前进档或前进低档，汽车都不能行驶；汽车起动后只能行驶一小段路程，但稍一热车就不能行驶。

（2）故障原因

故障原因有：①自动变速器油底壳被撞坏，自动变速器油液全部漏光；②变速杆及手动阀摇臂之间的连杆或拉索松脱，检查手动阀是否失调而不能进入，或手动阀保持在空档或停车档位置；③液压泵进油滤网堵塞；④主油路严重泄漏；⑤液压泵损坏；⑥若汽车使用中只能前进不能倒车，或只能倒车而不能前进，则说明自动变速器液压控制系统正常，而故障发生在前进档或倒档的执行元件上，应拆检相应的离合器和制动器。

2. 自动变速器打滑，直接档无力

（1）故障现现

汽车起步时踩下加速踏板，发动机转速很快增高，但车速升高缓慢。汽车行驶中踩下加速踏板加速时，发动机转速升高但车速没有很快提高；汽车平路行驶基本正常，但上坡无力，且发动机转速异常高。

（2）故障原因

故障原因有：①自动变速器油位太低。②自动变速器油位太高，运转中被行星齿轮机构剧烈搅动后产生大量气泡。③离合器或制动器摩擦片、制动带磨损过度或烧焦。④液压泵磨损过度或主油路泄漏，造成油路油压过低。⑤单向超越离合器打滑。⑥离合器或制动器活塞密封圈损坏，导致漏油。⑦引起直接档无力的原因一般是直接档离合器打滑，应检查离合器片是否磨损过大、控制油压是否过低、密封件是否漏油等。

3. 换档冲击大

（1）故障现象

汽车起步时，由停车档（P位）或空档（N位）挂入倒档（R位）或前进档（D位）时汽车振动较严重；在行驶过程中，在升档或瞬间汽车有明显的闯动。

（2）故障原因

故障原因有：①发动机怠速过高；②节气门拉索或节气门位置传感器调整不当，使主油路油压过高；③升档过迟；④主油路调压有故障，使主油路油压过高；⑤单向阀钢球漏装，换档执行元件（离合器或制动器）结合过快；⑥换档执行元件打滑；⑦油压电磁阀不工作；⑧ECU有故障。

4. 升档过迟，升、降档时滞过长

（1）故障现象

汽车行驶时，升档车速明显高于标准值，升档前发动机转速偏高，必须采用加速踏板提前升档的操作方法（松开加速踏板几秒后再踩下）才能使自动变速器升入高速档或超速档。

（2）故障原因

故障原因有：①节气门拉索或节气门位置传感器调整不当；②节气门位置传感器损坏；③主油路油压或节气门阀调节油压太高；④强制降档开关短路；⑤ECU或传感器有故障；⑥自动变速器升、降档时滞过长的原因一般有两种：一种是节气门阀、调节器阀和换档阀失调或泄漏失控；另一种是换档执行元件失调或磨损。

5. 不能升档

（1）故障现象

汽车行驶中自动变速器始终保持在 1 档，不能升入 2 档或高速档；行驶中自动变速器可以升入 2 档，但不能升入 3 档或超速档。

（2）故障原因

故障原因有：①节气门拉索或节气门位置传感器调整不当；②车速传感器有故障；③相应的制动器或离合器有故障；④换档阀卡滞；⑤档位开关有故障。

6. 自动频繁跳档

（1）故障现象

汽车以前进档行驶时，即使加速踏板保持不动，自动变速器仍然会经常出现突然降档现象，降档后发动机转速异常升高，并产生换档冲击。

（2）故障原因

故障原因有：①节气门位置传感器有故障；②车速传感器有故障；③控制系统电路接地不良；④换档电磁阀接触不良；⑤ECU 有故障。

7. 不能强制降档

（1）故障现象

当以 3 档或超速档行驶时，突然将加速踏板踩到底，自动变速器不能立即降低一个档位，致使汽车加速无力。

（2）故障原因

故障原因有：①节气门拉索或节气门位置传感器调整不当；②强制降档开关损坏或安装不当；③强制降档电磁阀损坏或线路短路、断路；④阀板中的强制降档控制阀卡滞。

8. 挂档后发动机怠速易熄火

（1）故障现象

发动机怠速运转时将换档操纵手柄由 P 位或 N 位换入 R 位、D 位、3 位、2 位、1 位时发动机熄火；在前进档或倒档行驶中，踩下制动踏板停车时发动机熄火。

（2）故障原因

故障原因有：①发动机怠速过低；②阀板中的锁止控制阀卡滞；③档位开关有故障；④输入轴转速传感器有故障。

9. 无锁止

（1）故障现象

汽车行驶中车速、档位已满足锁止离合器起作用的条件，但锁止离合器仍没有产生锁止作用，并且汽车油耗较大。

（2）故障原因

故障原因有：①自动变速器油温度传感器有故障；②节气门位置传感器有故障；③锁止电磁阀有故障或线路短路、断路；④锁止控制阀有故障；⑤液力变矩器中的锁止离合器损坏。

10. 无发动机制动

（1）故障现象

汽车行驶时，当换档手柄位于前进低档（3 或 2、1）位置时，松开加速踏板，发动机转速降至怠速,但汽车没有明显减速;汽车下坡时,变速杆位于前进档,但不能产生发动机制动作用。

(2) 故障原因

故障原因有①档位开关调整不当;②变速杆调整不当;③2 档强制制动器打滑或低档及倒档制动器打滑;④控制发动机制动的电磁阀故障;⑤阀板故障;⑥自动变速器打滑;⑦ECU故障。

11. 变速器油液变质或变色

一般汽车每行驶 10000km 应更换变速器油液。正常使用中,变速器油液变质或变色的原因有高温、氧化或磨料污染,应查明摩擦(引起高温)或磨损(产生磨料)的部位。

第五节 自动变速器零部件损坏类型与检修方法

自动变速器控制系统主要零部件包括自动变速用节气门位置传感器、车速传感器、油温传感器、各类开关和执行机构等。

一、各类传感器结构与检测

1. 节气门位置传感器

节气门位置传感器(Throttle Position Sensor,TPS)将节气门开度转换成为电信号后,同时输出到发动机 ECU 和 TCU,作为其控制换档时机和变矩器锁止时机的主要信号之一。

自动变速器汽车用节气门位置传感器的结构要比普通节气门位置传感器复杂一些,触点多一些,如丰田轿车开关量输出型 TPS 的结构,详见图 1-25 及其注解。

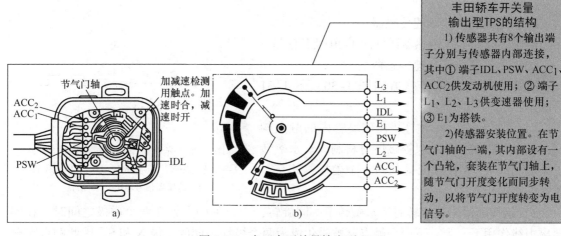

图 1-25 丰田车开关量输出型 TPS
a) 结构图 b) 原理图

2. 车速传感器

车速传感器(Vehicle Speed Sensor,VSS)一般安装于自动变速器的输出轴附近,如图 1-26 所示。

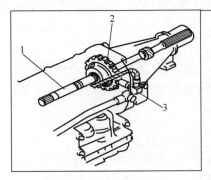

图1-26 车速传感器
1—输出轴 2—停车锁止齿轮 3—车速传感器

车速传感器的功能与种类
1) 车速传感器的功能是将汽车行驶的速度转换为电信号输入燃油喷射控制、怠速控制、防抱死制动控制、自动变速控制以及巡航控制等控制单元,以实现相应的控制功能。
2) 常用类型有光电式、电磁感应式和舌簧开关式3种,如图1-26~图1-31所示。

(1) 光电式车速传感器
光电式车速传感器的原理与电路如图1-27、图1-28所示。

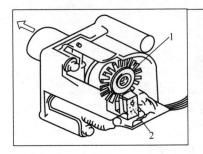

图1-27 光电式车速传感器
1—遮光板 2—光耦合部件

光电式车速传感器原理
1) 结构:由发光二极管、光电晶体管和遮光板等组成。
2) 工作原理:遮光板由速度表软轴驱动旋转,遮光板的凸齿与齿缺不断地挡住和让开发光二极管1的光线,利用光电晶体管的光电效应原理,有光时导通,产生高电平;无光时截止,为低电平;ECU根据电信号4的频率便可计算出车速。

(2) 电磁感应式车速传感器
电磁感应式车速传感器详见图1-29及其注解。
(3) 舌簧开关式车速传感器
舌簧开关式车速传感器如图1-30、图1-31所示。

1) 舌簧开关由一对封装在玻璃管内的触点构成,触点臂用铁、钴、镍等磁性材料制成。永磁转子一般制成N、S极相间排列的4个磁极,并与车速表的钢缆相连接。

图1-28 光电式车速传感器的电路
1—发光二极管 2—遮光板 3—光电晶体管
4—传感器信号输出 5—搭铁

2) 钢缆随输出轴旋转时,永磁转子一同旋转,当开关触点处在两个磁极之间时,在同向磁力线作用下,上、下两个触点臂被磁化成为两个极性不同的磁极N和S,因此触点在磁力作用下触点闭合。

3) 当开关的触点只受一个磁极作用时(图1-31b),由于上、下两个触点臂的磁力线方向相反,故在两个触点处将产生与转子磁极N的磁性相反的磁极S,因此,两个触点在磁力作用下断开,只要触点臂的固有振动频率大大高于转动磁极的变换频率,那么当永磁转子每转一圈,舌簧开关就会开闭4次,相应产生4个脉冲信号,ECU根据脉冲信号频率的高低便可计算出车速。

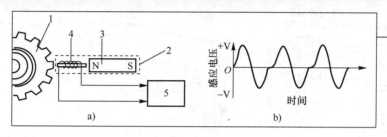

电磁感应式车速传感器原理

1) 电磁感应式车速传感器主要由永久磁铁、电磁感应线圈和车速传感器等组成,如图1-29a所示。
2) 利用变速器输出轴上的停车锁止齿轮充当感应转子,当输出轴转动时,感应转子上的凸齿不断地靠近或离开车速传感器,使感应线圈内部的磁通量发生变化,从而产生交变的感应电压,感应电压的频率与汽车转速成正比,ECU根据其频率大小便可计算出车速,并作为换档时机控制的主要依据之一。

图 1-29 电磁感应式车速传感器工作原理
a) 工作原理 b) 输出特性曲线
1—停车锁止齿轮 2—车速传感器 3—永久磁铁 4—电磁感应线圈 5—电控单元

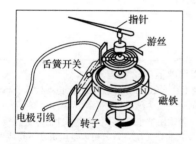

图 1-30 舌簧开关式车速传感器

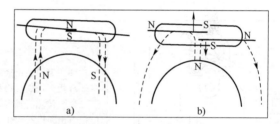

图 1-31 舌簧开关工作原理
a) 受两个磁极作用时闭合 b) 受一个磁极作用时断开

(4) 车速传感器应用情况

车速传感器多采用磁感应式和舌簧开关式。为实现车速传感器失效保护功能,自动变速器一般均配备有主车速传感器(2号车速传感器)和辅助车速传感器(1号车速传感器)。其安装位置随车型而异。当两只传感器均正常时,自动变速ECU只采用2号车速传感器信号来控制换档。当2号车速传感器发生故障时,自动变速ECU将自动切换1号车速传感器信号来控制换档。当两只传感器均失效时,自动变速ECU将停止自动换档。1号、2号车速传感器安装位置详见图1-32及其注解。

(5) 车速传感器的检测

1) 1号车速传感器检测方法:自诊断出现42号故障码时应检修1号传感器,见图1-33及其注解。

2) 2号车速传感器的检测方法:丰田汽车电控自动变速系统采用了1号、2号两只车速传感器。1号传感器有舌簧开关式、磁感应式和霍尔效应式3种。2号传感器大多数采用磁感应式,也有个别采用舌簧开关式。当自诊断测试结果出现61号故障码时,应当检修2号车速传感器。磁感应式车速传感器的检修方法详见图1-34及其注解。

1号、2号车速传感器安装位置

1) 2号车速传感器。安装在变速器延伸箱体上,信号转子安装在变速器输出轴上,如图1-32a所示。转子上的磁铁随输出轴一同转动,使传感器定子中的舌簧开关产生频率与车速成正比的脉冲信号,自动变速ECU根据信号频率高低便可计算出车速。

2) 1号车速传感器。一般安装在组合仪表板的车速表内,如图1-32b所示。

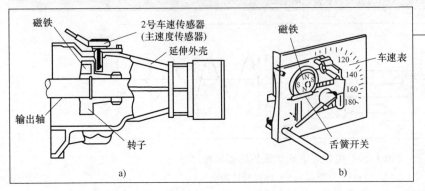

图1-32 丰田A140E型ECT的1号、2号车速传感器安装位置
a) 2号车速传感器 b) 1号车速传感器

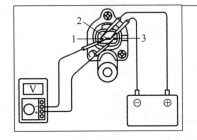

1号车速传感器的检测方法

1) 用万用表正极连接传感器信号输出端子3,蓄电池正极连接端子1。
2) 用万用表负极和蓄电池负极连接传感器信号输出端子2。
3) 当传感器轴每转一圈,信号输出端子3应输出20个脉冲信号,并相应使得万用表电压变化(从0到11V以上)20次。若万用表电压指示不变或无电压指示,则表明传感器失效,应予更换。

图1-33 1号车速传感器的检测

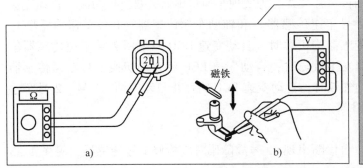

2号车速传感器的检测方法

1) 检测断路和短路故障。用万用表测量端子1、2之间电阻,应为620Ω。
2) 检测搭铁故障。测量任意端子与传感器壳体之间电阻,应为∞。
3) 检查传感器功能。如图1-34b所示,用交流电压档测量传感器端子1与2间电压,当用一块磁铁迅速靠近或离开传感器磁头时,其电压值应为3~5V。若无电压或电压过低,则表明传感器失效,应更换。

图1-34 2号车速传感器检测
a) 2号车速传感器检测电阻 b) 2号车速传感器检测功能

3. 油温传感器

变速器油温传感器详见图1-35及其注解。

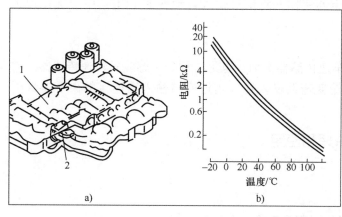

图1-35 变速器油温传感器
a) 油温传感器的安装位置 b) 电阻变化曲线
1—阀板 2—变速器油温传感器

变速器油温传感器
1) 它安装在自动变速器油底壳内的液压阀阀板上。
2) 用于监测变速器油温,作为ECU换档控制、油压控制、锁止变矩器控制的依据。
3) 其内部结构为一个具有负温度电阻形式的热敏电阻,其输出特性如图1-35b所示。

(1) 油温传感器的故障类型

油温传感器故障一般是断路和短路,及传感器电阻和温度值与标准不符。这些故障将影响变速器的换档品质和锁止离合器的工作,甚至引起无超速档故障。

(2) 油温传感器的检测方法

油温传感器的检测方法和检测标准见图1-36和表1-9。

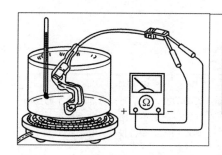

图1-36 油温传感器检测方法

油温传感器检测方法
检测时将温度传感器放入专用容器内加热,以测量不同温度下的电阻值,且与标准值(表1-9)对比,若出现异常,则必须更换传感器。

表1-9 丰田油温传感器检测标准

温度/℃	电阻/kΩ
0	4～7
20	2～3
40	0.9～1.5
60	0.5～0.8
80	0.2～0.4

4. 输入轴转速传感器

(1) 功能

输入轴转速传感器用于①监测自动变速器输入轴转速并将信号输入自动变速ECU,用于精确控制换档过程；②用于计算变矩器速比并将信号输入自动变速 ECU，用于优化锁止离合器锁止时间的控制。

（2）结构原理与安装位置

输入轴转速传感器的结构原理与车速传感器类似，也是一种电磁感应式转速传感器。它安装在液力变矩器涡轮输出轴（行星轮变速器输入轴）附近或与输入轴连接的离合器毂附近的壳体上。

二、各类控制开关的结构、原理和使用

1. 控制开关的种类与功能

控制开关主要有下列类型。

1）超速档开关。当其发生故障时将引起自动变速器无超速档。
2）换档模式开关。当其发生故障时将引起不能实现经济模式与动力模式的转换。
3）档位开关。其内部有多组触点，当其发生故障时将引起起动机不工作、倒车灯不亮、档位指示不准、不能升档等。
4）制动灯开关。当其发生故障时将引起变速杆不能从 P 位跳出等。
5）强制降档开关。当其发生故障时将引起自动变速器失去强制降档功能。

2. 换档模式选择开关及其驱动规律

换档模式（驱动模式）选择开关安装在变速杆旁，其外形如图 1-37 所示，图中"PWR"表示动力模式，"NORM"表示普通模式。

换档模式选择开关
1）换档模式选择开关的功能：用于选择自动变速器的控制模式，即选择其换档规律，以满足不同使用条件下使用要求。
2）换档模式类型：普通模式、经济模式、动力模式和手动模式。
3）各种模式的特点及其换档规律见图1-38～图1-40和表1-10、表1-11。

图 1-37　换档规律选择开关外形

表 1-10　丰田 A341E 型自动变速换档规律　　　　　　　　（车速单位：km/h）

档位	模式选择开关	节气门全开（或全关）							
		1→2	2→3	3→O/D	(3→O/D)	(O/D→3)	O/D→3	3→2	2→1
D 档位	NORM	53~61	104~115	164~176	(35~40)	(21~25)	159~171	97~107	43~48
	PWR	53~61	104~115	164~176	(35~40)	(21~25)	159~171	97~107	43~48
2 档位	NORM PWR	53~61	—					97~107	43~48
L 档位	NORM PWR	—							54~59

注：括号内数字表示节气门全关（减速）时的车速。

如上所述，电控自动变速器常用的换档模式有普通型、动力型和经济型 3 种。若仅提供普通型和动力型两种，那么普通型即相当于经济型。自动变速器型号不同，其换档规律也不尽相同。

比较图 1-38 与图 1-39 所示曲线上的节气门开度在 65%~85% 之间，见表 1-11。

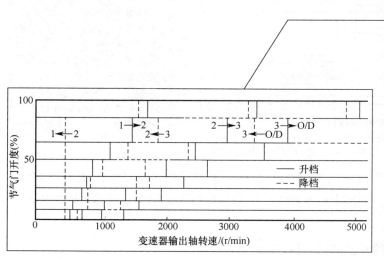

图 1-38　普通型换档规律曲线

普通型换档规律

1) 特点。普通型换档是指其动力性和经济性介于经济型换档模式和动力型换档模式之间的一种换档方式。其规律曲线如图1-38所示。

2) 用途。适用于一般驾驶条件下选用，可兼顾汽车的动力性与经济性。

3) 规律。在行驶过程中，当车速升高时自动升档；反之，车速降低时，自动降档。由规律曲线知：在节气门开度相同的条件下，相同档位的升档车速比降档车速要高，即降档曲线均处在升档曲线的左侧，以充分利用发动机的动力和提高燃油经济性。

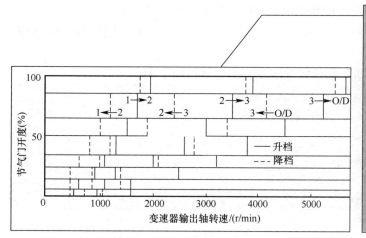

图 1-39　动力型换档规律曲线

动力型换档规律

1) 特点。动力型换档是使汽车获得最大动力性为目的的换档方式。其规律曲线如图1-39所示。

2) 用途。适用于坡道和山区条件下选用，通过改变换档时机和变矩器锁止时机，充分利用变矩器增加转矩的功能来提高汽车的动力性。

3) 规律。发动机经常处于大功率大转矩范围内运行，延迟升档，提前降档。由表1-10可知：在节气门开度相同的情况下，当变速器换入相同档位时，动力型规律车速要比普通型规律车速高得多，故其动力性也好得多。

表 1-11　NORM 型与 PWR 型换档规律比较　　（变速器输出轴转速单位：r/min）

档位	模式选择开关	节气门开度 65%~85%					
		1→2	2→3	3→O/D	O/D→3	3→2	2→1
D 档位	NORM	1500	3000	3900	3400	1900	400
	PWR	1700	3600	5100	4100	2400	1200

从表 1-11 中数据可知：当变速器换入相同档位时，动力型换档模式的变速器输出轴转速比普通型换档模式要高得多（高出 200~500r/min），故汽车动力性大为提高，因此，

PWR 特别适合于在道路坡度大、路面质量差、风阻大和山区的条件下采用。

经济型换档规律如图 1-40 所示。

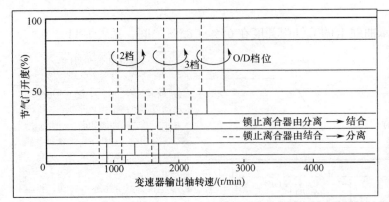

经济型换档规律

1) 特点。它是使汽车获得最佳燃油经济性为目的的一种换档方式。其规律如图1-40所示。

2) 用途。适用于道路条件良好的城市和高速公路选用。

3) 规律。汽车基本上以经济车速行驶，即发动机经常处于经济转速范围内运转。

图 1-40　经济型换档规律曲线

除上述 3 种模式外，还有手动换档模式（MANU）。手动换档模式可让驾驶人在 1 至 4 档间以手动方式选择合适档位，如同手动变速器一样地换档行驶，但不必踩离合器踏板。

3. 空档起动开关（NSW）

空档起动开关是一个由变速杆控制的多位多功能开关。

1）工作原理。当变速杆拨到某一位置时，变速杆连杆机构使得开关上的相应触点闭合，接通点火开关至 ECU 和档位指示灯之间的相应电路，ECU 根据空档起动开关输入的 N、2、L、R 4 个位置的高电平信号判断变速杆所处位置，若 N、2、L、R 4 个位置都无信号输入，ECU 则判定变速杆处于 D 档位。

2）功能与操作方法。空档起动开关操作方法及其功能详见图 1-41。

空档起动开关功能与操作方法

1) 变速杆拨到停车档P位或空档N位，起动继电器线圈电路才能接通，发动机才能起动，与此同时接通停车档P或空档N位指示灯电路，故又称空档安全开关。

2) 变速杆拨到倒档R位，接通倒档灯开关和倒档指示灯电路。

3) 变速杆拨到前进档D位，变速器可由1档顺序升至高档。

4) 变速杆拨到前进档2位，允许变速器由1档升至2档或从3档降至1档。

5) 变速杆拨到前进档1位或L位，变速器被锁止在1档。

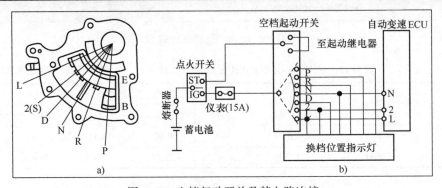

图 1-41　空档起动开关及其电路连接

a) 结构简图　b) 连接电路

第一章 汽车自动变速器故障诊断与检修

4. 多功能开关

多功能开关的功能与空档起动开关相同,仅结构形式不同。它安装在变速器壳体的手动阀摇臂轴上或变速杆上,且由变速杆控制。其结构与功能见图1-42,多功能开关电路如图1-43所示。

5. 超速开关(O/D)

超速开关如图1-44所示;O/D OFF 指示灯电路详见图1-45及其注解。

6. 制动灯开关

制动灯开关安装在制动踏板下面的支架上,其工作过程如下。

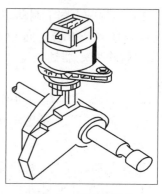

图1-42 多功能开关

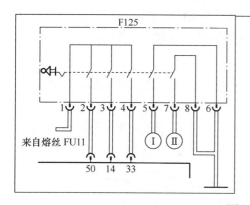

多功能开关的功能

1) 指示变速杆位置。其电路如图1-43所示,可通过对触点(2、3、4开与关)的多种组合,将变速杆位置(P、R、N、D、3、2、L)信息传给变速器控制单元。

2) 空档起动的控制。① 当变速杆处于P位或N位时,起动继电器才能接通,使点火开关工作,发动机才能被起动。② 与此同时,在换入前进档时中断起动机,即制止起动机在汽车进入行驶状态后啮合。

3) 倒档信号灯的开启。变速杆置于R位时接通倒档灯继电器,倒档信号灯开启。

图1-43 多功能开关电路

超速开关与 O/D OFF指示灯电路

1) 超速开关是位于变速杆上的一个按钮式开关,如图1-44所示,又称为O/D开关,其功能是控制变速器能否升到超速档行驶。同时,在组合仪表板上设有相应指示灯,称超速切断指示灯(O/D OFF),它受O/D开关控制,其控制电路如图1-45所示。

2) 如图1-45a所示,当按下O/D开关,到ON位置,开关触点断开,超速切断指示灯(O/D OFF)灭,12V电源经超速切断指示灯加到ECU上,此时若变速杆处于D位,则可最高升到超速档(相当于4档)。

3) 如图1-45b所示,当再次按下O/D开关,到OFF位置,开关触点接通,超速切断指示灯(O/D OFF)亮,ECU上的电源电压为0,此时若变速杆处于D位,则最高只能升到3档(无论道路条件多好,都不能升入超速档)。

4) 如图1-45a所示,当按下O/D开关ON位置,若变速器控制系统出现故障,则自诊断系统将自动切断O/D开关,到OFF位置,接通触点,点亮O/D OFF指示灯报警。

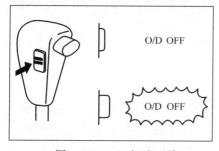

图1-44 O/D超速开关

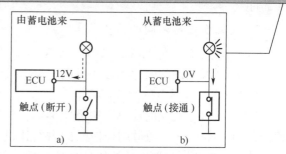

图1-45 O/D OFF 灯电路指示灯电路图

a) O/D 开关 ON,可接通 O/D 档位 b) O/D 开关 OFF,O/D 档位断开

1）当驾驶人踩下制动踏板时，制动灯开关接通，制动灯亮，同时从制动灯开关信号输入端子 STP（或 BK），向 ECU 发出一个高电平（电源电压）信号，ECU 收到此信号后，立即发出解除变矩器锁止命令，使锁止离合器分离，以防当车轮抱死制动时，发动机突然熄火。

2）当驾驶人未踩制动踏板时，端子 STP（或 BK）无信号输出，ECU 将按照正常工作程序，控制液力变矩器的锁止与分离。

7. 驻车制动灯开关

驻车制动灯开关又称停车制动灯开关，受驻车制动手柄控制，其工作过程如下。

1）当拉紧驻车制动手柄时，停车制动灯开关接通，制动警告灯亮，ECU 将接收到一个低电平（0V）信号，此信号通知 ECU 驻车制动手柄已经拉紧。

2）当驻车制动手柄放松时，停车制动灯开关断开，制动警告灯熄灭，同时电源电压经制动警告灯从驻车制动灯开关信号输入端子 PKB，向 ECU 发出一个高电平（12V）信号。ECU 收到此信号后，将控制悬置系统减小（汽车起步或换档时）车尾的下降量。

8. 控制开关故障主要原因与检测方法

1）控制开关故障的主要原因有①开关的安装位置不当，引起开关信号不正确；②长期使用后引起内部触点接触不良。

2）检查方法。一般用万用表检测两个端子的通、断情况即可。档位开关内部有多个触点，应分别测量。

三、自动变速器的执行机构及其检修

1. 执行机构的分级

自动变速器的执行机构分为三级。

（1）直接执行器

电控自动变速器的直接执行器为电磁阀。

（2）中间执行器

中间执行器包括换档阀、锁止信号阀、锁止继动阀等液压阀。电磁阀接受 ECU 的控制指令后，再控制液压控制系统的各种中间执行器的动作。

（3）末端执行器

末端执行器包括换档离合器、换档制动器、锁止离合器、齿轮变速机构以及液力变矩器等部件。

2. 液压换档电磁阀的检测

（1）1号、2号电磁阀的检测

1号、2号电磁阀的检测方法见图 1-46。

（2）3号、4号电磁阀的检测

3号、4号电磁阀的检测方法见图 1-47。3号和4号电磁阀线圈通过的电流都是线性连续变化的，且由 ECU 通过调控信号的占空比进行控制。4号电磁阀的功能是通过控制作用在换档离合器和制动器上的油压使换档平稳。仅有部分自动变速器装备这两个电磁阀，如凌志 LS400 轿车的 A341E 型和 A342E 型。当自诊断测试结果出现 64 故障码时，应当检查 3号

锁止电磁阀；当出现46故障码时，应当检查4号蓄压器背压调节电磁阀。

1号、2号换档电磁阀的检测方法

1) 检测断路和短路故障。用万用表测量接线端子与壳体之间电阻，线圈电阻应为11~15Ω，如图1-46a所示。若电阻为∞，则为线圈断路；若电阻过小，则为短路。无论断路或短路，均应更换电磁阀。

2) 检查电磁阀功能。如图1-46b所示，将电磁阀接线端子接蓄电池正极，壳体接负极，此时电磁阀的阀芯应当移动并发出"咔嗒"响声；当切断蓄电池电路时，阀芯应当迅速复位。若阀芯不能复位，则应修理或更换电磁阀。

3) 检查电磁阀密封性。如图1-46c，对电磁阀进油口施加490kPa压缩空气，当电磁阀线圈不接电源时，进油孔与泄油孔间应不通气，否则电磁阀损坏；当接上电源后进油孔与泄油孔间应通气，否则电磁阀损坏。

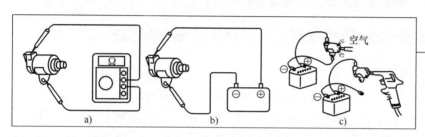

图1-46　1号、2号换档电磁阀检测
a) 检查电阻　b) 检测功能　c) 检查密封

3号、4号电磁阀的检测方法

1) 检测断路和短路故障。如图1-47a所示，用万用表测量线圈的两个接线端子之间的电阻，3号应为3.6~4.0Ω，4号应为5.1~5.5Ω。若电阻为∞，则表明线圈断路；若电阻过小，则表明线圈短路。无论断路或短路，均应更换电磁阀。

2) 检查电磁阀功能。如图1-47b所示，将蓄电池正极串联一只12V、8~10W灯泡后连接到电磁阀端子1上，负极连接到端子2上，此时，电磁阀的阀芯应向右移动(注意：通电电流不得超过1A)；当切断电流时，电磁阀的阀芯应向左移动。若阀芯不动，应修理或更换电磁阀。

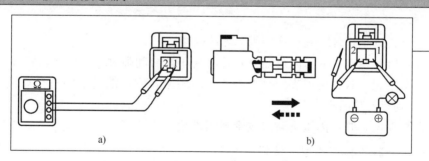

图1-47　3号、4号电磁阀检测
a) 检测电阻　b) 检测电磁阀功能

3. 油压控制电磁阀的检测

（1）油压控制电磁阀的功能与工作原理

油压控制电磁阀用来调节油路中的油压，其结构与换档电磁阀相似，不同之处在于控制电磁阀的工作信号不是恒定不变的电压信号，而是脉冲电信号。电磁阀在脉冲信号作用下反复开关卸油孔，以此控制油路压力。

（2）油压控制电磁阀的故障类型

油压控制电磁阀损坏的形式与换档电磁阀基本相同，有电磁阀电路断路、短路或接触不良，电磁阀阀芯卡滞及密封不严等。

当其出现问题时，会引起油路压力过高或过低。油压过高将引起换档冲击；油压过低容易引起自动变速器打滑、频繁跳档等故障。

（3）检测方法

1）测量电磁阀线圈两端的电阻，应为 $3 \sim 5\Omega$。

2）在电磁阀线圈两端加上可调电源，当逐渐增大电压时，电磁阀的阀芯应向外移动；当减小电压时，阀芯应向内移动，否则表明电磁阀损坏。

四、自动变速器五种主要零部件损坏类型与检修方法

1. 液压泵的损坏类型与检修

液压泵一旦发生故障会对整个自动变速器液压系统产生影响，而不是单独影响某一档位的工作。液压泵故障对每一档的影响是不同的，一般对低档影响大，而对高档影响小。总的来说，液压泵故障能引起在前进档和倒档时车辆均不能移动，前进档和倒档起步无力，自动变速器打滑，叶片泵故障将引起自动变速器换档冲击、异响等故障。

损坏形式及原因如下。

1）液压泵的叶片折断。其原因可能是有异物进入、疲劳断裂、装配时受伤或材料质量差。

2）泵壳断裂。其原因与1）相同。

3）转子的定位套磨损。转子的定位套与变矩器壳体直接连接在一起，如出现滑移，就不能带动转子工作，液压泵也就不能工作。其原因一般是使用时间过长而磨损。

4）叶片泵回位弹簧折断或弹性不足。其原因可能是疲劳断裂、装配时受伤或材料太差。

5）液压泵传动轴损坏。其损坏原因与4）相同。

6）叶片泵叶片发卡。其原因可能是叶片与转子配合间隙过小、油质过脏等。

7）液压泵磨损。观察磨损表面是否平整，若不平，则可能是油中有杂质造成的；若磨损表面平整，则是自然磨损。

8）液压泵泄漏。其原因是密封垫或密封圈破损。

2. 换档离合器的损坏类型与检修

（1）摩擦片损坏形式及原因

1）摩擦片烧焦，颜色发黑。原因可能是自动变速器油温过高、离合器打滑。引起单组离合器摩擦片烧焦的原因可能是活塞密封圈破坏、离合器自由间隙过小、离合器毂或离合器液压缸壁上的单向阀损坏。

2）摩擦片上的铜基粉末冶金层合成纤维层不均匀脱落。原因可能是摩擦片没有经过自动变速器油浸泡就装配使用、摩擦片质量有问题。

3）摩擦片弯曲变形。原因可能是离合器摩擦片工作时局部温度过高、机械原因。

4）摩擦片和钢片烧结在一起。原因可能是温度高或摩擦片过度磨损。

(2) 离合器活塞损坏形式及原因

1) 活塞密封圈破损。原因可能是油温过高橡胶密封圈硬化、密封圈更换时受损、使用时间过长橡胶老化。

2) 活塞变形，密封不严。原因可能是温度过高或装配不当。

3) 活塞回位弹簧不良。原因可能是弹簧数目不正确、弹簧弹力不足、弹簧折断。

4) 活塞上的单向阀卡滞或密封不良。原因可能是油中有杂质或阀球磨损。

3. 制动器的损坏类型与检修

(1) 制动器常见损坏形式及原因

片式制动器与离合器由于结构大致相同，损坏形式及原因也基本相同。下面重点介绍带式制动器损坏形式及原因。①制动器损坏形式有制动带磨损材料烧焦、制动带耐磨材料脱落、制动带变形。②制动带推杆损坏形式有推杆磨损、弯曲变形、推杆调整不当。其原因可能是外力作用或调整过度造成。

(2) 制动带的调整

1) 外观检查。外观上如有缺陷、碎屑、摩擦表面出现不均匀磨损、摩擦材料剥落、摩擦材料上印刷数字部分磨损，或者有掉色、烧蚀痕迹（外观颜色发黑）现象，只要有上述问题中的任何一项，就必须更换制动带。

2) 液体吸附能力检查。用无毛布把制动带表面的油渍擦掉后，用手轻按制动带摩擦表面，应能挤出油，挤出的油越多，说明摩擦表面含油性越好。如轻压后，没有油挤出，说明制动带摩擦表面上的含油层已被磨损，如继续使用，将很快被烧蚀，必须更换。

制动带从变速器中拆出后，最好用铁丝加以固定，保持原有形状。在检查和维修过程中严禁将制动带展平、弯曲或扭转。那样做会引起摩擦衬套面破裂或表面剥落，严重时还会造成制动带变形，使制动带无法和它所固定的部件保持比较均匀的工作间隙，使制动带的推杆无法完全入位（不完全入位，工作时会造成推杆脱落，制动带失效）。

(3) 制动鼓的检查

与制动带配合工作的制动鼓摩擦表面也需要检查。铸铁制动鼓摩擦表面上如有刻痕，可用180号砂布沿旋转方向打磨。钢板冲压的制动鼓，检查时把钢尺立在制动鼓的摩擦表面上，检查鼓表面的垂直度。鼓的摩擦表面磨成盘形状，会使制动带的制动效能严重削弱。因此，磨损变形的制动鼓必须更换。

4. 行星齿轮机构的损坏类型与检修

在自动变速器全部零件中，行星齿轮机构的寿命是最长的，它们不承受任何换档冲击，在正常使用的条件下其工作寿命不低于40万km。其中太阳轮和齿圈几乎无损坏的可能，行星轮自身损坏的可能性也很小，唯一可能出现问题的是行星轮架。

(1) 行星齿轮机构故障

同手动变速器一样，行星齿轮可能引起的故障主要是齿轮折断、轴承磨损等。将损坏部件更换后，故障就可排除，但其任一机械部件的损坏必然引起前后两侧相邻部件的磨损甚至损坏，此时需仔细检查，尤其对磨损部件，应检查是否有继续使用的可能。

变速齿轮机构能引起的故障如下。

1) 异响。①行驶中突然产生很大的异响，然后车辆不能行驶。此类故障是由于有严重的损坏造成，主要原因可能有输入、输出轴断裂，齿圈、太阳轮鼓、齿轮等断裂，行星轮从行星架中脱出等。这类故障只要打开变速器后便可迅速发现。②车辆能够行驶，但自动变速器内部有异响。此类故障在拆解时应注意检查推力轴承是否烧结、解体。常见的止推垫片有平止推垫片和带固定爪的止推垫片。带爪的止推垫片有3个固定爪的，也有4个固定爪的。固定爪脱落，垫片自动转动也可引起异响。③不能升档。变速机构造成的不能升档的原因可能是由于齿圈和离合器烧结在一起，离合器失去其应有的作用，从而引起不能升档。

2）撞击声。撞击声主要在以下两种情况下出现：在起动状态踩住制动踏板，将变速杆从P或N位挂入D或R位时，变速器内部发出撞击声；行驶中急加速或急减速时有撞击声。引起撞击声的原因可能有各部分配合间隙过大、止推垫片磨损过度、止推垫片或推力轴承漏装。

(2) 常见损坏形式及原因

1）行星轮从行星架上脱落是较常见的故障。原因是配件质量差。

2）行星轮与行星架间隙过大，原因是自然磨损。

3）卡环脱落，原因是配件质量差或拆卸时将卡环撬变形。

5. 自动变速器控制阀的损坏类型与检修

自动变速器阀体是控制中心，若出现故障能引起各式各样的故障，如不能行驶、打滑、驱动无力、换档冲击、频繁跳档等。

(1) 常见损坏形式及原因

1）阀体柱塞卡滞或拉伤。原因是油中有杂质。

2）弹簧长度变化或折断。原因是弹簧疲劳或受伤等。

3）阀体内的单向球阀钢球与阀座密封不严。原因可能有钢球磨损、阀座磨损。可将钢球放在阀座上，用手电筒座的另一面照射，检查钢球与阀座的透光性。这种情况是因磨损、油中有杂质等原因造成。

4）滤网堵塞。原因是油中有杂质。

5）泄油孔堵塞。原因是油中有杂质。

6）油路泄漏。原因是螺栓扭矩不足、螺栓滑丝或阀板变形。

7）阀体铸件有砂眼。原因是配件质量差。

8）油道之间有腐蚀、变形处。原因是腐蚀或维修时将油道损伤。

(2) 检查方法

1）目测柱塞有无损伤、弹簧有无折断、钢球有无磨损、阀座有无磨损、滤网有无堵塞、阀体内有无脏物、阀板有无腐蚀、阀板衬套有无损坏等。

2）试验检查柱塞有无卡滞、钢球是否被磁化等。

3）测量阀体螺栓紧固力矩是否符合标准，检查阀板弹簧规格是否符合要求、钢球直径是否符合标准。

第六节　自动变速器故障诊断检修案例

【案例1-3】　上海大众朗逸轿车挂倒档不走车

1. 故障现象

一辆上海大众朗逸1.4TSI型轿车，搭载DQ200型7速DSG变速器，行驶里程

16021km。车主反映挂倒档时不走车,挂前进档走车,采用手动档模式时只有 1 档,同时档位指示灯闪烁。

2. 故障诊断与排除

1)输入轴结构特点。该输入轴 2 被设计成空心轴,如图 1-48 所示,安装在输入轴 1 的外侧,通过花键与 K2 相连,用于驱动 2、4、6、R 档。为了记录变速器输入转速,轴上有变速器转速传感器 G612 的靶轮。因为该车有偶数档位,所以判断应该不是输入轴 2 机械故障,有可能是倒档控制阀损坏导致倒档不能正常挂入。也可能是倒档控制阀的线路连接有问题。查资料可知,DSG 变速器传输组 1、2 的控制阀都集成在机电单元中。

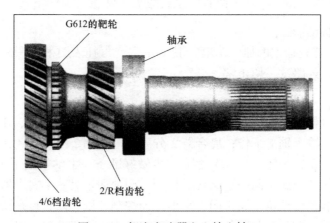

图 1-48　朗逸变速器空心输入轴 2

2)读故障码。①用大众专用诊断仪 V. A. S5052A 测变速器电子设备,显示故障码 05964:"部分传送 2 中的阀 1,电器故障"(图 1-49),该故障码不能清除。②检测发动机电子装置,显示故障码 05668:"要求—故障灯开,主动"(图 1-50),该故障码可以清除。

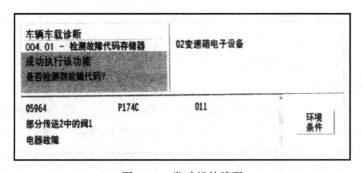

图 1-49　发动机故障码

3)阅读数据块。通过阅读数据块发现,变速器电控单元能接收到档位信号,说明 F319 信号与变速器通信正常。测量 J743 的正极供电(T25/9、T25/25),正常,接地(T25/6、T25/24)也正常。

4)检测机电单元内部倒档控制阀。通过以上检查,怀疑机电单元内部倒档控制阀损坏。于是连接 V. A. S5052A 诊断仪,使用引导性功能,将档位设置在空档位置,并放出齿轮油,更换 DQ200 机电单元。重新加注齿轮油。再次进入引导性功能,执行变速器完整的基

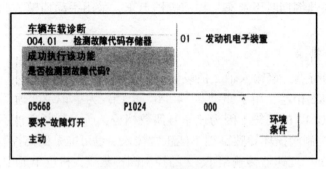

图 1-50 变速器故障码

本设定，最后故障自动清除。

5）路试检查。首先挂入倒档，车辆行驶，正常；再挂入 D 档位或采用手动档模式时，档位能够升到 7 档，经路试一切正常。

3. 维修小结

该变速器的离合器 1 控制 1、3、5、7 档，离合器 2 控制 2、4、6、R 档。当挂上奇数档时，离合器 1 接合，输入轴 1 工作；离合器 2 分离，输入轴 2 不工作。在工作过程中总是有两个档位结合：一个正在工作，另一个为下一步做好准备。手动模式下可以进行跳跃降档，如果起始档位和最终档位属于同一个离合器控制，则会通过另一个离合器控制的档位转换一下。如果起始档位和最终档位不属于同一个离合器控制，则可以直接跳跃降至所定档位。判断机电单元故障之前，首先要判断外围线路是否正常；更换机电单元时，要测量换档柱塞的长度，应为 25mm，并且要做拆卸和安装的基本设定。

【案例 1-4】　一汽-大众迈腾轿车偶尔不走车

1. 故障现象

一辆一汽-大众迈腾 1.8TSI 轿车，搭载 02E 型 6 速 DSG 变速器，行驶里程 124203km。车主反映车辆在行驶中，仪表板档位指示灯突然闪烁，感觉加速时发动机动力没问题，但车辆不走车。熄火后再次起动，故障消失，车辆又可以正常行驶。此故障已发生过几次。

2. 故障诊断与排除

1）故障初步判断。车主描述车辆出现故障时的特征："只要将车辆熄火后，再起动故障就会消失，然后车辆一切正常。此车的故障发生时间不确定。"据此，将车挂档后加速，发现发动机动力没问题，说明问题出在变速器上。初步分析变速器故障可能的原因：①变速器电控单元供电、搭铁或传感器以及线路故障；②变速器电控单元本身故障；③变速器机械故障或 ATF 有问题。

2）检查变速器电控单元的供电和搭铁。检查变速器电控单元的供电和搭铁，确认没有问题。将车辆交给车主自行试车，并告知当车辆出现故障时让车主不要做任何处理原地等待救援。

3）故障再现。车主发现故障再现，维修人员赶到现场后试车，但无论挂任何一个前进档均不走车，档位指示灯不停地闪烁。

4）读取故障码。用 V.A.S6150A 检测仪检测发动机、制动、停车制动、仪表电控系统,均存储故障码49409:"变速器控制单元无通信,静态"(图1-51)。

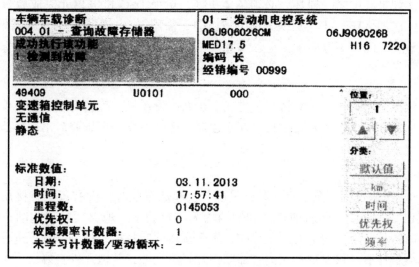

图1-51 检测变速器故障码

5)测量变速器电控单元。根据故障现象和故障码分析,更加验证故障原因出在变速器上。①在故障状态下,测量变速器电控单元T25/9正极供电端子(图1-52),正常;②再测量带负载下T25/8和T25/24搭铁端子(图1-53),正常。③然后将变速器供电熔丝SB8拔下,再插上,故障消失。车辆可以正常行驶。

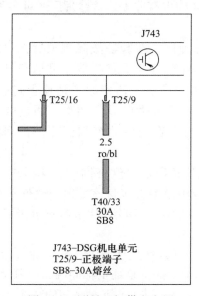 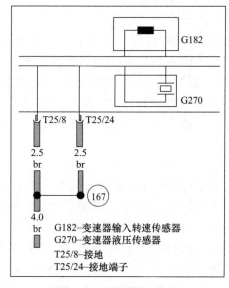

图1-52 测量正极供电电压　　图1-53 测量接地电压

6)更换变速器电控单元J743。根据以上分析和测量,判断为变速器电控单元J743本身故障,更换J743后故障排除。跟踪该车3个月未发生此故障,确认故障已经彻底排除。

3. 维修小结

02E变速器重量为94kg,最大转矩为320N·m,离合器采用两组多片湿式离合器,有6

个前进档和1个倒档,操作模式为自动档位和手动档位。02E电控单元与滑阀箱为一体,统称机电单元。如果其中之一损坏,必须整体更换。更换DSG机电单元完成后,需注意ATF加注量:第一次加ATF7.2L(更换ATF加5.5L),需用V. A. S6150A对变速器做基本设定。

【案例1-5】 一汽奥迪Q5轿车换档冲击

1. 故障现象

一辆一汽奥迪Q5城市SUV轿车,搭载2.0TFS1发动机,配备采埃孚公司生产的型号为8HP55(奥迪命名OBK)型8速手自一体变速器。在其他修理厂维修后出现换档冲击,问题一直未能解决。

2. 故障诊断与排除

1)第一次送修过程。车主反映某天早晨首次起动车辆时,没有预热直接加速起步,突然听见"嘎巴"一声响,随后前进档和倒档均无法行驶了。熄火后重新起动车辆,将要再次挂档起步时听见变速器内部有严重异响。车主直接呼叫救援,拖到修理厂进行维修。修理人员将变速器解体后,仅发现一组离合器摩擦片轻微烧蚀,其他元件良好。

由于该修理厂缺少关于Q5变速器的相关资料,所以不清楚此烧蚀的离合器是负责哪几个档位动力传递的。但不管怎样,既然离合器摩擦片烧蚀,自然会采取先换掉再做进一步分析的方法。更换过新的离合器摩擦片后,重新将变速器装车进行路试,结果前进档和倒档莫名其妙地恢复正常,挂档时变速器无任何异响了。但新的问题又出现了。在换档时,无论升档或降档都略有冲击感,且没有规律性,无法确定是在哪个特定换档点上。有时3—2档冲击,有时2—1档冲击,有时2—3档冲击,有时3—4档也有冲击。该修理厂经过多番研究,也未发现问题所在。

2)第二次送修过程。车主后来又找到另一家修理厂。在验证故障现象后,决定先进行基本设定。因为新款车型变速器在维修后需要做匹配和自适应调整才可达到最佳运行状态,于是维修技术人员利用大众专用诊断仪5054,将该变速器原自适应值进行删除,并进行变速器相关设置,同时又按照维修手册要求进行道路自适应调整。通过匹配和自适应调整后,该车换档感觉有明显好转。但偶发性与不确定性的个别档位冲击问题仍然存在。

3)向4S店求助。4S店维修技术人员在了解上述情况后,经查询该变速器相关数据,发现该变速器所用软件不是最新版本。于是又通过专用设备直接将该变速器软件从02A011版本升级到最新的10版本。升级后相当于把原来的自适应值删除。完成升级处理后又进行了道路试验,问题丝毫没有得到改善。

4)怀疑液压控制阀体出现问题。在反复试车都不见好转的情况下,怀疑液压控制阀体出现了问题。根据该车使用年限和行驶里程,该元件不可能过早地出现问题。但对于一个新产品来讲,也有可能存在一些小问题。于是决定"死马当活马医"。拆卸阀体进行解体检查,当分解该变速器阀体时发现,该阀体与6HP系列的变速器相似,阀体中间隔板垫是带密封胶的那种一次性的垫子,不可重复使用。经仔细检查终于发现问题点——在阀体中间隔板上有被单向阀明显冲击出的痕迹。这充分说明,严重的冲击痕连是由于系统压力不稳定面造成的。在过去,只有行驶里程达到一定程度后,阀体隔板才可能出现这种严重冲击痕迹的现象。

5）更换机电控制模块总成。与车主沟通之后，订购了一块新的机电控制模块总成。经过在线编程、基本设定后，通过路试，故障终于得到了彻底排除。

【案例 1-6】　上海大众帕萨特轿车档位指示灯闪烁

1. 故障现象

一辆上海大众全新帕萨特轿车，搭载 CEA 型 1.8TS1 发动机、0AM 型双离合变速器，行驶 81132km，仪表板上档位指示灯闪烁、发动机故障灯点亮，车辆只能依 2、4、6 偶数档行驶。

2. 故障诊断与排除

1）读取故障码。连接故障诊断仪，对发动机、变速器系统进行检测，发现变速器控制单元中存储有故障码（图 1-54），发动机控制单元中存储有故障码（图 1-55）。

02 - 变速箱电控系统 (KWP2000 / TP20 / 0AM300058L　/ 5272 / 043)

事件代码	SAE 代码	事件文字
05636 000	P1604	控制单元损坏 tbd

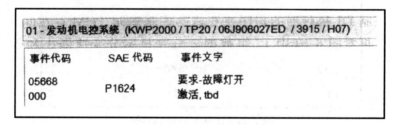

图 1-54　变速器控制单元中存储的故障码

01 - 发动机电控系统 (KWP2000 / TP20 / 06J906027ED　/ 3915 / H07)

事件代码	SAE 代码	事件文字
05668 000	P1624	要求-故障灯开 激活, tbd

图 1-55　发动机 ECU 中存储的故障码

2）查看软件版本与读取数据流。查看变速器控制单元软件版本为 4542，存在更新版本；查看数据流 52 组机电控制单元“基础设定”情况，显示为 655350km，即该控制单元未执行过基础设定。首先将变速器软件版本升级到 5272，然后再执行基础设定，经试车，故障依旧。接着查看 R 档位、D 档位数据流（图 1-56、图 1-57）。

3）读取数据流。用诊断仪故障“引导功能”读取数据流（图 1-58）

4）数据流分析。

① 首先，看挂入 R 档位时的数据流，图 1-56 中 130 组 2 区显示的是 1/3 档执行器的位置。正常情况下，挂入 R 档位后，该数值应趋向于 0；而此处显示的却是 8.80mm。

② 160 组 2 区显示的是 6/R 档位执行器的位置，正常情况下，挂 R 档位后，数值应为 8mm 左右；而从图 1-56 中可以看到，挂入 R 档位后，130 组 2 区和 160 组 2 区数据都在 8mm 左右，即 D1 档位和 R 档位执行器此时都处于结合状态，这明显是不正确的。

③ 再看挂入 D 档位时的数据流。在图 1-57 中，130 组 2 区显示的是 1/3 档执行器的位置。正常情况下，挂入 D 档位后，数据应为 8mm 左右。140 组 2 区显示的是 2/4 档执行器

02 - 变速箱电控系统 (KWP2000 / TP20 / 0AM300058L / 5272 / 043)

名称列	RDID	数值
130.2	-----	8.60 mm
140.2	-----	0.10 mm
150.2	-----	-1.10 mm
160.2	-----	8.40 mm
91.2	-----	1.60 mm
111.2	-----	3.00 mm
4.1	-----	R

图 1-56　R 档位异常数据流

02 - 变速箱电控系统 (KWP2000 / TP20 / 0AM300058L / 5272 / 043)

名称列	RDID	数值
130.2	-----	8.60 mm
140.2	-----	9.30 mm
150.2	-----	-1.10 mm
160.2	-----	0.20 mm
91.2	-----	1.60 mm
111.2	-----	3.00 mm
4.1	-----	D

图 1-57　D 档位异常数据流

地址列	ID	测量值	数值	单位
02	12.1	12_1规定条件1	断开	
02	12.2	12_2 规定条件2	接通	
02	12.3	12_3电源电压1	0.1	V
02	12.4	12_4电源电压2	13.9	V
02	13.1	13_1 电源电压端子30	13.8	V
02	13.2	13_2 电源电压端子15	13.8	V
02	13.4	13_4 V401电源电压端子30	13.8	V
02	70.1	70_1 索引驱动器1目标压力	16.00	bar
02	70.2	70_2 索引驱动器1规定压力	0.00	bar
02	75.1	75_1 索引驱动器2目标压力	13.60	bar
02	75.2	75_2 索引驱动器2规定压力	13.63	bar

图 1-58　故障数据流

的位置，正常情况下，挂入 D 档位后，数值应依然趋向于 0。而从图 1-57 中可以看到，挂入 D 档位后 130 组 2 区和 140 组 2 区数据都显示执行器在结合状态，即 D1 档位和 D2 档位都处于结合状态。由以上可以看出：控制 D1 执行器的程序或变速器控制单元存在问题。

5）为了避免误判

执行以下操作。① 再看图 1-58 中 12 组数据，分别显示分变速器 1 和分变速器 2 的电压，正常情况下，打开点火开关，1 区和 2 区即显示接通，3 区和 4 区显示电源电压。而从图 1-58 中实际数据可以看到，1 区显示的是"断开"，3 区却显示的是 0.1V。数据明显不正常。

② 最后，再看一下图 1-58 中的 70 和 75 组数据，分别显示了分变速器 1 和分变速器 2 的系统压力。正常情况下，打开点火开关，规定压力应在 13～16bar（1bar = 10^5Pa）。而在图 1-58 所示的实际数据中可以看到，70 组 2 区规定压力显示为 0，也不正常。变速器之所以只有偶数档，很可能与档位执行器的位置数据异常、变速器系统压力异常有关，很可能是控制单元监测到 D1 档位执行器数据异常后，就自主切断了分变速器 1 的工作所致。

6）更换机电控制单元。果断更换机电控制单元，故障排除，车辆恢复正常。

3. 维修小结

该变速器换档执行器共有 4 个，分别是 1/3 档执行器、2/4 档执行器、5/7 档执行器、6/R 档位执行器。数据流里显示的数据是由执行器（手动变速里称之为拨叉）行程传感器获得。

将变速杆置于 P 位时，D1 档位和 R 档位执行器都处于结合状态。正常数据流如图 1-59 所示。将变速杆置于 R 位时，R 档位执行器处于结合状态，正常数据流如图 1-60 所示。

图 1-59　P 档位正常时的数据流

将变速杆置于 N 位时，D1 档位执行器处于结合状态，正常数据流如图 1-61 所示。将变速杆置于 D 位时，D1 档位执行器处于结合状态，且离合器 K1 处于将要结合状态。

将点火开关置于 ON 位置，连接故障诊断仪，用故障引导功能读取的车辆恢复正常后的数据流如图 1-62 所示。

```
02-变速箱电控系统 (KWP2000 / TP20 / 0AM300058L / 4562 / 043)
名称列           RDID    数值
130.2            -----   -0.40 mm
140.2            -----    0.20 mm
150.2            -----   -0.40 mm
160.2            -----    8.20 mm
91.2             -----    1.60 mm
111.2            -----    6.40 mm
4.1              -----    R
```

图 1-60　R 档位正常时的数据流

```
02-变速箱电控系统 (KWP2000 / TP20 / 0AM300058L / 4562 / 043)
名称列           RDID    数值
130.2            -----    8.80 mm
140.2            -----    0.20 mm
150.2            -----   -0.40 mm
160.2            -----    0.10 mm
91.2             -----    1.60 mm
111.2            -----    2.20 mm
4.1              -----    N
```

图 1-61　N 档位正常时的数据流

地址列	ID	测量值	数值	单位
02	12.1	12_1规定条件1	接通	
02	12.2	12_2规定条件2	接通	
02	12.3	12_3电源电压1	13.7	V
02	12.4	12_4电源电压2	13.7	V
02	70.1	70_1索引驱动器1目标压力	16.00	bar
02	70.2	70_2索引驱动器1规定压力	15.98	bar
02	75.1	75_1索引驱动器2目标压力	13.60	bar
02	75.2	75_2索引驱动器2规定压力	13.59	bar

图 1-62　车辆恢复正常后的数据流

第一章　汽车自动变速器故障诊断与检修

【案例1-7】　奥迪A4L轿车无级变速器软件故障

1. 故障现象

一辆奥迪A4L1.8T发动机，搭载8档CVT手自一体OAW型变速器，行驶里程110000km，车主描述该车变速器警告灯点亮，起步加速无力且有耸车现象，同时发动机还有加不上油的情况（其实是发动机限矩功能的表现）。

2. 故障诊断与排除

1）读取故障码。车辆进厂后未急于试车，而是利用故障诊断仪进行系统检测，在变速器系统中检测到3个故障码，分别是①P1741，"离合器匹配达到极限，主动/静态"；②P1743，"离合器打滑监控信号太高，主动静态"；③P1774，"离合器温度监控，被动/偶发"。

2）清除故障码，进行试车。清除故障码进行试车，结果发现正如车主所描述的那样，挂前进档怠速无爬行能力，需要加速且冲击一下才能行驶。同时在起步低速运行过程中，还有耸车现象。行驶一会儿变速器故障指示灯再次被点亮。以上3个故障码再次显现。

3）对故障码的分析。根据以往维修奥迪CVT的经验，在故障码提示下进行分析。首先就故障码P1741来说，一般都是液压系统存在故障导致离合器在自适应匹配条件下的匹配能力受限，从而因自适应匹配空间超出极限范围，并达到设定形成故障码的条件，进而导致变速器进入应急模式。因此，在大多数情况下更换液压控制单元（滑阀箱）即可解决。另外，针对P1743故障码来说，往往是由于控制单元检测到离合器自身的滑移量（打滑量）过大而被存储，因此，一般在确定从滑阀箱到离合器终端油路不存在问题的情况下，修理或更换离合器即可解决。而对于P1774故障码就更容易理解了，很可能是因离合器打滑而导致温度过高，因此，解决了离合器打滑的问题也就解决了这个故障码的问题。通过以上分析说明，要想解决问题就必须要解体变速器检查维修。

4）解体变速器逐一检查每个部件。解体变速器后，逐一对每个部件进行检查，并重点对离合器和滑阀箱进行检测。但都没有发现明显问题。同时链传动部分也完好无损，无任何磨损现象。在这种情况下，问题很可能出在液压控制系统方面。所以决定更换滑阀箱和离合器，包括其他密封元件。

5）重新组装变速器并试车。重新组装变速器并装车路试，开始在冷车状态下起步爬行，加速行驶都基车正常。本以为故障解决了，可是当变速器油温上升到约40~50℃后，故障现象又重现，同时故障指示灯也再次点亮，经检查，依然还是那3个故障码。另外，发现前进离合器匹配不能成功，而倒档很容易成功。此时才感觉该车的问题并不简单。

6）扫描相关动态数据。于是通过诊断仪来扫描相关动态数据。由于倒档是好的，故可以进行动态数据的比较分析。在反复阅读并对比各项数据后，终于发现只有一项数据有些异常，那就是变速器安全冷却控制电磁阀N88的驱动指令电流在R档位时几乎没有波动并保持在595mA，而在D档位时波动较大，一般都会在0~605mA之间变化，而其他数据几乎相差不多。

为什么只有N88电磁阀的驱动数据在R档位和D档位有区别呢？难道是R档位油路和D档位油路或转矩有区别（传动比区别）所致？或者说这样的数据也是正常的？考虑到在过去维修老款奥迪01J变速器前进档无爬行时是通过更换外部滤清器解决的，电控系统同样是记录"18149，离合器自适应匹配达到极限"的故障码，难道是滤清器在作怪？不过滤清器堵塞在过去可以通过数据流来验证，那就是离合器自适应匹配电流值（第10组数据）会变得很低，而对于这款A4L车新的0AW型变速器的数据来说却只是给了一个范围值，不得已也只能换一下油清器再说。

7）更换外部滤请器。更换外部滤请器后，效果明显好多了。但车速一旦到40km/h左右时，原来那3个故障码再次重现。另外，一旦热车后即使在没有故障码的情况下，前进档还是没有爬行功能，而倒档基本正常。同时再对比倒档和前进档相关动态数据信息时，也没有发现什么问题。

要知道离合器总成和阀体（滑阀箱）都已更换且与原车未修前的故障现象几乎没有太大变化。这充分说明，至此还没有找到故障的根本原因。在维修中把与故障码有关的部件都已经更换了，难道是控制单元计算信息错误？在万般无奈之下又更换控制单元。

8）更换控制单元。更换控制单元，重新解锁试车，结果故障现象没有任何改变。此时维修彻底陷入僵局。

9）升级控制单元程序的版本。在查阅4S店技术通报后，发现确实有过类似同样故障现象的解决方案，那就是需要控制单元程序版本的升级。经版本升级之后，故障现象消失，当油温达到110℃左右时，再也没有任何故障了。

3. 维修小结

此次在试车正常情况下读取数据流，发现N88电磁阀的数据流在正常的情况下前进档和倒档的数据流都是不会发生变化的，即保持在固定数值上不动。没升级之前，控制阀N88的程序处于一种混乱状态，控制ECU一直认为前进档的预备油压是不稳定的。预备油压是通过压力传感器G193来控制的，可能是程序计算错误导致了N88的不稳定。当机械问题全部排除后，应该就是软件的问题了。

第二章 汽车行驶主动安全电控系统故障诊断与检修

现代汽车装备的安全装置可分为主动安全装置与被动安全装置两大类。主动安全装置的功能是避免车辆发生交通事故，被动安全装置的功能是减轻车辆交通事故导致的伤害程度。主动安全电控装置包括防抱死制动系统（Antilock Brake System，ABS）、驱动轮防滑转调节系统（Traction Control System，TCS；也称牵引力控制系统，简称 TRC）、车身电子稳定系统（Electronic Stability Program，ESP）、电子制动力分配（Electric Brakeforce Distribution，EDB）系统、电子制动辅助（Electric Brake Assistant，EBA）系统、主动车身横摆控制（Active Yawing Control，AYC）系统、倒车报警系统（Reverse Vehicle Alarm System，RVAS）、雷达车距报警（Radar Proximity Warning，RPW）系统、防盗报警（Guard Against Theft and Alarm，GATA）系统、中央门锁控制系统（Central Locking Control System，CLCS）等。被动安全电控装置主要有安全气囊控制系统（Supplemental Restraint System Air Bag，SRS）、座椅安全带与安全带紧急收缩触发系统（Seat-Belt Emergency Retracting Triggering System，SRTS），以及护膝垫、两节或三节式转向柱等。

第一节 防抱死制动系统技术基础

一、ABS 的功能与基本原理

1. ABS 的功能

ABS 的功能与部件安装位置详见图 2-1 及其注解。
ABS 的实际使用效果详见图 2-2 及其注解。

2. ABS 的基本原理

（1）硬路面制动过程中车轮运动状态分析

在制动过程中，当逐渐增加制动力时，轮胎印痕可明显分为以下三段。

1）纯滚动状态：印痕形状与轮胎花纹基本一致，轮心速度 V 接近纯滚动线速度 ωr，即 $V \approx \omega r$。

2）边滚边滑状态：印痕形状逐渐变宽，且逐渐模糊，轮心速度 V_w 大于纯滚动线速度，即 $V > \omega r$。

3）全拖滑状态：印痕形状一片粗黑，此时 $\omega = 0$。

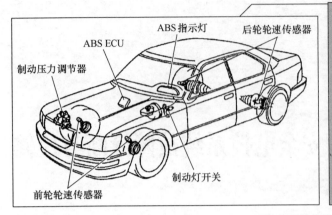

图 2-1 ABS 的功能与其控制部件的安装位置

ABS功能与其控制部件安装位置

1) **ABS功能**。ABS是在汽车制动过程中，ABS ECU依据车轮滑移率变化情况，自动且高频率地调节制动轮缸压力，防止车轮抱死，并将车轮滑移率控制在理想范围内，使汽车在紧急制动时获得最佳制动效能并保持较好操纵稳定性，确保汽车制动安全。

2) **ABS控制部件的安装位置**。ABS控制部件包括每个车轮的轮速传感器、制动压力调节器、控制单元(ABS ECU)、制动灯开关以及ABS指示灯等。

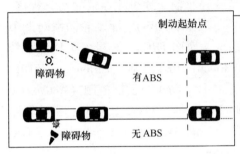

图 2-2 ABS 实际使用效果比较

ABS实际使用效果

1) 有ABS的效果。在汽车前方遇到障碍而采取紧急制动情况下，因ABS能够及时控制前轮不会抱死，故车辆具有转向控制能力，可安全越过障碍物。

2) 无ABS的效果。因其前轮已经抱死，故失去了转向操纵能力而无法避开障碍物。

（2）附着力 F_φ 和附着系数 φ：
地面制动力与附着系数 φ 的关系如图 2-3 所示。

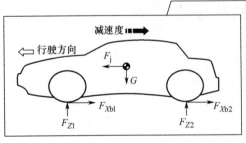

图 2-3 地面制动力与附着系数 φ 的关系

地面制动力与附着系数的关系

1) 附着力 F_φ 是地面所能提供的阻止车轮滑动的切向反作用力的极限值（最大地面制动力）。
附着力＝车轮法向载荷×附着系数，即 $F_\varphi=F_Z\varphi$。

2) 附着系数 φ。由公式($\varphi=F_\varphi/F_Z$)可知：附着系数为汽车单位法向载荷所能提供的附着力。附着系数可分为① 纵向附着系数——地面制动力与垂直载荷之比，即 $\varphi_b=F_\tau/F_Z$；② 侧向附着系数——侧向力与垂直载荷之比，即 $\varphi_L=F_L/F$。

（3）车轮滑移率 S。
S 是描述汽车打滑程度的物理量。

1）车轮纯滚动：当制动器制动力≤附着力 F_φ 时，车轮将做纯滚动。

2）车轮抱死滑移：当制动器的制动力＞附着力 F_φ 时，车轮将抱死滑移。

3）车轮的滑移率：$S=\dfrac{V-\omega r}{V}\times 100\%$。

式中，V 是车轮中心实际速度；ω 是车轮角速度；r 是车轮半径；ωr 是车轮圆周速度。

① 对纯滑动，$S = 100\%$。
② 对纯滚动，$S = 0\%$。
③ 对边滚边滑，$0 < S < 100\%$。

(4) 车轮滑移率 S 的影响因素

影响车轮滑移率的因素有汽车的载重量，前、后轴载荷分布情况，轮胎种类及轮胎与道路的附着系数 φ（与路面种类与路面状况有关），以及制动力大小及其增长速率。

(5) 车轮滑移率 S 与附着系数 φ 的关系

车轮滑移率与附着系数 φ 的关系见图2-4及其注解。

车轮滑移率 S 与附着系数 φ 的关系

1) 附着系数取决于路面性质。干燥硬路面附着系数 φ 最大，潮湿路面 φ 较小，冰雪路面 φ 最小。
2) 附着系数随车轮滑移率的变化而变化，其变化关系如图2-4a所示。
3) 当车轮滑移率为20%左右时，纵向附着系数最大。此时制动效果最好，此时的滑移率称最佳滑移率或理想滑移率。
4) 滑移率大于理想滑移率的区域称为非稳定制动区域。其附着系数减小，如图2-4b所示。
5) 横向附着系数。如图2-4a中虚线所示，影响行驶稳定性和转向控制能力，当滑移率为0时横向附着系数最大，它随着滑移率增加而逐渐减小。

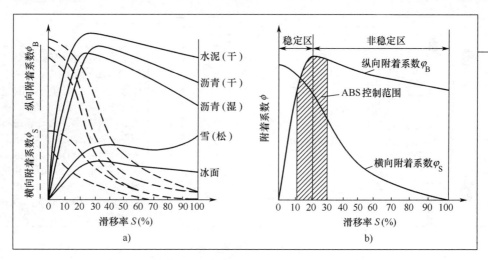

图 2-4 附着系数与滑移率的关系及滑移率的区域划分
a) 不同路面时 b) 干燥硬路面时

(6) 汽车采用 ABS 的理论依据

由上述附着系数与滑移率之间的关系可知，当汽车制动时如果将车轮完全抱死，滑移率将达到100%。就纵向附着系数而言，其滑动附着系数低于峰值附着系数，这将使车轮完全抱死时的制动距离比具有峰值附着系数时的制动距离变长；就横向附着系数而言，由于在车轮抱死时的横向附着系数接近于零，汽车几乎失去了横向附着能力，因此汽车的方向稳定性变差。一旦汽车遇到横向干扰力的作用，就可能产生侧滑、甩尾甚至回转等情况。同时，当需要汽车转弯时，尽管驾驶人操纵转向盘使转向车轮偏转，但由于转向轮已经失去了横向附着能力，转向轮将在路面上滑动，汽车不会按照转向轮偏转的方向行驶，而是沿汽车行驶惯性力的方向向前滑动，从而使汽车失去转向控制能力。

综上所述，汽车制动时车轮抱死会使制动距离变长、方向稳定性变差、失去转向控制能力，因此制动时应避免车轮抱死。汽车上采用 ABS 的目的就是避免制动时车轮抱死，并将滑移率控制在 10%~30%。在此范围内既有最大的纵向附着系数，使制动距离最短，又有较大的横向附着系数，以获得较好的横向稳定性和转向控制能力。

二、ABS 的主要特点与组成

1. ABS 主要特点

ABS 的主要特点表现如下。

1) 能够缩短制动距离：能保证汽车在雨后、泥泞路面或冰雪路面上获得较高的制动效能和制动操纵稳定性，防止在紧急制动情况下，汽车出现侧滑和甩尾的危险状况。

2) 能保持汽车制动时的转向控制能力和行驶稳定性。

3) 减少汽车制动时的轮胎磨损。

4) 缓解紧急制动情况下驾驶人的紧张情绪（担心发生侧滑、甩尾等）和疲劳强度等。

2. ABS 系统组成

ABS 组成见图 2-5 及其注解。

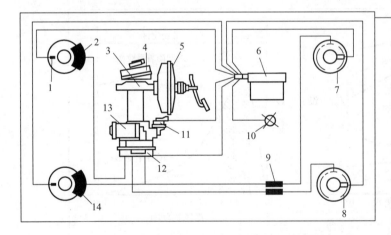

图 2-5 ABS 的组成

1—轮速传感器 2—右前制动器 3—制动主缸 4—制动液罐 5—真空助力器
6—ECU 7—右后制动器 8—左后制动器 9—比例阀 10—ABS 警告灯
11—储液器 12—电磁阀总成 13—制动泵总成 14—左前制动器

ABS系统的组成
1) ABS系统组成。ABS系统=常规液压制动系统+防抱死电控系统。
2) 常规液压制动系统。由制动主缸、制动轮缸、制动管路和制动压力调节器(含电磁阀、储液器、回液泵和回液泵电动机)等组成。
3) 防抱死电控系统。由轮速传感器、减速度传感器、ABS ECU、控制开关、制动压力调节器(ABS执行器)等组成。

三、ABS 各种控制方式的定义

（1）控制通道

在制动系统中，其制动压力能够独立调节的管路，称为控制通道。

（2）轮控式

每个车轮各占用一个通道的，称为轮控式。

（3）轴控式

当同时控制的两个车轮位于同一根轴上时，称轴控式。

(4) 同时控制

两个车轮占用同一个通道的，称为同时控制。

(5) 低选控制 (Select Low, SL)

在采用轴控式 ABS 的汽车上，当左、右车轮行驶在附着系数不同的路面时，其附着系数小的车轮先抱死，附着系数大的车轮后抱死。此时，若以保证附着系数较小车轮不发生抱死为原则来调节制动力，这两个车轮就是按低选原则进行控制，简称低选控制。

(6) 高选控制 (Select High, SH)

若以保证附着系数较大的车轮不发生抱死为原则来调节制动力，这两个车轮就是按高选原则进行控制，简称高选控制。

第二节 防抱死制动系统主要部件及机构的结构原理

ABS 由车轮速度传感器、减速度传感器、工作控制开关、防抱死控制单元、ABS 指示灯、制动压力调节器等组成，分述如下。

一、车轮速度传感器

车轮速度传感器（图2-6）的功能是检测车轮转速，并转换成电信号输入到 ABS ECU，用于计算车轮速度。分磁感应式和霍尔式两种类型，目前普遍采用磁感应式。

1. 磁感应式轮速传感器

磁感应式轮速传感器由传感器和齿圈组成。齿圈安装在随车轮一起转动的部件上，如半轴、轮毂制动盘等。传感器安装在固定的部件上，如半轴套管、转向节、制动底板等。

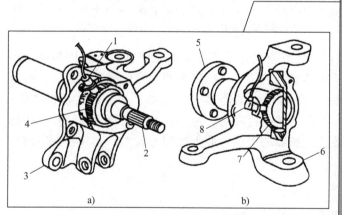

ABS轮速传感器结构组成与安装位置

1) 结构特点。其传感元件为静止部件，由永久磁铁、感应信号线圈和线束插头等组成，而信号转子由铁磁材料制成带齿的圆环，称齿圈转子(如MK20-I型ABS在4只轮速传感器的信号转子的圆周上，均制作有43个凸齿)。前轮速度传感器的传感元件安装在转向节上，信号转子安装在传动轴上，如图2-6a所示。后轮速度传感器的感应元件安装在固定支架上，信号转子在后轮毂上，如图2-6b所示。传感器安装前应涂防锈液，以避免灰尘和泥水的影响。

2) 传感器元件与信号转子的间隙：一般为0.4~2.0mm，如MK20-I型ABS前传感器间隙为1.10~1.97mm，后间隙为0.42~0.8mm。

图2-6 轮速传感器的结构组成与安装位置

a) 驱动轮 b) 从动轮

1、8—磁感应式轮速传感器 2—半轴 3—悬架支承 4、7—齿圈 5—轮毂 6—转向节

1) 磁感应式轮速传感器结构组成如图2-7所示。

2) 磁感应式轮速传感器的工作原理详见图2-8及其注解。

> **磁感应式轮速传感器的基本结构与工作原理**
>
> 1) 基本结构。传感器主要由永久磁铁、铁心和线圈组成，齿圈则是由磁阻较小的铁磁性材料制成。
> 2) 工作原理。磁感应式轮速传感器的工作原理如图2-8所示，当齿圈上的某个齿的齿顶与传感器的磁极端部对正时，磁极端部与齿圈之间的间隙最小，形成的磁阻最小，穿过线圈的磁通最大。当齿圈转动到两个轮齿之间的部分对准传感器磁极端部时，磁极端部与齿圈之间的间隙最大，形成的磁阻最大，穿过线圈的磁通最小。转子每转过一个齿，穿过线圈的磁通就发生一次周期性的强弱变化。磁通的这种变化就会在线圈中感应出交变电压信号，其频率与齿圈的齿数和转速成正比。ABS ECU通过对轮速传感器输入的电压脉冲频率进行处理，就可以确定车轮的转速。
> 3) 安装要点。传感器与齿圈之间的间隙很小，为保证传感器间隙的正确，传感器的安装位置必须正确，并按照规定的力矩拧紧，否则会影响传感器正常信号的输出。

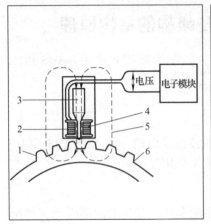

图2-7 磁感应式轮速传感器基本结构
1—轮齿 2—线圈 3—永久磁铁
4—磁极 5—磁通 6—齿圈

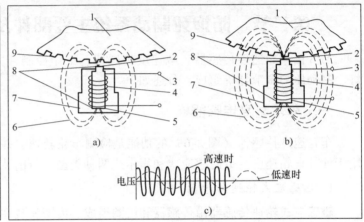

图2-8 磁感应式轮速传感器工作原理
a) 两齿之间部分与磁极端部对正 b) 齿顶与磁极端部对正 c) 传感器信号
1—齿圈 2—磁极端部 3—线圈引线 4—线圈 5—永久磁铁 6—磁力线
7—磁感应式轮速传感器壳体 8—磁极 9—轮齿

3）磁感应式轮速传感器主要优缺点。磁感应式轮速传感器的主要优点是结构简单、成本低。但存在以下缺点：①磁感应式轮速传感器的信号电压随车速的变化而变化，信号电压的幅值一般在1～15V。当车速很低时，传感器产生的信号电压很低，ABS无法正常工作；②磁感应式轮速传感器频率响应较低，当车轮转速过高时，传感器的高频频率响应差，在高速时容易产生错误信号；③磁感应式轮速传感器的抗电磁波干扰能力较差，尤其在输出信号幅值较小时。

2. 霍尔式轮速传感器

霍尔式轮速传感器的工作原理详见图2-9及其注解。

霍尔式轮速传感器突出的优点：①输出信号电压不随转速变化而变化，在汽车电源电压为12V条件下，信号幅值保持在11.5～12V，即使车速很低时也是如此；②传感器频率响应可达20kHz，在ABS中相当于车速为1000km/h时所检测的信号频率，故不会出现高速时频率响应差的问题；③由于霍尔式轮速传感器输出电压信号强弱不随转速变化，且幅值较高，故抗电磁干扰能力强。

霍尔式轮速传感器的磁路与工作原理

1) 霍尔式轮速传感器是根据霍尔效应原理工作的。永久磁铁的磁力线穿过霍尔元件通向齿圈,在图2-9a所示位置时,穿过霍尔元件的磁力线较少,磁场较弱,霍尔元件产生的霍尔电压较低;当齿圈转动至图2-9b所示位置时,穿过霍尔元件的磁力线集中,磁场较强,霍尔元件产生的霍尔电压较高。随着齿圈的转动,霍尔元件将输出mV级的准正弦波电压信号。

2) 霍尔式轮速传感器中的集成电路:放大电路首先将该信号放大,然后经施密特触发器转换成标准的脉冲信号,再经过输出放大后输出给 ABS ECU。

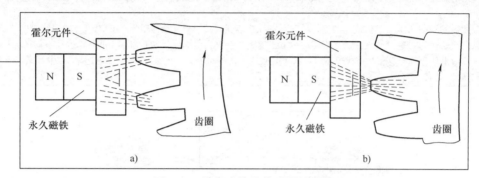

图 2-9　霍尔式轮速传感器的磁路
a) 霍尔元件磁场较弱　b) 霍尔元件磁场较强

二、减速度传感器

减速度传感器的功能是检测汽车的减速度,并转换为电信号输入 ABS ECU,以判断路面状况并采取相应措施。其安装位置一般在发动机舱内或行李舱内。减速度传感器类型很多,按用途可分为纵向和横向减速度传感器;按结构分为水银式、光电式和差动变压器式等。

1. 水银式减速度传感器

水银式减速度传感器由玻璃管和水银组成,详见图2-10及其注解。

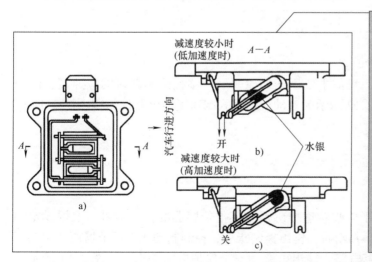

水银式减速度传感器的结构原理

1) 当汽车在低附着系数路面制动时,汽车减速度小,水银在玻璃管内基本不动,传感器电路接通,如图2-10b所示,ABS ECU按低附着系数路面上的控制程序控制制动系统工作。

2) 当汽车在高附着系数路面制动时,汽车减速度大,水银在惯性力作用下前移,传感器电路断开,如图2-12c所示,ABS ECU按高附着系数路面上的控制程序控制制动系统工作。

3) 可用作横向减速度传感器,因它可检测前后、左右两个方向的减速度,故可用作横向减速度传感器。

图 2-10　水银式减速度传感器结构原理
a) 整体结构　b) 减速度小时　c) 减速度大时

2. 光电式减速度传感器

光电式减速度传感器的结构原理详见图 2-11 及其注解，其减速度速率的等级详见表 2-1。

> **光电式减速度传感器的结构原理**
>
> **1) 结构**。由两只光电二极管(LED)、两只光电晶体管、一块透光板和信号处理电路组成。
>
> **2) 工作原理**。① 透光工况，如图 2-11b 所示，当透光板的开口位于光电二极管与光电晶体管之间时，二极管发出的光线使光电晶体管导通；② 遮光工况，如图 2-11c 所示，当透光板的扇齿位于光电二极管与光电晶体管之间时，光电晶体管截止。
>
> **3) 透光板的运动规律**。① 当汽车匀速行驶时，透光板静止，传感器无信号输出；② 当汽车减速行驶时，透光板沿汽车纵向摆动；③ 减速度越大，透光板摆动角度也越大，两只光电晶体管导通与截止的状态也就不同。根据两只光电晶体管输出信号的导通和截止状况，可将汽车的减速度排列组合成为低减速率1、低减速率2、中等减速率和高减速率4个等级，见表2-1。

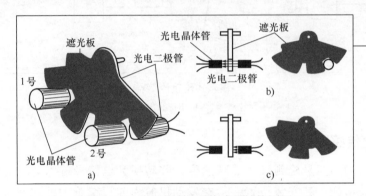

图 2-11 光电式减速度传感器结构原理
a) 元件位置 b) 透光时的工作状况 c) 遮光时的工作状况

表 2-1 减速度速率的等级

减速度速率等级	低减速率 1	低减速率 2	中等减速率	高减速率
1 号晶体管	导通	截止	截止	导通
2 号晶体管	导通	导通	截止	截止

3. 差动变压器式减速度传感器

减速度传感器也称 G 传感器，目前主要用于四轮驱动汽车检测制动时的减速度，以识别是否为冰、雪等易滑路面。图 2-12 所示为差动变压器式减速度传感器的结构，图 2-13 所示为这种传感器的工作原理。

三、控制器

1. 控制器的电路组成

控制器（ABS ECU）主要用于接收轮速传感器和其他传感器的输入信号，根据设定的控制逻辑，通过计算和逻辑分析、判断后，输出控制指令，控制制动压力调节器调节制动压力。控制器主要由输入电路、计算电路、输出电路、安全保护电路等组成。图 2-14 所示为控制器控制电路组成（四传感器三通道）框图。

差动变压器式减速度传感器结构组成与工作原理

1) 结构组成。 差动变压器的原边线圈连接在振荡电路中,对变压器输入一个交变的电压信号。差动变压器的副边是两个匝数相等、绕向相反的线圈。

2) 工作原理。 ①当汽车静止或匀速行驶时,差动变压器线圈内的铁心在片簧的作用下处于线圈的中间位置,差动变压器副边的两个线圈的感应电压总是大小相等、方向相反,因此其输出为零。②而当汽车制动减速时,铁心受到惯性力的作用克服片簧的弹力向前移动,副边的两个线圈产生的感应电压大小不相等,输出信号随之变化,并且汽车减速度越大,铁心的移动量越大,输出的信号值也越大。

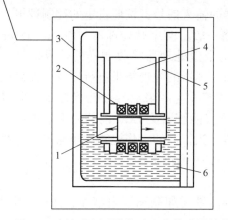

图 2-12 差动变压器式减速度传感器结构
1—铁心 2—线圈 3—差动变压器
4—印制电路板 5—片簧 6—变压器油

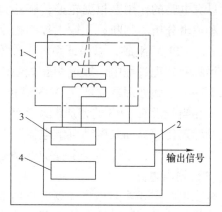

图 2-13 差动变压器式减速度传感器工作原理
1—差动变压器 2—解调电路
3—振荡电路 4—基础电路

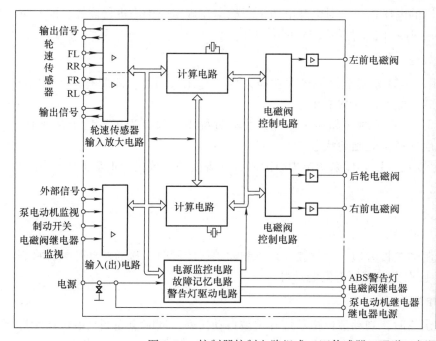

图 2-14 控制器控制电路组成(四传感器三通道)框图

安全保护电路还可以根据微处理器输出的指令,对有关继电器电路、ABS指示灯电路等进行控制。当ABS出现故障时,如电源电压过低、轮速传感器信号不正常,计算电路电磁阀控制电路、泵电动机电路有故障时,能够根据微处理器的指令,切断有关继电器的电源电路,使ABS停止工作,恢复常规制动功能,起到失效保护作用。同时接通仪表板上的ABS警告灯,提示驾驶人ABS出现了故障,应及时维修,且将故障信息存储在存储器内,以便自诊断检测时读取故障信息。

(1) 输入电路

输入电路由低通滤波电路和整形、放大电路组成,用于对轮速传感器等输入信号进行处理，并将模拟信号转变成数字信号输入计算电路。

为了监测轮速传感器及其线路的工作情况，ABS自诊断系统由计算电路发出监测信号，经输入电路至各轮速传感器，然后再经输入电路将反馈信号送入计算电路，依此判断轮速传感器电路是否正常。输入电路除了传送轮速传感器监测信号外，还接收电磁阀继电器、泵电动机继电器等工作电路的监测信号，并将这些信号经处理后送入计算电路，依此判断这些工作电路工作是否正常。输入电路还接收点火开关、制动开关、制动液位开关等外部信号。

（2）计算电路

计算电路的作用是根据轮速传感器和其他传感器的输入信号，按照设定的控制逻辑，经计算和逻辑分析、判断后，输出控制指令。计算电路一般由两个微处理器（Central Processing Unit，CPU）组成，以保证系统工作安全可靠。两个微处理器接收同样的输入信号，在进行运算和处理过程中，通过交互式通信，对两个微处理器的处理结果进行比较，如果处理结果不一致，微处理器立即使ABS停止工作，防止系统发生故障后导致错误控制。此时制动系统相当于没有ABS的普通制动系统。计算电路不仅能够监测ECU内部的工作情况，还能监测轮速传感器和泵电动机继电器、电磁阀继电器等执行器的工作电路。当监测到这些电路工作不正常时，立即向安全保护电路输出指令，使ABS停止工作。

（3）输出电路

输出电路主要功能是将计算电路输出的数字控制信号（如制动压力增加、保持、降低）转变成模拟信号，通过功率放大器驱动执行器工作。

（4）安全保护电路

安全保护电路由电源监控、故障记忆、继电器驱动和ABS警告灯驱动等电路组成。安全保护电路接收汽车电源的电压信号，对电源电压是否稳定在规定范围内进行监控，同时将12V或14V电源电压变成ECU内部需要的5V标准电压。

2. 控制器的特点

1）具有输入、输出、运算和安全保护等项功能，且具有冗余功能，即配有两个ECU，只有当其计算结果一致时才能实施ABS控制。

2）ABS只在车速超过一定值时才起作用，且在制动过程中，只有当车轮趋于抱死时，ABS系统才起作用，此前保持常规制动状态。

3）ABS具有自诊断功能，以确保系统出现故障时，常规制动系统仍能正常工作。

四、控制开关

1. 制动灯开关

制动灯开关安装在制动踏板旁边，当驾驶人踩下制动踏板的同时，接通制动开关，将制动信号输入ABS ECU，且点亮汽车尾部的制动灯。

2. 制动液位指示灯开关

当制动液位降到一定值时，制动液位指示灯开关被自动接通，同时点亮制动液位指示灯和ABS指示灯，以提醒驾驶人及时添加传动液。

3. 驻车制动指示灯开关

当驾驶人拉紧驻车制动手柄时，接通驻车制动指示灯和ABS指示灯；当驻车制动手柄放松时，驻车制动指示灯和 ABS 指示灯熄灭，ABS 可投入工作。

五、制动压力调节机构

1. ABS 制动压力调节分类

根据动力源、总体布置形式和压力调节方式等多种方式分类如下。

（1）按照动力源分类

分为液压式和气压式两种。液压式主要用于小轿车和轻型汽车。

（2）按照总体布置形式分类

ABS 按照其制动压力调节器与制动主缸的总体布置形式分为分离布置和整体布置两种，详见图 2-15 和图 2-16 及其注解。

> **ABS按总体布置形式的分类**
>
> **1）分离布置式。** 其制动压力调节器为独立总成，通过制动管路与制动主缸和制动轮缸连接。其优点是零部件安装灵活，适于将ABS作为选装部件时采用。如桑塔纳、捷达、沃尔沃、红旗等车型均为分离式。
>
> **2）整体布置式。** 其制动压力调节器、制动主缸与制动助力器组合为一体。优点是结构紧凑，节省安装空间，可作为标准装备与汽车配置。因其成本较高，所以不适合中低档轿车采用。

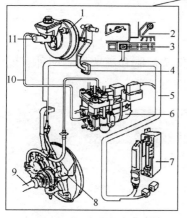

图 2-15　分离布置式 ABS

1—真空增压器　2—制动压力表
3—制动警告灯　4—制动踏板
5—制动电路　6—制动压力调节器
7—ABS ECU　8—制动轮缸
9—制动器支架　10—制动油管
11—制动主缸

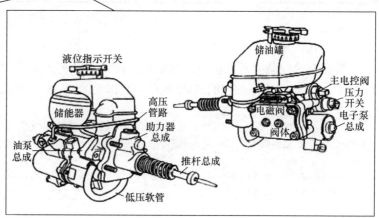

图 2-16　整体布置式 ABS

（3）按照制动通道和传感器数量分类

按照制动通道和传感器数量 ABS 可分为 7 种类型，详见图 2-17 及其注解。

（4）按照被控制车轮数量分类

按照被控制车轮数量分为以下两种类型。①两轮 ABS，即仅控制两个后轮。其结构简单，价格低廉，适用于轻型载货汽车和客货两用汽车。②四轮 ABS，又分为四通道 ABS 和三通道 ABS。四通道 ABS 的分布形式如图 2-17 中的形式 1、2；三通道 ABS 的分布形式如图 2-17 中的形式 3、4。

> **ABS按控制通道和传感器的数量分类**
> 按照控制通道和传感器的数量不同，ABS可分为以下7种类型：① 四通道四传感器ABS，如图中形式1、2；② 三通道四传感器ABS，如本图中形式3；③ 三通道三传感器ABS，如本图中形式4；④ 两通道三传感器ABS，如本图中形式5；⑤ 两通道二传感器ABS，如本图中形式6、7；⑥ 单通道一传感器ABS，如本图中形式8；⑦ 六通道六传感器ABS，适用于半挂车和铰接式汽车，本图中未画出。

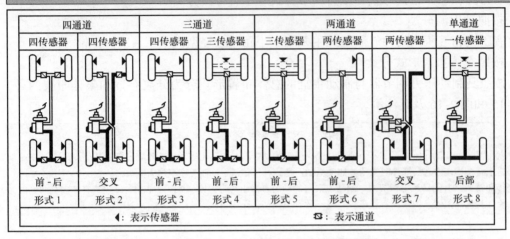

图2-17　ABS的类型与分布形式

(5) 按照车轮控制方式分类

按照车轮控制方式分轮控式和轴控式两种。轴控式又分为低选控制和高选控制两种。现代轿车ABS普遍采用的控制方式详见图2-18和图2-19及其注解。

> **现代轿车ABS普遍采用的控制方式**
> 1) X形(交叉式)制动系统。具有4个通道和4个轮速传感器，其通道布置型式为X形(交叉式)制动系统，如图2-18所示。
> 2) 两前轮按独立控制、两后轮按低选同时控制。具有3个通道和3个轮速传感器，其通道布置型式为Ⅱ形(前-后式)制动系统，如图2-19所示。

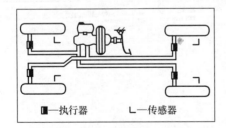

图2-18　X形（交叉式）制动系统

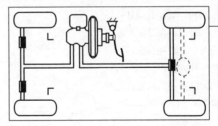

图2-19　Ⅱ形（前-后式）制动系统

(6) 根据调压方式分类

分为流通式调压和变容积调压。

1) 流通式调压器又称循环式调压或环流式调压，其特点是在制动主缸与制动轮缸之间串联一个或两个电磁阀，由电磁阀根据ABS ECU指令，通过控制传动液流动方向调节制动轮缸压力。增压时使制动主缸（或储液器）制动液流入制动轮缸；减压时使制动轮缸制动液流入制动主缸（或储液器）；保压时制动轮缸制动液保持不变，如图2-20所示。流通式又细分为以下类型：①开放式，再循环式；②封闭式。封闭式又分为循环式、回流泵式和补给式。

> **ABS制动压力调节系统的功能与组成**
>
> **1) 功能**。根据ABS ECU的控制指令，自动调节制动轮缸的制动压力。
> **2) 制动压力调节系统组成**。由制动压力调节器和常规制动装置的制动主缸、制动轮缸、自动助力器和制动管路等组成。
> **3) 制动压力调节器组成**。由电磁阀、储液器和回液泵电动机组成，是ABS的执行器，简称液压调节器。它安装于制动主缸和制动轮缸之间。其中电磁阀为调节器主要部件，通过电磁阀的动作改变制动轮缸压力油的流向，达到调节制动压力的目的。

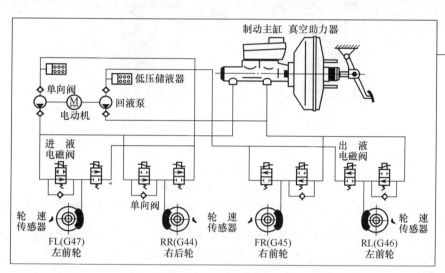

图 2-20 ABS 制动压力调节系统原理

2）变容积调压器。其特点是在原制动管路中并联一套类似活塞的液压装置。当 ABS 工作时，该装置首先将制动轮缸与制动主缸隔离，然后通过电磁阀的开闭或电动机的转动，控制活塞在调压缸内运动，使调压缸工作室至制动轮缸的容积发生变化。当容积增大，制动轮缸压力降低；当容积减小，制动轮缸压力提高；当容积不变，制动轮缸压力不变。变容积型又可细分为机械控制式、液压控制式和压力反馈式。

2. 循环式制动压力调节器的功能与组成

ABS 制动压力调节系统的功能与组成见图 2-21 及其注解。

（1）电磁阀

电磁阀根据结构分为两位两通电磁阀和三位三通电磁阀两种。

1）两位两通电磁阀工作状态与结构特点。

①工作状态：两位两通电磁阀的工作状态如图 2-21 所示。

② 结构特点。ABS 的制动压力调节器一般采用 8 只两位两通电磁阀，其中常开式进液阀与常闭式出液阀各 4 只。每个制动轮缸分别配备一个进液阀和一个出液阀。两位两通常开式电磁阀与两位两通常闭式电磁阀的结构基本相同，主要由电磁铁机构、球阀、回位弹簧、顶杆、限压阀和阀体组成，如图 2-21 所示。在电磁阀未通电时，常开式电磁阀的球阀与阀

> **两位两通常开式电磁阀的工作状态**
> 1)当电磁线圈未通电时,在回位弹簧作用下,活动铁心带动顶杆和限位杆下移复位,直到限位杆与缓冲垫圈相接触为止,顶杆下移时,球阀也随之下移,因此使电磁阀的阀门处于开启状态,制动液从进液口流入,经球阀阀门后从出液口流出。
> 2)当电磁线圈通电时,活动铁心产生电磁吸力,压缩回位弹簧并带动顶杆一起上移,顶杆将球阀压在阀座上,使阀门处于关闭状态,进液口与出液口被切断。

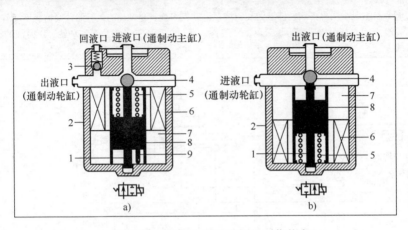

图 2-21 两位两通电磁阀的工作状态
a)常开电磁阀 b)常闭电磁阀
1—顶杆 2—壳体 3—限压阀 4—球阀 5—回位弹簧 6—电磁线圈 7—阀体 8—活动铁心 9—限位杆

座处于分离状态;而常闭式电磁阀的球阀与阀座处于接触状态。在常开式电磁阀中设有一根顶杆,它和限位杆与活动铁心三者固定在一起,回位弹簧一端压在活动铁心上,另一端压在与阀体相连的弹簧座上。限压阀的功能是限制电磁阀的最高压力,以免压力过高而损坏电磁阀。而在两位两通常闭电磁阀中,则无必要设置限压阀。

2)三位三通电磁阀的结构特点和工作原理。

① 结构特点。如奥迪 100/200 型、丰田系列轿车的 ABS 均采用三位三通电磁阀,其结构特点如图 2-22a 所示,其电路图上的表示符号如图 2-22b 所示。

② 三位三通电磁阀的工作原理。三位三通电磁阀工作状况由 ABS ECU 通过控制电磁线圈中流过电流大小进行控制,其工作原理详见图 2-23 及其注解。

(2)储液器与电动回液泵

电动回液泵又称电动泵或回液泵,由永磁直流电动机与柱塞泵组成。电动机根据 ABS ECU 的控制指令,通过凸轮驱动柱塞在泵套内上下运动。低压储液器内设置有一个活塞以及回位弹簧。储液器与电动回液泵的工作原理详见图 2-24 及其注解。

3. 循环式制动压力调节器的工作过程分析

(1)常规制动过程

即 ABS 不工作时的制动系统工作情况。当汽车进入常规制动(ABS 不工作)时,制动系统的工作状况如图 2-25 所示。由于 ABS 未投入工作,电磁阀和回液泵电动机均不通电,三位三通电磁阀在回位弹簧预紧力作用下,进液阀的阀门打开,将制动总泵与制动轮缸之间的管路沟通。出液阀的阀门关闭,将制动轮缸与储液器之间的管路关闭。

三位三通电磁阀的结构特点

1) 具有三个通路，电磁阀的进液口11与主缸相连，出液口18与轮缸相连，回液口1与储液器相连。
2) 结构特点：回液球阀4焊接在压板17上，进液球阀5焊接在压板15上。进液口和出液口过滤器2、10用于过滤传动液中杂质，保证球阀密封良好。球阀与阀座加工精度极高，在20MPa下仍能保证密封良好。阀芯采用非磁性支承环3、7导向，以减小摩擦。
3) 单向阀的功能。单向阀9有两项功能：① 当电磁阀腔室内压力高于进液口压力时，将压缩单向阀弹簧而打开单向阀，高压油通过单向阀泄压，达到保护电磁阀的目的；② 当制动踏板松开时，使制动分泵的传动液保持一定压力。

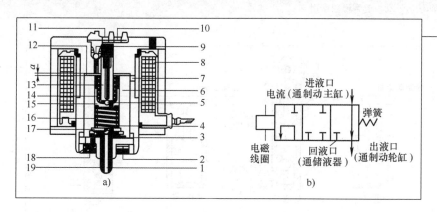

图 2-22 奥迪100、200型轿车三位三通电磁阀结构与表示符号

a) 结构简图　b) 电路图中的表示符号

1—回液口（接回油管）　2、10—过滤器　3、7—非磁性支承环　4—回液球阀　5—进液球阀　6—阀芯
8—电磁线圈　9—单向阀　11—进液口（连接主缸）　12—阀芯工作气隙　13—进液球阀座　14—副弹簧
15、17-压板　16—主弹簧　18—出液口（连接轮缸）　19—回液球阀座

三位三通电磁阀结构与工作原理

1) 当未接通电流($I=0A$)时，在主、副弹簧预紧力作用下，阀芯下移至极限位置，打开进液口，回液球阀紧压在阀座上而关闭回液口，来自主缸的制动液经进液口、电磁阀腔室和出液口流入轮缸，使轮缸压力逐渐升高。
2) 当接通电流较小($I=2A$)时，由于电流较小，阀芯向上位移量也较小(约0.1mm)，仅压缩副弹簧关闭进液口，但仍无法压缩主弹簧而打开回液口，使轮缸无法回液而保持液压不变。
3) 当接通电流较大($I=5A$)时，阀芯上移较大，打开回液孔，但进液口仍然关闭，轮缸制动液经回液孔流回到储液器，轮缸压力降低。

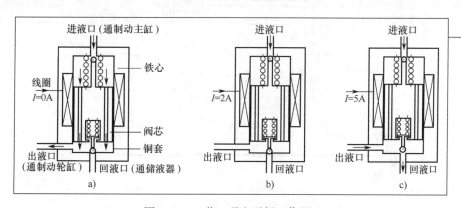

图 2-23 三位三通电磁阀工作原理

a) 升压位置　b) 保压位置　c) 降压位置

低压储液器与电动泵的工作原理

1) 功能。 在ABS工作过程中,当需要制动压力降低时,制动压力调节器的回液阀打开,具有一定压力的传动液就会从轮缸经过制动压力调节器的回液阀,流入储液器和柱塞泵(由电动机带动凸轮驱动柱塞泵上下运动)。

2) 工作过程。 ① 当凸轮驱动柱塞上升时,柱塞泵的进液阀打开(同时回液阀关闭),制动液流入柱塞泵的泵腔内,如图2-24a所示。② 当凸轮驱动柱塞下行时,柱塞泵的进液阀关闭,同时回液阀被高压油打开,制动液压入制动主缸,如图2-24b所示。

3) 稳压作用。 制动液从轮缸流入储液器时,压力油推动活塞下行,使储液器可以暂时存储部分制动液,并减小回流制动液的压力波动,起到稳压作用。

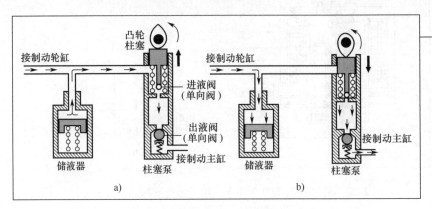

图 2-24 储液器与电动回液泵工作原理

a) 柱塞上行时储液 b) 柱塞下行时回液

常规制动时三位三通电磁阀式ABS的工作情况

1) 当踩下制动踏板时,制动主缸内部液压升高,制动液从主缸经过三位三通进液阀进液口、电磁阀阀门、进液阀出液口到制动轮缸,且轮缸液压随主缸液压的升高而升高。

2) 当放松制动踏板时,制动轮缸内具有一定压力的制动液通过两条通道流回主缸:① 从制动轮缸、三位三通进液阀出液口、电磁阀进液阀阀门、进液口到制动主缸;② 从制动轮缸、三位三通进液阀出液口到电磁阀腔室、3号单向阀(泄压阀)到制动主缸。

3) 2号单向阀的功能。 位于回液泵管路中的2号单向阀的功能是防止储液器和回液管路中的制动液流入回液泵。

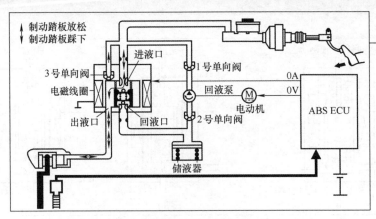

图 2-25 常规制动时三位三通电磁阀式 ABS 工作情况

(2) ABS 保压时制动系统工作情况

当 4 个车轮中的任意 1 个趋于抱死时,制动压力调节器的电磁阀就会根据 ABS ECU 的控制指令,通过调节该车轮制动轮缸的传动液压力来保压、降压或升压,以达到防止抱死之目的。保压的工作状态如图 2-26 所示。

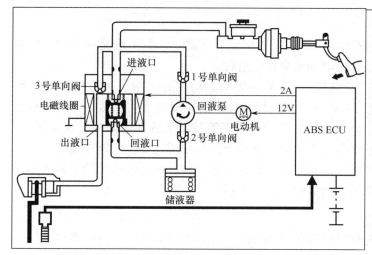

保压时三位三通电磁阀式 ABS 的工作情况

1) 电磁阀的动作。当轮缸中的制动压力升高或降低,轮速传感器信号表明车轮减速度或滑移率达到设定的需要保压的阈值,ABS ECU 便控制电磁阀线圈接通约 2A 的较小电流,使电磁阀阀芯克服小弹簧弹力而移动约 0.1mm 的较小位移,使得进液阀阀门和回液阀阀门均处于关闭状态,制动液在管路中不能流动。因此,轮缸制动压力处于保压状态。

2) 保压时各元件工作状态。如表 2-2 所示,此时回液泵电动机运转,将储液器中剩余的制动液泵回制动主缸。

图 2-26　保压时三位三通电磁阀式 ABS 工作情况

(3) ABS 降/升压时制动系统工作情况

当制动主缸与制动轮缸油路切断后,由于液压保持使车轮的滑移率逐渐增大,并会超出 ABS 所设定范围（15%～30%）,需降低制动轮缸液压使滑移率减小,其控制过程如图 2-27 所示。

降压时三位三通电磁阀式 ABS 工作情况

当 ABS ECU 根据车速和轮速传感器信号计算并判定某个车轮制动趋于抱死需要降低制动轮缸压力时,ABS ECU 便控制电磁阀线圈接通 5V 较大电流,产生较强电磁吸力。① 使三位三通电磁阀阀芯移动 0.25mm 的较大距离,使进液阀阀门关闭、回液阀阀门打开,如图 2-27 所示,制动轮缸中的制动液便从出液口、电磁阀腔室、回液口,流入储液器。② 与此同时,ABS ECU 还将接通回液泵电动机电源,使回液泵运转,将储液器和制动管路中的制动液泵回制动主缸,随着制动轮缸液压降低,从而防止车轮抱死。

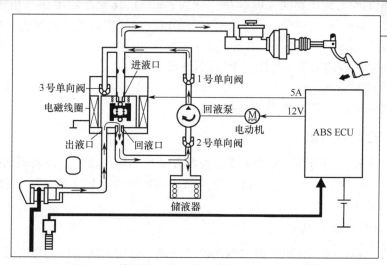

图 2-27　降压时三位三通电磁阀式 ABS 工作情况

第三节 驱动轮防滑转调节系统

一、TCS 的功能和基本原理

1. 驱动轮滑转产生的主要原因

1) 当汽车在冰雪路面、泥泞路面等低附着系数路面上行驶时,由于地面对车轮施加的反作用转矩很小,所以在起步或加速时驱动轮会发生滑转。

2) 此外,当汽车在越野条件下行驶时,若某一边的驱动轮处于附着系数极低的路面(如泥泞或冰雪路面)上,由于地面对该驱动轮施加的反作用转矩很小,虽然另一边的驱动轮处在附着系数较高的路面上,但是由于差速器受到转矩等量分配特性的影响,其结果是,驱动轮实际输出的驱动转矩只能与处在低附着系数路面上的车轮所能提供的转矩相等。

在上述两种情况下,因驱动反转矩不足,汽车无法前进。发动机所输出的功率绝大部分均消耗在车轮滑转上,不仅浪费燃油,而且加剧轮胎磨损。

2. TCS 的功能

TCS 系统是保证附着条件、充分发挥汽车驱动力的一种电子调节装置,其功能如下。

1) 在车轮开始滑转时,通过降低发动机输出转矩来减小传递给驱动轮的驱动力。

2) 通过增大滑转驱动轮阻力来增大未滑转的驱动轮的驱动力,从而增大所有驱动轮的总驱动力,以提高车辆起步或加速时的通过性和安全性。

3. TCS 的基本原理

驱动轮防滑转调节原理分析如下。

(1) 驱动轮滑转率 S_d 的定义

驱动轮滑转程度用滑转率 S_d 来表示,S_d 的定义式如下:

$$S_d = \frac{V_W - V}{V_W} \times 100\%$$

式中,V_W 是车轮的瞬时圆周速度,$V_W = r\omega$(单位:m/s),r 是车轮半径(单位:m),ω 是车轮转动角速度,$\omega = 2\pi n$(单位:rad/s);V 是车速(车轮中心的纵向速度,单位:m/s)。

(2) 轮胎滑移率 S_d 与附着系数 ϕ 的关系

滑转率与附着系数的关系详见图 2-28 及其注解。

(3) TCS 的控制原理

TCS 的控制原理详见图 2-29 及其注解。

二、TCS 的调节方法

防止驱动轮滑转控制的调节方法主要有控制发动机的输出转矩、控制驱动轮的制动力和控制防滑转差速器的锁止程度三种。最终目的都是调节驱动轮上的驱动力,并将驱动轮的滑转率控制在最佳范围内。

1. 控制发动机的输出转矩

通过控制发动机的输出转矩来调节驱动轮的驱动力是实现防滑转的最有效方法之一。其优点是能够保证发动机的输出转矩与地面能够提供的驱动转矩相匹配,因此可以改善燃油经

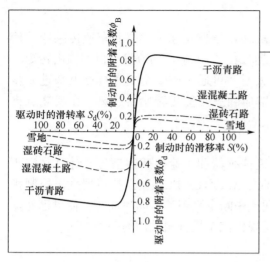

图 2-28 滑转率与附着系数的关系

滑转率与附着系数的关系

1）曲线分布。当车轮制动时的滑移率分布在第一象限；驱动轮的滑转率分布在第三象限。

2）在各种路面上，附着系数ϕ均随滑转率S_d的变化而变化，且当滑转率在20%左右时达到最大值；若滑转率继续增加，则附着系数逐渐减小。

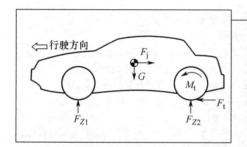

TCS的控制原理

TCS的控制原理是，TCS ECU根据路面附着力状况，自动调节发动机的驱动转矩，将汽车的滑转率控制在最佳滑转率15%～25%的范围内，以获得最大的附着系数ϕ_p与最大的驱动力F_t。

图 2-29 TCS 的控制原理

济性和减小轮胎磨损。并使汽车具有良好的稳定性和乘坐舒适性。对于前轮驱动的汽车，还能得到良好的转向操纵性。在装备电子燃油喷射（Electronic Fuel Injection，EFI）系统的汽车上尤其适合采用此种防滑转调节方法。控制发动机输出转矩的方法有三种。

（1）控制燃料供给量

通过控制燃油量来控制发动机输出转矩的方法如图 2-30 所示。

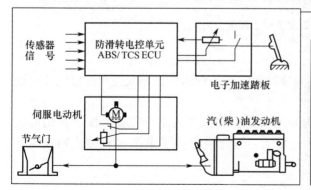

通过控制燃油量来控制发动机输出转矩的方法

1）控制过程。当驾驶人操作加速踏板时，加速踏板的行程信号由传感器输入到ABS/TCS ECU，ABS/TCS ECU根据预先存储的数据和发动机转速、冷却液温度、进气温度等信号确定步进电机的控制电压或电流的大小，再由步进电动机调节节气门开度（或柴油机喷油泵拉杆位置），通过调节进气量（或柴油机供油量）来调节发动机的输出转矩。

2）适用范围。此方法适用未采用EFI的汽油机汽车。

图 2-30 通过控制燃油量来控制发动机输出转矩

（2）控制点火时间

通过减小发动机的点火提前角或切断个别汽缸的点火电流，均可达到微量降低发动机输出转矩的目的。具体方法如下。

① 减小点火提前角：在汽车行驶过程中，TCS ECU 根据轮速传感器和车速传感器的信号，计算确定驱动轮滑转率大小，通过减小点火提前角，即可微量调节发动机的输出转矩。

② 中断个别气缸的点火：当驱动轮滑转率很大时，可通过中断个别气缸点火来进一步减小滑转率。此时必须同时中断喷油，以防排放增加和三元催化转换器过热。在恢复点火时，点火时刻应缓慢提前，以保证发动机转矩平稳增加。

（3）控制节气门开度

在采用 EFI 的汽车上，ABS/TCS ECU 根据轮速传感器和车速传感器信号，计算确定驱动轮滑转率并发现驱动轮滑转率超出规定值范围时，ABS/TCS ECU 便向执行器发出控制指令，通过减小节气门开度、缩短喷油器的喷油时间或中断个别喷油器的喷油等，便可迅速降低发动机的输出转矩，从而防止驱动轮滑转。这是现代汽车最普遍采用的一种方法。

2. 控制驱动轮的制动力

利用差速器的差速效能来获取较大驱动力的方法详见图 2-31 及其注解。

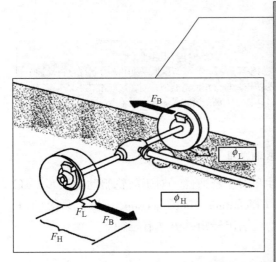

利用差速器的差速效能来获取较大驱动力的方法

1) 控制原理。

① 处于高附着系数 ϕ_H 路面上的右侧驱动轮能产生的驱动力为 F_H，处于低附着系数 ϕ_L 路面上的左侧驱动轮能产生的驱动力为 F_L。根据差速器的转矩等量分配特性，此时汽车的驱动力只能取决于低附着系数路面上的驱动力 F_L，即 $F_H=F_L$。因此，汽车总驱动力 $F_{\Sigma 1}$ 为 $F_{\Sigma 1}=F_H+F_L=F_L+F_L=2F_L$。

② 为阻止左侧车轮产生滑转，可对其施加一个制动力 F_B，通过差速器的差速作用，在右侧驱动轮上也会产生作用力 F_B，即 $F_H=F_L+F_B$；此时，汽车总驱动力 $F_{\Sigma 2}$ 为 $F_{\Sigma 2}=F_H+F_L=(F_L+F_B)+F_L=2F_L+F_B$，即总驱动力增加了 F_B。

2) 使用注意事项。

① 本方法作为仅采用控制节气门开度调节发动机输出转矩的补充控制。

② 为保证乘坐舒适性，制动力不能太大。此外，为了避免制动器过热，施加制动力的时间不能过长，故此方法只限于低速行驶时短时间使用。

图 2-31　作用在驱动轮上的纵向力

3. 控制差速器的锁止程度

控制差速器的锁止程度必须采用防滑转差速器。它是一种由电控单元控制的可锁止差速器，其控制原理详见图 2-32 及其注解。

在汽车实际装备的 TCS 系统中，一般均采用以上三种方法的组合控制方案。常用的组合形式有两种：① 将发动机输出转矩与驱动轮制动力组合控制；② 将发动机输出转矩与差速器锁止程度组合控制。

三、驱动轮防滑转系统实例

雷克萨斯防滑转控制系统的基本特点是将 TCS 与 ABS 结合在一起，是控制驱动轮制动力最佳方案。

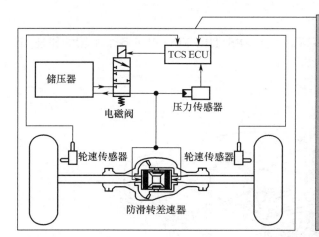

防滑转差速器的锁止控制原理

1) 防滑转差速器的锁止原理。在差速器的动力输出端设置有一个液压式离合器。通过调节作用于离合器片上的油压,即可调节差速器的锁止程度,当油压增大时,差速器的锁止程度也增大,传递给驱动轮的驱动力随之增大。

2) 油压调节系统。压力油来自高压储液器,其压力大小由ASR ECU通过控制电磁阀使压力升高、保持、降低来进行调节,并通过压力传感器和驱动轮轮速传感器进行反馈控制。

3) 优点:使汽车在各种附着系数不同的路面上起步和行驶时,都具有较好的稳定性和操纵性。对于越野汽车可大大提高其越野通过性。

图 2-32　防滑转差速器锁止控制原理

【案例 2-1】 雷克萨斯 LS400 轿车防滑转控制系统

1. 防滑转控制系统组成与部件安装位置

雷克萨斯 ABS/TRC 系统结构组成详见图 2-33 及其注解。

雷克萨斯 ABS/TRC 系统结构组成与结构特点

1) **ABS/TRC系统组成**。ABS/TRC由4个轮速传感器、ABS/TRC ECU、TRC执行器(包括制动压力调节器、TRC隔离电磁阀总成、TRC制动供能总成)、副节气门位置传感器和副节气门控制步进电动机等组成。

2) **结构特点**。驱动轮的制动力可直接使用ABS的液压系统进行调节,只需在ABS的基础上增设一些传感器、控制开关和执行器。①增设的传感器有发动机副节气门位置传感器、制动执行器中的压力传感器。②增设的控制开关有防滑转调节系统关闭开关。③增设的执行器有副节气门位置控制步进电动机、制动主缸关断电磁阀、回液泵、回液泵电动机、蓄压器关断电磁阀、储油罐关断电磁阀,以及防滑转调节指示灯、防滑转调节系统关断指示灯等。

3) 在控制驱动轮制动力时,TRC通过调节副节气门开度和对驱动轮施加制动力来实现驱动轮防滑转调节。

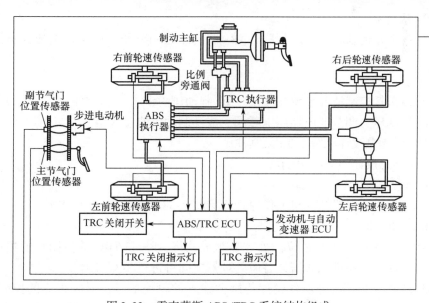

图 2-33　雷克萨斯 ABS/TRC 系统结构组成

(1) 轮速传感器

每个车轮上均安装了一个电磁式轮速传感器，向 ABS/TRC ECU 提供各个车轮的轮速信号。这些轮速传感器信号为 ABS 和 TRC 系统共用。

ABS/TRC 系统各组成部件的安装位置见图 2-34。

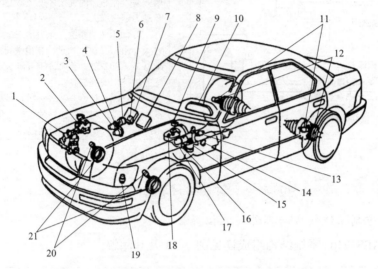

图 2-34　雷克萨斯 ABS/TRC 控制部件安装位置

1—制动液压调节器　2—TRC 液压调节器　3—副节气门位置传感器　4—主节气门位置传感器
5—副节气门位置控制步进电动机　6—副节气门步进电动机继电器　7—ABS/TRC ECU
8—发动机与自动变速电控单元　9—防滑转调节系统关闭开关
10—防滑转调节指示灯与防滑转调节系统关闭指示灯　11—后轮速传感器
12—后轮速传感器信号转子　13—停车灯开关　14—空档起动开关　15—防滑转调节制动泵
16—防滑转调节制动泵继电器　17—防滑转调节蓄压器　18—制动液位警告灯开关
19—防滑转调节主继电器　20—前轮速传感器　21—前轮速传感器信号转子

(2) ABS 执行器

ABS 执行器主要是制动压力调节器，ABS 制动压力调节器总成结构组成详见图 2-35 及其注解。

(3) TRC 执行器

TRC 执行器包括控制滑转车轮制动的 TRC 制动压力调节器和控制副节气门开度的步进电动机。TRC 制动压力调节器由隔离电磁阀总成和制动供能总成组成。

1）隔离电磁阀总成详见图 2-36 及其注解。

2）制动供能总成如图 2-37 所示。

(4) 副节气门及其驱动装置

副节气门及其驱动装置结构与工作原理详见图 2-38、图 2-39 及其注解。

(5) ABS/TRC ECU 的结构、功能与控制原理

1）ABS/TRC ECU 由 3 个 8 位微处理器组成，将 ABS 和 TRC 的控制功能集成为一体。通过一个串行缓冲寄存器进行通信，各微处理器之间可进行相互监测。

2）ABS/TRC ECU 接收处理各轮速传感器输入的轮速信号，形成相应的控制命令，驱动制动压力调节器及副节气门驱动电动机等执行器，进行制动防抱死和驱动防滑转控制。

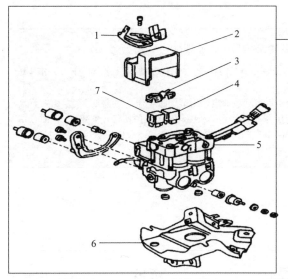

> **ABS制动压力调节器总成结构组成**
> ABS执行器主要是制动压力调节器。该制动压力调节器为循环式,主要由4个三位三通电磁阀、2个储液器和制动泵组成。4个三位三通电磁阀控制4个车轮制动轮缸的制动压力。

图 2-35　ABS 制动压力调节器总成

1—线束夹　2—继电器护罩　3—继电器罩盖　4—制动压力调节器电磁阀继电器　5—制动压力调节器　6—安装座　7—制动泵继电器

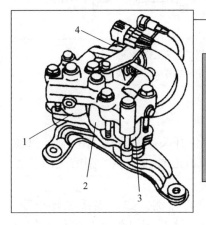

> **TRC隔离电磁阀总成结构组成**
> 1)结构组成。隔离电磁阀总成包含3个二位二通电磁阀,分别为制动主缸隔离电磁阀、蓄能器隔离电磁阀和储液器隔离电磁阀。
> 2)压力传感器的功能:压力传感器安装在TRC隔离电磁阀总成的旁边,为接触开关型,当蓄能器内的压力高于13.24MPa时,开关断开;当压力低于9.32MPa时,开关接通。压力传感器信号送入ABS/TRC ECU,ABS/TRC ECU根据开关信号控制TRC制动泵工作或停止。

图 2-36　TRC 隔离电阀总成

1—储液器隔离电磁阀　2—蓄能器隔离电磁阀　3—制动主缸隔离电磁阀　4—压力传感器

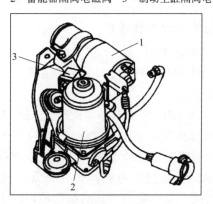

图 2-37　制动供能总成

1—蓄能器　2—液压泵电动机　3—TRC 电动机继电器

副节气门及其驱动装置结构与工作原理

1）结构特点：副节气门和由加速踏板操纵的主节气门都安装在节气门体内,副节气门位于主节气门前方,由步进电动机驱动。

2）工作原理。① 当TRC不工作时,ABS/TRC FCU不给步进电动机通电,副节气门全开,发动机进气量由主节气门控制。② 当TRC工作时(图2-39),ABS/TRC ECU发出控制指令,使步进电动机驱动副节气门使其开度减小。此时,由于副节气门的开度小于主节气门,所以发动机进气量取决于副节气门的开度,这样ABS/TRC ECU就可以控制发动机的输出转矩,从而防止车轮滑转。

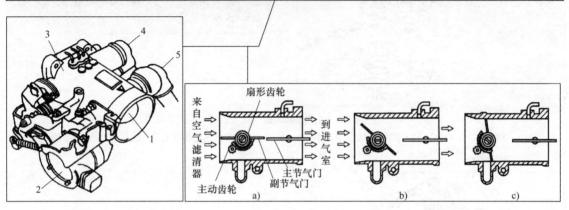

图2-38 副节气门及其驱动装置
1—副节气门 2—步进电动机
3—节气门体 4—主节气门位置传感器
5—副节气门位置传感器

图2-39 副节气门工作情况
a) 全开位置 b) 半开位置 c) 全闭位置

3) ABS/TRC ECU 还接收安装在制动主缸储液室中的液位开关、安装在 TRC 制动供能总成中的压力传感器等输入的监控信号,以及发动机/变速器 ECU 输入的主、副节气门位置等信号。

4) ABS/TRC ECU 的自诊断系统不断对系统主要电路进行监测,如发现系统有故障,会自动停止 ABS 或 TRC 的工作,同时点亮故障警告灯提示驾驶人进行维修,并将故障信息存入存储器,为维修提供参考。

2. ABS/TRC 防滑转控制系统的工作原理

（1）TRC 工作情况下的控制原理

ABS/TRC 防滑控制系统工作原理详见图 2-40 及其注解。

（2）常规制动情况下的控制原理

常规制动情况意味着 ABS 和 TRC 都不工作。此时,ABS/TRC ECU 不给 ABS 制动压力调节器的 4 个三位三通电磁阀以及 TRC 制动压力调节器的 3 个二位二通电磁阀通电。ABS 制动压力调节器调节三位三通电磁阀将制动主缸与制动轮缸之间的液压管路接通；另外,由于 TRC 制动压力调节器中的制动主缸隔离电磁阀也处于常开状态,保证制动主缸与制动压力调节器之间的油路畅通,因此,来自制动主缸的制动液可以不受任何控制地直接进入各制动轮缸使车轮制动。

ABS/TRC防滑控制系统的工作原理

1) 对发动机输出转矩的控制原理。 TRC工作的情况意味着ABS不工作。汽车在驱动过程中,ABS/TRC ECU根据轮速传感器输入的信号,判定驱动轮滑转率超过控制门限值时,ABS/TRC进行驱动防滑转控制,ABS/TRC ECU控制副节气门的步进电动机通电,副节气门开度减小,发动机的进气量就减小,发动机输出转矩降低,就可以防止驱动轮滑转。

2) 对滑转车轮制动的控制原理。 当ABS/TRC ECU判定需要对驱动轮进行制动介入时,使TRC制动压力调节器的3个隔离电磁阀通电,则制动主缸隔离电磁阀处于截止状态,蓄能器隔离电磁阀和储液器隔离电磁阀处于导通状态,蓄能器的制动液进入后轮制动轮缸,对滑转的驱动轮进行制动。在此过程中,ABS/TRC ECU通过控制ABS制动压力调节器两后轮电磁阀的电流,即通过对其不通电、通以小电流和通以大电流,可以实现对驱动车轮制动压力的增压、保压和减压调节。

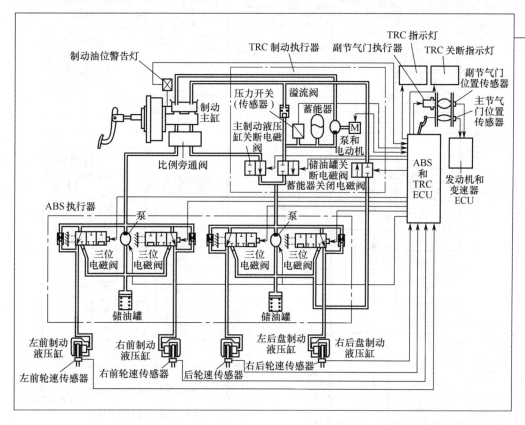

图2-40 雷克萨斯ABS/TRC防滑控制系统工作原理

(3) ABS工作情况下的控制原理

ABS工作意味着TRC不工作。此时ABS/TRC ECU不给TRC制动压力调节器的3个电磁阀通电。TRC制动压力调节器中的制动主缸隔离电磁阀处于常开状态,ABS/TRC ECU根据轮速传感器信号计算车轮的滑移状态,然后确定对制动轮缸进行保压、减压或者增压控制,并通过对三位三通电磁阀通以小电流、大电流或者不通电实现。

3. ABS/TRC ECU 的防滑控制系统电路

ABS/TRC ECU 的防滑控制系统电路如图 2-41 所示，ABS/TRC ECU 各端子符号及其名称见表 2-2。

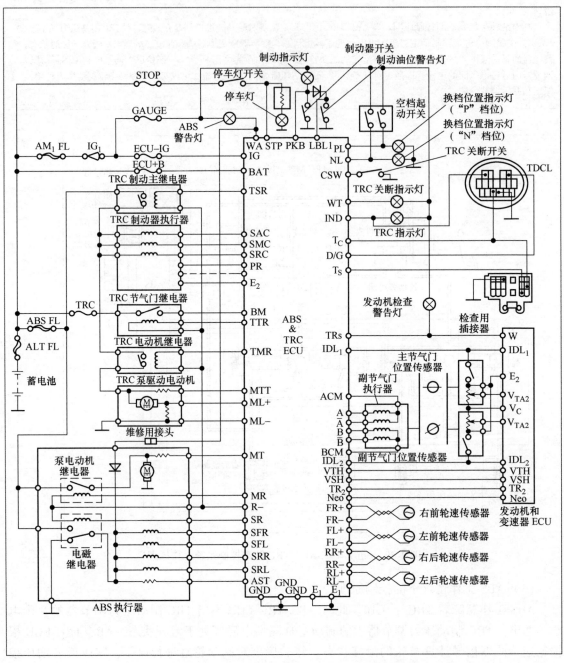

图 2-41 雷克萨斯 LS400 型轿车 ABS/TRC ECU 防滑控制系统电路

表 2-2　ABS/TRC ECU 各端子符号及其名称

编号	符号	端子名称	编号	符号	端子名称
A18-1	SMC	制动主缸隔离电磁阀控制	A19-7	TR$_2$	发动机点火正时信号
2	SRC	储液器隔离电磁阀控制	8	WT	TRC 关闭指示灯
3	R-	继电器搭铁	9	TR2	发动机故障警告灯
4	TSR	TRC 制动主继电器控制	10	—	—
5	MR	ABS 回油泵电动机继电器控制	11	LBL$_1$	制动液位开关
6	SR	ABS 电磁阀继电器控制	12	CSW	TRC 关闭开关
7	TMR	TRC 液压泵电动机继电器控制	13	VSH	副节气门位置传感器信号
8	TTR	TRC 副节气门继电器控制	14	DG	诊断
9	A	步进电动机	15	—	—
10	$\overline{A}$	步进电动机	16	IND	TRC 工作指示灯
11	BM	步进电动机电源	A20-1	SFR	右前电磁阀线圈
12	ACM	步进电动机 +	2	GND	搭铁
13	SFL	ABS 左前电磁阀线圈	3	RL+	左后轮速传感器
14	SAC	蓄能器隔离电磁阀控制	4	FR-	右前轮速传感器
15	—	—	5	RR+	右后轮速传感器
16	AST	ABS 电磁阀继电器监控	6	FL-	左前轮速传感器
17	NL	变速器空档（N）开关	7	E$_1$	搭铁
18	IDL$_1$	主节气门怠速开关	8	MT	ABS 回油泵电动机继电器
19	PL	变速器驻车档（P）开关	9	ML-	TRC 液压泵电动机闭锁传感器
20	IDL$_2$	副节气门怠速开关	10	PR	蓄能器压力传感器
21	MTT	TRC 液压泵电动机继电器监控	11	IG	点火开关
22	B	步进电动机	12	SRL	左后电磁阀线圈
23	$\overline{B}$	步进电动机	13	GND	搭铁
24	BCM	步进电动机 +	14	RL-	左后轮速传感器
25	GND	搭铁	15	FR+	右前轮速传感器
26	SRR	右后电磁阀线圈	16	RR-	右后轮速传感器
A19-1	BAT	备用电源	17	FL+	左前轮速传感器
2	PKB	驻车制动开关	18	E$_2$	搭铁
3	TC	诊断	19	E$_1$	搭铁
4	NEO	发动机转速 Ne 信号	20	TS	轮速传感器诊断
5	VTH	主节气门位置传感器信号	21	ML+	TRC 液压泵电动机闭锁传感器
6	WA	ABS 警告灯控制	22	STP	制动灯开关

第四节 制动力分配系统和车身电子稳定控制系统

一、EDB 的功能、组成与工作原理

1. EDB 的功能

制动力分配系统是在 ABS 四通道系统基础上发展起来的能够自动调节前、后轮制动力分配的装置,它是 ABS 的升级版本。其功能是在制动瞬间,高速计算出每个车轮因附着力不同而导致的摩擦力数值,然后按照设定程序高速调整制动装置,使得每个车轮的制动力与摩擦力相匹配,并根据行驶工况,实时合理地进行前后与左右制动力的分配,以避免打滑、跑偏、侧翻,确保行驶安全与稳定。

2. EDB 的组成

EDB 系统硬件组成与 ABS 基本相同,也是由轮速传感器、制动压力调节器与 ECU 等组成。只是软件部分(控制逻辑与控制算法)有所不同。它还需要增加设置参考车速、滑移率与制动力分配系数等计算程序、执行程序以及制动力的跟踪与调节程序等。

3. EDB 的工作原理

EDB 的工作原理详见图 2-42 及其注解。

EDB 的工作原理

1)控制过程。 如图2-42所示,轮速传感器将车轮转速信号传给ECU;ECU计算参考车速和滑移率并发送指令给制动压力调节器;调节器进行制动力分配并调节车轮最佳滑移率,制动系统将合理的制动力最终作用于每个车轮。

2)控制效果。

① EDB与ABS配合实现每个车轮制动力矩的平衡。在制动初期,当车辆间刚出现转速差时,在第一时间将制动力大的车轮提前进行保压与卸压,在ABS进入保压之前就已经平衡了每个车轮的制动力矩,使得四个车轮达到完全同步,防止甩尾与侧滑,并缩短制动距离。

② EDB 可以在各种载荷下使实际制动力分配曲线均能与理想制动力分配曲线最为靠近,因而获得比较高的制动效率。EDB不仅能够防止跑偏,而且在可能出现失稳状态前,通过调节某个车轮的制动压力自动遏制失稳,避免可能的侧翻。

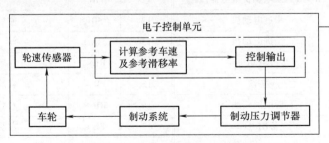

图 2-42 EDB 系统的工作原理

二、ESP 的控制原理、结构组成与实例

车身电子稳定系统又叫车身稳定控制系统,是将 ABS、TCS、EDB、TCS、AYC 高度结合的新型主动安全系统。其称谓因公司而异,大众、奥迪、奔驰均称为 ESP,宝马称动态稳

定控制系统（DSC），本田称车辆稳定辅助系统（VSA），丰田称车辆稳定控制系统（VSC），日产称车辆动态控制系统（VDC）。

ESP的控制原理与系统组成详见图2-43及其注解。ESP系统的传感器与执行器具体结构分述如下。

ESP的控制原理与系统组成

1）控制原理。ESP实质是一套特定的计算机程序，它不需要驾驶人对其进行实际操作。ESP工作时，它主要根据偏航率传感器提供的车辆绕纵轴旋转运动的实际偏航率，以及其他传感器提供的实际偏航角速度和实际横向加速度，与其计算出的需要保持车身稳定的理论值进行比较，然后发出平衡纠偏指令，随时自动纠正驾驶人因操作不当而产生的转向不足或过度(转向不足，车辆会产生向理想轨迹曲线外侧的偏离；转向过度，车辆会产生向理想轨迹曲线内侧的偏离)。因此，ESP不再盲目服从驾驶人的操纵意图，而使得车辆行驶安全性大大提高。

2）ESP系统结构组成。
① 用于检测车辆状态和驾驶人操作的传感器部分。
② 用于估算车辆侧滑状态与计算恢复到安全状态所需要的旋转动量和减速度的ECU部分。
③ 用于根据计算结果来控制发动机输出功率和控制每个车轮制动力的执行器部分。
④ 用于告知驾驶人关于车辆失稳的信息部分。

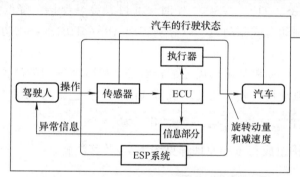

图2-43 车身稳定性控制系统的结构组成框图

1. ESP 传感器

（1）横摆率传感器

横摆率传感器又称偏航率传感器，安装在行李舱内的后轴上部中央位置上，且与汽车车身中心垂直轴线平行，用于检测后轴绕车身中心垂直轴线旋转的角速度（横摆率）信号。它是反映后轴是否产生侧滑的关键部件。当其有信号输入到 ESP ECU 时，即表明后轴产生侧滑。若以后轴向右侧滑的横摆率传感器信号为正，则横摆率传感器信号为负时表示后轴向左侧滑。

（2）横/纵向加速度传感器

横向加速度传感器的功能与横摆率传感器基本相同。它安装在汽车重心前方、前轴上部中央位置的底板下面，用于检测前轴的横向加速度信号，供 ESP ECU 判断前轴是否产生侧滑以及车身状态。与横向加速度传感器类似，还有纵向加速度传感器。

（3）转向角传感器

转向角传感器安装在转向盘的后侧，用于检测驾驶人转动转向盘的角度信号，主要用于 ESP ECU 判断驾驶人的转向意图（是向左转还是向右转）。

（4）轮速传感器

轮速传感器安装在每个车轮上，检测车轮旋转的角速度，可与 ABS 和 TRC 共用。主要供 ESP ECU 计算车轮滑移率和滑转率，以便采取相应措施。

(5) 节气门位置传感器

节气门位置传感器安装在节气门体上，用于检测驾驶人操纵加速踏板以及 ESP 执行器调节发动机输出转矩时节气门开度的大小。

2. ESP 执行器

(1) 制动液压调节器

目前，一般均直接利用 ABS 液压调节器来调节制动力。丰田系列轿车将 ABS、TRC 和 VSC 三者的液压调节器制作为一体，称为制动液压调节器，安装在发动机舱内部的右前侧。当汽车制动使车轮发生滑移时，液压调节器执行 ABS 功能；当驱动轮发生滑转时，液压调节器执行 TRC 功能；当车身发生侧翻时，液压调节器则执行 VSC 功能。液压调节器主要由蓄压器、储液器、回液泵、回液泵电动机、选择电磁阀和控制电磁阀等组成。

1) 选择电磁阀在 ABS、TRC、VSC 工作时，接通或关闭制动主缸与控制电磁阀之间的液压管路。

2) 控制电磁阀在 ABS、TRC、VSC 工作时，通过升高、保持、降低制动轮缸的制动压力，来调节每个车轮的制动力或驱动力，以分别实现 ABS、TRC、VSC 功能。

(2) 节气门执行器

目前，一般采用步进电动机与扇形齿轮配合对发动机副节气门的位置进行控制，称为副节气门的位置控制步进电动机，安装在发动机节气门体的旁边，与 TRC 共用。

【案例2-2】 大众 ESP 系统的结构组成与工作原理

大众 ESP 系统的结构组成与工作原理详见图 2-44 及其注解。

三、车身稳定控制过程与控制效果

若汽车前轮发生侧滑，就会失去路径跟踪能力（又称循迹能力）；若汽车后轮发生侧滑，就会发生甩尾现象。ESP 控制主要是指侧滑控制，主要控制内容包括两个方面：一是抑制前轮侧滑，保持汽车的路径跟踪能力；二是抑制后轮侧滑，防止车身出现甩尾现象，以确保车辆稳定行驶。

1. 前轮侧滑的控制过程

(1) 当前轮向右侧滑时

如图 2-45a 所示，ESP ECU 首先向副节气门执行器发出指令，减小发动机输出转矩来降低车速，ESP ECU 同时向制动液压调节器中的左后轮液压通道的电磁阀发出占空比控制脉冲，向左后轮额外施加一个制动力，以产生逆时针方向旋转，然后再向两个前轮施加制动力，使车速降低、平稳行驶并保持路径跟踪能力。

(2) 当前轮向左侧滑时

当前轮向左侧滑时，ESP 的控制过程与前轮向右侧滑类似。

2. 后轮侧滑的控制过程

(1) 当后轮向右侧滑时

如图 2-46a 所示，ESP ECU 首先向副节气门执行器发出指令，减小发动机输出转矩来降

大众ESP系统组成与工作原理

1) 传感器。 在原车轮转速传感器和制动压力传感器的基础上,新增转向角传感器、纵向加速度传感器、横向加速度传感器、横摆率传感器。

2) 执行器。 执行器包括液压单元、动态制动泵、制动助力器等。该执行器改进了液压调节器与车轮轮缸的液压通道,还增加了ESP蜂鸣器。

3) ECU。 增大了计算能力。ESP ECU首先通过转向角传感器与各车轮转速传感器识别车辆转弯方向及驾驶人意图,并根据纵向加速度传感器、横向加速度传感器、偏转率传感器识别车辆的实际运动方向。当ESP判定会出现不足转向时,将制动弯道内侧后轮,从而稳定车辆;反之,将制动弯道外侧前轮,同时还会降低发动机输出转矩,防止过度转向而出现甩尾。

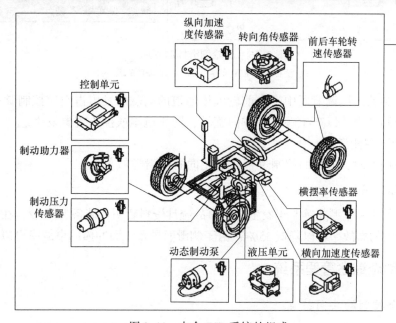

图 2-44　大众 ESP 系统的组成

前轮侧滑的控制过程

1) 没有配置ESP的车辆,当前轮出现侧滑时,形成不足转向,因而车辆容易失控驶出转弯路面外侧,造成交通事故。

2) 配置ESP的车辆,当左前轮出现侧滑时,ESP可以及时抑制侧滑,故能够避免不足转向,保障安全行驶。

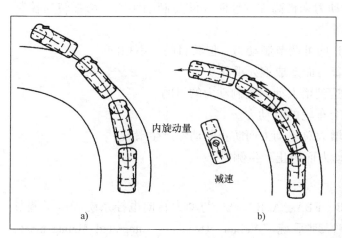

图 2-45　前轮侧滑控制原理
a) 没有配置 ESP 车辆　b) 配置 ESP 车辆

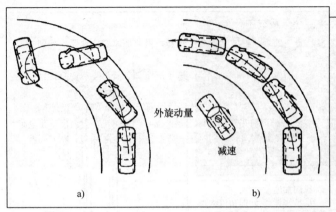

图 2-46 后轮侧滑控制原理
a）没有配置 ESP 车辆 b）配置 ESP 车辆

后轮侧滑控制过程
1）没有配置ESP的车辆，当后轮出现侧滑时，形成过度转向，因而车辆容易失控，驶出转弯路面内侧，造成交通事故。
2）配置ESP的车辆，当左前轮出现侧滑时，ESP可以及时抑制侧滑，故能避免不足转向，保障安全行驶。

低车速，同时向制动液压调节器中的右前轮液压通道的电磁阀发出占空比控制脉冲，向右前轮额外施加一个制动力，以产生顺时针方向旋转，防止甩尾或掉头现象发生。

（2）当后轮向左侧滑时

当后轮向左侧滑时，ESP 的控制过程与后轮向右侧滑类似。

3．ESP 实际效果

丰田公司对其 3 种车型连续 5 年发生交通事故统计资料表明：装备 ESP 后，在每 1 万台汽车中由于侧滑导致的事故率可以降低 35%；由于侧滑而导致正面冲撞的事故率可以降低 30%。

四、车身动态综合管理系统

1．主动安全控制的共同特点

汽车主动安全控制装置 ABS、EDB、EBA、ASR、ESP 的共同特点如下。

1）都是通过调节车轮制动器的制动力来提高控制性能（缩短制动距离、增强转向控制能力和提高行驶稳定性），以减小交通事故。

2）ABS、EDB、EBA、ASR 和 ESP 均可调节制动力，但其目的各不相同。

① ABS 是防止车轮制动力大于附着力而造成抱死滑移。

② EDB 是通过控制制动力的分配达到增大前后轮制动力的目的。

③ EBA 是为了增大紧急制动时各个车轮的制动力。

④ ASR 是通过施加制动力来达到增大总驱动力而防止驱动轮产生滑转。

⑤ ESP 是通过对某个车轮施加制动力而防止产生侧滑。

2．车身动态综合管理系统

丰田公司最新开发了由 ABS、EDB、EBA、ASR、VSC 与动力转向电控系统和电子调节悬架系统组合而成的车身动态综合管理系统（Vehicle Dynamics Integrated Management，VDIM）。VDIM 的主要特点如下。

1）VDIM 将 ABS、EDB、EBA、ASR 和 VSC 等主动安全系统组合成一体，液压调节装置也组合成一体，称为电子控制制动系统液压调节器。

2) VDIM 对车辆的操控性做了进一步的改进，能够在发生侧滑之前就开始对车辆进行控制，不仅保证了更高的预防安全性，还能使前进、转向、停止这些基本运动性能迈上一个更高的台阶。

3) VDIM 能对车身姿态进行全方位调节，ABS、EDB、EBA、ASR 可以控制车轮的纵向作用力，VSC 与 EPS 配合可以控制车轮的侧向力，电子调节悬架可以调节车身前后左右的姿态，在转弯控制方面，可以通过与电控转向助力的协调来控制转向转矩的助力量，实现更好的操纵性和行驶安全性，不仅能够提高车身的动态稳定性，且能够大大提高行驶安全性和乘坐舒适性。

4) VDIM 能对前轮转向角和转向盘转矩进行最佳控制，可变齿数比转向装置可使转向盘的转动量与车轮转向角的关系产生灵活变化，电动助力转向可以调节转动转向盘的力矩，从而可以根据制动力、发动机输出转矩和转向转矩对前轮转向角实现最恰当的控制。

5) VDIM 采纳智能识别与判断技术，使车辆达到人车一体化的境界。

第五节　防抱死制动系统故障检修方法和注意事项

一、ABS 的初步检查与故障排除的一般操作方法

1. ABS 的初步检查

初步检查是在 ABS 出现明显故障而不能正常工作时，首先采取的检查方法。初步检查方法如下。

1) 检查驻车制动（俗称手刹）是否完全释放。
2) 检查制动液液面是否在规定范围之内。
3) 检查 ABS ECU 导线插头、插座连接是否良好，插接器及导线是否损坏。
4) 检查下列导线插接器（插头与插座）和导线的连接或接触是否良好：液压调节器上的电磁阀体插接器、液压调节器上的主控制阀插接器、连接压力警告开关和压力控制开关的插接器、制动液液面指示开关插接器、四轮车速传感器的插接器、电动泵插接器。
5) 检查所有继电器、熔丝是否完好，插接是否牢固。
6) 检查蓄电池容量（测量电解液比重）和电压是否在规定范围内；检查蓄电池正、负极导线的连接是否牢靠，连接处是否清洁。
7) 检查 ABS ECU、液压控制装置等接地（搭铁）端接触是否良好。
8) 检查车轮胎面纹槽深度是否符合规定。若用上述方法不能确定故障位置，便可使用故障诊断仪进行检查。

2. 排除 ABS 故障的一般操作方法

(1) 液压元件泄漏检查

检查液压元件泄漏时，接通点火开关，直至制动泵停止运转，接着再等 3min，使整个液压系统处于稳定状态。查看压力表，若 5min 内系统压力下降，表明液压系统有泄漏之处。再检查是液压元件本身泄漏，还是其外部系统泄漏。应分别修复，必要时更换磨损部件或总成。

(2) ABS 系统的放气

ABS 系统中如有空气，会严重干扰制动压力调节，使 ABS 功能丧失。尤其对 ABS 维修

后，要按维修手册规定进行放气。

(3) ABS 系统的泄压

在检修液压控制装置前要按一般方法泄压。ABS 泄压方法：关闭点火开关，然后反复踩制动踏板 20 次以上，当踏板力明显增加，即感觉不到踩踏板的液压助力时，ABS 系统即泄压完毕。

通常修理以下部件时需要泄压：液压控制单元中的任何装置、蓄压器、电动泵、电磁阀体、制动液油箱、压力警告和控制开关、后轮分配比例阀、后轮制动轮缸、前轮制动轮缸及高压制动液管路等。

(4) ABS 系统线束更换

ABS 线束接头接触不良，线束腐蚀、断裂及外部屏蔽损坏等，都会导致 ABS 无法正常工作，须更换。线束插头通常与线束一同更换，个别线束插头损坏时可更换新插头，地线与屏蔽线要焊接牢固，线束插头是塑料的一般只能与线束一同更换。线束插头必须插牢，接头插接后将卡销插好。

(5) ABS ECU 的更换

可用正常的 ECU 代替原车 ECU 观察 ABS 系统工作情况，通过对比鉴别原车 ECU 有无故障。更换时关闭点火开关，拆下 ECU 上线束插头，换上正常 ECU，插上所有线束插头，然后接通点火开关起动发动机，红色制动灯和 ABS 灯应显示系统处于正常状态。

(6) 车速传感器的调整

车速传感器插头脏污、传感器空气隙未达要求时应进行调整。传感器调整可用纸垫片贴紧传感器头端面来完成。当汽车运行时，随着传感器齿圈的旋转，纸垫片就会自然消失。

1) 调整前轮速度传感器（以坦孚式 ABS 为例）。升举汽车，拆下相应前胎和车轮装置，拧松（紧固传感头）螺栓，通过盘式制动器挡泥板孔拆下传感器头。清除其表面金属屑或污物，并刮净传感器头端面。在传感器头端面粘贴一个新纸垫片（厚度为 1.3mm，标记 F）。拧松传感器支架固定衬套螺栓，旋转衬套，给固定螺栓提供一个新的锁死凹痕面，通过盘式制动挡泥板孔，将传感器头装进支架上的衬套。确认纸垫片贴在传感器头端面上，并在整个安装中未掉下来。装复后，传感器上连线接触良好。推动传感器头向传感器齿圈顶端移动，直到纸垫片与齿圈接触为止。用 2.4~4N·m 力矩拧紧紧固螺栓，使传感器头定位。重新装好轮胎和车轮，并放下汽车，起动发动机路试，ABS 故障指示灯不亮为系统正常；否则，说明 ABS 仍有故障，须进一步检修。

2) 调整后轮传感器。同前轮传感器调整相同。举升汽车，拆下后轮、制动钳、传动装置及传感器头，清洁其表面，在传感器头端面贴纸垫片（厚度为 0.65mm，标注 R）。将传感器头装复，拧紧固定螺栓，推传感器头向传感器齿圈顶端移动，至纸垫片与齿圈接触为止。保持此状态，用 2.4~4N·m 力矩紧固螺栓，使传感器头定位。重新装复制动钳、车轮，放下汽车，然后进行路试。若发现车轮速度传感器工作不良，应用万用表测量其线圈电阻。断路时，电阻应为 ∞；短路时，电阻应为 0 或很接近 0，此时均需要更换传感器头。

二、ABS 检修注意事项

ABS 是提高汽车行驶安全性的重要装置，在使用维修中应特别注意以下五项事项。

第二章 汽车行驶主动安全电控系统故障诊断与检修

1. 注意保持维修场所及零部件的清洁

（1）应保持维修场所清洁

在拆卸 ABS 系统零部件前，应用清洁剂彻底清洁支承面和连接点，但不能使用汽油和稀释剂等清洁剂。拆下的零部件应放置在干净的地方。

（2）保持 ECU 及线束插接器干净

不要让油污沾染 ECU 及其插头，以防导线插头座锈蚀和接触不良。

（3）保持车轮速度传感器头及齿圈清洁

防止异物特别是铁磁性物质黏附其表面影响车轮速度传感器信号的精确度。不要敲击转速传感器，否则易导致传感器发生消磁现象而使系统工作不正常。

2. 细心保护 ECU

1）不能带电操作。在拆卸液压调节器之前，必须断开蓄电池搭铁线。在拆卸电器元件和电气插接器插头之前，必须先断开点火开关。

2）在进行烤漆作业或进行线路焊接时，一定要先拔下 ECU 的线束插头。ECU 对高温环境和静电特别敏感，这是由于它在短暂时间内可承受的最高温度为 90℃，在 2h 内可承受的最高温度为 85℃。

3）蓄电池应经常保持充电充足状态。若蓄电池电压过低，则 ABS 系统将不能进入工作状态。当用外电源对车上蓄电池充电时，要先断开蓄电池正负极接柱上的导线，然后再进行充电。

4）不可向 ECU 供给过高的电压，否则容易损坏 ECU。因此，切不可用充电机起动发动机，也不要在蓄电池与电系连接情况下对蓄电池充电。

3. 更换 ABS 零部件的注意事项

1）更换 ABS 制动管路、制动压力调节器等零部件时，须使用故障诊断仪测试整个系统的功能。由于某些故障只能在行驶过程中才能发现，所以在功能测试时要进行路试。在路试过程中，应在 30s 内以不低于 60km/h 的车速行驶，并至少进行一次紧急制动，使 ABS 投入工作。

2）对具有蓄能器的液压系统进行维修时，应先使蓄能器中高压制动液释放干净，以免高压制动液喷出伤人。在释放蓄能器中高压制动液时，应先断开点火开关，然后反复踩下和放松制动踏板，直到制动踏板变得很硬时为止。另外，在 ABS 完全装好之前，不能接通点火开关，以免电动泵通电运转。

3）对制动液压系统进行维修后，或在使用过程中发现制动踏板变软时，应按要求对制动系统排气。

4）ABS 系统零部件与轮胎的选用。多数 ABS 中的轮速传感器、ECU 和制动压力调节装置都是不可修复的，如发生损坏，应进行整体更换。在更换零部件时须使用原厂配件。为了不影响 ABS 控制效果，应选用原车型轮胎或用该车型生产厂家推荐的轮胎，以保证轮胎的外径、附着性能和转动惯量与原胎相同，但不能混用不同规格的轮胎。

5）制动管件及橡胶件的选用。由于 ABS 制动管路要承受较大制动压力，应采用专用管路。当制动管路有凹陷、扭曲、破裂或接头损坏时，须换用新制动管件。橡胶件的换用也应按规定使用标准的、耐高压耐腐蚀的零件，以免管路破损而引起制动突然失灵。

4. 正确的拆装方法

1) 在拆装 ECU 时，要注意使其免受碰撞和敲击，以防损坏。

2) 车轮速度传感器不能互换，更不要装错，装前要涂防锈油。检修车轮速度传感器时，应防止碰伤齿圈轮齿和传感器头；拆装传感器时不可乱敲打；不可将齿圈作为支点撬动，以防造成轮齿变形。

3) 调整传感器气隙时，应使用非磁性塞尺，如塑料或铜制塞尺或纸片。

5. 正确选用与更换制动液

1) ABS 的液压系统具有如下特点。

① 有更多、更为精密的金属运动零件，这些运动件对润滑的要求更高。

② 制动液的通路更长，更曲折，致使制动液在流动过程中受到较大阻力。

③ ABS 的工作速度较高，每秒内可达 8~12 次，制动液反复经历压力增大和减小的循环，因而，制动液工作温度和压力较常规制动系统中的制动液更高。

④ 有更多的橡胶密封件和橡胶软管等。

2) 根据以上特点，推荐 ABS 选用 DOT3 或 DOT4 制动液。对 ABS 使用的制动液要求非常严格：一是必须具有适当的黏度；二是具有较高的沸点，低温流动性要好；三是理化性能稳定，防腐蚀性要好，要求所选用的制动液对金属的腐蚀性较弱，同时不能对橡胶件产生较强的膨胀作用。为满足这些要求，ABS 绝对不可使用普通制动液或含有矿物油（如机油或油脂）的制动液，而推荐选用 DOT3 或 DOT4 制动液。尽管 DOT5 制动液具有更高沸点，但因其是硅基制动液，对橡胶件有强烈损害，故不推荐选用 DOT5。

3) DOT3 和 DOT4 是醇基制动夜，具有较强吸湿性。当制动液中含有较多水分时，不仅会使制动压力调节装置中的精密零件发生锈蚀，还使制动液黏度变大，影响流动，特别是在严寒气候条件下变得迟缓，导致制动距离延长。另外，制动液中含水量会对制动液沸点产生明显影响，易发生气阻。DOT3 和 DOT4 制动液一般经过 12 个月使用以后，其中含水量平均可达 3%。为此，建议对 ABS 每隔 12 个月要更换一次制动液。由于制动液对油漆侵蚀能力较强，所以在检修时应防止制动液飞溅到油漆表面。

4) 蓄能器中可能蓄存剩余制动液，在更换或补充制动液时应按如下步骤进行。

① 将新制动液加到储液室的最高液位标记处。

② 若需排除制动系统中的空气，应按规定程序进行排气。

③ 将点火开关置于点火位置，反复地踩下与放松制动踏板，直到电动泵开始运转为止。

④ 待电动泵停止运转后，再对储液室中的液位进行检查。

⑤ 如果储液室中的制动液液位在最高液位标记以上，先不要泄放过多制动液，而应重复上述第 3 和第 4 步骤。如制动液位在最高液位标记以下，应再次补充新制动液，但切不可加注到超过最高液位标记。应定期对制动液位进行检查并及时补充。

第六节 防抱死制动系统的故障诊断

一、ABS 故障诊断基本流程

ABS 故障诊断基本流程的主要内容详见图 2-47 及其注解。

第二章 汽车行驶主动安全电控系统故障诊断与检修

ABS故障诊断的基本流程

1) 询问用户。向用户询问故障现象、故障发生的条件及是否检修过、检修过哪些部位等，且最好驾驶车辆对用户叙述的故障现象进行验证，以便对故障原因进行比较准确的综合判断。

2) 直观检查。直观检查包括制动液压系统是否泄漏，制动液质量以及液位，ABS部件以及线束和插接器外观是否完整、连接是否可靠。

3) 判断是常规制动系统故障还是ABS故障。接通点火开关后，如果ABS故障警告灯常亮或者在汽车行驶过程中点亮，则为ABS故障。如果ABS故障警告灯工作正常，则根据故障现象判断是否为常规制动系统故障，如果不是常规制动系统故障，则应检测ABS系统。

4) 读取故障码。根据不同车型，按照相应的方法读取故障码，如果有故障码，应根据故障码表(例如MK20-1型ABS的故障码表2-6)确定需要进一步检查的内容。

5) ABS故障现象诊断。有故障现象，但没有读取到故障码时，可以按照故障征兆诊断表(表2-3)确定需要检查的内容。如果需要检查的是电气故障，则应进行电路检测；如果是其他故障，则直接进行故障处理。

6) 电路检测。无论是通过故障码还是故障征兆诊断表诊断出故障的范围后，通常都要通过电路检测(检测电阻、电压、波形等)确定故障的具体部位。

7) 对故障部位进行维修。对于线路以及插接器的故障可进行相应的维修处理；对于部件故障，通常是进行更换。但更换部件时如果需要拆卸制动液压系统部件，应先泄压。

8) 行驶检查。维修工作结束后，以30km/h以上的车速行驶，观察ABS故障警告灯是否正常。进行制动试验，观察车辆制动是否正常。

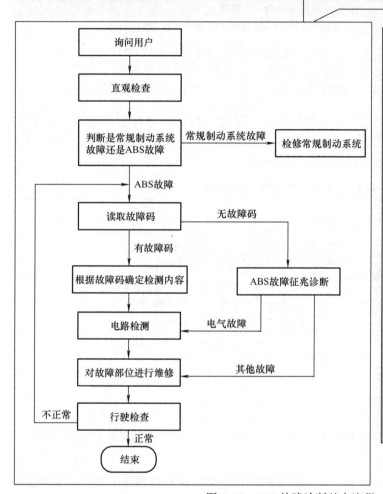

图2-47 ABS故障诊断基本流程

二、ABS故障诊断基本方法

ABS故障诊断的三种基本方法精讲如下。

1. ABS故障自诊断测试法

故障自诊断检测通常包括读取故障码、读取数据流（测量数据块）、执行器测试等内容。

（1）读取故障码

现代汽车读取故障码通常有两种方式。一种是使用诊断仪读取故障码，例如使用大众

V. A. C1552诊断仪读取MK201型ABS故障码。先将诊断仪连接到汽车上的诊断插座上,通过操纵仪器读取故障码。使用诊断仪还可以查阅故障码的含义以及电路检测的方法。另一种是人工方式读取故障码,例如通过短接诊断插座相应的端子或者通过其他方式触发自诊断系统,通过故障警告灯闪烁输出故障码,或通过汽车上的信息显示屏输出故障信息。

(2) 读取数据流(测量数据块)

数据流是ECU接收的各种及时输入数据以及输出的各种即时控制数据的总称。数据流可以通过诊断仪读取。通过对数据流的分析可以发现异常信息,以便对故障进行判断。大众公司将相关的4个数据组合在一起组成一个数据块,因此,数据流在大众车系也称为测量数据块。

(3) 执行器测试

执行器测试是诊断仪的功能之一。通过诊断仪向被检测系统的控制单元发出指令,使控制单元驱动有关的执行器工作,从而判断执行器是否存在故障。

2. ABS故障征兆表诊断法

如果系统存在故障现象,但没有读取到故障码,就需要根据故障征兆诊断表(表2-3)所列出的可能产生该故障现象的各种原因,然后按照可能性大小以及先易后难的原则,对可能的各种原因逐一检查排除,直至找到故障所在部位。

表2-3 ABS系统故障征兆诊断表

故障征兆	检查内容
ABS不工作,紧急制动时车轮抱死,或者制动效果差	●读取故障码,再次确认无故障码输出 ●检查轮速传感器及其电路 ●检查ABS执行器及其电路 ●检查ABS ECU的电源及搭铁电路 ●检查制动液压系统是否泄漏 ●更换ABS ECU进行试验
ABS故障警告灯不正常	●检查ABS故障警告灯及电路 ●更换ABS ECU进行试验
不能进行自诊断检测	●检查ABS故障警告灯及电路 ●检查诊断插座电路 ●更换ABS ECU进行试验

3. ABS电路检测法

通过上述故障检测方法,无论是读取到故障码,还是通过读取数据流发现不正常情况而怀疑某一部件,以及通过执行器测试发现某一部件工作不正常,也包括根据故障征兆表诊断故障等方法,都需要进一步的电路检测,以确定故障的具体部位。电路检测的内容通常是确定故障是在部件还是在线路、插接器或者熔断器等具体位置,以及故障的类型和性质等。电路检测常用的手段有使用万用表检测电阻、电压,以及使用示波器检测波形等。下面通过实例讲解ABS故障自诊断测试法和电路检测法操作过程与具体方法。

【案例2-3】 桑塔纳2000GSi轿车ABS自诊断测试与电路检测

1. ABS故障自诊断测试法

ABS故障自诊断测试法包括读取和清除故障码、读取数据流、ABS执行器的测试等

第二章 汽车行驶主动安全电控系统故障诊断与检修

内容。

（1）读取和清除故障码

详见图 2-48 ~ 图 2-52 及其注解。

1）读取故障码的方法如下。

1) 按照发动机自诊断测试方法连接故障测试仪。
2) 接通电源，进入诊断测试程序。首先接通点火开关或起动发动机怠速运行(若故障导致发动机不能起动，则只接通点火开关)，然后接通故障诊断仪电源开关。此时故障诊断仪进入"车辆系统测试"模式，显示如图2-48所示。

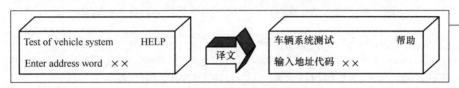

图 2-48　进入车辆系统测试模式时显示的信息

3) 按表2-4，输入"防抱死制动电子控制系统"的地址代码"03"，并单击"Q"键确认。地址指令代表的系统名称就会出现在屏幕上(单击"C"键可以改变输入指令)。电控单元确认后将显示如图2-49所示的电控单元信息。注意：只有在点火开关接通或发动机运转时，才能显示电控单元的编号和代码。由于汽车使用的电控单元以及诊断仪使用的程序卡型号不同，显示和打印的内容会有所不同。

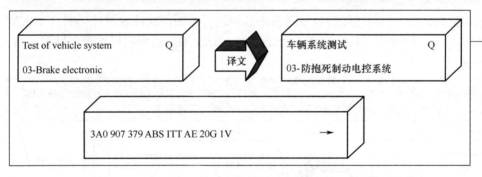

图 2-49　输入电控单元地址代码"03"后显示的信息

3A0 907 379—电控单元零件编号　ABS—防抱死制动系统　ITT—公司名称　AE 20G1V—软件版本

4) 单击"→"，直到诊断仪屏幕上显示输入"功能选择代码"，如图2-50所示。

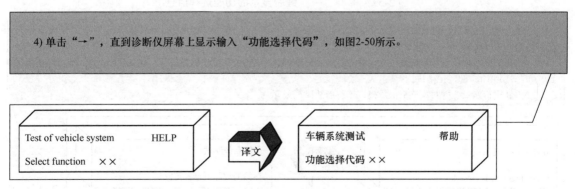

图 2-50　单击"→"键后显示的功能选择信息

5) 按表2-5，输入功能选择代码01、02、……，并单击"Q"键确认，即可进入各项功能的测试。读取故障码时，输入功能选择代码"02"，并单击"Q"键确认。若有故障码，屏幕上将首先显示存储故障的数量，如图2-51所示。具体故障内容详见表2-6(MK201-1型ABS故障码表)。

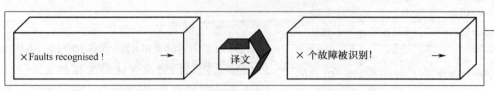

图2-51　输入功能选择代码"02"且有故障码时显示的信息

6) 若无故障码，显示屏将显示"没有故障被识别"，如图2-52所示。
7) 若使用V.A.G5051测试仪，单击"Print"键接通打印机("Print"键上的指示灯将发亮)，存储的一个或多个故障码及其文字说明将按照存储故障的顺序打印出来。故障码均按5位数字排列，见表2-6。

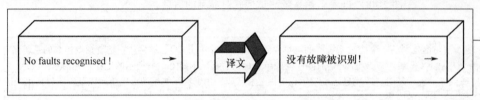

图2-52　输入功能选择代码"02"但无故障码时显示的信息

2) 清除故障码的方法。故障排除后应及时清除故障码，否则再次读取故障码时，本次故障码会一并调出而影响工作效率。利用V.A.G5052测试仪清除ABS故障码操作程序见图2-53、图2-54及其详解。

1) 按读取故障码的操作程序1)～4)进入诊断测试"功能选择代码"。当诊断仪屏幕上显示输入"功能选择代码"时，如图2-53所示，输入"查询故障记忆"的功能选择代码"02"，单击"Q"键确认。

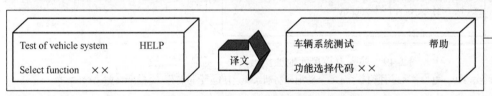

图2-53　单击"→"键后显示的功能选择信息

2) 单击"→"，直到显示出所有的故障码，并在诊断仪屏幕上显示输入"功能选择代码"时，输入"清除故障记忆"的功能选择代码"05"，并单击"Q"键确认，显示如图2-54所示。
3) 单击"→"，直到故障码被清除，并在屏幕上显示输入"功能选择代码"时，输入"结束输出"的功能选择代码"06"，并单击"Q"键确认。
4) 重新进行路试，并再次读取故障码，不得有故障码显示。

图2-54　输入功能选择代码"05"时显示的信息

第二章 汽车行驶主动安全电控系统故障诊断与检修

表2-4 大众 V. A. G1551/1552 故障诊断仪的地址码

地址码	地址码的含义	地址码	地址码的含义
01	发动机电控系统	25	防盗系统
02	自动变速器电控系统	26	电动天窗控制系统
03	制动电控系统	34	悬架控制系统
08	空调电控系统	35	中央门锁系统
14	车轮减振电控系统	37	巡航控制系统
15	安全气囊系统	56	收音机
16	动力转向电控系统	65	轮胎气压检测
17	组合仪表	00	整车电控系统自动检测程序,查询电控系统的故障记忆并打印
22	四轮驱动电控系统		
24	驱动防滑控制系统		

表2-5 功能选择代码

代码	功能	代码	功能
01	显示电子控制单元版本	06	结束输出
02	查询故障记忆	07	电子控制单元编码
03	执行元件测试	08	读取测量数据块
04	基本设定	10	匹配(自适应)
05	清除故障记忆	11	登录

表2-6 ABS的故障码

故障码	故障码的含义	故障可能的原因	故障排除方法
00668	30号线终端电压信号超差	电压供应线路、插接器、熔断器故障	检查电控单元供电线路、熔断器和插接器
00283	左前轮速传感器 G47	• 轮速传感器与电控单元之间的导线断路或与电源、搭铁短路 • 齿圈受到污染或损坏 • 轮毂轴承间隙过大 • 轮速传感器安装不正确 • 轮速传感器损坏	• 检查轮速传感器与电控单元之间的线路和插接器 • 检查轮速传感器与齿圈之间的间隙 • 使用诊断仪 V. A. G1552 的"08"功能进行"读取测量数据块"
00285	右前轮速传感器 G45		
00287	右后轮速传感器 G44		
00290	左后轮速传感器 G46		
01276	ABS 液压泵 V64 信号超差	• 液压泵与电控单元之间的线路断路或与电源、搭铁短路 • 液压泵电动机故障	• 检查线路 • 使用 V. A. G1552 的"03"功能进行"执行元件测试"
65535	电控单元	• 电控单元电源或搭铁线路故障 • 电控单元 J104 损坏	• 检查电控单元电源或搭铁线路 • 更换电控单元 J104
01044	电控单元编码不正确	• 电控单元插接器的端子6与端子22之间的连线断路 • 电控单元编码错误	• 检测插接器线束 • 重新编码
01130	ABS 工作信号超差	有外界干扰源干扰	• 检查所有线路连接 • 清除故障存储器 • 车速大于20km/h 紧急制动试车 • 再次查询故障存储器

（2）读取数据流

通过读取数据流（测量数据块），可以读取到控制系统工作时的各种参数，以判断相应部件的工作情况。例如 MK201 型 ABS 数据块的显示组 01 和 02，可用于检测轮速传感器；显示组 03 可用于检测制动灯开关。读取测量数据块时，在读取故障码步骤 5) 中输入功能代码"0"和"8"，"读取测量数据块"，按"Q"键确认后，即可实现读取测量数据块的功能。然后依次输入不同的显示组号，例如输入"001"，诊断仪将显示第一组数据块，为 4 个轮速传感器数据。当车轮不动时，显示的 4 个轮速传感器数据都应为 0。若将车辆升起，用手转动车轮，诊断仪将显示相应车轮的速度。按"→"键，诊断仪将显示第 2 组数据块。若使车辆缓慢行驶，诊断仪将同时显示 4 个轮速传感器检测到的车速，通过计算 4 个数据的偏差，可以判断轮速传感器的工作情况。若再按"→"键，诊断仪将显示第 3 组数据块，即显示制动灯开关的工作情况，踏下制动踏板时应显示 1，不踏制动踏板时应显示 0。

（3）ABS 执行器的测试

执行器测试是通过诊断仪向汽车上的 ABS ECU 发出指令，再由 ABS ECU 向汽车上的有关执行元件发出工作指令，使执行元件工作，以判断执行元件工作是否正常。

进行执行器测试时，将车辆举起，一人在车内操纵诊断仪，另一人在车外转动车轮。根据车轮能否转动，判断执行元件工作情况。具体步骤是在读取故障码步骤 5) 中输入功能代码"0"和"3"，"执行元件测试"，然后按表 2-7 中的步骤操纵诊断仪，诊断仪将依次使制动泵、进油阀、出油阀工作，根据车轮能否转动以及制动踏板的反应，即可判断执行元件的工作是否正常。执行元件测试的顺序从制动泵开始，然后依次是左前轮进出油阀、右前轮进出油阀、左后轮进出油阀、右后轮进出油阀。表 2-7 只列出了制动泵和左前轮进出油阀的测试，其他车轮进出油阀的测试方法与此相同。

表 2-7 ABS 执行器测试操作步骤

步骤	操纵诊断仪	操纵制动踏板	液压泵	进油阀（常开阀）	出油阀（常闭阀）	车轮	备注
1	按"Q"键	放松	工作	断电	断电	自由	制动泵有转动的声音，将脚放到制动踏板上应能感觉到振动
2	按"→"键	踩下	不工作	断电	断电	锁定	
3	按"→"键	保持踩下	不工作	通电	通电	锁定	
4	按"→"键	保持踩下	工作	通电	通电	自由	制动缸有转动的声音，应能感觉到制动踏板振动，踏板稍微升高
5	按"→"键	保持踩下	不工作	通电	断电	自由	
6	按"→"键	保持踩下	不工作	断电	断电	锁定	应能感觉到制动踏板稍微下沉
7	按"→"键	放松	不工作	断电	断电	自由	

2. ABS 电路测试法

（1）ABS 电路测试法概述

经自诊断检测后，如果仍然不能确定故障的具体部位，即可进行电路检测。例如桑塔纳 2000GSi 汽车上的 MK20-1 型 ABS 的电路图如图 2-55 所示。ABS ECU 插接器端子位置如图 2-56 所示，检测盒 V.A.G1598/21 如图 2-57 所示，各端子功能见表 2-8。

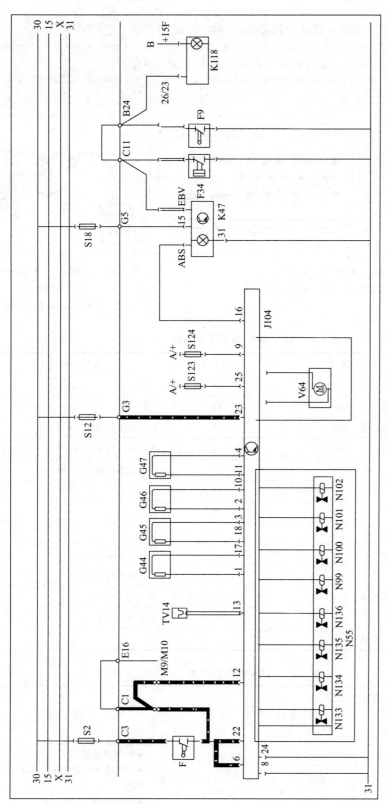

图2-55 MK20-1型ABS的电路图

A—蓄电池 B—在仪表内+15 F—制动开关 F9—驻车制动灯 F34—制动液位开关 G44—右后轮速传感器 G45—右前轮速传感器 G46—左后轮速传感器
G47—左前轮速传感器 J104—ABS ECU K47—ABS故障警告灯 K118—制动装置警告灯 M9—左制动灯 M10—右制动灯 N55—液压控制单元 N99—ABS右后轮进油阀
N100—ABS右前轮进油阀 N101—ABS左前轮进油阀 N102—ABS左后轮进油阀 N133—ABS右后轮出油阀 N134—ABS右前轮出油阀 N135—ABS左后轮进油阀
N136—ABS左后轮出油阀 S2—熔断器(10A) S12—熔断器(30A) S18—熔断器(10A) S123—制动泵熔断器(30A) V64—制动泵
S124—电磁阀熔断座 TV14—诊断插座

检测仪器的连接方法与电路检测的内容

1) **检测仪器的连接方法**：拔下ABS ECU 插接器(图2-56)，使其与大众检测盒V.A.G1598/21连接(图2-57)。检测盒上的插孔编号与电控单元的端子号对应，故检测可直接在检测盒的插孔之间进行。

2) **电路检测的内容**：电路检测应在ABS熔断器完好且关闭车上用电设备的情况下进行。电路检测的主要内容以及检测方法见表2-9。

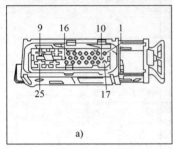

图 2-56 ABS ECU 插接器
a) 线束侧插接器 b) ABS ECU 侧插接器

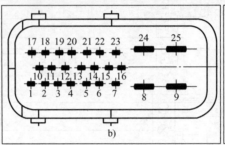

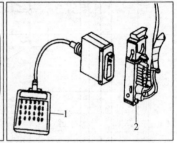

图 2-57 检测盒 V. A. G1598/21
1—V. A. G1598/21
2—ABS ECU 线束插接器

表 2-8 ABS ECU 各端子的功能

端子号	连接的元件	端子号	连接的元件
1	右后轮速传感器（G44）	14	空位
2	左后轮速传感器（G46）	15	空位
3	右前轮速传感器（G45）	16	ABS 故障警告灯（K47）
4	左前轮速传感器（G47）	17	右后轮速传感器（G44）
5	空位	18	右前轮速传感器（G45）
6	电控单元端子 22	19	空位
7	空位	20	空位
8	蓄电池（-）	21	空位
9	蓄电池（+）	22	电控单元端子 6
10	左后轮速传感器（G46）	23	中央线路板接头 G3
11	左前轮速传感器（G47）	24	蓄电池（-）
12	制动灯开关（F）	25	蓄电池（+）
13	诊断导线（K 线）		

表 2-9 ABS 电路检查表

检测内容	V. A. G1598/21 插孔或电控单元线束插接器端子	检测条件	额定值	故障排除
轮速传感器电阻	3 + 18（右前轮） 4 + 11（左前轮） 1 + 17（右后轮） 2 + 10（左后轮）	点火开关关闭	1.0 ~ 1.3kΩ	• 检测插接器 • 检测轮速传感器电阻，应为1.0 ~ 1.2kΩ • 检查传感器线束

(续)

检测内容	V.A.G1598/21 插孔或电控单元线束插接器端子	检测条件	额定值	故障排除
轮速传感器信号电压	3+18（右前轮） 4+11（左前轮）	点火开关关闭，举起汽车，以 1r/s 的转速转动车轮	最低 65mV（交流）	• 检查轮毂轴承间隙是否过大 • 检查齿圈是否完好 • 检查传感器与齿圈之间的间隙，前轮应为 1.10~1.97mm，后轮应为 0.42~0.80mm • 更换一个传感器再进行检测
	1+17（右后轮） 2+10（左后轮）		190~1140mV（交流）	
制动泵供电电压	8+25	点火开关关闭	10.0~14.5V	• 检查端子 8 至搭铁线路 • 检查端子 25 经熔断器 S123 至蓄电池正极线路
电磁阀供电电压	9+24	点火开关关闭	10.0~14.5V	• 检查端子 24 至搭铁线路 • 检查端子 9 经熔断器 S124 至蓄电池正极线路
电控单元（J104）供电电压	8+23	点火开关接通	10.0~14.5V	• 检查端子 8 至搭铁线路 • 检查端子 23 至中央线路板接头 G3 的线路

（2）ABS 电路测试主要项目与方法

下面以某轿车装备的 MK20-Ⅰ型 ABS 为例，具体说明其系统及元器件电路检测方法，总共包括 7 项内容，可供其他车型测试参考。

1）检测各端子的标准参数值。检修防抱死制动系统时，可先拔下防抱死制动系统电控单元接线插座上的线束插头，再用检测仪器或仪表测量各端子之间的电量参数值，并与标准值进行比较和判断，此为检测 ABS 系统元器件最基本的方法。

表 2-10 列出了 MK20-Ⅰ型 ABS ECU 线束插头上各端子之间的标准参数值，可供检测中作为比较的基准。

表 2-10 MK20-Ⅰ型 ABS ECU 各端子之间的标准参数值

检查项目	点火开关档位	检查端子代号	标准值	备注
回液泵电动机电源电压	OFF	25 与 8	10.1~14.5V	
电磁阀电源电压	OFF	9 与 24	10.1~14.5V	
电源端子绝缘性能	OFF	8 与 23	0~0.5V	用万用表电压档检测
搭铁端子绝缘性能	OFF	8 与 24	0~0.5V	
电源电压	ON	8 与 23	10.1~14.5V	
ABS 故障警告灯	OFF	插头与 ECU 脱开	ABS 故障警告灯熄灭	目测
	ON		ABS 故障警告灯点亮	
	OFF	插头与 ECU 连接	ABS 故障警告灯熄灭	
	ON		ABS 故障警告灯点亮 1.7s 后熄灭	

(续)

检查项目	点火开关档位	检查端子代号	标准值	备注
制动灯开关功能（制动踏板未踩下时）	ON	8 与 12	0~0.5V	用万用表电压档检测
制动灯开关功能（制动踏板踩下时）	ON	8 与 12	10.1~14.5V	
诊断插头	OFF	诊断插头 K 与 13	0~0.5V	
左前轮传感器 G47 电阻值	OFF	11 与 4	1.0~1.3kΩ	用万用表电阻档检测
右前轮传感器 G45 电阻值	OFF	18 与 3	1.0~1.3kΩ	
左后轮传感器 G46 电阻值	OFF	10 与 2	1.0~1.3kΩ	
右后轮传感器 G44 电阻值	OFF	17 与 1	1.0~1.3kΩ	
左前轮传感器 G47 输出电压	OFF	11 与 4	3.4~14.8mV	用示波器检测
右前轮传感器 G45 输出电压	OFF	18 与 3	3.4~14.8mV	
左后轮传感器 G46 输出电压	OFF	10 与 2	>12.2mV	
右后轮传感器 G44 输出电压	OFF	17 与 1	>12.2mV	
车型识别	OFF	15 与 21	0~1Ω	捷达 AT、GTX
		6 与 22	0~1Ω	桑塔纳 2000GSi

2) ABS 轮速传感器的检测。MK20-Ⅰ型 ABS 配置有 4 只磁感应式轮速传感器。检测时，可先用万用表测量每只轮速传感器信号线圈的电阻值和信号电压值，然后与标准值进行比较来判断其技术状况。

① 检测轮速传感器的电阻值。

a）将点火开关拨到断开（OFF）位置。

b）拔下 ABS ECU 的线束插头。MK20-Ⅰ型 ABS ECU 安装在发动机舱内，线束插头上有 25 个端子，其排列位置如图 2-56a 所示。各接线端子与零部件的连接情况见表 2-11。

表 2-11 MK20-Ⅰ型 ABS ECU 插座与零部件的连接情况

端子代号	连接部件的名称	端子代号	连接部件的名称
1	右后轮速传感器 G44	14	备用端子
2	左后轮速传感器 G46	15	桑塔纳2000GSi 型轿车为备用端子；捷达轿车为车型识别端子，与 21 端子连接
3	右前轮速传感器 G45	16	ABS 指示灯 K47
4	左前轮速传感器 G47	17	右后轮速传感器 G44
5	备用端子	18	右前轮速传感器 G45
6	捷达轿车为备用端子；桑塔纳 2000GSi 型轿车为车型识别端子，与 22 端子连接	19	备用端子
7	备用端子	20	备用端子
8	蓄电池负极（-）	21	桑塔纳 2000GSi 型轿车为备用端子；捷达轿车为车型识别端子，与 15 端子连接
9	蓄电池正极（+）	22	捷达轿车为备用端子；桑塔纳2000GSi 型轿车为车型识别端子，与 6 端子连接
10	左后轮速传感器 G46	23	中央继电器盒连接器 G 端子 G3
11	左前轮速传感器 G47	24	蓄电池负极（-）
12	制动灯开关 F	25	蓄电池正极（+）
13	诊断触发端子 K		

c）将万用表拨到电阻档（×1kΩ），分别测量 ABS ECU 线束插头上端子 11 与 4、端子 18 与 3、端子 10 与 2、端子 17 与 1 之间 4 只传感器线圈的电阻值。其标准值为 1.0～1.3kΩ。若电阻值偏差过大，则应检查传感器导线是否断路或短路。

上述各接线端子与轮速传感器之间的对应关系如下：端子 11 与 4 之间连接——左前轮的轮速传感器 G47；端子 18 与 3 之间连接——右前轮的轮速传感器 G45；端子 10 与 2 之间连接——左后轮的轮速传感器 G46；端子 17 与 1 之间连接——右后轮的轮速传感器 G44。

② 检测轮速传感器的信号电压。

测量 4 只轮速传感器的信号电压操作方法如下。

a）将点火开关拨到断开（OFF）位置。

b）拔下 ABS ECU 的线束插头。用举升机（或千斤顶）将安装被测传感器的车轮顶起，使其离开地面能够自由旋转，以便测量轮速传感器线圈产生的信号电压值。

c）将万用表拨到交流电压（ACV×2V）档。

d）使安装被测传感器的车轮以 1r/s 的速度旋转时，测量 ABS ECU 线束插头上与传感器线圈连接的两个端子之间的输出电压值。

e）左、右前轮的轮速传感器 G47 和 G45 的输出交流电压值应为 70～310mV；左、右后轮的轮速传感器 G46 和 G44 的输出交流电压值应为 190～1140mV。

f）若输出电压值偏差过大，则应检查传感器导线是否断路或搭铁以及传感器磁头与齿圈转子之间的气隙是否符合标准值（前轮气隙标准值为 1.10～1.97mm；后轮气隙标准值为 0.42～0.80mm）。检查气隙时，应在齿圈转子上取 4 个对称点进行检查，以防止齿圈变形造成误差。

g）用上述相同方法测量其他 3 只轮速传感器输出电压值。

3）ABS 制动压力调节器的检修。制动压力调节器串接在制动主缸与轮缸间，通过电磁阀直接或间接控制轮缸制动压力。通常，把电磁阀直接控制轮缸制动压力的调节器称循环式调节器，把间接控制制动压力的调节器称可变容积式调节器。

在检查制动压力调节器之前应先检查 ABS 熔断器、继电器是否完好，ABS ECU 插接器插是否牢固；ABS ECU、压力调节器搭铁线是否可靠等。制动压力调节器检修包括回液泵电动机和电磁阀供电电压检测。

① 检测回液泵电动机供电电压的方法。

a）将点火开关拨到断开（OFF）位置。

b）拔下发动机舱内 ABS ECU 的线束插头。

c）将万用表拨到直流电压（DCV×20V）档，测量 ABS ECU 线束插头上端子 8 与 25（图 2-56b）之间的供电电压，应当等于蓄电池电压，其标准值应为 10.0～14.5V。若电压过低，则说明 ABS ECU 搭铁线（8 号端子连线）搭铁不良，或蓄电池搭铁线搭铁不良，或蓄电池正、负极柱电缆接头接触不良，或蓄电池亏电，应分别检修。若电压为 0，则可能是 ABS ECU 的 25 号端子连接的熔断器 S123（30A）断路，或 25 号端子至蓄电池正极之间线路断路，或 ABS ECU 搭铁线（8 号端子连线）断路，应分别检修。

② 液压调节器电磁阀供电电压检测方法。

a）将点火开关拨到断开（OFF）位置。

b）拔下发动机舱内 ABS ECU 的线束插头。

c）将万用表拨到直流电压（DCV×20V）档，测量 ABS ECU 线束插头上端子 9 与 24（图 2-56b）之间的供电电压。应当等于蓄电池电压，其标准值应为 10.0～14.5V。若电压过低，则说明 ABS ECU 搭铁线（24 号端子连线）搭铁不良，或蓄电池搭铁线搭铁不良，或蓄电池正、负极柱电缆接头接触不良，或蓄电池亏电，应分别检修。若电压为 0，则可能是 ABS ECU 的 9 号端子连接的熔断器 S124（30A）断路，或 9 号端子至蓄电池正极之间线路断路，或 ABS ECU 搭铁线（24 号端子连线）断路，应分别检修。

4）检测 ABS ECU 的供电电压。

① 将点火开关拨到断开（OFF）位置。

② 拔下发动机舱内 ABS ECU 的线束插头。

③ 将万用表拨到直流电压（DCV×20V）档，测量 ABS ECU 线束插头上端子 23 与 8（图 2-56a）之间的供电电压。应当等于蓄电池电压，其标准值应为 10.0~14.5V。若电压过低，则说明 ABS ECU 搭铁线（8 号端子连线）搭铁不良，或蓄电池搭铁线搭铁不良，或蓄电池正、负极柱电缆接头接触不良，或蓄电池亏电，应分别检修。若电压为 0，则可能是 ABS ECU 的 23 号端子至中央继电器盒插接器 G 的 3 号端子之间的熔断器 S12（15A）断路，或 23 号端子至蓄电池正极之间线路断路，或 ABS ECU 搭铁线（8 号端子连线）断路，应分别检修。

ECU 确定故障码的条件是：

① ABS 处于工作状态已 1s，仍然没有制动开关信号。

② 车速大于 24km/h，但自从起动后一直没有制动灯开关信号。当出现此故障时，不禁止 ABS 进入工作状态，也不点亮 ABS 故障警告灯。

上述故障原因主要有：

① 制动灯开关失效。

② 从制动灯开关到 ECU 的线路故障。

③ 驾驶人踩着制动踏板的同时又加速。

排除故障方法是：

① 先踩下制动踏板，检查制动灯是否亮。

② 如果没有问题，则拔下 ECU 插头，在线束端检测是否有电压信号（踩下制动踏板时为电源电压，不踩下制动踏板时为零）。

③ 如果仍然没有问题，换一个好的 ECU 再进行检查。

5）检查制动灯开关 F 的功能。制动灯开关 F 常见故障有制动灯开关被卡住或失效，故障码为 81。检查方法如下。

① 将点火开关拨到断开（OFF）位置。

② 拔下发动机舱内 ABS ECU 的线束插头。

③ 将万用表拨到直流电压（DCV×20V）档。

④ 在未踩下制动踏板时，测量 ABS ECU 线束插头上端子 12 与 8 之间的电压（图 2-56a），应为 0.0~0.5V。若为电源电压（10.0~14.5V），则说明制动灯开关短路。

⑤ 在踩下制动踏板时，测量 ABS ECU 线束插头上端子 12 与 8 之间的电压，应当等于蓄电池电压，其标准值为 10.0~14.5V。若电压过低，则说明 ABS ECU 搭铁线（8 号端子连线）搭铁不良，或蓄电池搭铁线搭铁不良，或蓄电池正、负极柱电缆接头接触不良，或蓄电池亏电，应检修。若电压为 0，则可能是 ABS ECU 制动灯开关 12 号端子至中央继电器盒插接器 C 的 1 号端子 C1 间熔断器 S2（10A）断路，或 23 号端子至蓄电池正极间线路断路，或 ABS ECU 搭铁线（8 号端子连线）断路。

6）检查 ABS ECU 的编码跨接线。MK20-I 型 ABS 设置有编码跨接线，又称为桥接短路线。检查编码跨接线的方法如下。

① 将点火开关拨到断开（OFF）位置。

② 拔下发动机舱内 ABS ECU 的线束插头。

③ 将万用表拨到电阻档，分别测量 ABS ECU 线束插头（图 2-56b）上端子 6 与 22（捷达 AT、GTX 型轿车的端子为 15 与 21）之间的电阻值，应小于 1.0Ω。若电阻值为 ∞，则说明编码跨接线断路，应予更换。

7) 检查 ABS 故障警告灯的功能。检查 ABS 故障警告灯（K47）的功能时，接通点火开关，仪表板上的 ABS 故障警告灯应当发亮。如 ABS 故障警告灯不亮，其原因可能有以下几点，应分别进行检修。

① ABS 故障警告灯控制器插座上搭铁端子（31 端子）线路断路。

② ABS 故障警告灯控制器插座上 15 端子至中央继电器盒 G 端子 G5 间的熔断器 S18（10A）断路或线路断路。

③ ABS 故障警告灯控制器插座上"ABS"端子至电控单元 16 端子之间的线路断路。

④ ABS 故障警告灯控制器插座上"EBV"端子至中央继电器盒插接器 C 的端子 C11 之间线路断路。

三、ABS 故障自诊断

各类汽车 ABS 都具有故障监测与自诊断功能。在组合仪表板上设有 ABS 故障警告灯。点火开关接通后，ABS ECU 进入故障自诊断状态，故障警告灯亮。若故障警告灯持续发亮 3～5s 后熄灭，说明 ABS 正常；如果警告灯一直点亮，说明 ABS 有故障。

1. ABS 故障自诊断系统的使用方法

ABS 故障自诊断系统的使用方法详见图 2-58～图 2-61；ABS 警告灯状态见表 2-12。

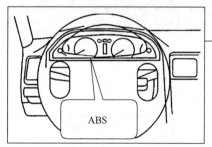

1) 检查 ABS 警告灯。当点火开关置于 ON 位置时，此灯亮 3～5s 为正常。ABS 警告灯的位置如图 2-58 所示。

图 2-58 ABS 警告灯的位置

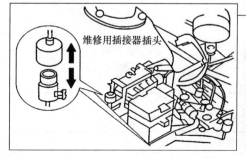

2) 读取诊断代码。

① 将点火开关置于 ON 位置，脱开维修用插接器插头，如图 2-59 所示。

② 用专用维修工具 SST(跨接线)连接故障诊断通信插接器 TDCL，或检查插接器的端子 T_C 和 E_1，如图 2-60 所示。

图 2-59 脱开维修用插接器插头

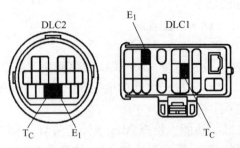

图 2-60 故障诊断通信插接器 TDCL 和检查用插接器

③ 读取故障诊断码。通过观察ABS警告灯不同的闪烁方式(如闪烁时间、闪烁频率、时间间隔等),读取故障诊断码。正常码、故障码11和21如图2-61所示。若有多个故障码,则按照从小到大顺序显示。

④ ABS诊断代码及其含义见表2-13。

⑤ 读取故障码完毕后,脱开端子T_C和E_1,并关闭点火开关。

3) 检查车速传感器。

① 将点火开关置于ON位置,拉下驻车制动手柄,用SST连接检查插接器的端子T_S和E_1、T_C和E_1。注意:不要踩行车制动器踏板。

② 起动发动机,检查ABS警告灯应当闪烁。

③ 放开驻车制动手柄,驾驶车辆向前行驶,检查当车辆达到表2-12所列速度时,ABS警告灯是否闪烁或持续点亮。

④ 停车,读取ABS警告灯闪烁次数。正常情况下,ABS以每隔0.125s的频率亮和灭(接通和关断)。ABS车速传感器检查功能的诊断码见表2-14。

⑤ 车速传感器检查完毕,脱开检查插接器的端子T_S和E_1、T_C和E_1。

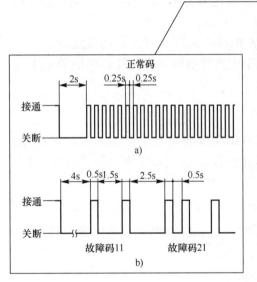

图 2-61 ABS 警告灯闪烁方式实例
a) 正常码 b) 故障码 11 与 21

表 2-12　不同车速下 ABS 警告灯状态

车速/(km/h)	ABS 警告灯状态	车速/(km/h)	ABS 警告灯状态
0~3	闪烁(正常) 持续亮(不正常)	56~109	闪烁(正常) 持续亮(不正常)
4~6	熄灭1s后持续亮	110~130(参考)	熄灭1s后持续亮
7~44	闪烁(正常) 持续亮(不正常)	131或更高(参考)	闪烁(正常) 持续亮(不正常)
45~55	闪烁 熄灭1s后持续亮		

表 2-13　ABS 诊断代码及其含义

诊断代码	ABS 警告灯闪烁方式	
43	接通 关断	TRC 控制系统失灵[①]

(续)

诊断代码	ABS 警告灯闪烁方式	
51	接通关断 ⊓⊓⊓⊓⊓⊓	泵电动机闭锁
常通	接通关断 ⎴	ECU 失灵

注：① 仅指不带牵引控制系统的汽车。

表 2-14　ABS 车速传感器检查功能的故障码表部分内容

故障码	诊断内容	故障部位
71	前右车速传感器输出电压低	前右车速传感器 传感器安装方法
72	前左车速传感器输出电压低	前左车速传感器 传感器安装方法
73	后右车速传感器输出电压低	后右车速传感器 传感器安装方法
74	后左车速传感器输出电压低	后左车速传感器 传感器安装方法

2. 根据故障码进行故障检测诊断的流程和方法

通过 ABS 警告灯闪烁就车读取故障码后，要从维修手册中查出故障码所代表的故障现象、故障部位和检查方法，然后进行检测诊断，也可以通过故障诊断仪或其他专用检测仪读取故障码，并获得检修指示内容。诊断主要是对电路进行检测，应严格按照维修手册所给出的程序和方法进行。下面以故障码 41 为例说明故障检测诊断流程，详见图 2-62 及其注解。

3. ABS 自诊断应满足的条件与测试过程中的注意事项

（1）ABS 自诊断应满足的条件。

1）供电电压正常，最低不能低于 10.5V。

2）所有熔断器完好，并按照电路图规定位置可靠连接；制动灯开关和制动灯技术状态良好；液压控制单元上的回液泵电动机 V64 的搭铁线连接良好；电控单元的线束插头连接可靠并锁紧。

3）常规制动系统正常，所有轮胎的型号与规格必须相同，其气压符合标准规定。

4）轮速传感器安装位置正确，触点应无损坏，液压控制单元和制动泵等制动液压系统无泄漏。

5）用警告灯显示故障。当故障诊断仪 V.A.G5051 工作时，其测试盒 V.A.G1598 不应与防抱死制动系统的电控单元连接。

（2）ABS 自诊断测试过程中的注意事项

1）自诊断测试只能在汽车静止状态并接通点火开关时进入。若车速大于 2.5km/h，则无法进入自诊断测试状态。若车速大于 20km/h，自诊断程序将自动中断运行。

故障码41的故障诊断流程

1) 通过查取维修手册得知：

① 故障为蓄电池电压过低(一段时间内低达9.5V或更低)或异常高(一段时间内高达17V或更高)，故需检查点火(IG)电源电路。

② 故障部位为蓄电池、充电电路、蓄电池与ECU、ECU与车身地线之间的配线或插接器，以及ECU。

2) 先检查蓄电池电压，若电压不在10～14V，则应检查并修理充电系统。

3) 按照图2-62所示流程检查和判断。在具体操作中，应严格按照流程中的每一步仔细检测，直至查出故障并排除。

4) 故障排除后应清除故障码。

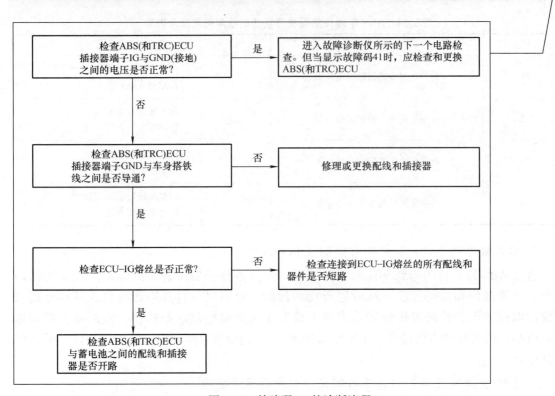

图 2-62　故障码 41 的诊断流程

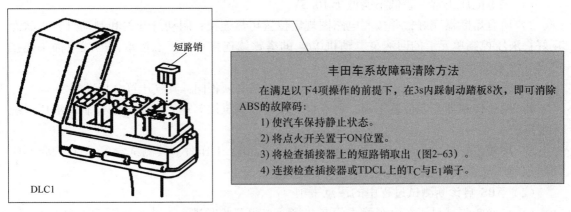

图 2-63　取出检查插接器上的短路销

2) 在进行自诊断测试过程中，ABS 不能调节制动压力，ABS 警告灯将发亮。

3) 自诊断的第一个检测步骤必须是读取故障存储器中的故障信息。

4) 从 ABS ECU 上拔下线束插头时切勿开动汽车。只有点火开关断开时才能拔下或插上 ABS 线束插头。

5) 只有当更换电动回液泵和电磁阀继电器时，才允许拧开液压调节器的固定螺栓。

6) ABS 故障是通过 ABS 警告灯显示的。由于某些故障只有通过汽车行驶过程中才能被识别，故在自诊断测试后必须通过路试来检查系统功能。在路试过程中，应在 30s 内以不低于 60km/h 的车速行驶，并至少进行一次紧急制动，以使 ABS 投入工作。

4. 几种典型车系 ABS 故障自诊断系统使用方法特点

（1）丰田车系的 ABS 自诊断系统

1) ABS 故障码读取程序。将 WA 与 WB 之间的插销取出，或将连接线分开。利用跨接线跨接诊断座中的 T_C 与 E_1 端子。由仪表板 ABS 灯读取故障码，查取资料，确定故障部位。

2) ABS 故障码清除程序。跨接 T_C 与 E_1 端子。在 3s 内，将制动踏板踩到底再放开。做 8 次以上，故障码即可清除。装回插销 WA、WB 跨线。

（2）本田车系 ABS 自诊断系统

1) 故障码读取及清除程序之一。适于本田思域、Prelude、讴歌（Legend）。

① ABS 故障码读取方法。

使用一条跨接线跨接手套箱底下的维修检查插接器旋转点火开关，并读取 ABS 灯闪烁的故障码，查取资料，确定故障部位。

② ABS 故障码清除方法。旋转点火开关，拆下在 ABS 熔丝/继电器盒内的 ABS B2（15A）熔丝，3s 后再装回，即可清除故障码。最后拆下诊断跨接线。

2) 故障码读取及清除程序之二。本方法适用于本田雅阁、讴歌 Integra。

① ABS 故障码读取方法。使用 SCS 跨接线连接至杂物箱底下的维修检查插接器。旋转点火开关，并读取 ABS 灯闪烁的故障码。

② ABS 故障码清除方法。拆下 SCS 跨接线。拆下在发动机舱内 ABS 熔丝/继电器盒内的 ABS B2（15A）熔丝，等 10s 后再装回，即可清除故障码。

（3）日产车系 ABS 自诊断系统

1) 读取故障码。

① 跨接：35 端子 - 4 号与 30 号跨接，83 端子 - 4 号与 16 号跨接。

② 读故障码：不要踩制动踏板，ABS 灯闪烁。

③ 开始进入诊断仪时会先闪烁故障码 12，表示开始诊断。

2) 清除故障码。读故障码后，在 15s 内，将诊断座 4 号端子移开 1.5s，再搭铁 1.5s，操作进行 3 次以上，直到 ABS 灯熄灭，即可清除故障码。

（4）奥迪轿车 ABS 自诊断　奥迪轿车自动变速器自诊断只有在故障阅读器 V. A. G5051 的帮助下才能进行。若通过自诊断功能不能辨认故障存在，或确认故障终止输出，关闭点火开关进行修理后，根据故障查找流程，用防抱死制动系统的检测仪 V. A. G7010 来进行查找。

四、ABS 常见故障的诊断分析

1. ABS 常见故障部位与损伤形式

ABS 的常见故障部位及其损伤形式见表 2-15。

表 2-15 ABS 的常见故障的部位及其损伤形式

部件名称	损伤形式	故障类型
车轮转速传感器	电磁式传感器：感应线圈断路、短路或磁隙过大，导线连接松动或脱落 霍尔式传感器：霍尔元件损坏、磁隙过大、无电源电压、导线连接松动或脱落	制动跑偏
处理单元 ECU	受到系统过电压作用而烧坏	ABS 不工作
制动压力调节器	电磁阀或继电器线圈断路、短路，搭铁不良、接触不良 电磁阀阀芯发卡或弹簧断裂	制动抱死、跑偏或制动拖滞
电源与线束	蓄电池故障、电源线路断路、插接器接触不良、导线破损	ABS 不工作或工作不良

2. ABS 常见故障现象及主要原因

1）ABS 故障的基本类型。ABS 故障的基本类型有制动抱死、制动失灵、制动跑偏、制动踏板异常、未制动时制动压力调节器异常、发动机起动后制动警告灯不亮等。

2）ABS 常见故障现象及主要原因。ABS 常见故障现象及主要原因见表 2-16。

表 2-16 ABS 系统常见故障现象及主要原因

类型	故障现象	故障部位	主要原因
制动抱死	车辆在紧急制动时，四轮抱死，制动距离长，即 ABS 装置失效	ABS 不起作用或不工作	①故障警告灯亮，ABS 电控系统故障，如传感器、压力调节继电器、电控单元 ②故障警告灯不亮，制动压力调节器机械部分故障
制动不灵	多次连续踩下制动踏板，车辆无明显减速，制动距离长	ABS 的作用点与实际情况不符而导致车轮滑移率过低，地面制动力降低	①故障警告灯亮，ABS 电控系统有故障，如传感器信号错误、压力调节器继电器误动作或 ABS 电控单元故障等 ②故障警告灯不亮，故障在液压或机械部分，如系统内部有泄漏、进空气、感载比例阀故障、车轮制动器故障等
制动跑偏	制动时，两侧车轮的制动距离不等而出现制动时车辆改变原有的行驶方向	ABS 对两侧车轮制动器的控制质量不一而导致制动跑偏	①故障警告灯亮，ABS 电控系统有故障，如车轮传感器信号错误、执行电磁阀误动作、电控单元故障等 ②故障警告灯不亮，故障在液压系统、机械机构，如单向截止阀关闭不严、电磁阀卡住、系统内部有泄漏或进空气及车轮制动器故障等
ABS 警告灯异常	无故闪烁	故障警告灯本身有问题，或线路连接不可靠	警告灯短路、继电器短路、断路、接触不良、电源故障、传感器、ECU、泵电动机工作不良
	点火开关打开 3s 后还不亮		警告灯线路短路或断路、电磁阀继电器与 ECU 工作不良

3. ABS 常见故障的诊断方法概述

（1）噪声

大多数 ABS 在动作时都会产生一定程度的噪声，例如，液压调压器内的电磁阀动作会产生噪声。除此之外，其他噪声的故障排除方法与传统制动系统相同。

（2）制动抱死

制动抱死大多出现在传统制动系统，ABS 很少发生这种情形。但有几种情形会造成 ABS 制动抱死，例如前轮回路的 ABS 分离阀卡死在开关位置等情形。

（3）踏板振动

ABS 动作时的油压回馈到踏板时会引起踏板快速振动，但在一般制动动作时，若有振动发生，则应检查制动盘是否不平。另外，当制动鼓失圆或轴承松动时，也会造成踏板振动。

（4）制动迟滞

在正常制动情况下，若制动出现迟滞倾向，则应检查制动摩擦片是否脏污，并检查制动盘、制动鼓是否严重磨损。

（5）制动拖曳

在附带驱动防滑控制的 ABS 中，当电流流经驱动防滑控制电磁阀及制动泵时，可能会引起系统对驱动轮施以制动而发生拖曳现象。

（6）制动踏板下沉

发生这种现象时，应检查制动主缸是否磨损。在有油平面指示灯的系统中，应检查"ABS"或"BRAKE"警告灯是否正常。

（7）制动踏板过硬

在整体式的 ABS 中，踏板变硬可能表示 ABS 中出现了故障。这是因为在整体式 ABS 中，泵及蓄压器还提供动力辅助制动功能，当泵或泵继电器工作不良或蓄压器无法蓄压时，都会导致踏板变硬。

（8）ABS 作用时转向盘摆振

车辆的任何一个制动盘磨损过度、不均匀，会导致制动动作时产生跳动的现象，从而导致转向盘摆振。要判断制动盘是否磨损不均匀，可使用外径千分尺沿着制动盘的圆周进行多点式测量。测量制动盘平面是否变形不平时，则利用千分表来测量制动盘与轮毂垂直的平面。

（9）车辆行驶中 ABS 灯间歇性发亮

车辆行驶中 ABS 灯不一定何时会亮，也可能亮了后又熄灭。此种状况通常是线路或继电器不良所致，故应重点检查线路。

五、ABS 故障诊断案例

【案例2-4】 上海通用别克 ABS 系统故障

1. 故障现象

一辆上海通用别克 GLX 型轿车在使用中出现紧急制动时 ABS 不工作，同时仪表板上的 ABS 故障灯报警。

2. 诊断与排除

（1）ABS 结构特点

该车型采用德尔福公司生产的第七代 DBC7 防抱死制动系统，其主要功能是将强制制动的打滑率降到最小。而在实施制动的过程中，DBC7 通过监测每个车轮的转速与控制每个车轮制动器的制动液的压力来实现其功能。

（2）调取故障码

用 TECH2 专用诊断仪调码显示"C1264 右前出口电磁阀功能失效"。由于电磁阀及其线路连接均在电子制动力控制模块内部，当发生故障时，只有更换此整个总成（价格昂贵），故为了准确判定故障，先将故障码清除，再次进行路试。结果 ABS 故障灯又被点亮，调取故障码仍旧显示原有故障。

（3）分解 ABS 制动主缸以查明具体故障部位

分解 ABS 制动主缸内部电磁阀（此时应注意不可损坏其密封圈），并测量电磁阀各个端子导线之间的导通情况。在测量中发现其中有一根导线不导通，用万用表指针拨动此导线，确认此导线系右前出口电磁阀的一根导线，且其端部脱落。然后采用一根较细的铜线将其焊接好，再用万用表测量其导通情况，结果导通良好。

（4）装复总成后试车

装复总成，添加新的制动液，并按照规定的排气程序排除系统中的空气，再次试车，一切情况良好，故障排除。

3. 故障分析

ABS 右前出口电磁阀的一根导线端部脱落，导致紧急制动时 ABS 不工作。

【案例 2-5】 奥迪轿车 ABS 的电路检测方法及其故障自诊断系统

1. 奥迪轿车 ABS 电路检测方法

（1）检测车速传感器

奥迪轿车 ABS 电子控制器端子的功能见表 2-17。

表 2-17 ABS 电子控制器端子的功能

端子号	端子功能	端子号	端子功能
1、11	搭铁	14	制动泵继电器控制
2	点火开关电源	15	右前轮油路进油阀控制
3	ABS 继电器控制电源	16	左前轮油路出油阀控制
4、22	右后轮车速传感器	17	后轮油路进油阀控制
5、23	左前轮车速传感器	18	ABS 主电磁阀控制
6、24	左后轮车速传感器	20	ABS 继电器回路
7、25	右前轮车速传感器	26	ABS 故障码报警/自诊断
8	ABS 继电器控制	27	ABS 故障报警
9	制动低油压报警开关	32	制动泵电源监视
10	制动高油压报警开关	33	后轮油路出油阀控制
12	制动灯开关	34	右前轮油路出油阀控制

检测车速传感器时,断开点火开关,以 60r/min 的转速转动车轮,用交流电压表测量车速传感器的输出电压,应满足表 2-18 要求;用欧姆表测量车速传感器电阻,应满足表 2-19 要求。

表 2-18 车速传感器电压

接端子	检测方法	电压/mV
7 号端子和 25 号端子(右前轮车速传感器)	转动右前车轮	>75
5 号端子和 23 号端子(左前轮车速传感器)	转动左前车轮	>75
4 号端子和 22 号端子(右后轮车速传感器)	转动右后车轮	>75
6 号端子和 24 号端子(左后轮车速传感器)	转动左后车轮	>75

表 2-19 车速传感器电阻

ABS 电子控制器接端子	检测方法	电阻/Ω
右前轮车速传感器	7 号端子和 25 号端子	0.8~1.4
	1 号端子和 7 号端子	>20
左前轮车速传感器	5 号端子和 23 号端子	0.8~1.4
	1 号端子和 5 号端子	>20
右后轮车速传感器	4 号端子和 22 号端子	0.8~1.4
	1 号端子和 4 号端子	>20
左后轮车速传感器	6 号端子和 24 号端子	0.8~1.4
	1 号端子和 6 号端子	>20

(2)检测电磁阀

检测电磁阀时,断开点火开关,用欧姆表测量电磁阀电阻应满足表 2-20 要求。如果用跨接线方法检测各电磁阀的动作应满足表 2-21 要求。

表 2-20 ABS 电磁阀电阻

电磁阀	ABS 电子控制器接端子	电阻/Ω
右前轮进油阀	15 号端子和 11 号端子	5~7
右前轮出油阀	34 号端子和 11 号端子	3~5
左前轮进油阀	35 号端子和 11 号端子	5~7
左前轮出油阀	16 号端子和 11 号端子	3~5
后轮进油阀	17 号端子和 11 号端子	5~7
后轮出油阀	33 号端子和 11 号端子	3~5
ABS 主电磁阀	18 号端子和 11 号端子	2~5

表 2-21 ABS 电磁阀的动作反应

电磁阀	检测方法	动作反应
右前轮进出油阀	跨接 2 号端子、15 号端子和 34 号端子,断开点火开关,踩制动踏板	右前轮咬住不动
	跨接 2 号端子、15 号端子和 34 号端子,接通点火开关,踩制动踏板	右前轮可自由转动

(续)

电磁阀	检测方法	动作反应
左前轮进出油阀	跨接2号端子、16号端子和35号端子,断开点火开关,踩制动踏板	左前轮咬住不动
	跨接2号端子、16号端子和35号端子,接通点火开关,踩制动踏板	左前轮可自由转动
后轮进出油阀	跨接2号端子、17号端子和33号端子,断开点火开关,踩制动踏板	后轮均咬住不动
	跨接2号端子、17号端子和33号端子,接通点火开关,踩制动踏板	后轮均可自由转动
ABS主继电器	断开点火开关,跨接2号端子和18号端子,踩住制动踏板,接通点火开关	制动踏板会升高

(3) 检测 ABS 开关电路

ABS 开关电路的检测见表 2-22。

表 2-22 ABS 开关电路的检测

开关名称	检测方法及接端子	正常值
制动灯开关	接通点火开关,踩制动踏板,测量12号端子和1号端子之间电压	12V 蓄电池电压
低压报警开关	接通点火开关,等制动泵不运转后,断开点火开关,测量9号端子和10号端子电阻	0~1.5Ω
	断开点火开关,踩制动踏板20次以上	100kΩ

(4) 检测 ABS 继电器

ABS 继电器检测见表 2-23。制动泵继电器检测见表 2-24。

表 2-23 ABS 继电器的电压/电阻

ABS 电子控制器接端子	检测方法	正常值
1号端子和3号端子	接通点火开关,测量电压	12V 蓄电池电压
1号端子和3号端子	断开点火开关,测量电阻	0~1.5Ω
1号端子和20号端子	断开点火开关,测量电阻	0~1.5Ω
1号端子和8号端子	断开点火开关,测量继电器线圈电阻	0~100Ω
1号端子和27号端子	断开点火开关,测量搭铁回路电阻	0~1.5Ω
1号端子和27号端子	接通点火开关,测量电压	警告灯亮时为0,灭时为12V

表 2-24 制动泵继电器电压/电阻

ABS 电子控制器接端子	检测方法	正常值
1号端子和3号端子	踩制动踏板20次以上,接通点火开关,制动泵动作,测量电压	12V 蓄电池电压
1号端子和14号端子	接通点火开关,踩制动踏板20次以上;断开点火开关,测量高压开关电阻	0~1.5Ω
2号端子和14号端子	断开点火开关,测量制动泵继电器线圈电阻	50~100Ω

2. 奥迪轿车 ABS 自诊断系统

ABS 诊断接头安装在变速杆前方,经由发光二极管测试灯和跨接线,可读取 ABS 故障码,奥迪轿车 ABS 自诊断系统的读码与清码方法详见图 2-64 及其注解。

第二章 汽车行驶主动安全电控系统故障诊断与检修

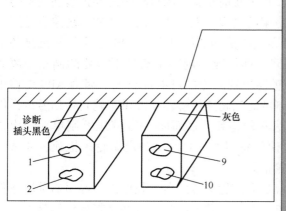

奥迪轿车ABS自诊断系统读码与清码方法

1) 读取故障码。

① 断开点火开关,将发光二极管测试灯连接在2号和10号诊断接头位置,跨接2号和9号端子,如图2-64所示。

② 接通点火开关,约过4s后,拆下2号和9号跨接线。

③ 若系统没有故障,则会以4444码表示系统正常。

④ 若系统发生故障,则按照警告灯闪烁形式读取故障码,如图2-65所示。跨接线搭铁一次(5s以上),闪烁一组故障码,每组故障码由4位数组成,通过警告灯闪烁次数表示每个数字,故障码由小到大顺序显示。

⑤ 自诊断结束时,会以4个2.5s时间连续闪烁,代表0000结束码。ABS故障码及其含义见表2-25。

2) 清除故障码。

检修后,再将发光二极管测试灯连接在2号和10号诊断接头位置,跨接2号和9号端子接通点火开关,至少经过5s,拆下2号和9号跨接线。若发光二极管测试灯和仪表板警告灯仍点亮,再跨接2号和9号端子,至少5s以上,取下跨接线,发光二极管测试灯熄灭,表示故障码已清除。

图 2-64 奥迪轿车 ABS 诊断插头

图 2-65 故障码 1112 的闪烁方式

表 2-25 ABS 故障码及其含义

故 障 码	含 义
1111	ABS 电子控制器内部或搭铁故障
1112	左前轮油路进油阀故障
1114	右前轮油路进油阀故障
1122	后轮油路进油阀故障
1134	右前轮油路出油阀故障
1142	后轮油路出油阀故障
1222	ABS 主电磁阀故障
1233	左前轮车速传感器故障
1241	右前轮车速传感器故障
1234	右后轮车速传感器故障
1311	左后轮车速传感器故障
1312	制动油液面开关或低压报警开关故障
4444	系统正常
0000	自我诊断输出结束

【案例2-6】 桑塔纳 2000GSi 轿车 ABS 常见故障现象、原因及排除

1. 制动时车轮产生间歇拖引

(1) 故障现象

维修前轮悬架后,紧急制动时车辆发出异常的抖振,且右轮轮胎产生交替拖引和滚动,

拓印产生的间隙距离约 400mm，感觉制动踏板的振动幅度较大。

(2) 诊断与排除

由于该车在维修前轮悬架之前没有故障，在维修前轮悬架的过程中需要拆装前轮速传感器的导线插接器，说明此故障是在维修前轮悬架的过程中人为造成的。从故障现象看是属于右前轮 ABS 控制发生异常，从轮胎抱死拖引和减压滚动的印迹看，ABS 电控单元是具备防抱死控制功能的，但对右前轮的控制频率下降，即抱死的制动距离与不抱死的制动距离太长。从 ABS 的工作原理来分析，右前轮速传感器出现故障的可能性较大，因为 ABS 电控单元是依据轮速传感器所提供的信号来进行控制的。当轮速传感器不提供车轮转速信号或提供的车轮转速信号太弱，ABS 电控单元才判定为车轮抱死，从而向 ABS 液压控制单元发出指令进行放油减压；当 ABS 电控单元又收到轮速传感器的信号时，判定车轮未抱死，向 ABS 液压控制单元发出指令停止放油并增压至车轮抱死。

由上述故障分析可以看出，该车的故障应从右前轮速传感器上找原因。经对右前轮速传感器检查发现，右前轮速传感器插接器塑料罩上有一个破损的缺口，并且将导线插接器插到传感器上后感觉有松动感。更换右前轮速传感器后试车，故障消除。

(3) 维修分析

该车故障的主要原因是在维修前悬架时损伤了右前轮速传感器，从而导致在紧急制动时有时前轮速传感器插接器松动，向 ABS 电控单元提供的轮速信号不稳定，呈周期性的时有时无，从而引发该车故障的产生。

2. ABS 故障警告灯点亮，ABS 停止工作

(1) 故障现象

在行驶过程中 ABS 故障警告灯点亮。

(2) 故障诊断

先用故障检测仪提取 ABS 的故障码，显示为 01276，其含义为制动泵电动机不能工作。然后根据故障码的含义对制动单元和制动泵电动机电路做下列检查。

1) 检查制动泵熔丝 S123 (30A) 是否正常。

2) 用故障检测仪对液压单元和制动泵电动机进行故障诊断时，制动泵电动机无运转声音（其他检测项目均正常），而对制动泵电动机直接施加蓄电池电压时，若制动泵电动机有运转的声音，则说明电子控制单元有故障（电子控制单元不能对制动泵电动机进行控制）。

(3) 故障排除

1) 按规定步骤把 ABS 控制器从 ABS 控制器支架上拆下来。注意：在拆下制动油管后应该及时用密封塞塞住 ABS 控制器上的开口部位，不可让灰尘或杂物进入 ABS 控制器。

2) 将 ABS 电子控制单元与液压单元及制动泵分离，并用不易起毛的布盖住液压单元及制动泵。

3) 用手锯小心地沿封装线把电子控制单元的塑料盒锯开，并撬开塑料盒的一侧，这时可以看到 ABS 电子单元电路板的电路。注意：在锯塑料盒的过程中切不可损坏 ABS 电子控制单元电路板的电路。

4) 仔细观察 ABS 电子控制单元电路板电路。这时可以观察到整个线路和元件的颜色光亮如新，但是 ABS 控制单元侧导线插接器上连接制动泵电动机的端子与 ABS 电子控制单元电路板电路的焊接处发生了脱焊现象。

5) 用电烙铁将脱焊处焊牢。

6) 用玻璃胶将塑料盒粘接好后装复 ABS 控制器,然后按规定步骤将 ABS 控制器装到 ABS 控制器支架上,连接好制动油管,排除制动系统中的空气,并用故障检测仪或用拔下 ABS 控制单元熔丝 10s 以上的方法清除故障码。

3. ABS 故障警告灯常亮不熄

(1) 故障现象

打开点火开关,ABS 故障警告灯常亮不熄。

(2) 诊断与排除

用诊断仪 V. A. G5052 读取故障码,右前轮车速信号不良。消除故障码后试车,发现前轮车速信号在加速过程中会出现车速信号突然丢失现象,但丢失信号后又会很快恢复,而故障信息已被 ABS ECU 记录下来,因此 ABS 故障灯亮。将车辆举起检查右前轮车速传感器,传感器安装正确,同时读取右前轮车速信号动态数据,加速时仍然会出现信号丢失的现象。

根据以上情况分析,加速过程中,右前轮车速信号丢失原因极有可能是受外界干扰。找来一段从进口车上换下来的导线,取代右前轮车速传感器到 ABS 控制单元之间的导线,消除故障码后路试,一切恢复正常。

(3) 维修分析

将前轮举起,测试右前轮车速信号正常,说明传感器没有异常。在平直的路面上以及举起车轮,分别测试右前轮车速信号。动态测试数据表明,加速时都会出现车速信号丢失现象,说明信号失去并非因为路况不好。将车辆举起后,检查右前轮车速传感器,发现装配位置正确,说明信号丢失也并非因为安装不当或前轮轴承过度磨损引起右前轮车速传感器齿隙变化所致。加速过程中信号瞬间丢失,意味着增大的点火开关电压可能向外界辐射更多的电磁波,从而影响屏蔽不良的信号。

4. ABS 故障警告灯时亮时灭

(1) 故障现象

ABS 故障警告灯时亮时灭。

(2) 诊断与排除

用 V. A. G5052 读取故障码,显示为右前轮车速传感器 G45 信号不正确,但无法消除该故障码。由此断定故障原因可能是该车速传感器本身有故障,也可能是该车速传感器插头松动。检查该车速传感器,发现传感器插头松动,并且该车速传感器上布满铁屑。随即清除干净铁屑并插好插头,消除故障码后读取测量数据,结果 4 个车速传感器数据相同。试车后 ABS 警告灯熄灭,故障排除。

5. ABS 故障警告灯常亮,ABS 系统不起作用

(1) 故障现象

该车行驶里程 3 万 km,采用 MK20 - 1 型防抱死制动系统。此车在一次交通事故维修之后,ABS 故障警告灯亮,ABS 系统不起作用。

(2) 诊断与排除

试车确认故障时,经询问用户得知 ABS 控制单元已更换。首先连接故障诊断仪 V. A. G5052,打开点火开关,查询故障记忆显示:01044(控制单元编码不正确)。利用控

制单元编码功能输入 04505（控制单元编码）后，故障警告灯熄灭，再次查询，无故障显示。在试车车速大于 20km/h 紧急制动时，只有左前轮和右后轮工作，并且左前轮抱死、右后轮工作正常；再倒车时，左后轮抱死，右前轮正常。再次查询故障码。关闭点火开关，连接 V. A. G1598/21（测试盒），用数字万用表测量 4 轮传感器的电阻值为 1.0～1.3kΩ。举起车辆让两前轮以 1r/min 速度转动，用万用表电压档测量轮速传感器的电压，左前轮为 66mV，右前轮为 65mV，左后轮为 1120mV，右后轮为 1120mV，均在正常范围之内。测量控制单元对电磁阀、制动泵电压为 13.2V，在正常范围内。用 V. A. G5052 输入："03" "03" "Q"，进行执行元件诊断。一人踩制动踏板，另一人转动所测的车轮。当检测到左前轮为自由状态时，该轮不能转动，同样左前轮也出现了这样的情况。这个现象可真是有些奇怪。后来再对制动管路进行检查时，竟然发现左前轮和右后轮两根制动油管接错了。重新安装油管并添加了制动液之后，将点火开关关闭，连接 V. A. G5052，将 VW1238A（制动液充放机）连接到制动液储液罐，并接通电压开关，然后打开点火开关，按照 V. A. G5052 提示步骤踩制动踏板及松紧车轮放气螺栓，给 ABS 放气。再次试车，ABS 工作恢复正常。

（3）故障分析

1）更换新 ABS 控制单元后，应通过 V. A. G5052 给控制单元编码。未编码及编码不正确，ABS 故障警告灯会亮，系统也不能正常工作。正确编码可从原车就 ABS 控制单元读出，具体方法是连接 V. A. G5052，依次键入 "03" "01" "Q" 即可显示 CODE＊＊＊＊＊。

2）拆装 ABS 制动管路时，应做好标记保证正确装配。

3）当储液罐中缺少制动液而又重新加注制动液后，以及当制动系统零件更换后，均须对 ABS 进行放气。

6. ABS 警告灯有时亮

（1）故障现象

ABS 警告灯有时亮

（2）诊断与排除

用"修车王"解码仪读取故障码为 01276－ABS（V64）。后经线路检查，未发现故障。据客户说该车晚上开前照灯亮度不够，且蓄电池因亏电而更换。测量充电电压，发现有时踩加速踏板时电压太低，只比蓄电池电压高一点点。怀疑发电机有故障。后发现发电机定子有一相接触不良。经检查，发现其线圈接头虚焊，经重新焊接后，充电正常。再路试发现 ABS 故障灯不亮，一切恢复正常。

（3）故障分析

当出现 ABS 故障灯亮时，很多故障并非就是故障码所显示的，而是由于其他线路问题造成的。在实际维修时，一定要注意这一点，这样可节省很多时间和材料，还可将故障问题真正解决掉。

7. 车轮抱死拖滑时，有的车轮根本没有制动

（1）故障现象

该车在行驶途中发生过严重撞车事故，致使左前轮侧的 ABS 压力调节器总成及管路严重损坏。更换管路和压力调节器总成并将车辆修复后试车，发现有的车轮抱死拖滑，有的车轮则根本没有制动。

(2) 诊断与排除

根据上面故障现象，怀疑是 ABS 出了问题。先检查车内仪表板上设置的 ABS 故障灯，先是正常（发动机起动后，警告灯亮起，持续 1~2s 后熄灭）；再用仪器 V.A.G5052 进行读码，未发现故障，且在试车进行紧急制动时，踏板也有向上抬起的脉动感觉，说明 ABS 在工作。脱开 ECU 的插接器，以常规制动方法试制动性能，结果 4 个车轮制动均正常（有拖印）。根据以上检查情况，最后认定仍是 ABS 有问题，只不过 ECU 的自诊断系统不能检测到故障而已。因此仍然需要检查并分析 ABS。

(3) 维修分析

桑塔纳 GSi ABS 是四轮独立控制的。ECU 接收到某一车轮轮速信号，以判断对该车轮如何进行压力调节，即某车轮轮速信号和该轮的压力调节关系应一一对应。如果出现接收了某一车轮的轮速信号，而去控制另一车轮压力调节的情况，即当某一车轮发出抱死趋势的轮速信号时，由 ECU 接收而去控制稍迟抱死的另一车轮轮缸的液压，使之减压而不被抱死。与此同时，不该抱死的车轮轮速信号却被 ECU 接收而去控制有抱死趋势的车轮，使之加压、抱死。结果导致有的车轮完全抱死，有的车轮则完全没有制动。

以上分析与该车故障情况一致。随后对管路和线路逐一检查，发现虽然管路接头有区别，但由于修理时未注意而把管路接错，因而导致上述故障。最后重新连接管路，故障排除。

8. ABS 故障警告灯时亮时灭，防抱死功能不起作用

(1) 故障现象

ABS 故障警告灯时亮时灭，且 ABS 防抱死功能始终不起作用。

(2) 诊断与排除

根据车主描述的情况，先进行路试，ABS 不起作用。此时，ABS 故障灯亮了。回厂后，用 V.A.G5052 调取故障码，故障码为 00285，表示"右前转速传感器 G45"。于是拆下右前轮转速传感器，检查连接线，没有问题；但传感器表面有一层灰尘，擦干净后，测量其阻值为 1.2kΩ，属于正常的范围。但是还是换了一个新的传感器，同时用 V.A.G5052 清除存在的故障码。重新试车，故障现象依旧，ABS 始终不起作用。只好进行全面的检查。将其他 3 个车轮的传感器以及管路和线束进行了全面的检查，结果均无问题。正好库存中有一个 ABS 控制器，于是换上，并将系统放气，重新路试。此时 ABS 正常起作用了。车主将车开走。可是过了几天，车主又回来了，说 ABS 灯时亮时灭，同时 ABS 又不起作用了。用 V.A.G5052 读取故障码，还是"右前轮转速传感器 G45"。怀疑故障还是在右前轮上，于是拆下右前轮，重新检查传感器线圈，可是一切都正常。故障究竟在哪里呢？无意中转了一下右前轮，突然发现右前轮齿圈轴向摆动很大，于是装上传感器测量齿圈和传感器之间的间隙。转动右前轮发现有的位置齿圈和传感器间隙很大，而有的位置间隙很小，正常齿圈和传感器之间的间隙应在 1.10~1.97mm。于是更换了右前轮的齿圈，清除故障码，重新试车。ABS 一切正常，故障排除。

(3) 维修分析

一般情况下，维修 ABS 只要出现了轮速传感器的故障码，都会只注重传感器本身和其线路，很容易忽略齿圈间隙造成复杂的维修过程。

9. 仪表板上 ABS 警告灯点亮

（1）故障现象

仪表板上的 ABS 警告灯点亮，紧急制动时车轮抱死。

（2）诊断与排除

该车采用电控四轮独立控制的 MK20 型 ABS 系统，利用 V. A. G5051/5052 故障检测仪与位于变速杆前方的故障诊断插座相连读取故障信息，故障信息显示该车左前轮速传感器信号不正常。检查左前轮速传感器，发现其插接件脱落，是由其锁止位置损坏造成的。插好插接件，并修复锁止位置，用 V. A. G5051/5052 故障检测仪清除故障码后试车，ABS 恢复正常功能，故障排除。

10. 故障诊断仪不能与发动机 ECU 进行数据通信

（1）故障现象

ABS 故障灯常亮，验车后用 V. A. G5052 进行诊断，连接仪器后，不能进入正常操作程序（快速数据传输），而是显示英文"K wire not switching to the earth"，意思是数据线未搭铁。

（2）诊断与排除

首先排除了诊断仪器和连接数据线故障，然后检查汽车诊断插头中的端子，其中电源线和搭铁线都正常，而数据线上能测到大约 10V 左右的电压（使用数字万用表），用二极管试灯测试，能点亮二极管试灯，说明此插件能够输出电流。由于此插件上连接有发动机 ECU、ABS ECU 的数据线，拆下仪表左下护板，将上述两个数据线分开后分别测量，发现 ABS ECU 的数据线能够使二极管试灯点亮，而发动机 ECU 的数据线不能够点亮试灯。单独连接发动机 ECU 的数据线进行检测，诊断仪能够顺利工作。再单独连接 ABS ECU 的数据线进行检测，就会出现上述故障。由此说明，ABS 有问题。

对 ABS 进行了详细检查，重点是搭铁点。查询电路图可知，ABS 两根搭铁线直接固定在蓄电池负极上。经检查发现，其中一根搭铁线未安装在负极上，修复后再次检测，能进行正常数据传递，ABS 故障灯同时熄灭。

（3）维修分析

由上述案例可知，一根小小的搭铁线会引起整个诊断系统混乱；ECU 的数据线不能输出电流，不能点亮二极管试灯。在汽车电路中，一条完整的电路不仅要有足够的电压（10V 以上），还必须有良好的搭铁才能构成正常的回路。如果搭铁不实，会引发许多奇特的故障现象，对于这一点在排除故障时应特别引起重视。

第七节 驱动轮防滑系统故障诊断检修方法

本节以雷克萨斯 LS400 的驱动轮防滑系统为例，详细介绍 TRC 系统故障诊断的两种基本方法。

一、TRC 系统故障自诊断法

1. 读取故障码

读取故障码的方法详见图 2-66 及其注解。

第二章 汽车行驶主动安全电控系统故障诊断与检修

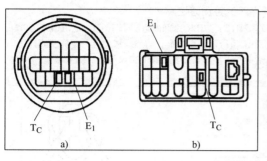

图 2-66 诊断通信链路插接器和诊断插座
a) 诊断通信链路插接器（TDCL） b) 诊断插座

读取故障码方法
1) 将点火开关转到ON位置，如果系统正常，则仪表板上的TRC OFF指示灯应点亮3s后自动熄灭；如果一直点亮，则表明TRC系统有故障；如果TRC OFF指示灯一直不亮，应检查TRC OFF指示灯及其电路。
2) 使用跨接线连接位于驾驶舱内诊断通信链路插接器(TDCL)或位于发动机舱内的诊断插座的T_C与E_1端子。
3) TRC OFF指示灯将闪烁输出故障码，故障码见表2-26。

表 2-26 TRC 系统故障码

故障码	诊 断	故障码	诊 断
24	副节气门执行器电路断路或短路	48	副节气门位置传感器电路故障
25	步进电动机不能转至ECU确定的位置	51	发动机故障检测电路故障
26	即使ECU控制副节气门至全开位置，副节气门仍然不动	52	制动液位警告开关电路故障
		53	发动机/变速器 ECU 通信电路故障
28	副节气门驱动电动机电路故障	54	TRC 液压泵电动机继电器电路故障
29	副节气门驱动电动机故障	55	TRC 液压泵电动机继电器电路与电源短路
43	ABS 控制系统故障	56	TRC 液压泵电动机故障
44	Ne 信号电路断路或短路	指示灯常亮	ABS/TRC ECU 失效；TRC OFF 开关接通
47	副节气门位置传感器电路故障		

2. 清除故障码

操作方法如下。

1) 使用跨接线连接丰田诊断插座（TDCL），或诊断插座的 T_C 与 E_1 端子。
2) 接通点火开关，3s内将制动踏板踩下不少于8次。
3) 查看 TRC 指示灯，应显示正常代码。
4) 取下连接诊断通信链路插接器或诊断插座的跨接线。

二、TRC 系统电路检测法

1. 压力传感器与继电器的电路检测

（1）压力传感器及其电路的检测

压力传感器及其电路的检测方法详见图 2-67、图 2-68 及其注解。

（2）TRC 制动主继电器及其电路检测方法

TRC 制动主继电器和执行器电路图如图 2-69 所示。检测时拔下 TRC 制动主继电器，在继电器端子 3 与 4 之间连接蓄电池电压（图 2-70），测量端子 1 与 2 之间的通断，此时端子 1 与 2 之间应导通。不在继电器端子 3 与 4 之间施加蓄电池电压，端子 1 与 2 应不导通。若检测结果与上述不符，则更换 TRC 制动主继电器；若检测结果与上述一致，则应检测 TRC 制动主继电器与 ABS/TRC ECU 以及电源之间的线路。

压力传感器及其电路的检测方法

1) 检测时先拔开压力传感器插接器,测量压力传感器插接器端子1(E2)与2(PR)之间的电阻(图2-67),电阻值应为0Ω。
2) 连接压力传感器插接器,起动发动机怠速运转30s以上,使TRC执行器油压升高,将发动机熄火,重新测量压力传感器插接器端子1与2之间的电阻(图2-68),应为1.5kΩ。若检测结果与上述不符,则更换TBC执行器;如果检测结果与上述一致,则应检测压力传感器与 ABS/TRC ECU之间的线路。

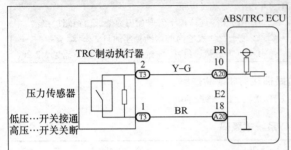

图 2-67 压力传感器的电路

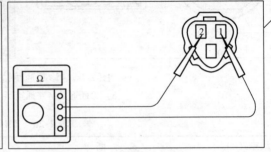

图 2-68 压力传感器的检测

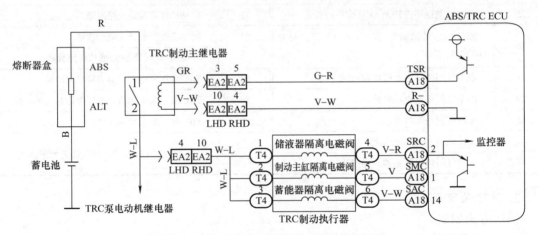

图 2-69 TRC 制动主继电器和执行器电路

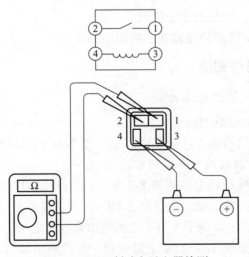

图 2-70 TRC 制动主继电器检测

2. 执行器电路检测

(1) TRC 制动执行器及其电路的检测

TRC 制动执行器及其电路的检测方法详见图 2-71 及其注解。

TRC制动执行器及其电路的检测方法

TRC制动执行器电路如图2-69所示。检测时拔开TRC制动执行器插接器，检测TRC制动执行器端子1与4、2与5、3与6之间是否导通(图2-71)。

如果不导通，应更换TRC制动执行器；如果导通，则检测TRC制动执行器线束侧插接器的端子1、2、3与TRC制动主继电器之间，以及TRC制动执行器线束侧插接器的端子4、5、6与ABS/TRC ECU之间的线路。

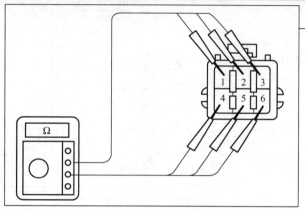

图 2-71　TRC 制动执行器及其电路的检测

(2) TRC 制动泵电动机及其电路检测

TRC 制动泵检测方法详见图 2-72、图 2-73 及其注解。

TRC制动泵电动机及其电路检测方法

1) TRC制动泵电动机电路如图2-72所示。检测时拔开TRC制动泵电动机插接器，将电源正、负极分别与TRC制动泵电动机插接器端子3和端子1(图2-71)连接(注意：连接时间不得超过3s)，应能听到TRC制动泵转动的声音。

2) 如果制动泵电动机不能正常工作，应更换制动泵和电动机；如果制动泵电动机工作正常，应检测TRC制动泵电动机线束侧插接器端子1与车身搭铁之间以及TRC制动泵电动机线束侧插接器端子3与TRC制动泵电动机继电器之间的线路。

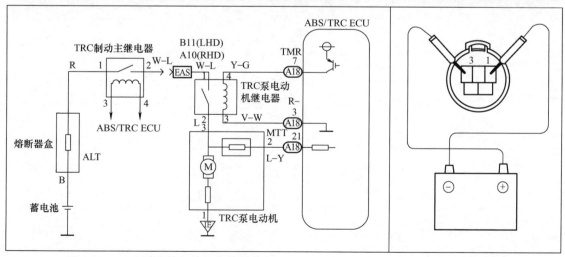

图 2-72　TRC 制动泵电动机及其电路检测　　　图 2-73　TRC 制动泵电动机检测

(3) 副节气门驱动步进电动机及其电路检测

副节气门驱动步进电动机及其电路检测方法详见图 2-74、图 2-75 及其注解。

副节气门驱动步进电动机及其电路检测方法
1) 副节气门驱动步进电动机电路如图2-74所示。检测时拨开副节气门驱动步进电动机插接器,检测副节气门驱动步进电动机端子1、2、3间应相互导通,4、5、6之间应相互导通(图2-75)。 2) 如果检测结果与上述不符,则更换副节气门执行器;如果检测结果与上述一致,则检测副气门执行器与TRC ECU之间的线路。

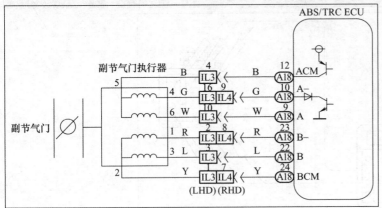

图 2-74 副节气门驱动步进电动机及其电路检测

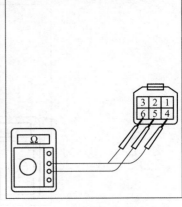

图 2-75 副节气门驱动步进电动机检测

第三章 汽车电控动力转向系统故障诊断与检修

汽车动力转向系统的作用是在驾驶人的控制下,通过液压或电动机的驱动力来对车轮转向实现助力。理想的动力转向系统是在低速时使转向轻便,减轻驾驶人劳动强度;高速时具有一定转向力矩,防止转向"发飘"。

第一节 电控动力转向系统的结构原理

按照动力源不同,电控动力转向系统分为液压式和电动式两种。

一、液压式电控动力转向系统的结构原理

1. 流量控制式 EPS

流量控制式 EPS 的工作原理详见图 3-1 及其注解,流量控制式 EPS 的结构详见图 3-2 及其注解。

旁通流量控制阀的结构原理如图 3-3 所示。

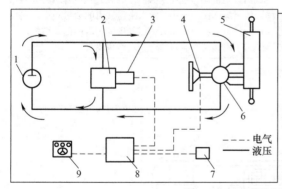

流量控制式EPS的工作原理
在转向泵与转向器本体之间设有旁通管路和旁通流量控制阀。
按照车速传感器7、转向角速度传感器4及控制开关9的信号,EPS ECU8向电磁线圈3发出控制信号,控制旁通流量控制阀2的旁通流量,从而调整转向器5的供油量。当车辆高速行驶时,其旁通流量减少,动力转向控制的灵敏度下降,故转向助力作用也相应降低,以满足高速时增强转向盘手感的需求。低速行驶时,其旁通流量增加,助力作用增强。

图 3-1 流量控制式 EPS 工作原理示意图
1—转向泵 2—旁通流量控制阀 3—电磁线圈 4—转向角速度传感器
5—转向器 6—控制阀 7—车速传感器 8—电控单元 9—控制开关

液压式 EPS 是在普通动力转向系统的基础上增设了控制液体流量的电磁阀、车速传感器和电控单元。EPS ECU 根据车速信号控制电磁阀,使动力转向的助力程度实现连续可调,从而满足汽车在不同速度下的不同转向助力需求。按控制方式不同,液压式 EPS 又分旁通流量控制式、电磁阀灵敏度控制式等。

流量控制式EPS的结构和工作原理

1) 工作原理。EPS ECU根据车速信号调节动力缸供油量，实现对转向助力大小的控制。

2) 结构组成。在普通液压转向系统的基础上，增设旁通流量控制阀、车速传感器、转向盘角度传感器、控制开关和电控单元等元件。图3-2所示为日产蓝鸟流量控制式EPS系统的基本结构。

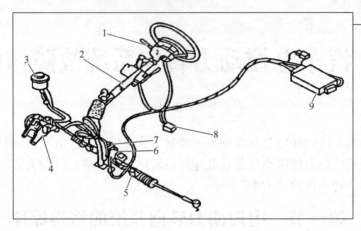

图 3-2 流量控制式 EPS 结构

1—转向角速度传感器 2—转向柱 3—转向液罐 4—转向泵 5—转向齿轮联动机构
6—电磁线圈 7—旁通流量控制阀 8—转向角速度传感器增幅器 9—EPS ECU

旁通流量控制阀的结构原理

1) 结构组成。阀体内装有主滑阀1和稳压滑阀2。主滑阀右端与电磁线圈柱塞3连接，主滑阀移动量与电磁线圈推力成正比，从而改变其左端流量主孔6的流通体积，并可通过调节螺钉4来调节旁通流量的大小。稳压滑阀的功能是保持流量主孔6前后压差的稳定，以使旁通流量与流量主孔的开口面积成正比。

2) 稳压滑阀工作原理：当转向负荷变化使流量主孔前后压差偏离设定值时，稳压滑阀阀芯将在其左侧弹簧力和右侧高压油压作用下移动：若主滑阀压差大于设定值，则阀芯左移，使节流孔面积减小，流入主滑阀内的油量减小，主滑阀前后压差减小；反之，若压差小于设定值，则稳压阀阀芯右移，使节流孔面积增大，流入主滑阀内的油量增加，主滑阀前后压差增大，故流量主孔前后压差稳定，保证旁通流量仅与主滑阀控制流量主孔开口面积相关。

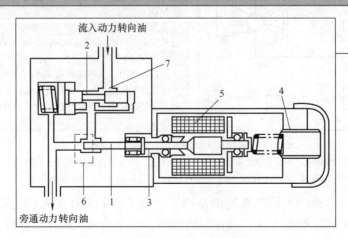

图 3-3 旁通流量控制阀的结构原理

1—主滑阀 2—稳压滑阀 3—电磁线圈柱塞 4—调节螺钉 5—电磁线圈 6—流量主孔 7—节流孔

流量控制式 EPS 的优点是在原液压动力转向系统功能的基础上增加转向机构油量控制功能，故其结构简单、成本低廉。但当流向动力转向机构油量降低到极限值时，由于快速转向会产生压力不足和响应速度慢的缺陷，故使其应用范围受限。

2. 电磁阀灵敏度控制式 EPS

（1）电磁阀灵敏度控制式 EPS 的基本结构

电磁阀灵敏度控制式 EPS 的基本结构如图 3-4 所示。

电磁阀灵敏度控制式 EPS 的结构原理

1）当车辆停止时，电磁阀完全关闭，若此时向右转动转向盘，则高灵敏度低速专用小孔 1R 及 2R 在较小的转矩作用下即可关闭，转向泵的高压油经 1L 流向转向动力缸右腔室，其左腔室的油液经 3L、2L 流回转向液罐，此时具有轻便的转向特性；并且施加于转向盘的力矩越大，可变小孔 1L、2L 的开口面积也越大，节流作用越小，转向助力作用越明显。

2）当车速提高时，随着车速的增高，在电控单元作用下，电磁阀开度也呈线性增加，若此时向右转动转向盘，转向泵的高压油经 1L、3R 旁通电磁阀流回转向油罐。此时，右腔的油压就取决于 3R 的开度，在电控单元控制下，车速越高，则电磁阀开度越大，旁通流量也越大，转向助力作用越小。

3）当车速不变时，施加于转向盘上的转向力矩越小，高速专用小孔 3R 的开度也越小，转向助力作用也越小；当转向力矩增大时，3R 的开度逐渐减小，转向助力作用也随之增大。

综上所述，此系统不仅具有较大的选择转向力的自由度，还可使驾驶人获得非常自然的转向手感和良好的速度转向特性，而且结构简单、部件少、价格便宜。

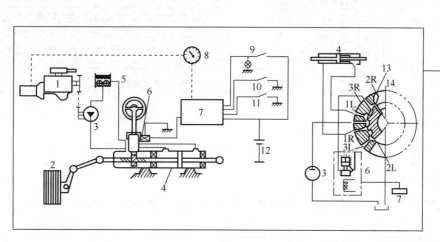

图 3-4　电磁阀灵敏度控制式 EPS 的基本结构

1—发动机　2—前轮　3—转向泵　4—动力缸　5—转向液罐　6—电磁阀　7—电控单元
8—车速传感器　9—车灯开关　10—空档开关　11—离合器开关　12—蓄电池　13—外体　14—内体

（2）控制阀等效液压回路

控制阀等效液压回路如图 3-5 所示。

【案例 3-1】　大众波罗轿车电动泵液压助力转向系统

1. 液压转向系统的工作原理

大众波罗轿车电动泵液压助力转向系统工作原理详见图 3-6 及其注解。

> **控制阀等效液压回路的特点**
> 1) 灵敏度控制式EPS对转向控制阀做了局部改进,并增加了电磁阀、车速传感器和电控单元。
> 2) 控制阀的可变小孔分为低速专用小孔(1R、1L、2R、2L)和高速专用小孔(3R、3L)两种。
> 3) 在高速可变专用小孔的下边设有旁通电磁阀回路。

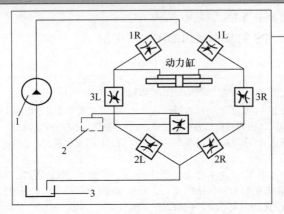

图3-5 控制阀等效液压回路
1—转向泵 2—控制单元 3—转向液罐

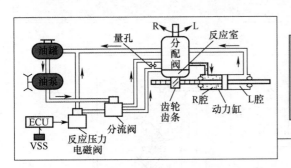

> **大众波罗轿车电动泵液压助力转向系统工作原理**
> 大众波罗轿车电动泵液压助力转向系统由一体化的EPS/ECU、直流电动机、转子式转向泵和控制阀(分配阀、扭杆)、转角传感器、动力缸、齿轮和齿条等组成,其工作原理如图3-6所示。

图3-6 大众波罗轿车电动泵液压助力转向系统工作原理

2. 液压转向系统的结构组成

大众波罗轿车电动泵液压助力转向系统的外观与结构如图3-7所示。

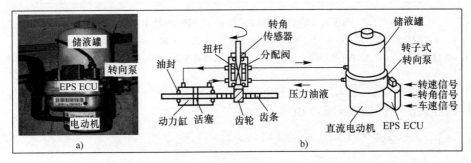

图3-7 大众波罗轿车电动泵液压助力转向系统外观与结构
a) 外观 b) 结构

(1) EPS ECU

与电控喷射系统的电控单元和 CAN 数据总线联网，综合信号共享，分别控制。根据转向工况的需求，以不同的电流值控制和调节电动泵的流量和油压。

(2) 电动泵

转子式转向泵由直流电动机驱动。

(3) 转角传感器信号

转角传感器采用光电式，安装于转向盘的转轴上，其工作原理如图 3-8 所示。

光电式转角传感器的工作原理

当传感器的有槽圆盘在控制电路的光电晶体管中旋转时，每当光电晶体管的光线穿过槽孔时，便产生5V高压，而晶体管的光线被圆盘遮盖时，便产生0V低压，因而在控制电路中形成5V脉冲信号。

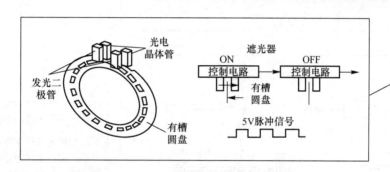

图 3-8　光电式转角传感器的工作原理

(4) 发动机转速信号和车速信号

由 CAN 数据总线提供信号，用来判定发动机和汽车的运动状态（静止状态或运动状态），以及车速的高低。

(5) 控制阀及动力缸

扭杆式分配阀完成"渐进随动"转向控制和安全保护等 8 项功能。

二、电动式电控动力转向系统的结构原理

液压式 EPS 由于工作压力和工作灵敏度较高、尺寸较小而获得广泛应用。但其缺点是结构复杂、功耗较大、容易产生泄漏、转向助力不易有效控制等。为克服这些缺陷，出现了电动式 EPS。

电动式电控动力转向系统是采用电动机作为动力源，电控单元依据车速传感器信号和转向参数控制电动机转矩大小和方向，并将之加在转向机构上，使之得到一个相应的转向助力。

1. 电动式电控动力转向系统结构

(1) 电动式 EPS 结构

电动式 EPS 结构、优点及其类型详见图 3-9 及其注解。

电动式EPS的结构及其优点

1) 基本结构：由转矩传感器、车速传感器、电控单元、电动机、电磁离合器和减速机构等组成。
2) 主要优点：将电动机、电磁离合器、减速装置、转向杆等部件设计装配成为一个整体，既无管道，也无控制阀，结构紧凑，质量轻；可按照汽车转向的需要设置和修改转向助力特性；取消了转向泵，不仅节约能耗，而且不必给转向泵加油，也不必担心漏油。

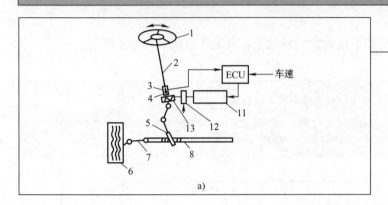

电动式EPS的类型

根据电动机对转向系统产生助力部位不同，电控动力转向系统分为三种类型：转向轴助力式、转向器小齿轮助力式和齿条助力式。

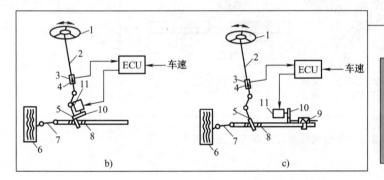

图 3-9 电动式 EPS 结构
a) 转向轴助力式　b) 转向器小齿轮助力式　c) 齿条助力式
1—转向盘　2—转向轴　3—转矩传感器　4—扭杆　5—小齿轮　6—转向轮　7—横拉杆
8—转向齿条　9—螺杆螺母输出轴　10—斜齿轮　11—电动机　12—电磁离合器　13—减速机构

（2）无触点式转矩传感器的基本结构

无触点式转矩传感器的结构原理如图 3-10 所示。

（3）电动式 EPS 的减速机构

电动式 EPS 的减速机构如图 3-11 所示。

（4）电动式 EPS 的电动机与电磁离合器

电动式 EPS 电动机与汽车起动用的直流电动机的结构原理基本相同，但一般采用永磁式电动机。其最大电流约为 30A 左右，电压为直流 12V，额定转矩为 10N·m 左右。

电磁离合器的作用：电动式 EPS 一般设定一个工作范围，例如，当车速达到 45km/h 时，则不需要辅助动力转向，此时电动机就停止工作。为了使电动机和电磁离合器的惯性不影响转向系统的正常工作，电磁离合器应及时分离，以切断辅助动力转向。同时要求当电动机发生故障时，电磁离合器应自动分离。

无触点式转矩传感器的结构原理

1) **功能**。测量转向盘与转向器之间相对转矩M,作为电动转向助力主要依据之一。

2) **结构原理**。在输出轴的极靴上分别绕有A、B、C、D四个线圈。

① 当转向盘处于中间位置(直线行驶)时,扭杆的纵向对称正好处于图3-10b所示输出轴极靴AC、BD的对称面上,当在U、T两端加上连续的输入脉冲电压信号U_i时,由于通过每个极靴的磁通量相等,故在V、W两端检测到输出电压信号$U_0=0$。

② 转向时,扭杆与输出轴极靴之间产生相对扭转变形,极靴A、D之间的磁阻增加,B、C之间磁阻减小,各个极靴的磁通量发生变化,于是在V、W之间就出现了电位差,其电位差U_0与扭杆的扭转角θ和输入电压U_i成正比,其关系为

$$U_0 = KU_i\theta$$

式中,K为比例系数。通过检测U_0可求出扭杆的扭转角θ,计算出转向盘转矩M。

3) 转矩传感器的其他结构形式也有采用滑动可变电阻式的。

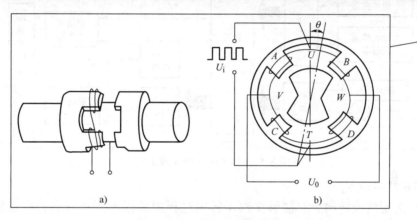

图3-10 无触点式转矩传感器
a) 传感器外形 b) 传感器测量原理示意图

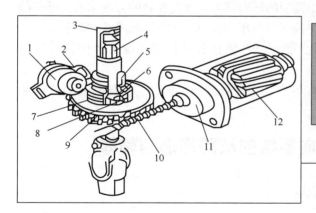

电动式EPS的减速机构

1) **结构形式**。一般采用蜗轮蜗杆与转向轴驱动组合式。如图3-11所示。也有采用两级行星齿轮与传动齿轮组合式的。

2) **降噪措施**。为抑制噪声和提高耐久性,减速机构中的齿轮一般采用树脂材料,或采用特殊齿形。

图3-11 电动式EPS减速机构
1—转矩传感器 2—控制臂 3—传感器轴 4—扭杆 5—滑块 6—球槽
7—连接环 8—钢球 9—蜗轮 10—蜗杆 11—离合器 12—电动机

2. 电动转向助力系统工作原理与基本特点

(1) EPS工作原理

EPS工作原理如图3-12所示。

EPS的工作原理

1) 当驾驶人操纵转向盘时，安装在转向盘上的转矩传感器不断地测量出转向轴上的转矩信号，该信号与车速信号同时输入到电控单元，EPS ECU根据这些信号确定助力转矩的大小和方向，即确定电动机的转向和工作电流，以调整转向助力的大小。

2) 电动机的转矩经过电磁离合器和减速机构减速和增加转矩后，加到汽车的转向机构上，使之得到一个与汽车工况相适应的辅助转向力矩。

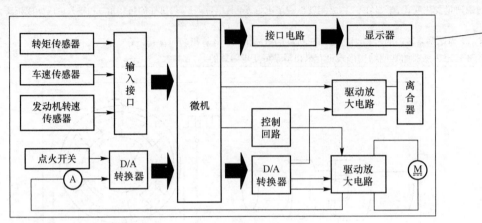

图3-12　EPS的工作原理电路图

（2）EPS基本特点

1) 能够实现精确转向。它能够在汽车转向过程中根据不同车速和转向盘转动的快慢，精确提供各种行驶路况下的最佳转向助力，减小由路面不平引起的对转向系统的扰动。不但可以减轻低速行驶时的转向操纵力，而且可大大提高高速行驶时的操纵稳定性，并能精确实现人们预先设置的在不同车速、不同转弯角度所需要的转向助力。通过控制助力电动机，可降低高速行驶时的转向助力，增大转向手力，解决高速时汽车"发飘"问题，成本相对较低。

2) 只在转向时电动机才提供助力，减少能耗，并能在各种行驶工况下提供最佳转向助力。

3) 系统安装简便，成本低，无漏油故障发生，比常规液压转向助力系统具有更好的通用性。

第二节　电控动力转向系统的故障诊断与检修

一、电控液力式动力转向系统的检测

液压助力系统的主要故障是漏油。主要漏油点包括四个油封和阀体上的四个密封圈。电控系统的常见故障有两个：一是怠速时原地转向或低车速转向时手感沉重；二是中、高速行驶转向时手感"发飘"。故障的集中点应是动力转向ECU、电磁阀、车速传感器、分流阀等元件，可通过检取故障码和电测量并结合原理分析来排除。下面介绍电控液力式动力转向系统检测的内容与方法。

1. 检查转向液罐油液平面和油液质量

1) 热车时让发动机怠速，转动转向盘，使油温达到40～80℃，检查转向液罐液面高

度,应在上下限标线(HOT 和 COLD)之间。

2)检查油液是否有起泡或乳化现象。动力转向油液中应无气泡。

2. 油压检查

1)系统压力检查如图 3-13 所示,打开压力表阀门,起动发动机并怠速运转,满方向转动转向盘数次,压力表读数应为 6.80~8.20MPa。

2)转向泵压力检查如图 3-14,起动发动机并怠速运转,满方向转动转向盘数次,将压力表阀门关闭(不超过 5s),压力表读数应为 6.80~8.20MPa。

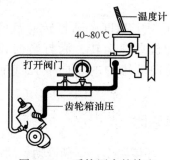

图 3-13 系统压力的检查

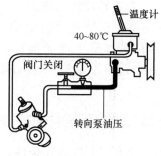

图 3-14 转向泵压力的检查

3. 清洁并检查转向器及转向泵外部

清洁并检查是否有漏油痕迹。

4. 检查各连接油管、接头

检查油管是否漏油、接头连接是否牢固可靠。

5. 检查转向泵传动带松紧度

如图 3-15 所示,松开转向泵装配支架上的两个螺母,转动调整螺栓,当传动带中部的挠度为 9~10mm 时,再将两个螺母锁止。

6. 测量转向盘上的转向力

当超过 40N 时应予以检查维修,同时转向盘自由行程应在规定范围内。

7. 转向器齿轮齿条的间隙调整

通过图 3-16 中所标的调节螺钉进行调整。

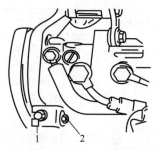

图 3-15 转向泵传动带松紧度的调整
1—调整螺栓 2—锁紧螺母

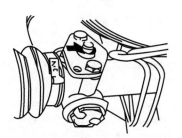

图 3-16 齿轮齿条间隙的调整

8. 电磁离合器的检测

在不转向时，只需要对电磁离合器提供 0.3A 的电流，就可以保证离合器正常结合。传递最大助力转矩时，需要对电磁离合器提供 0.82A 的电流。在电路出现短路或断路时，离合器电路电流将远远超过 0.82A 或接近 0A，因此，可以通过实时监测离合器电路的电流来判断其是否正常。

9. 转向油液更换方法

1）支起汽车前部，使两前轮离开地面。拧下转向液罐盖，拆下回油管放油。同时起动发动机怠速运转，左右转动转向盘。

2）关闭发动机，在转向液罐中添加转向油至规定高度，满打转向盘两三次，若液面下降需补充转向油。降下汽车前部，起动发动机怠速运转，满打转向盘两三次。重复以上操作，直到转向液罐液面无明显下降、转向液罐中的转向液无气泡和乳化现象为止。

二、电控动力转向系统常见故障现象及其原因

EPS 工作时，受车辆行驶道路条件、频繁转向、环境温度、车辆振动、高压洗车、车辆涉水以及外界干扰等诸多因素影响，工作情况复杂。长时间使用后，电动助力转向系统各部件都可能会出现各种情况的机械故障，例如电路短路或断路，电子元器件老化、接触不良以及过热烧坏等异常情况。动力转向系统常见故障有转向沉重或助力不足（在车速不到 24km/h 行驶时，实施转向比较难），转向噪声，动力转向液产生乳状泡沫、液面低以及压力低，向左或向右急转转向盘时转向力瞬时增大等。常见故障部位主要有转向盘自由行程、转向传动机构连接处、转向器、转向泵、控制阀、油管接头等。动力转向系统故障现象及其主要原因及故障排除方法详见表 3-1 和表 3-2。

表 3-1 电控动力转向系统故障现象及其主要原因

故障类型	故障现象	本质所在	主要原因
不起作用	转向沉重，故障警告灯亮	电控系统	电控系统有故障，即有故障码显示
	转向沉重，故障警告灯灭	机械故障	机械传动部分故障，如离合器打滑、转向器啮合过紧、各球头铰接配合过紧或润滑不良、前轮轴承间隙过小、前轮定位等
工作不正常	时重时轻，故障灯时亮时灭	电控系统连接接触不良	电控系统偶发性故障，一般是导线插接器接触不良、传感器磁隙变化等
	低速时转向重，高速时转向轻，故障警告灯亮	电控系统故障，即失去与车速有关的控制作用	电控系统有故障，如传感器信号不准或错误、ECU 故障、电磁阀工作不良、电源电压过低等
警告灯异常	电控系统有故障，但故障警告灯不亮 电控系统无故障，但故障警告灯长亮	故障警告灯本身故障	警告灯电路短路或断路

表 3-2 转向系统常见故障一览表

故障现象	故障原因	故障排除方法
转向沉重	1）转向油液不足 2）转向盘自由行程过小 3）蜗杆轴承预加负荷过大 4）扇形齿轮轴和调整螺钉滑动不自如 5）转向管柱衬套过紧 6）转向器内零件损伤 7）连接球头过紧 8）转向节主销过紧 9）前轮定位调整不当 10）轮胎气压不足	1）按规定加足转向油液 2）用调整螺钉调整 3）用调整垫片调整 4）用调整垫片或调整螺钉调整 5）更换衬套 6）更换转向器内损伤的零件 7）调整连接球头松紧度 8）检修转向节主销和衬套 9）正确调整前轮定位 10）按规定补充轮胎气压
行驶中转向盘发抖	1）转向盘自由行程过大 2）调整螺钉与扇形齿轮轴间隙过大 3）球头磨损或松动 4）钢板弹簧不平衡 5）两侧轮胎气压不一致 6）转向管柱衬套磨损 7）扇形齿轮轴承磨损 8）转向器壳固定螺钉松动 9）前轮毂轴承松动 10）前轮定位不当	1）用调整螺钉调整 2）用调整垫片调整 3）调整球头间隙或更换新件 4）检修钢板弹簧或更换新件 5）调整轮胎气压 6）更换转向管柱衬套 7）更换轴承 8）拧紧转向器壳固定螺钉 9）调整前轮毂轴承 10）调整前轮定位
行驶中转向盘跑偏	1）两侧轮胎气压不一致 2）两侧制动器制动力不一致 3）钢板弹簧不平衡 4）钢板弹簧 U 形螺栓松动 5）前轮定位不当	1）调整轮胎气压 2）调整制动器 3）检修或更换钢板弹簧 4）拧紧钢板弹簧 U 形螺栓 5）调整前轮定位
转向盘松动	1）转向盘支架或壳体上的控孔与枢轴直径之间的间隙过大 2）上轴承没有正确安装在壳体内 3）转向柱壳体支撑螺钉松动	1）更换尺寸正确的枢轴 2）正确固定上轴承位置，必要时更换上轴承 3）紧固转向柱壳体支撑螺钉
齿轮齿条式转向机中有"嘎嘎"声	1）动力转向软管刮碰到泵体 2）转向机没有充分润滑 3）转向机支座安装不当 4）外转向横拉杆安装不当	1）确保动力转向软管正确安装到软管卡夹中 2）润滑转向机 3）紧固转向机支座托架螺母和螺栓 4）紧固外转向横拉杆球节，更换外转向横拉杆
动力转向系统发出难听的"嘶嘶"声	1）中间轴接头松动 2）动力转向软管刮碰其他部件	1）紧固中间轴接头 2）确保动力转向软管正确安装到软管卡夹中
转向机内有"嘎嘎"声或"咯咯"声	1）壳体缸套划伤 2）阀门弹簧或密封件泄漏	1）更换壳体缸套 2）修理泄漏部位，排出系统中的空气

(续)

故障现象	故障原因	故障排除方法
转向泵中有"嘎吱"声	1）动力转向油液中有空气 2）动力转向油液液面过低 3）动力转向泵支座松动	1）排气 2）修理内部或外部泄漏，排出系统中的空气 3）紧固转向泵支座至规定力矩
低速或驻车转向时存在转向振动	1）动力转向系统中有空气 2）动力转向泵传动带过松	1）排放动力转向系统中的空气 2）张紧动力转向泵传动带
跑偏或转向不稳	1）轮胎不匹配或不一致 2）球节和转向横拉杆接头润滑不足 3）稳定杆连杆松动 4）弹簧断裂或下垂 5）转向机预紧力的调整不当 6）前轮和后轮定位不当	1）更换轮胎 2）润滑球节和外转向横拉杆 3）紧固稳定杆连杆 4）更换弹簧 5）进行齿条预紧力调整 6）进行前、后轮定位

1．转向沉重

（1）故障现象

同机械转向系统故障现象相似。

（2）故障原因及处理方法

转向沉重故障具体原因主要有：①转向液罐油液油量不足或规格不符合要求，应使用正确的油液并调整到规定高度；②油路堵塞或不畅，应予检修；③油路中有泄漏现象，应予检修排除；④油路中有空气，应予排气；⑤转向泵传动带损坏或打滑，应予调整或更换；⑥转向机构调整不当，应予调整等；⑦调节阀失效，使输出压力过低，应予更换或调整。

（3）故障诊断方法

检查转向油罐中油液是否充足、规格是否符合要求、有无气泡，检查管接头有无松动，转向泵传动带张紧力是否正常。

将转向盘向左右极限位置来回转动，如果左右转向都沉重，则故障在转向泵、液压缸或转向传动机构；如果左右转向助力不同，则故障在控制阀。

转向沉重故障的诊断流程详见图 3-17。

2．转向噪声

（1）故障现象

汽车转向时，转向系统出现过大的噪声。

（2）故障主要原因及处理方法

装有动力转向系统的汽车，在发动机起动后，转向助力泵的溢流阀中出现液流噪声是正常的，但噪声过大甚至影响转向性能时，该噪声应视为故障。因助力系统引起转向噪声的主要原因和处理方法有：①转向泵损坏或磨损严重，应予修理或更换；②控制阀性能不良，应予检修；③转向泵传动带打滑，应予调整或更换；④系统中渗入空气，应予排气；⑤管道不畅，应予检修等。

（3）故障诊断方法

1）转向时发出"咔嗒"声，在已排除转向泵叶片噪声的情况下，则是由转向泵带轮出现松动引起的。

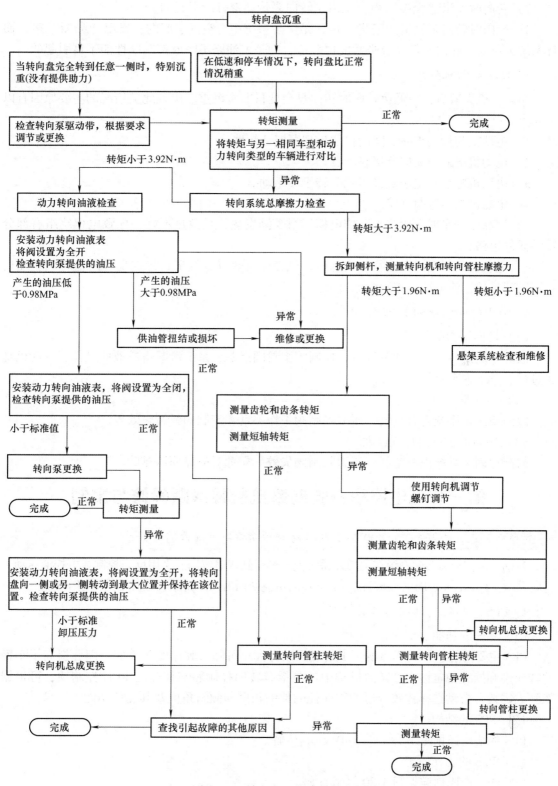

图 3-17 转向沉重故障诊断流程

2）转向时发出"嘎嘎"声，是由于转向泵传动带打滑引起的。

3）转向时转向泵发出"咯咯"声，是由于系统中有空气引起的；发出"嘶嘶"声，而且系统无泄漏，转向泵传动带张紧度也合适，则是由油路不畅或控制阀性能不良引起的。

3. 辅助电动机故障

当电动机失效后，在低速转向时转向盘会变得非常沉重。出现此类情况的主要原因有以下几点。

1）电动机与控制单元之间的接线出现断路或短路。

2）电动机电刷与换向器接触不良。

3）电动机电枢与定子磁极卡死，转子转不动。

4）电动机电枢绕组开路。

5）因高压洗车或车辆涉水而使电枢绕组受潮发热，且散热不好，导致电枢绕组有部分线圈元件短路。

6）电动机长时间过载运行，引起电动机壳体发热以致烧坏。特别是转向盘转到止端后停留时间过长，使电动机控制电流过大。

4. 动力转向系统的其他故障

（1）转向助力瞬间消失

故障原因是转向泵传动带打滑、控制阀密封圈泄漏、系统泄漏造成液面过低、发动机怠速过低、系统内有空气等。

（2）转向盘回位不良

故障原因是系统内有空气、压力限制阀工作不良、控制阀弹簧失效等。

（3）转向盘的自由行程过大

故障原因是系统内有空气或压力限制阀失效。需针对故障原因排除。

第三节 电控动力转向系统故障诊断检修与案例

【案例3-2】 雷克萨斯LS400轿车电控动力转向系统故障诊断与检修

目前，电控动力转向系统在国内外轿车上已经得到普遍应用。采用反力控制式电控液压动力转向系统（Progressive Power Steering，PPS）的雷克萨斯LS400轿车就是其中的典型车型之一。

1. PPS的功能、结构与工作原理

（1）PPS的功能

PPS主要功能包括如下两项：①其液压助力大小可随行驶速度而改变，因此提高了车辆的转向性和操纵稳定性；②转向机构中还包括有转向柱倾斜与伸缩的ECU控制项，可根据驾驶人需要，自动选择比较合适的转向柱的伸缩长度与倾斜角度及其复位功能。

（2）PPS的结构

PPS的结构详见图3-18、图3-19及其注解。

（3）PPS的工作原理

PPS的工作原理详见图3-20及其注解。

1）系统工作原理与液压油走向。该系统利用发动机动力驱动转向泵，液压油被送往流

第三章 汽车电控动力转向系统故障诊断与检修

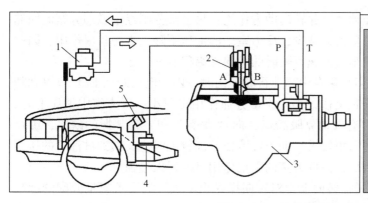

PPS的结构
PPS由锥齿轮转向机构、液压控制系统和电子控制系统三部分组成。
1) 锥齿轮转向机构：主要包括转向盘、转向柱、锥齿轮式转向器等。
2) 液压控制系统：主要包括动力转向泵(含储油罐)、转向器(含动力转向控制阀、反力室以及助力缸)及相连的管通等。
3) 电子控制系统：主要包括车速传感器、转向控制单元及电磁阀等。

图 3-18 EPS系统结构组成
1—动力转向泵 2—电磁阀 3—转向器与自动调整助力大小的控制阀 4—ECU 5—车速传感器

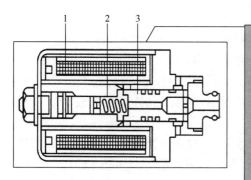

PPS电磁阀结构与控制原理
1) 电磁阀结构。电磁阀结构如图3-19所示，为占空比型电磁阀。
2) 电磁阀安装位置。电磁阀安装在通向转向动力缸活塞两侧油室的油道之间。当电磁阀的阀针开启时，两油道就被电磁阀旁通，开启程度越大，旁通油量也越多。
3) 电磁阀控制原理。驱动电磁阀电磁线圈的脉冲电流信号频率基本不变，但随着车速增大，脉冲电流信号的占空比将逐渐增大，使流过电磁线圈的平均电流值随车速升高而增大。故系统可利用车速传感器信号对电磁进行控制，其控制逻辑是，当车速升高时，电流值加大，电磁阀开度增大，旁通油量增多，油压升高，转向助力作用增强。

图 3-19 PPS电磁阀结构
1—电磁线圈 2—弹簧 3—电磁阀

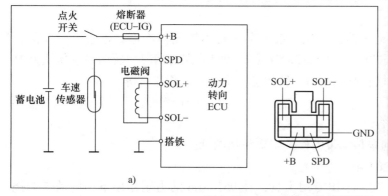

PPS电路控制原理
1) 传感器包括车速传感器与点火开关。
2) 执行器即液压电磁阀，ECU通过其控制液压流量分配阀，分配阀再控制动力缸。
3) 控制器即动力转向ECU，它根据车速传感器信息控制转向助力的大小。

图 3-20 EPS系统电路控制原理

量分配控制阀。控制阀的打开或关闭受ECU控制。不同的转向驱动力作用在动力缸的活塞上。具有自动调整助力功能的转向器上有4个油路接孔，其中两个接口分别接回油及转向泵压力油；另两个接口则接动力缸两端油口，起助力作用。

2) 低速行驶时的助力原理。当车辆低速行驶或泊车时，转向ECU接收的是低速传感信号，即向电磁阀提供较大的电流，阀芯开度增大。从转向泵输出的压力油经流量分配阀后，一部分流向转向旋转滑阀，然后经动力缸起转向助力作用；另一部分则经电磁阀旁路流回储液罐，使得流向反力室的液压油流量大大减少，反力室中的油压下降，失去阻尼作用，因此时需要的转向操纵力很小，故对泊车或低速行驶时的转向操纵很有利。

3）高速行驶时的助力原理。当车辆在中高速行驶转向时，因为电磁阀从ECU只得到随车速增高而逐渐减小的电流，故阀芯位移很小，流量旁通作用也很小，反力室中油压上升，使得转向操作的"路感"明显，可有效地克服高速转向"发飘"和不易掌握的缺陷，因而提高了行驶稳定性和安全性。当转向角较大、助力缸液压升高较大时，反馈到进油管的压力也升高，则通过量孔的流量自然增加，使反力室的阻尼作用迅速得以增强。

4）抑制过度助力原理。过分增加转向助力对转向操纵也不利，故要求流量分配阀起限制反力室流量的作用。即当进油压力升至较高时，推动流量分配阀下阀体逐渐向下，关小至反力室通道，使反力室阻尼作用得以抑制。

2. PPS使用维护注意事项

日常维护保养检修过程中应严格遵守以下各注意事项。

1）使用中应经常检查转向系统储液罐油液品质与液面，及时进行添加、排气或更换。

2）转向过程中，尽量避免将转向盘打到极限位置，以防动力转向泵负荷过大。

3）电控转向系统发生故障时，一般不要打开ECU及各种电控元件盖子或盒子，以免ECU被静电损坏。

4）维护保养检修过程中，应按照故障可能性由大到小、检查复杂程度由简到难的顺序进行，先对线路和传感器等元件进行基本检查，不要轻易拆卸液压管路或更换ECU。

3. PPS的基本检查

电控转向系统装配完毕后应进行基本检查。检查内容主要包括针对液压系统的油液量和油压试验与系统排气、转向泵传动带松紧度调整，以及电控部分及其相关部件工作状态检查等。以保证转向系统良好的工作性能或确定系统是否需要进一步检修。

（1）初步检查

初步检查即在进行系统检查之前，首先要根据车辆具体情况初步检查轮胎气压（前轮230kPa，后轮250kPa）、前轮定位、悬架与转向连接杆之间的润滑情况、转向系统接头及悬架臂球头等处是否正常，转向柱管有无弯曲，转向盘自由间隙是否正常等。

（2）常规检查

常规检查包括以下四项内容。

1）检查传动带。动力转向泵传动带的检查主要包括两项内容。

① 传动带与带轮配合位置的检查。

② 传动带松紧度的检查：利用丰田专用工具，在95N·m的力矩作用下，传动带的挠度合格标准：当运转时间在5min以下时，挠度应为7.5~9.5mm；当运转时间在5min以上时，挠度应为9~13mm。

2）检查储液罐液面高度

① 液面高度检查方法：检查液面高度时，保持车身水平位置，在液温80℃时进行。在发动机维持怠速运转（约850r/min）的条件下，反复将转向盘从左侧打到右侧再返回，使得液温达到正常要求后，打开储液罐，检查液压油有无泡沫或乳化现象。量油尺液面应在HOT范围以内。

② 更换液压油方法：若在检查系统无泄漏情况下需要补给液压油，应按规定号牌补给；若需更换液压油，则先顶起转向桥，从转向液罐及回油管排出旧液压油，并将转向盘反复左、右转至极限位置，直至旧液压油排尽 1~2s 后加注新液压油。

3）转向泵压力与转向力矩的检查。

① 转向泵压力检查方法：将油压表的一端接在转向泵的输出端，另一端接在转向助力器的输入端，维持发动机怠速运转，油温达到 80℃。检查阀关闭时的压力，应不小于 7845kPa。检查阀全开时的压力差（1000r/min 和 3000r/min 时），应不大于 490kPa。检查转向盘在锁定位置时的压力，应不小于 7845kPa。

② 转向盘转向力矩的检查方法：将汽车停放在平坦的地面上，两转向轮置于直线行驶位置。发动机怠速运转，测量转向盘从中间位置向左、右转动所需的力矩。标准要求：不大于 5.9N·m。

4）系统空气排放方法。

① 动力转向系统在更换液压油后和检查转向液罐中液位时发现有气泡冒出，说明系统内渗入了空气，这将引起转向沉重、前轮摆动、转向噪声等故障，必须对系统进行排气。

② 系统空气排放具体程序如下：架起转向桥，发动机怠速运转，反复向左、右转动转向盘到极限位置，直至转向液罐内无气泡冒出并消除乳化现象，表明液力转向系统中的空气已基本排除干净。

4. PPS 的故障诊断

（1）故障自诊断

电控动力转向系统也具有自诊断功能，即当发生系统故障时，能自动停止助力。同时 ECU 可以记忆故障内容，并使故障警告灯点亮，提醒驾驶人。维修时可以读取故障码，找出故障原因。对于电动式动力转向系统而言，当自诊断系统诊断出现故障后，控制电路停止向电动机供电，并且将电磁离合器脱开，此时电控动力转向系统恢复至机械转向系统，仍能够实现正常的转向，只是转向力变大而已。

（2）一般故障诊断

电控动力转向系统常见的故障有转向沉重或助力不足、动力转向液产生乳状泡沫、液面低以及压力低，向左或向右急转转向盘时转向力增大等。

主要原因集中在油路系统和电控系统中。对于油路系统的故障，可通过基本检查中逐步排查。电控系统的故障诊断主要针对传感器、执行器、ECU 及线路连接进行，诊断重点是车速传感器和电磁阀。

1）车速传感器的诊断方法：顶起汽车，旋转后轮，用万用表测量传感器侧线束插接器上的 SPD 与 GND 端子之间的电压，应在 0~5V，否则应检查传感器及其连接线路。

2）电磁阀的诊断方法：用万用表检测电磁阀侧线束插接器上的 SOL+ 与 SOL- 端子间的电阻值，应为 6~11Ω；否则说明线路断路或短路故障。用 12V 的蓄电池电压给电磁阀通电，应能听到"咔嗒"声；否则，说明线路断路或电磁阀损坏，需更换。

【案例 3-3】 奥迪轿车低速转向时车辆前部有"呜呜"的异常响声

1. 故障现象

一辆配置有机械泵电控液压助力转向系统的奥迪轿车，在低速转向时车辆前部有"呜鸣"的异常响声，车速提高后异常响声终止，降到低速转向时异常响声重新出现。

2. 故障初步分析

机械泵电控液压助力转向系统在转到止端停留时压力无穷大，此时才会出现"呜呜"的异常响声，而在转向过程中不应有异常响声。电控液压助力转向系统如果缺少液压油，在熄火的瞬间发动机会出现抖振。但转向过程中不会出现异常响声，所以故障应不在电控液压助力转向系统。空调系统制冷剂过多或膨胀阀出孔过大，使进入蒸发器的制冷剂过多，无法完全汽化，也会出现"呜呜"的异常响声。

3. 故障诊断

通过观测孔观察制冷剂，在完全放松加速踏板后在观测孔处仍然看不见气泡，说明制冷剂过多。

4. 故障排除

放出原有的制冷剂，抽真空后按规定重新加注制冷剂，即可将故障排除。

【案例3-4】 雷克萨斯LS400轿车电控转向系统疑难故障诊断分析

1. 故障现象

该车不论在正常行驶时转向还是在原地时转向，转向盘明显沉重，助力泵噪声很大，同时在转动转向盘时，观察油杯的液面变化不明显。

2. 可能的故障部位

轮胎气压、机械连接、液面高度、系统管路、转向泵、助力器、安全阀、电控系统。

3. 故障诊断分析过程

1）首先检查轮胎气压、转向系统的各球头磨损情况、相关悬架悬臂部分、转向器本身及相关管路渗漏状况、油杯液面高度及油质、转向助力传动带松紧度、前轮定位等，经查各项参数都在正常技术规范范围内。

2）拔下电磁阀线束插接器，测量动力转向电磁阻值在10Ω左右，基本符合标准。起动发动机，转动转向盘，用发光二极管测试灯连接电磁阀线束插接器的两个端子，试灯点亮；用数字万用表电压档测量两个端子之间的电压，数值正常。说明动力转向ECU本身无故障。动力转向ECU与SOL+、SOL-端子之间的连接正常。

3）在驾驶舱内转向盘下方找到动力转向ECU，拆下ECU的线束插接器，用数字万用表检查ECU线束侧插接器+B端子的输入电压正常，且该车发电机发电量正常，说明连接ECU的+B端子的线路没有问题。顶起该车后端，用手转动后轮，同时用数字万用表电阻档检查SPD端子与GND端子之间电阻值的变化，表的读数在0~∞交替变化，说明车速传感器信号输入ECU是正常的。

4）用举升机将车举起，再次拔下动力转向电磁阀的线束插接器，用试灯连接线来连接插接器的两个端子，同时左右转动转向盘，试灯仍亮；用手晃动电磁阀线束，并稍用力拉伸、弯折线束，试灯熄灭，说明此线束有折断或虚接的地方。经检查，是SOL-端子到电磁阀之间的接线有问题。重新接好SOL-到电磁阀之间的线路后试车，不管是在原地还是行驶时左右转动转向盘，均有明显改善。但是仍感觉转向盘稍沉，有时感觉像转向助力突然失效一样，时沉时轻，说明动力转向系统还存在故障。

5）将动力转向电磁阀从转向器上拆下来，直接用12V电源驱动电磁阀，并用时通时断的方法来验证其技术状态，检验结果电磁阀能发出"咔嗒"的工作声，但声音很小。判断该电磁阀可能发卡或开度不够。更换新电磁阀后，故障得以完全排除。在原地转动转向盘，用一个手指拨动感觉不费力，且在低速、高速等不同工况下均恢复正常。

4. 故障原因分析

转向电磁阀接线不良导致其信号时有时无，以及电磁阀本身发卡或开度不够，使得动力转向电子控制系统工作不良，从而导致助力不良、间歇性失效、驾驶感觉转向沉重。

【案例3-5】 马自达6轿车转向时非常沉重

1. 故障现象

一辆马自达6轿车在中速转向时突然变得非常沉重。

2. 故障初步分析

马自达6轿车使用的是电控液压助力转向系统，如果是该系统发生故障，则通常表现为停车的瞬间转向盘抖动，或一侧转向重而另一侧转向正常。但该车不具备上述特征，故障来得很突然，有可能故障原因是在电控方面。电控液压助力转向系统的电子转向泵开关属于易损件，其线束容易发生断路或脱落，开关损坏或线束断路后会造成转向变得异常沉重。

3. 故障诊断

首先检查转向泵压力开关、插头、线束状态是否完好，线束是否干涉、紧绷。如果上述检查均正常，则用万用表检查压力开关通断是否正常。选择万用表蜂鸣档，断开电子转向泵开关插头，使用红色表笔连接开关端子，黑色表笔连接车身搭铁点，检查电子转向泵开关是否导通。确认连接好表笔后，打开点火开关，左右转动转向盘到两侧止端，然后回到直线行驶位置。经查开关不导通，说明转向泵开关和线束有故障。断开转向泵开关线束两头的端子，再用欧姆表测两侧端子的电阻，如果电阻值正常，则说明故障出在转向泵压力开关。

也可以用诊断仪读取数据流。例如大众车系，用5052诊断仪查看01-08055数据流第2位数据状况。转向盘在直线行驶位置的数据流应为0，转动转向盘到止端时的数据流应为1，否则为不正常，必须更换转向泵压力开关。

4. 故障排除

更换转向泵压力开关后，动力转向恢复正常，故障排除。

【案例3-6】 宝马740iL轿车转向有时沉重

1. 故障现象

一辆宝马740iL轿车在行驶过程中出现转向盘转动沉重现象，但如果将发动机熄火后再重新起动，转向可能变得轻松。

2. 诊断与排除

该车动力转向系统的控制原理是当轿车在原地转向时，车身控制单元就会向转向液压控制电磁阀发出一个脉冲信号。而当轿车行驶时，车身控制单元会根据车速变化发出不同频率的脉冲信号，以保证轿车行驶的稳定性与安全性。

1）首先检查转向液压油位，油位正常。接着起动发动机原地转动转向盘，感觉并不沉重。然后用诊断仪检测，发现该转向系统无故障记录。

2）检测车身控制单元与转向系统的控制线路。先找到车身控制单元通向转向液压控制电磁阀的两根导线，从这两根导线分别引出导线接到万用表上，然后进行路试。当轿车在原地转向时，万用表上有脉冲信号显示，且驾驶人也未感觉到转向沉重。但当车速达到 60～70km/h 时，脉冲信号突然消失；当驾驶人让车辆减速，直至车速降到 20km/h 时，一直没有脉冲信号，与此同时，驾驶人明显感到转向沉重。至此，可以初步判定故障主要原因是转向液压控制电磁阀没有收到来自车身控制单元的脉冲信号。

3）继续检查车速信号。车速信号异常也会导致转向沉重故障的发生，于是继续进行车速信号的检查。结果发现仪表所显示的车速信号与实际车速相符，表明车速信号没有出现异常。

4）从其他旁证寻找故障真正的原因。发现当轿车行驶车速超过 20km/h 时，中央门锁会自动锁上，这说明同是由车身控制单元控制的中央门锁工作正常。于是可以间接证明车身控制单元确有故障。

5）更换车身控制单元。更换一个新的车身控制单元，装复后试车，其结果是行驶中转向恢复轻便灵活，故障彻底消除。

3. 维修分析

车身控制单元模块本身故障，导致无控制信号发给直接控制转向助力系统的转向液压控制电磁阀，结果产生车辆转向沉重的故障。

第四节 电控四轮转向系统

一、电控四轮转向系统的结构组成

电控四轮转向系统的组成包括以下 7 个部分。

1. 电子控制模块

当转向盘转动时，ECU 对传感器信息分析计算后发出指令，将蓄电池电压输送到后轮转向执行器的电动机控制后轮以适当转角转向（蓄电池电压通过两个功率晶体管输出，其中一个在右转向时导通，另一个在左转向时导通）；然后由主、副后轮转角传感器将反馈信号送回 ECU，以确定后轮转向是否已被执行。

2. 主前轮转角传感器

主前轮转角传感器的功能是检测转向盘转动方向、转动速度和转动角度。它利用霍尔效应工作，一般安装在组合开关下方的转向柱上，当转向盘转动时，它便会向 ECU 传送前轮转动信号。

3. 副前轮转角传感器

副前轮转角传感器的功能是检测与前轮转角相关的信号。它安装在前齿轮齿条转向器内部。

4. 主后轮转角传感器

主后轮转角传感器的功能是检测后轮转角。它具有一个随循环球螺杆旋转的脉冲环，霍尔传感元件直接安装在脉冲环上部，故当脉冲环旋转时，霍尔传感元件便会向 ECU 发出反映后轮转角的数字信号。

5. 副后轮转角传感器

副后轮转角传感器安装在后轮转向执行器上与主后轮转角传感器相对的一端，其内部有一个连接在齿条轴上与齿条一同水平移动的锥形轴，其锥面与副后轮转角传感器的触棒弹性接触，触棒的运动使传感器产生模拟电压信号，将后轮转角信号传送到 ECU。

6. 后轮转速传感器和车速传感器

后轮转速传感器和车速传感器将后轮转速与车速信号传给 ECU。

7. 后轮转向执行器

电动机通过循环球螺杆机构驱动转向齿条，转向横拉杆将转向执行器连接到后轮转向臂和转向节处，实现后轮转向。

二、四轮转向系统的功能

四轮转向汽车是指四个车轮都是转向车轮的汽车，或四个车轮都能起转向作用的汽车。通过控制汽车前轮和后轮向相反的方向偏转可以减小汽车转向半径，而通过控制汽车前轮和后轮向相同的方向偏转可以保持车辆的行驶方向不变。其主要目的是通过前、后轮转向的配合，减小倾翻作用力，增强汽车在高速行驶或在强侧风作用下的操纵稳定性，减小侧滑以及改善低速行驶时的操纵轻便性。此外，还可以减小车辆掉头时的转弯半径，以及在高速行驶时便于从一个车道向另一个车道的移动调整。

四轮转向系统（Four wheel Steering，4WS）的控制方式主要有转向角比例控制、横摆角速度比例控制和车速前馈控制等。

【案例3-7】 本田序曲轿车的四轮转向系统结构原理

本田序曲轿车的四轮转向系统结构原理详见图 3-21 及其注解。

三、四轮转向系统的类型

1. 转角传感型

前轮与后轮偏转角存在一定因变关系，既可同向旋转，也可反向旋转，其转角值也有一定关系。

2. 车速传感型

当车速达到某一预定值（通常为 35~40km/h），后轮与前轮同向旋转；而当车速低于某一预定值时，则反向旋转。

3. 两者兼有型

即转角传感型、车速传感型两者兼而有之。

本田序曲四轮转向系统的结构原理

1) **4WS系统**。如图3-21所示,前轮采用液压助力齿轮齿条转向器。它附带一套辅助齿轮,可将齿条轴向移动变为辅助齿轮的转动。同时辅助齿轮用一根埋设在地板之下的长轴与后轮转向机构的偏心轴相连。

2) **后轮转向机构**。如图3-22所示,当偏心轴旋转时,曲柄销1带动行星轮绕固定的行星齿圈进行自转与公转,并使曲柄销2做弧形运动,从而通过滑块和导向器驱动输出杆使后轮偏转。此机构可保证在高速行驶而转向盘转角较小时使后轮与前轮一起沿同一方向有限偏转,而在低速行驶且转向盘转角较大(如急转弯)时,可使前后轮向相反方向偏转。只要适当选择行星齿轮系的传动比和两个曲柄销的偏心距就可以实现上述功能,而关键在于行星轮上曲柄销2的运动轨迹。轨迹形状由偏心轴上的曲柄销1至偏心轴轴线的距离e_1,曲柄销2至行星轮轴线的距离e_2,以及行星齿轮系的传动比i共同决定。

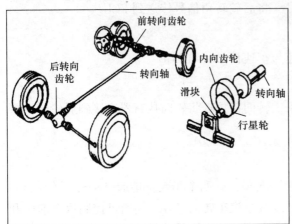

图3-21 本田四轮转向系统

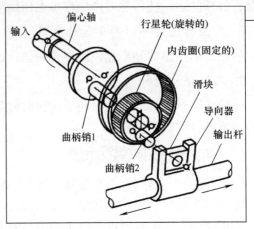

图3-22 四轮转向系统的后轮转向机构

四、电控四轮转向系统的工作原理

4WS的工作原理主要包括下述四项内容。

1. 车速低于29km/h 时

当转向盘转动时,后轮会立即开始向与前轮转动方向相反的方向转动。在车速为0时,后轮最大转角为6°;随着车速增加,后轮转角逐渐减小;当车速达到29km/h时,后轮转角为0°。

2. 车速大于29km/h 时

当车速提高到96km/h且转向盘转角为100°时,后轮将会向与前轮相同方向转动大约1°;若转向盘转角为500°,则后轮将会向与前轮相反方向转动大约1°。

3. 失效保护功能

当4WS发生故障时,ECU会立即转换成失效保护模式,立即切断后轮转向执行器的电压,使后轮保持直线行驶状态;同时接通4WS指示灯,并将故障码存入ECU存储器。

4. 阻尼控制

当4WS发生故障进入失效保护状态时,如果后轮立即回正,结果反而会对转向盘控制产生负面影响。为避免此种情况发生,必须采取阻力控制,即当4WS进入失效保护状态时,立即给阻尼继电器充电。此时后轮转向执行器的电动机由转向轴的运动驱动，而此时电动机相当于发电机，其转子输出的电压经由阻尼继电器反馈到电动机的励磁绕组，使得转子速度降低，并迫使回位弹簧缓慢地将后转向轴驱动到中央位置；否则，回位弹簧会迅速地将后轮转回到中央位置。

第五节　转向系统新技术简介

转向系统新技术包括主动式转向系统、线控转向系统（SBW）等，分述如下。

一、主动式转向系统

主动式转向系统是在电动助力转向系统的基础上，增加可变传动比的行星齿轮机构和转向轮偏航传感器等零部件而形成的一种更轻巧灵活与更安全可靠的新型转向系统。

【案例3-8】　新款皇冠的主动式可变传动比转向系统

1. 新款皇冠主动式可变传动比转向系统工作原理

（1）中低速时

当驾驶人顺时针转动转向盘时，转向 ECU 使转向执行器总成中的电动机逆时针旋转，其转动通过波动发生器输入到减速机构，此时转向执行器总成为正向，故输出轴的转动角比转向盘的转角大（等于转向盘转角 + 执行器转角），因此防止了中低速时可能出现的不足转向。

（2）高速时

当驾驶人顺时针转动转向盘时，转向 ECU 使转向执行器总成中电动机顺时针旋转，其转动通过波动发生器输入到减速机构，此时转向执行器总成为负向，故输出轴转动角比转向盘转角小（等于转向盘转角−执行器转角），因此防止了高速时可能出现的过度转向。

2. 新款皇冠主动式可变传动比转向系统结构组成

新款皇冠主动式可变传动比转向系统结构组成详见图 3-23 及其注解。

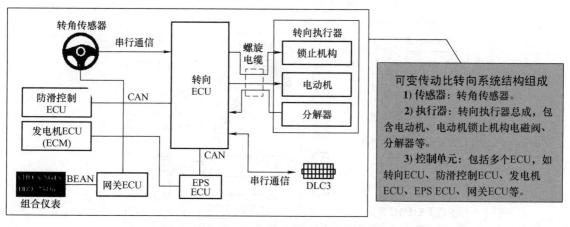

图 3-23　可变传动比转向系统结构

二、线控转向系统

车辆线控转向系统就是将驾驶人的操纵动作通过传感器变成数字信号，并通过局域网直接传输到执行机构的一种崭新系统。线控转向系统取消了转向盘与转向轮之间的机械连接，完全通过电能实现车辆转向，从而为车辆转向设计带来无限空间，是车辆转向系统的重大技术进步。

线控转向系统的结构组成与工作原理详见图3-24、图3-25及其注解。

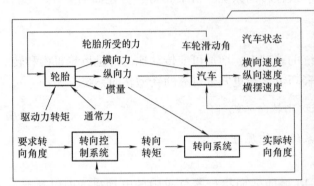

汽车线控转向系统的工作原理

首先，传感器检测驾驶人转向意图并转换成数字信号，然后通过数据总线传递给ECU并从ECU获取反馈指令。ECU也从转向操纵机构获取驾驶人的转向操纵指令，同时从转向系统获取车轮转角状况信息，从而控制整个转向系统的运作。转向系统控制车轮转到所需要的转角，并将车轮的转角与转矩反馈到系统的相关部分（如转向操纵机构），以使驾驶人获得路感。路感的大小还可以根据不同道路情况由ECU进行控制。

图3-24 汽车线控转向系统的工作原理

汽车线控转向系统的结构组成

1) **转向盘模块**。由转向盘总成、转向盘转角传感器、力矩传感器、转向盘回正力矩电动机组成。其功能是将驾驶人转向意图(通过转角测量)转换成数字信号传送给主控制器ECU，ECU经分析计算向转向盘回正力矩电动机发出控制指令，使其产生回正力矩，以提供驾驶人相应的路感信息。

2) **前轮转向模块**。由转向执行电动机、电动机控制器及前轮转向组件、前轮转角传感器等组成。其功能是将测得的前轮转角信号反馈给ECU，同时接受ECU指令，控制转向盘完成所要求的前轮转角。

3) **主控制器ECU**。主控制器ECU对所采集信息分析处理，判别车辆运动状态，向转向盘回正力矩电动机与转向电动机发出控制指令，控制两个电动机协调工作；同时对驾驶人操作意图进行识别，并判定其操作合理性。当驾驶人发出错误指令或车辆处于非稳定状态时，该ECU将屏蔽其错误操作自动驾驶车辆并恢复稳定状态。

4) **自动防故障系统**。它包括一系列严密监控与实施算法，可针对各种故障类别进行检测与处理，以确保车辆转向安全性。

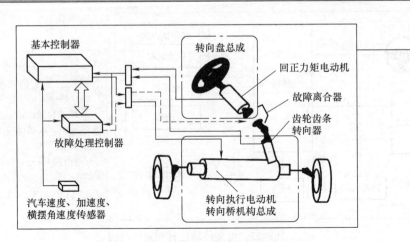

图3-25 汽车线控转向系统的结构组成

第四章　汽车电控行驶系统故障诊断与检修

汽车电控行驶系统主要包括电控悬架系统与电控车轮总成等内容。

第一节　电控悬架系统概述

悬架是连接在汽车车身与车轮之间全部传力装置的总称。电控悬架的弹簧弹力、减振器阻尼力及车身高度和行驶姿态都是通过电控主动发生变化的，故称为主动悬架，通常称为电子调节悬架系统（Electronic Modulated Suspension System，EMS）。

一、电控悬架系统的功能与分类

EMS 的功能是当汽车行驶路面、行驶速度和载荷变化时，自动调节车身高度、悬架刚度和减振器阻尼大小，从而改善汽车行驶平顺性与舒适性。EMS 高度控制包括自动高度控制、高车速控制和停车控制；车身姿态控制包括防侧倾控制、防点头控制、防后仰控制和改变悬架阻尼力。电控悬架能够平衡地面对汽车的反作用力，使其对车身的冲击和振动减小到最低程度。在装备电控悬架系统的汽车上，在正常行驶情况下，乘坐者会感觉悬架比较柔软；而在急转弯、急加速和紧急制动情况下，又感觉悬架比较刚硬。

电控液压主动悬架能够通过给悬架施加液压主动减小车辆振动，该系统存储液压以产生阻尼力，并能够快速和连续地响应，以控制阻尼力的大小。

全主动悬架系统使用液压执行器来代替传统的弹簧和减振器。系统使用加速度传感器来检测不平路面和车辆行驶状况引起的车辆振动和摆动。然后，连续操作液压执行器，使这些摆动和振动减小，以提高乘坐舒适性和行驶稳定性。全主动悬架系统的使用效果见表4-1。

表4-1　全主动悬架系统的使用效果

项　目	说　明
改善乘坐舒适性	阻尼弹簧隔离任何路面上的冲击；同时，主动控制系统提供平稳的和可预测的乘坐舒适性
改善行驶稳定性	①轻松驾驶：车辆位置变化显著减小，使得驾驶轻松并减轻疲劳，因为驾驶人无须不停地调整视线位置 ②增强安全性：在快速转向和快速加速、减速过程中，车辆位置变化减小，能够在发生紧急情况时对车辆进行更好的控制
车辆高度控制特性	①通过车辆高度控制，可以保持理想的离地间隙。 ②高度控制开关提供两个位置选择，即"正常"（N）和"高"（H）[H：大约比"N"高20mm（0.79in）]

根据控制功能不同，EMS 分为下列几种类型：变高度空气弹簧悬架系统、变刚度空气弹簧悬架系统、变阻尼减振器悬架系统、变高度与变刚度空气弹簧悬架系统，以及变高度、变刚度空气弹簧与变阻尼减振器悬架系统。

二、电控悬架系统的组成与控制过程

1. 电控悬架系统的组成

由前后车身高度传感器、转向盘转向与转角传感器、节气门位置传感器、车速传感器、控制开关、执行器和电子调节悬架电控单元（EMS ECU）组成，详见图4-1及其注解。

> **电控液压主动悬架系统的组成**
> 1）组成。由高度控制开关、高度控制自动切断开关、驾驶模式选择开关、制动灯开关、ECU、前后悬架控制执行器、前后高度控制继电器、前后高度控制阀、储气筒与调节阀、高度控制空气压缩机、干燥器与排气阀总成等组成。
> 2）高度控制开关。设有两个档位。"High"高车身高度和"Normal"正常车身高度。通过高度控制开关进行自动控制：当处于"High"位置，且车速达到一定值时，高度控制系统能够自动将其高度降低到"Normal"，以减小行驶阻力和保证汽车行驶稳定性；当点火开关断开后，若车身处于"High"，高度控制系统能够自动将其高度降低到"Normal"，以改善驻车姿态。
> 3）高度控制自动切断开关。能使空气弹簧悬架系统关闭，以防车身过高或拖车时产生意外运动。
> 4）驾驶模式选择开关。用于选择减振器阻尼的工作模式，分为"自动""坚硬""柔软"三种模式。当驾驶人踩下制动踏板时，制动灯开关信号传送到ECU，ECU将控制前空气弹簧刚度和前减振器阻尼变为"坚硬"状态，以抑制制动点头，使汽车姿态变化最小。

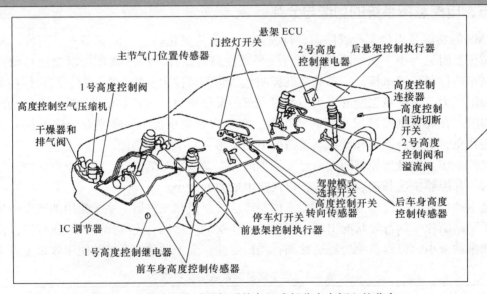

图4-1 电控液压主动悬架系统各组成部分在车辆上的分布

2. 电控悬架系统的控制过程

车身高度传感器采集其前后车身高度信号，转向盘转向与转角传感器采集汽车行驶方向信号，节气门位置传感器采集驾驶人加速或减速信号，车速传感器采集汽车行驶速度信号，传感器和控制开关向 EMS ECU 输入车身及汽车行驶的状态信息。EMS ECU 接收上述各种信息后，经过比较、计算和判定，然后向执行元件发出控制指令，使执行元件产生一定的机械动作，从而改变车身高度、空气弹簧的刚度或减振器的阻尼。

第二节 电控悬架系统控制原理

一、车身高度电控系统的功能、组成与控制原理

1. 车身高度电控系统功能

当车内乘员或载荷变化时，通过车身高度传感器及时将车身高度变化信号输入到ECU，ECU根据汽车各项性能的需要和既定的控制程序发出控制指令，自动调节车身高度，并将其控制在允许的范围之内（一般为10~30mm），使汽车行驶姿态稳定，以提高通过性和乘坐舒适性。

2. 车身高度电控系统的组成

车身高度控制系统的组成详见图4-2及其注解。

> **车身高度控制系统的组成**
> 1) **车身高度控制系统组成**。由4只高度传感器(设置在每个减振器下面)、控制开关、ECU和高度调节执行器等组成。
> 2) **高度调节执行机构组成**。高度调节执行器包括4个气压缸、两只高度控制电磁阀、空气压缩机、干燥器和空气管路等组成。

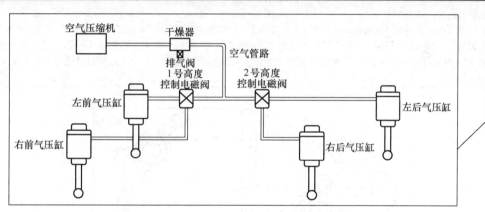

图4-2 车身高度控制系统的组成

3. 车身高度传感器的结构特点与控制原理

（1）车身高度传感器的结构特点

车身高度传感器的结构特点详见图4-3和图4-4及其注解。

（2）车身高度传感器的控制原理

光电耦合元件固定在传感器壳体上，传感器壳体固定在车架上。故当车身高度变化时，光电耦合元件便随车身一起上下移动；同时，遮光盘将随悬架臂的摆动而转动。当车身高度升高时，悬架臂右端离地间隙增大，并通过拉紧螺栓和连杆带动传感器轴沿顺时针方向转动一个角度。反之，当车身高度降低时，悬架臂右端离地间隙减小，并通过拉紧螺栓和连杆带动传感器轴沿逆时针方向转动一个角度。

4. 车身高度的控制过程

车身高度控制系统的控制原理：当乘员或载荷增加时，EMS ECU将立即发出控制指令，控制悬架高度调节机构自动调高悬架，使车身高度升高；当乘员或载荷减小时，EMS ECU

车身高度传感器结构特点

1) 光电式传感器组成。光电式传感器主要由光电耦合元件、遮光盘、壳体和防护盖等组成,如图4-3a所示。
2) 光电耦合元件由发光二极管和光电晶体管等组成。

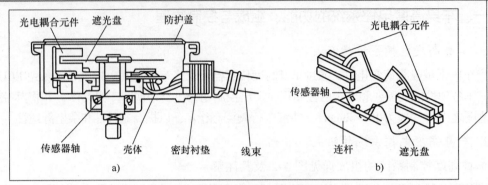

图 4-3　车身高度传感器结构
a) 传感器结构　b) 信号发生器结构

车身高度传感器连接关系与控制原理

1) **连接关系**。遮光盘固定在传感器轴上,在圆盘圆周上制作有弧度不等的透光槽。传感器轴通过连杆和拉紧螺栓与悬架臂连接,如图4-4所示。
2) **控制原理**。高度传感器每隔8ms测定一次车身高度,ECU根据其测定结果,当判定需要调节车身高度时,立即发出控制指令,操纵高度控制开关和空气压缩机给空气弹簧充气(使车身升高)或放气(使车身降低),从而将车身高度调节到规定值(调节范围10~30mm),从发出控制指令到空气压缩机起动约需2s;从空气压缩机开始充气到完成高度调节约需20~40s。

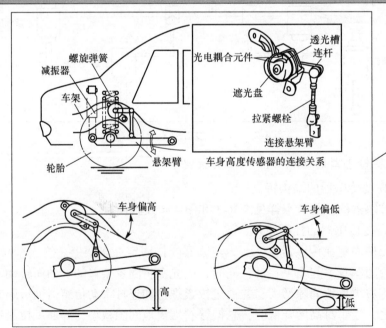

图 4-4　车身高度传感器的连接关系

将立即发出控制指令,控制悬架高度调节机构自动调低悬架,使车身高度降低。其控制过程可分为车身高度不变时悬架系统的控制、车身高度降低时悬架系统的控制和车身高度升高时悬架系统的控制三种情况,详见图4-5及其注解。

车身高度的控制过程原理

1) 车身高度不变时悬架系统的控制。 当车身高度传感器信号表示车身高度在设定范围内时，EMS ECU将向压缩机继电器发出指令，使空气压缩机立即停止转动，使减振器内的空气量保持不变，使车身高度保持在正常范围之内。

2) 车身高度降低时悬架系统的控制。 当汽车乘员或载荷增加使车身高度偏低或过低时，车身高度传感器即发出车身高度偏低或过低的信号，EMS ECU立即向空气压缩机继电器和高度控制阀发出接通电路指令，使空气压缩机运转，且同时打开电磁阀，压缩空气进入空气弹簧的气室，使车身高度上升。当空气压缩机继电器触点接通时，直流电动机起动并带动空气压缩机运转，从压缩机输出的压缩空气进入干燥器，干燥后进入储气罐，储气罐的气体压力由调压器进行调节，经调压后的空气经过高度控制电磁阀进入空气弹簧气室。

3) 车身高度升高时悬架系统的控制。 当汽车乘员或载荷减少使车身高度偏高或过高时，高度传感器即发出车身高度偏高或过高的信号，EMS ECU立即向空气压缩机继电器发出电路切断指令，压缩机继电器触点迅速断开，使电动机停止运转；同时向排气阀和高度控制阀发出电路接通指令，使电磁阀和排气阀同时打开，减振器内部空气经高度控制电磁阀、空气软管、干燥器、排气阀排出，由于减振器内部空气量减少而使车身高度降低。

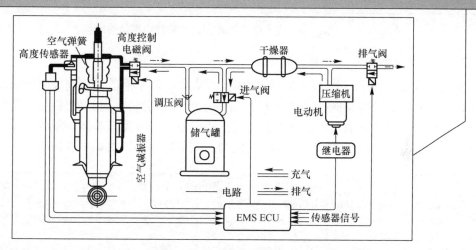

图4-5 车身高度控制原理

5. 系统安全保护措施

1) 保护干燥剂的再生系统：从减振器中放出的干燥空气，经过干燥器时带走了其中干燥剂中的湿气，这样使得干燥剂经过一段时间使用后不会被湿气浸透。

2) 保持干燥器中的最小压力不低于55～165kPa，以保证系统中始终有一定量的空气，当乘员或载荷减少使减振器伸长时，空气弹簧的气压腔不至于凹瘪。

3) 为防止悬架系统正常运动时EMS ECU使车身升高或降低，采取如下措施：当高度传感器发出车身高度变化信号7～13s后，EMS ECU才会向执行元件发出控制信号，在这段时间内，如果高度传感器无输入信号，EMS ECU就不会改变车身高度。

4) EMS ECU控制空气压缩机每次运转时间最长不超过2min，同时排气电磁阀打开时间最长不超过1min，以防系统漏气时压缩机不停地工作，并阻止排气孔不停地放气。

二、悬架刚度电控系统的组成与调节原理

1. 悬架刚度电控系统的组成

变刚度空气弹簧悬架系统内部结构详见图4-6及其注解。

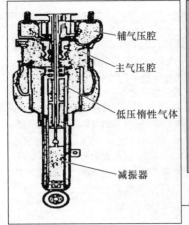

变刚度空气弹簧悬架系统内部结构

1) 结构组成。由高度传感器、控制开关、EMS ECU刚度调节执行器(气压缸、高度控制电磁阀、空气压缩机、干燥器和空气管路)等组成。空气弹簧的气腔室分为主、辅两个气压腔，其间设有一个由步进电动机驱动的空气调节阀。悬架上端与车身相连，下端与车轴相连。随着车身与车轮的相对运动，主气压腔的容积将不断变化。

2) 变刚度空气弹簧悬架系统与变高度空气弹簧悬架系统的组成基本相同，主要区别在于空气弹簧气压内部结构及其调节机构不同。

3) 变刚度原理。若使得主、辅气压腔间气体产生流动，通过改变主、辅气压腔间通道的大小，调节主气腔内部的空气量，即可改变空气弹簧悬架的刚度。

图 4-6 变刚度空气弹簧悬架系统内部结构

2. 空气弹簧悬架刚度的调节原理

在主气压腔与辅气压腔之间的气阀阀体上设有大小两个通道，气阀控制杆由步进电动机驱动，当控制杆转动时，阀芯随之转动，当阀芯转过一定角度时，气体通道的大小就会变化，主、辅气压腔之间的气体流量就会改变，从而使得空气弹簧悬架的刚度发生变化，其刚度分为低、中、高三种状态。空气弹簧悬架刚度调节原理详见图4-7及其注解。

空气弹簧悬架刚度的调节原理

1) **高刚度状态**。当气阀控制杆带动阀芯旋转到图中所示"高"位置时，阀芯的开口被封闭，主、辅气压腔之间的气体通道被切断，两气压腔之间的气体不能流动；与此同时，高度控制电磁阀和压缩机继电器接通，空气充入主气腔使其气压增高、密度增大，故悬架的刚度便处于高刚度状态。

2) **低刚度状态**。当气阀控制杆带动阀芯旋转到图中所示"低"位置时，气体大通道被接通，主气压腔的气体经阀芯中央的气孔和阀体侧面的气孔通道与辅气压腔气体相通，两气压腔之间气体流量增大；与此同时，高度控制电磁阀和排气阀接通，部分空气从排气阀排出，主气压腔气体减少，刚度降低。

3) **中等刚度状态**。当气阀控制杆带动阀芯旋转到图中所示"中"位置时，气体小通道被接通，主、辅气压腔之间气体流量很小；与此同时，高度控制电磁阀和压缩机继电器断电，故主气压腔气体变化量很小而使得悬架高度处于中等刚度状态。

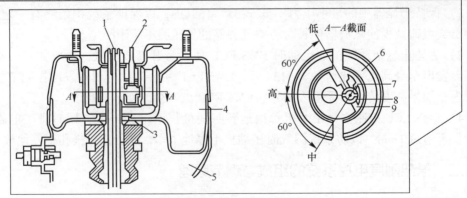

图 4-7 空气弹簧悬架刚度调节原理

1—阻尼调节杆 2—空气阀控制杆 3—主、辅气压腔通道 4—辅气压腔
5—主气压腔 6—气阀阀体 7—小通道 8—阀芯 9—大通道

三、电控变阻尼悬架系统的组成与结构原理

1. 结构组成

电控变阻尼悬架系统结构详见图4-8及其注解。

> **电控变阻尼悬架系统的结构组成**
>
> 1) **系统结构组成**。由车速传感器、转向与转角传感器、节气门位置传感器、减振器工作模式选择开关(在仪表板上)、制动灯开关、空档起动开关、电控单元和阻尼调节执行器组成。节气门位置传感器将信号给发动机ECU,再由发动机ECU向EMS ECU发送指令。
>
> 2) **变阻尼的三种控制方式**：① 根据汽车行驶状况进行控制；② 根据驾驶人选择的运行模式进行控制；③ 同时根据两种状况进行控制。

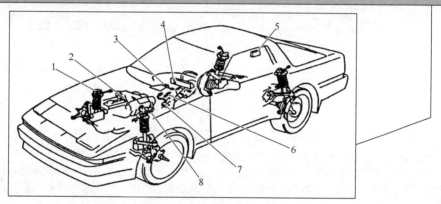

图4-8 丰田电控变阻尼悬架系统
1—变阻尼执行元件 2—节气门位置传感器 3—工作模式选择开关 4—车速传感器
5—ECU 6—制动灯开关 7—转向与转角传感器 8—空档起动开关

2. 变阻尼悬架系统控制部件结构原理

(1) 转向与转角传感器

转向盘转动方向与转动角度传感器简称转向与转角传感器，其功能是检测转向盘(或转向轴)的转动方向与转动角度。它一般采用光电式传感器，安装在转向轴上，其工作原理与结构见图4-9、图4-10及其注解。

(2) 变阻尼减振器执行元件

丰田汽车电控悬架系统的执行元件安装在减振器支柱的顶部，其结构原理详见图4-11及其注解。回转阀的结构详见图4-12所示及其注解。

(3) 运行模式选择开关

电控悬架系统减振器阻尼的工作模式选择开关又称为运行模式选择开关，其功能是用于选择减振器阻尼的工作模式。减振器阻尼的工作模式一般分为柔软、中等硬度、坚硬三种模式。

【案例4-1】 丰田电控悬架系统调节减振器阻尼的工作模式

丰田汽车电控悬架系统调节减振器阻尼分为"NORM(标准)"和"SPORT(运动)"两种模式。驾驶人可以根据汽车运行条件，通过操作仪表板上的工作模式开关进行选择。

光电式转向盘位置传感器的工作原理

1) 当信号圆盘随转向轴转动时,其透光孔转到发光二极管与光电晶体管之间时,光电晶体管导通,耦合元件输出端输出低电平;反之,当透光孔离开发光二极管与光电晶体管之间时,光电晶体管截止,耦合元件输出端输出高电平。
2) ECU根据两组光电耦合元件输出信号导通与截止的频率即可计算出转向盘的转动角度和角速度。
3) ECU根据哪个耦合元件首先转变为ON状态即可检测出转向轴的转动方向,例如,当转向轴向左转动时,2号耦合元件的输出信号总是先于1号耦合元件而处于ON状态,如图4-9b所示。

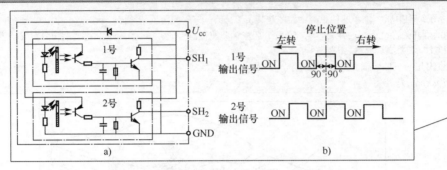

图 4-9　光电式转向盘位置传感器的工作原理
a) 耦合元件电路　b) 输出信号波形

光电式转向盘位置传感器结构

1) **结构组成**。主要由光电耦合元件、遮光圆盘、传感器壳体等组成。
2) **传感器信号圆盘结构特点**:传感器信号圆盘压装在转向轴上,在信号圆盘的圆周上制作有间隔距离相等、均匀排列的透光孔(窄缝)。两组光电耦合器元件由发光二极管和光电晶体管组成,套装在信号圆盘两侧,与透光孔相配合工作。

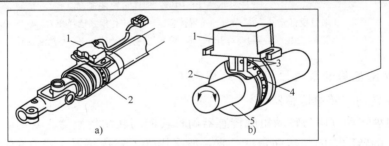

图 4-10　光电式转向盘位置传感器的结构
a) 安装位置　b) 传感器结构
1—传感器壳体　2—信号圆盘　3—光电耦合元件　4—透光孔　5—转向轴

1. 当仪表板上的工作模式开关处于"NORM(标准)"模式时

EMS ECU 将使减振器保持"柔软"状态工作。但是当车速超过 120km/h 时,EMS ECU 将自动控制减振器变为"中等硬度"状态工作。而当车速下降到 100km/h 时,EMS ECU 将再控制减振器变为"柔软"状态工作。

2. 当驾驶人选择"SPORT(运动)"模式时

EMS ECU 将控制减振器处于"中等硬度"状态工作。但在下列条件下,EMS ECU 将控制减振器从"柔软"或"中等硬度"状态变为"坚硬"状态工作:①当转向盘转角转向传感器显示汽车急转弯时;②车速传感器和节气门位置传感器显示汽车在低于 20km/h 的速度

第四章 汽车电控行驶系统故障诊断与检修

> **变阻尼减振器执行元件的结构原理**
> 1) 结构组成。执行元件由步进电动机、驱动小齿轮、扇形齿轮、挡块、电磁线圈以及减振器阻尼控制杆等组成。
> 2) 动力传递路线。EMS ECU发出控制指令使步进电动机转动,电动机输出轴驱动其下端的小齿轮转动,小齿轮带动扇形齿轮转动,扇形齿轮带动阻尼控制杆转动,阻尼控制杆带动阻尼调节回转阀转动,回转阀控制阻尼孔的开闭状态,即可控制减振器油液的流动量,从而调节阻尼大小。
> 3) 挡块的功能。挡块位于扇形齿轮的凹槽中,其功能是决定扇形齿轮运动停止的位置,从而决定回转阀控制杆的位置。

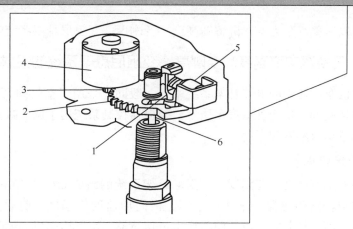

图 4-11 变阻尼减振器执行元件
1—挡块 2—扇形齿轮 3—驱动小齿轮 4—步进电动机 5—电磁线圈 6—阻尼控制杆

> **回转阀的结构原理**
> 减振器的阻尼控制杆与回转阀连接,且与控制杆一同旋转,在回转阀的三个不同截面上,均设有阻尼孔,如图4-12中A—A、B—B、C—C截面所示,并分别与减振器活塞杆上的减振油液孔处于同一截面上,控制这些孔的开闭状态,即控制减振器油液的流动量,从而调节阻尼大小

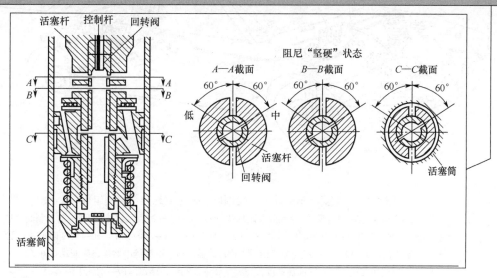

图 4-12 回转阀的结构

下进行急加速时;③车速传感器和制动灯开关显示汽车在高于 60km/h 的速度下进行制动时;④车速传感器和空档起动开关显示汽车在低于 10km/h 的速度下,自动变速器从空档或停车档换为其他档位时。

反之，下列条件下，EMS ECU 将控制减振器从"坚硬"变为"中等硬度"或"柔软"状态：①根据转向盘转动程度，转弯行驶2s或2s以上时间时；②加速时间达到3s或速度达到50km/h时；③制动灯开关断开2s时间后；④自动变速器从空档或停车档位置换为其他档位达到3s或速度达到15km/h时。

第三节　电控悬架系统综合实例

下面以三菱汽车为例，讲解变高度、变刚度、变阻尼悬架系统的组成与控制过程。

一、三菱汽车变高度、变刚度、变阻尼悬架系统的组成

现代汽车所使用的电控悬架系统中，一般同时采用了空气弹簧和变阻尼减振器。其中，减振器的螺旋弹簧用于支承汽车质量，减振器控制系统用于调节减振器的阻尼，而空气弹簧则用于调节车身刚度和高度。

1. 系统组成

三菱汽车变高度、变刚度、变阻尼悬架系统的组成如图4-13所示，由节气门位置传感器、转向与转角传感器、车速传感器、横向加速度传感器、前后高度传感器、EMS ECU、空气弹簧、前后控制阀总成、前后变阻尼执行器、空气压缩机、储气罐、空气干燥器、流量控制阀、制动灯开关和系统功能指示灯等组成。

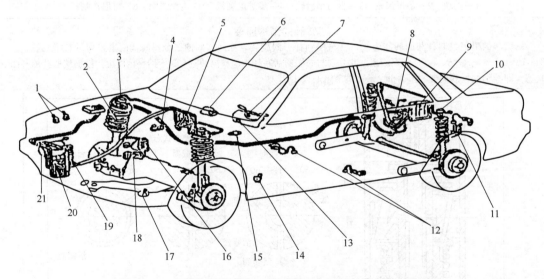

图4-13　三菱汽车变高度、变刚度、变阻尼悬架系统的组成

1—空气压缩机继电器　2—空气弹簧　3—前变阻尼执行器　4—节气门位置传感器　5—前控制阀总成
6—系统功能指示灯　7—转向与转角传感器　8—后控制阀总成　9—EMS ECU　10—后变阻尼执行器
11—后高度传感器　12—门控灯开关　13—车速传感器　14—电源继电器　15—制动灯开关
16—空气压缩机　17—横向加速度传感器　18—前高度传感器　19—空气干燥器
20—流量控制阀　21—储气罐

2. 控制过程

EMS ECU 根据上述各种传感器和控制开关输入信号，计算判断驾驶人所选择的车身高

度及刚度、减振器阻尼、转向方向与角度以及汽车转弯时侧向惯性力大小、是否加速、是否在踩制动踏板、车门是否打开、是否倒驶、前照灯是否接通等，然后控制相关执行元件执行相应动作，达到自动调节车身高度、空气弹簧刚度和减振器阻尼之目的。

二、三菱汽车变高度、变刚度、变阻尼悬架系统的控制

1. 控制模式

驾驶人可能选择的车身高度模式有"高位"和"自动"两种状态，能够选择的减振器阻尼模式有"运动""自动""柔软"三种模式。

（1）当选择"自动"车身高度模式时

EMS ECU 能够根据道路状况决定空气弹簧高度。只要按一下仪表板上的高度选择按钮，就可将悬架设置在"高位"状态，并给空气弹簧充气，使车身高度升高。当汽车在糟糕路面条件下行驶时，为了防止车身底部碰撞路面，应当选择"高位"模式。

（2）当选择"运动"减振器阻尼模式时

EMS ECU 将使减振器阻尼在任何情况下都很"坚硬"。当选择"自动"减振器阻尼模式时，EMS ECU 根据传感器和开关信号，可将减振器阻尼调节为"坚硬""中等硬度"或"柔软"状态。当系统处于"自动"模式时，若再按自动按钮，系统将以"中等硬度"状态工作。

（3）当选择"柔软"模式工作时

EMS ECU 能够改变减振器阻尼硬度，使之在"坚硬""中等硬度"和"柔软"之间转换，选择"柔软"模式工作要比"自动"模式稍微柔软一些。

2. 典型运动状态下的控制过程

下面具体分析车身侧倾、前仰、后仰、前后颠簸和上下跳动几种典型的运动状态时 EMS 的控制过程，以及车速变化时阻尼的控制和车身高度控制过程。

（1）抗侧倾控制

EMS ECU 通过转向盘转角与转动方向传感器及侧向加速度传感器来监视车身侧倾情况。当这些传感器输入信号表明汽车要急转弯时，EMS ECU 将给空气弹簧和转向外侧减振器阻尼调节元件发出控制指令，调节空气弹簧的刚度和减振器的阻尼，从而减小车身侧倾的程度，并改善操纵性。

1）调节空气弹簧刚度：EMS ECU 将给转向外侧的空气弹簧充气，使其空气量增加、刚度加大，同时给转向内侧的空气弹簧放气，使其空气量减少、刚度减小。

2）调节转向外侧减振器阻尼：① 若驾驶人选择阻尼工作模式为"柔软"，则 EMS ECU 自动将其调节到"中等硬度"状态；② 若驾驶人选择阻尼工作模式为"运动"或"自动"，则 EMS ECU 自动将其调节到"坚硬"状态；③ 若车身高度传感器信号表明汽车行驶在沙石等粗糙路面上，则 EMS ECU 自动将其调节到"中等硬度"状态。

3）刚度和阻尼的保持：高度和阻尼调节到一定程度后，将保持不变，直到传感器信号表示转向完毕为止。当转向完毕后，EMS ECU 将使充满气的空气弹簧缓慢放气，同时并使已经放气的空气弹簧充气，以使车身达到水平，防止产生反向倾斜。

（2）抗前仰（点头）控制

1）当汽车紧急制动时，制动灯开关接通，EMS ECU 将根据车速传感器提供的信号向前

空气弹簧执行元件发出指令，使其气压升高，以增大前空气弹簧的刚度；与此同时，EMS ECU 控制后空气弹簧执行元件使后空气弹簧放气，以减小其刚度；同时 EMS ECU 还将控制前减振器阻尼变成"坚硬"状态，使汽车的姿态变化减小到最小，以提高舒适性。

2）当 EMS ECU 计算的车速变化量表明无须抗点头控制时，EMS ECU 就会使前后空气弹簧恢复到原来的压力。

3）在制动后加速行驶时，例如汽车下坡行驶，EMS ECU 将使所有的空气弹簧放气，以使车身高度降低，从而改善高速行驶时汽车的稳定性。

（3）抗后仰（后坐）控制

1）当驾驶人快速踩下加速踏板开始加速行驶时，EMS ECU 将使前空气弹簧放气，减小刚度；与此同时，使后空气弹簧增大气压，增加刚度；同时还要控制后减振器阻尼变成"坚硬"状态，防止汽车仰头。当车速稳定后，EMS ECU 将使空气弹簧恢复到原来的气压，并使减振器阻尼恢复到原来的状态。

2）当节气门位置传感器信号显示节气门开大且倒车灯开关接通时，EMS ECU 将按上述抗后仰的相反方向调节空气弹簧压力和减振器阻尼，即增大前空气弹簧气压、减小后空气弹簧气压并减小后减振器阻尼，并在节气门开大 1s 之后，将减振器阻尼变换到"坚硬"状态。

（4）前后颠簸和上下跳动的控制

电控悬架系统设有前后 2 只或 4 只高度传感器，故可检测汽车在不平整路面（"搓衣板"路面）行驶时悬架颠簸的运动状态。

当高度传感器表明空气弹簧被压缩时，EMS ECU 将控制该轴上的空气弹簧放气，使弹簧高度减小，来抑制车身高度上升。当空气悬架伸长时，EMS ECU 将控制该轴上的空气弹簧充气，使弹簧高度增加，来抑制车身高度下降。可见，空气弹簧能够随车轮上下跳动，即通过放气或充气来抑制车身上升或下降。当汽车通过凹凸不平路面时，可使车身跳动量减小，汽车不易产生前后颠簸或倾斜。

当车身前后颠簸时，EMS ECU 将使减振器阻尼变成"中等硬度"状态，并在车速超过 130 km/h 时，使减振器阻尼变成"坚硬"状态。

（5）车速变化时阻尼的控制

1）当驾驶人选择减振器阻尼的工作模式为"运动"模式时，无论车速高低，EMS ECU 将使减振器阻尼保持处于"坚硬"状态。

2）当驾驶人选择减振器阻尼的工作模式为"柔软"模式时，EMS ECU 在车速达到约 129km/h 时，将使减振器阻尼变成"中等硬度"状态。

3）当驾驶人选择减振器阻尼的工作模式为"自动"模式时，EMS ECU 在车速达到 99km/h 时，将使减振器阻尼变成"中等硬度"状态。

4）当汽车减速时，在"柔软"模式，车速为 117km/h 时，EMS ECU 将从"中等硬度"状态变成"柔软"状态；在"自动"模式，车速为 64km/h 时，EMS ECU 将从"中等硬度"状态变成"柔软"状态。

（6）车身高度控制

当空气弹簧的工作模式开关选择在"自动"模式时，EMS ECU 能够调节"高位""正常"和"低位"三种车身高度状态。在大多数情况下，EMS ECU 将使汽车处于正常高度状态下行驶，并根据车速高度传感器和车速传感器的输入信号来改变车身高度。

1）当车速高于 40km/h 时，若悬架移动量超过 40mm，且在 2s 内上下振动两次以上，EMS ECU 将发出指令，使 4 个空气弹簧都充气，主气压腔空气压力升高，弹簧刚度增大；而当振动或车速减小时，经 12s 延时后，EMS ECU 将使空气弹簧恢复到正常高度。

2）当前照灯接通时，EMS ECU 将根据车速传感器和前照灯开关信号，使车身从正常高度变为低位；等车速达到 90km/h 时，EMS ECU 将使前空气弹簧放气，使车身前端降低，以便照明车前的路面；当车速在 90~99km/h 保持 10s 以上时，EMS ECU 将使后空气弹簧放气；当车速达到 100km/h 时，EMS ECU 将使车身后端降低，以便照明更远路面；当车速下降到 70km/h 以下时，EMS ECU 将使车身上升到正常高度，使前照灯光线保持正常位置。

3）当驾驶人按一下仪表板上的车身高度"工作"模式选择按钮时，就能选择"高位"模式。此时 EMS ECU 将给 4 个空气弹簧充气，使车身高度升高。当身高度工作模式选择按钮处于"自动"模式位置时，只有当车速小于 77km/h 时，EMS ECU 才会发出指令，使车身高度转到"高位"状态；当车速超过 77km/h 时，EMS ECU 根据路面情况调节空气弹簧高度。

4）当汽车急转弯、紧急制动或急加速时，EMS ECU 将中断任何高度变化，以免影响转向操纵稳定性。

三、三菱汽车变高度、变刚度、变阻尼悬架系统执行元件的工作情况

三菱汽车悬架系统减振器的执行元件相互并联连接，因此，各个减振器同时起作用。在减振器活塞杆内设有一个由步进电动机驱动的控制杆，控制杆转动回转阀时，便能改变阻尼孔的大小，从而改变减振器阻尼的大小。

空气弹簧的执行元件能够分别动作。空气供给系统由空气压缩机、干燥器、储气罐、流量控制阀、前阀总成、后阀总成等组成。从空气压缩机输出的空气经干燥器后送到储气罐。储气罐由高压分罐、低压分罐、高压开关、低压开关和回收泵组成。

高压罐为系统存储高压空气，当空气压力低于 745kPa 时，高压开关接通信号输入控制单元，EMS ECU 发出指令，起动压缩机转动；当空气压力达到 930kPa 时，高压开关断开信号输入控制单元，EMS ECU 发出指令，停止压缩机转动。

当 EMS ECU 发出指令降低空气弹簧压力时，空气排到低压分罐。当低压分罐压力达到 140 kPa 时，低压开关断开信号输入控制单元，EMS ECU 接通回收泵，使空气从低压罐压入高压罐；当低压分罐压力小于 70kPa 时，低压开关接通，EMS ECU 发出指令，使回收泵停止运转。

流量控制阀由流速改变阀、前放气阀、后放气阀组成。流速改变阀控制压缩空气从高压罐通过前、后阀总成流入前后空气弹簧。前放气阀控制空气从前空气弹簧通过前阀总成流入低压罐及压缩机的排气阀。后放气阀控制空气从后空气弹簧通过后阀总成流入低压罐及压缩机的排气阀。

前、后阀总成结构相似。前阀总成由前供气阀、前右阀、前左阀 3 个电磁阀组成。后阀总成由后供气阀、后右阀、后左阀 3 个电磁阀组成。在前、后阀总成中，供气阀控制空气从流速改变阀流入左、右阀。这些阀操作方式相同：从供气阀接受压缩空气，然后通到空气弹簧；或从空气弹簧将排气导入流量控制阀的前、后放气阀。

四、三菱汽车变高度、变刚度、变阻尼悬架系统指示灯的功能

电子控制悬架系统具有多种控制功能,并设有模式选择开关,故采用了许多指示灯来显示悬架的工作状态,指示灯安装在组合仪表板中央,详见图4-14及其注解。

> **电控悬架系统工作状态指示灯**
>
> 1) 车身高度指示灯:位于仪表板左边,共3个,旁边分别标有"HIGH(高)""NORM(正常)"和"LOW(低)",表示车身空气弹簧的高度状态。若驾驶人选择空气弹簧为"高位"模式时,则此灯发亮。
> 2) 悬架阻尼指示灯:位于仪表板右边,共3个,上面一个指示灯标有"HARD(坚硬)",下面一个指示灯标有"SOFT(柔软)",分别表示减振器阻尼的状态。
> 3) 减振器工作模式选择开关指示灯:位于仪表板最下面的减振器工作模式选择开关上方都设有相应的指示灯,分别标有"HIGH(高位)""SPORT(运动)""AUTO(自动)""SOFT(柔软)"一排共4个,分别表示驾驶人选择的减振器阻尼工作模式。
> 4) 悬架故障警告灯:在仪表板中间偏右,未做任何标记,当EMS ECU检测到电控悬架系统发生故障时,将发出指令使其发亮显示。

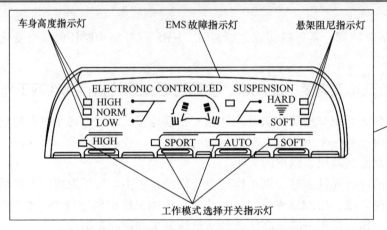

图4-14 三菱汽车电控悬架系统工作状态指示灯

第四节 电控悬架系统的故障诊断与检修

一、悬架系统故障原因与排除方法

悬架系统故障现象原因与排除方法详见表4-2。

表4-2 悬架系统故障现象、原因与排除方法

故障现象	故障原因	排除方法
转弯时车身倾斜或摇摆	1) 稳定杆连杆过松 2) 滑柱减振器或支座磨损 3) 车辆超载 4) 弹簧断裂或下垂	1) 紧固稳定杆连杆 2) 更换滑柱减振器,紧固滑柱总成支座螺栓 3) 保持合适的载重量 4) 更换弹簧
在连续凹凸不平路面上行驶时车身颠簸	减振器作用不充分	更换减振器

（续）

故障现象	故障原因	排除方法
加速时车身猛然上提	减振器作用不充分	更换减振器
制动时车辆跑偏	减振器作用不充分	更换减振器
在正常路面上行驶时车轮也跳动	减振器作用不充分	更换减振器
由于缺乏同辙性，转弯时稳定性不好（甩尾）	减振器作用不充分	更换减振器
悬架触底	1）滑柱减振器磨损 2）车辆超载 3）弹簧断裂或下垂	1）更换滑柱减振器 2）保持合适的载重量 3）更换弹簧
噪声	1）球节和横拉杆接头润滑不足 2）悬架部件损坏 3）控制臂衬套磨损 4）稳定杆连杆松动 5）车轮螺母松动 6）悬架螺栓或螺母松动 7）滑柱减振器或滑柱支座磨损 8）滑柱弹簧是否错位	1）更换球节和转向横拉杆 2）更换损坏的悬架部件 3）更换控制臂衬套 4）紧固稳定杆连杆 5）紧固车轮螺母 6）紧固悬架螺栓或螺母 7）更换滑柱减振器，紧固滑柱支座螺栓 8）将滑柱弹簧调整到合适位置
行驶性能差	减振器减振作用差	更换减振器
轮胎胎面纹路有磨损区域（磨平区域）	减振器磨损	更换减振器

二、电控液压主动悬架系统使用操作及维修注意事项

1. 使用操作注意事项

1）当发动机起动或停机时，车身高度逐渐增大或减小，此时不要让任何人到车下，或让身体的任何部分挂到轮罩和车身之间。

2）当发动机停机时，车身高度控制停止。管路中的油液在压力下将逐渐平衡。乘客数量或载荷越大，车身高度降低越大；乘客数量越小，车身高度增加越大。载荷越大，车身高度变化越大。

3）当发动机停机后，在将手插入轮罩之前，等待至少3min，直到车辆高度稳定。记住：车辆高度随载荷状况有很大变化（表4-3）。

表4-3 车辆载荷与车身高度变化的关系（发动机停机后3min）

车辆载荷	车身高度变化
满载（成人68kg×5+行李68kg）	减小大约40mm
无载荷（空）	增加大约10mm

4）不要在有路边石等离车门过近的地方停止发动机工作。如果在车门打开的情况下发动机停机，可能会由于车辆高度降低而损坏车门。

5）在发动机停机时，由于周围温度或液压油温变化，车辆高度可能会有少量变化，这不必在意。如果在停车几天之后，车辆高度显著倾斜或车辆高度显著降低，则主动悬架系统工作不正常。

6）如果车辆相当长时间没有行驶，或如果液压油温度在停车后瞬间非常高，车辆高度可能显著降低。这并不表示存在故障，可以在重新起动发动机后得到纠正。

7）如果车辆停放在不平路面上，例如路边石（100mm 高）等，车辆高度可能不会得到正确控制。将车辆移动到水平路面上，则又可以正确控制车辆高度。

8）当施加驻车制动或脚制动时，即使车辆高度控制开关被切换到"高"或"正常"位置，可能也不能设置车辆高度，或所有四个车轮可能不会上下均匀移动。

9）当主动悬架警告灯点亮时，不能控制车辆高度。

10）在极冷天气情况下，当发动机停机大约3min之后，车辆高度可能稍有降低。

11）如果重新起动发动机，车辆高度可能随周围温度、载荷情况等发生变化。

12）当失效-安全阀操作时，可能会出现声音，车辆高度可能稍有变化。

2. 维修注意事项

1）在使用千斤顶升起车辆之前，发动机停机之后至少等待3min。

2）当仅用千斤顶升起车辆时，不要钻到车下，不要起动发动机。

3）在车下工作之前，使四个车轮离地，并且用结实的架子支承车辆。

4）不管发动机是否工作，高压总是作用到液压管路上。维修液压系统要仔细遵循维修手册的规定。

5）在液压系统中仅使用纯正的主动悬架油液。有关要求的油液数量，参见维修手册。系统加注油液不要过量，因为如果过量，当油压从液压管路中释放或在长时间放置之后使用车辆，油液会从储液罐中溢出。

6）在处理泵和泵蓄能器之前，逐渐松开蓄能器上的安全塞，以完全排放氮气。

7）确保按维修手册上指示打开多阀单元卸压旋塞或压力控制单元切换旋塞，以防车辆高度突然降低。

8）要根据维修手册上的说明，松开压力控制单元和执行器通风装置，因为液压管路中存在高压。

9）在拆卸任何系统部件之前，一定要释放液压管路中的油压。要非常小心，以防灰尘进入管路中。

10）注意：断开蓄电池接线柱或熔丝，将会清除掉 ECU 中保存在存储器中的自诊断结果。

三、电控液压主动悬架系统的故障自诊断

电控悬架系统一般都具有自诊断功能，并进行报警，以便及时查找故障原因和进行维修。自诊断系统具有以下功能：一是监测系统的工作状况，若系统出现故障，装在仪表板上车身高度控制灯闪亮，以提醒驾驶人立即进行检修；二是存储故障码，若系统出现故障，系统能够将故障以故障码的形式存储在悬架 ECU 的随机存储器（RAM）中，在检修汽车时，维修人员通过一定的方法读取故障码及有关参数，以便迅速诊断出故障部位或查找到故障的原因；三是失效保护，若某一传感器或执行器出现故障，系统将以预先设定的参数取代有故

障的传感器或执行器工作,从而保护系统不受损坏。

在进行电控悬架故障自诊断时,根据汽车制造厂家及车型不同,可采用以下方法进入自诊断系统。

1. 专用诊断开关法

有些汽车装有按钮式诊断开关,按下或旋转专用开关,即可进入故障自诊断测试状态,进行故障码的读取。

2. 加速踏板法

有的汽车在规定时间内将加速踏板连续踩 5 次,即可进入电控悬架故障自诊断状态。

3. 点火开关法

有的汽车在将点火开关进行"ON – OFF – ON – OFF – ON"一次,即可使电控悬架进入故障自诊断状态。例如,美国克莱斯勒公司生产的电控悬架就采用这种方法。

4. 跨接寻线法

有的汽车需用跨接导线将高度控制插接器和发动机舱的检查插接器的诊断输入端子和搭铁端子进行跨接,即可进入故障自诊断状态读取故障码。例如,丰田系列汽车电控悬架就采用这种方法。

5. 空调面板法

有些汽车上控制面板上的相关控制开关可兼作故障自诊断开关,一般是将空调控制面板上的"WARM(加温)"和"OFF(关闭)"两个按键同时按下一段时间,即可使电控悬架进入故障自诊断状态。例如,凯迪拉克汽车就采用这种方法。

6. 专用诊断仪法

系统中出现故障(主要是电气系统),控制单元的自诊断功能将启动,以点亮警告灯,可以使用专用诊断仪或主动悬架警告灯的闪烁次数来确定故障。如果出现故障的零件可能会妨碍车辆继续行驶,失效-安全系统将关闭失效-安全阀,逐渐改变作用到四个执行器上的油压,使其达到一致油压(无车辆高度控制状态),这时车辆的行驶状态如同常规车辆一样。

如果空气悬架警告灯在发动机运转时发亮,则 EMS ECU 已检测出电控空气悬架系统中有故障。电控空气悬架的诊断与维修过程因汽车的不同而异。应根据汽车制造商的维修手册中所推荐的步骤进行。在汽车制造商的维修信息中,为每个故障码提供了一种精确测试。这些精确测试为电压表与欧姆表测试,以此能指出故障码的具体原因。在自动/手动测试的末尾可使用功能测试,以循环切换故障码代表的元件。如果精确测试没有指导进入功能测试,绝对不要有该操作。如果没有特殊指导而进入功能测试,则会损坏控制组件。制造商在汽车维修手册中都提供了详细的测试步骤。

四、减振器常见故障的诊断与检修

悬架分为前悬架和后悬架,包括减振器、弹簧、稳定杆、球节。其中最容易产生故障的部件是减振器。

1. 减振器减振效果的检查

减振器减振效果的检查详见图 4-15 及其注解。

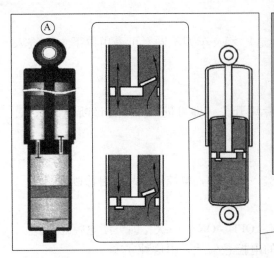

图 4-15　减振器减振效果的检查

减振器减振效果的检查方法

1) 使汽车在道路条件差的路面上行驶10km后停车，用手摸减振器外壳，如果不够热，说明减振器内部无阻力，减振器不工作，说明减振器失效。

2) 用力按下保险杠，然后松开，如果汽车有一两次跳跃，则说明减振器工作良好。

3) 拆下减振器将其直立，并把下端连接环夹于台钳上，用力拉压减振杆数次，此时应有稳定的阻力，往上拉复的阻力应大于向下压的阻力。如果阻力不稳定或无阻力，则可能是减振器内部缺油或阀门零件损坏，应修复或更换零件。

2. 减振器漏油的检查

减振器漏油的检查详见图 4-16 及其注解。

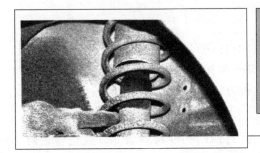

减振器漏油的检查

1) 在确定减振器有问题或失效后，应先查看减振器是否漏油或有陈旧性漏油的痕迹。

2) 若发现漏油，则应拉出减振杆，若感到有发卡或轻重不一时，再进一步检查活塞与缸筒间的间隙是否过大、减振器活塞连杆有无弯曲、活塞连杆表面和缸筒是否有划伤或拉痕。

图 4-16　减振器漏油的检查

3. 减振器连接部分的检查

减振器连接部分和异响检查详见图 4-17 及其注解。

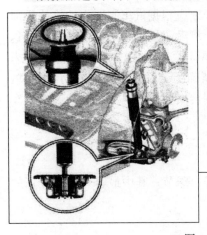

减振器连接部分和异响的检查

1) 减振器连接部分的检查。如果减振器没有漏油的现象，则应检查连杆、连接孔、橡胶衬套等是否有损坏、脱焊、破裂或脱落之处。

2) 减振器异响检查。此外，减振器在实际使用中会出现发出响声的故障，这主要是由于减振器防尘筒变形、油液不足等原因引起的，应查明原因，予以修理。

图 4-17　减振器连接部分和异响的检查

五、电控液压主动悬架系统的故障诊断方法与案例

【案例 4-2】 雷克萨斯 LS400 电控悬架系统故障诊断方法

丰田雷克萨斯 LS400 轿车电控悬架系统工作原理图如图 4-18 所示。

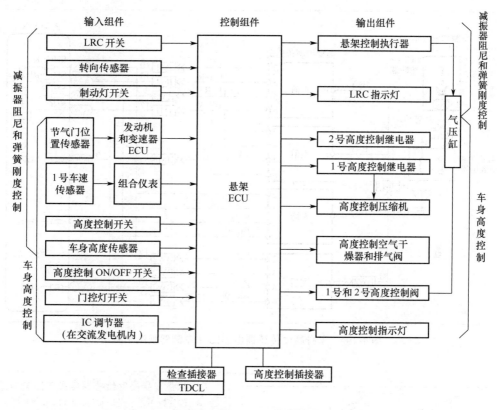

图 4-18　丰田雷克萨斯 LS400 轿车电控悬架系统工作原理

1. 车身高度传感器电路的检查

车身高度传感器电路检查的方法详见图 4-19 及其注解。

2. 专用诊断仪法

各种汽车电控悬架系统均配备专用故障诊断仪（解码器），将该仪器与电控悬架系统故障检查插接器相连接，便可以直接进入故障自诊断状态，并在诊断仪上读取故障码。

（1）检查车身高度传感器电压

检查车身高度传感器电源电压方法见图 4-20 及其注解。

（2）检查悬架 ECU 与车身高度传感器之间的线路和插接器

首先检查各线束插接器有无松动，若无松动，则拔开各线束插接器，检查其端子有无锈蚀，再用电阻表检测有导线连接的两端子之间的导通情况。如果不正常，则修理或更换插接器；如果正常，则进行下一步检查。

> **车身高度传感器电路检查的方法**
> 1) 首先了解相关电路,如图4-19所示。
> 2) 当车身高度传感器电路有故障时,可以输出故障码11、12、13、14。
> 3) 根据故障码提供的信息,确定故障部位:①悬架ECU与车身高度传感器之间的线路或插接器;②车身高度传感器电源线路及2号高度控制继电器;③悬架ECU。

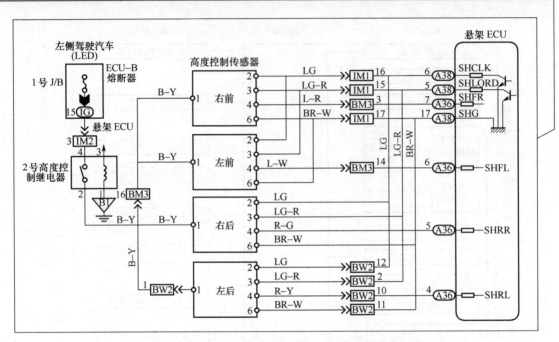

图4-19 车身高度传感器电路图(左侧驾驶汽车)

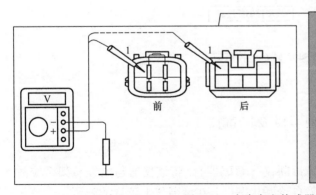

> **检查车身高度传感器电源电压的方法**
> 1) 首先拆下前轮(针对故障码11、12)或拆下行李舱"装潢"前盖(针对故障码13、14),然后拔开车身高度传感器插接器,再打开点火开关,用电压表"+"表笔与传感器插接器(线束侧)1号端子相连,"-"表笔搭铁,测电压。
> 2) 正常电压为蓄电池电压,如图4-20所示。如果电压不正常,则检查2号高度控制继电器与车身高度传感器之间的线路或插接器。
> 3) 如果电压正常,则进行下一步检查。

图4-20 车身高度传感器电源电压的检查

(3) 检查车身高度传感器的功能

更换上一只性能良好的车身高度传感器,检查故障现象是否消除。如果能消除,则更换车身高度传感器;如果仍不能消除,则检查或更换悬架ECU。

3. 悬架控制执行器电源电路故障的检查

检查方法详见图4-21及其注解。

第四章 汽车电控行驶系统故障诊断与检修

检查悬架控制执行器电源电路故障的方法

1) 首先了解相关电路，如图4-21所示。
2) 当悬架控制执行器电源电路发生故障时，可以输出故障码72。如果悬架ECU存储器中存入故障码72，则在ECU插接器的+B端子上施加蓄电池电压之前，系统不执行减振力和弹簧刚度控制。根据故障码提供的信息，确定可能的故障部位：① AIR SUS熔断器；② 悬架ECU与发动机主继电器之间的线路或插接器；③ 悬架ECU。
3) 检查步骤如下：① 拆下行李舱右侧盖。② 打开点火开关，用直流电压表测量悬架ECU插接器+B端子与车身搭铁之间的电压。正常电压应为蓄电池电压。如果电压不正常，则应检查熔断器及悬架ECU与发动机主继电器之间的电路或插接器；如果电压正常，则应检查或更换悬架ECU。

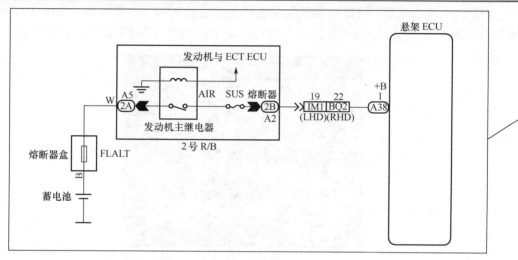

图 4-21 悬架控制执行器电源电路

【案例 4-3】 奔驰 ML350 电控悬架系统故障诊断与检修

1. 故障现象

奔驰 ML350 轿车，其发动机舱如图 4-22 所示。用户反映该车仪表板灯光系统报警，中央控制面板悬架升高按键上 LED 灯不停闪烁。

图 4-22 奔驰 ML350 发动机舱

2. 诊断与排除

连接故障诊断仪对空气悬架系统进行检测，发现了故障含义为加注中央蓄能器时间异常的故障码。利用故障诊断仪的驱动功能为中央蓄能器充气，发现控制单元的指令可以发出，但充气泵不工作。根据驱动测试结果可以判定既有可能是线路问题，也有可能是元件问题。先检查了充气泵的电源线，结果无电压。对照电路图进行电路检查发现，提供电源的40A熔丝已经熔断。但检查充气泵及电路无短路现象，于是更换熔断器的熔丝后试车。但试车后故障依旧。

根据以上检查结果，可以确定充气泵损坏。在更换新的充气泵（图4-23）后，悬架系统升降功能恢复，升降开关上的LED灯在车辆悬架达到预定高度后熄灭，故障排除。

图4-23 充气泵

第五节 汽车车轮总成新技术简介

一、轮胎气压监测系统

1. 轮胎气压监测系统的功能

轮胎气压监测系统（Tire Pressure Monitoring System，TPMS）又称轮胎智能监测系统。即在每个轮胎上安装高灵敏度的传感器，于行驶过程中实时监测轮胎气压过高（低）、快速漏气以及胎温过高等故障，并通过智能单片机以无线方式发射给接收器，在轮胎出现危险状况时报警，以供驾驶人随时掌握轮胎技术状况。TPMS的主要功能如下。

1）胎压显示功能：在系统运行过程中能实时显示或查询每个轮胎气压值，以确定是否需要补气。

2）开机自检功能：开机后10s内完成自检，同时进行当时的气压显示与故障显示。

3）欠压报警功能：当胎压低于标准值75%时，应在10s内报警（指明欠压胎位置，直至故障解除）。

4）过压报警功能：当胎压高于标准值125%时，应在10s内报警（指明超压胎位置，直至故障解除）。

5）故障报警功能：当系统运行后，应具有自我诊断与故障报警功能。

2. 轮胎气压监测系统的结构原理

TPMS 结构原理详见图 4-24 及其注解。

> **轮胎气压监测系统结构原理**
>
> **1) 结构组成。** 一般由胎压监测模块(由射频发射芯片、发射微处理器、压力传感器、温度传感器和电源管理单元 5 部分组成)和接收显示模块(由射频接收芯片、接收微处理器、报警单元、显示单元和CAN总线接口 5 部分组成)组成，如图4-24右所示。
>
> **2) 工作原理。** 胎压监测模块安装在轮胎表面或其内部，它对轮胎的气压、温度、蓄电池电压以及轮胎加速度等技术参数进行采集与处理，并以无线传输方式进行发射。接收显示模块用于接收胎压监测模块发出的射频信号，并完成数据分析处理，判别轮胎技术状态与故障报警。
>
> **3) 分类。** ① 按照胎压数据测量方式分为直接式(在每个轮胎安装传感器)、间接式(利用ABS轮速传感器比较轮胎转速差异达到监测胎压目的)与混合式(两个胎压传感器与一个接收器)。② 按照轮胎模块是否需要电池分为有源TPMS和无源TPMS。

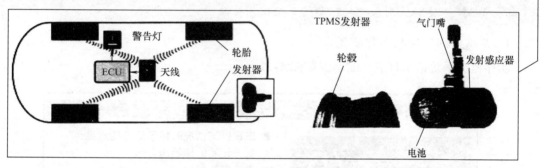

图 4-24　TPMS 结构组成与工作原理

【**案例 4-4**】　奥迪轿车轮胎气压监测系统结构组成与工作原理

奥迪轿车 TPMS 的结构原理详见图 4-25 及图 4-26 及其注解。

1. TPMS 结构原理

如图 4-25 所示，有 5 个轮胎压力传感器、4 个轮胎压力监测天线和轮胎压力监测控制器、组合仪表及功能选择开关组成。轮胎压力传感器将轮胎实时绝对压力发送给轮胎压力监测控制器，以评估压力状况；温度信号用于补偿因温度变化引起的压力变化，同时用于自诊断，温度补偿由轮胎压力监测控制器进行，测出的压力以 20℃ 时值为标准值。当温度高于规定限值时传感器将停止发送信号。

2. 压力传感器结构原理

① 奥迪轿车轮胎压力传感器内部安装有压力传感器、温度传感器以及测量与控制用电子装置，轮胎压力传感器拧在金属气门嘴上。金属气门嘴结构如图 4-26 所示。每当更换车轮或轮辋后，该传感器可以继续使用，但必须执行传感器读入程序。② 一旦读入模式被启动，每个传感器的唯一识别码就可以读入到天线模块的存储器中，当某个传感器识别码读入时，天线模块就会发送一个串行数据信号到仪表板集成模块（Dash Integration Module，DIM）中，使喇叭发出一声鸣响，表明传感器已经成功发送了其识别码（以此方式有效防止系统接收错误信息）。

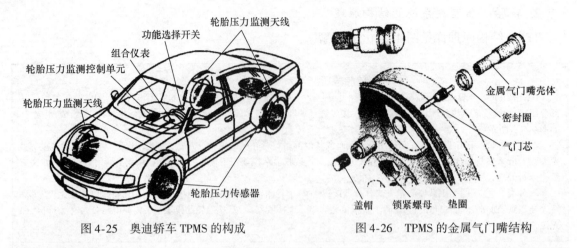

图 4-25 奥迪轿车 TPMS 的构成　　图 4-26 TPMS 的金属气门嘴结构

【案例 4-5】 轮胎监测系统与轮胎的正确使用方法

1. 胎压监测系统指示灯点亮

胎压监测系统指示灯点亮的情况如图 4-27 所示。

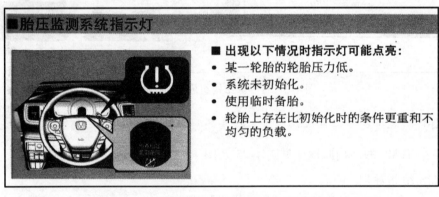

图 4-27 胎压监测系统指示灯点亮的情况

出现以下情况时指示灯可能延迟点亮或根本不点亮：①两个或两个以上轮胎的胎压低；②急加速、减速或转动转向盘；③在冰雪打滑路面驾驶；④使用雪地防滑链。

2. 胎压监测系统初始化的方法

（1）需要进行初始化的情况

1）当充气至推荐的压力时；2）更换轮胎或轮胎换位后。

（2）进行初始化的方法

通过多信息显示屏上的个性化功能初始化系统，具体方法如下：

1）按下"▲①/▼"按钮，选择"车辆设定"；然后按下"选择/重设"按钮，此时"胎压监测系统校准"出现在显示屏上。

2）按下"选择/重设"按钮，此时显示屏切换到"个性化菜单"界面。选择"取消"或"校准"。

3）按下"▲①/▼"按钮并选择"校准"；然后按下"选择/重设"按钮，此时显示屏又返回到"个性化菜单"界面。

3. 胎压监测系统指示灯点亮或闪烁的原因与对策

（1）点亮或闪烁的原因

可能存在胎压过低的情况。如果胎压监测系统存在问题，指示灯会闪烁1min，然后保持点亮。

（2）点亮或闪烁的对策

1）将车辆停在安全区域，检查失去胎压的是哪个轮胎，如果发现瘪胎，应更换为临时备胎。

2）应始终按照规定要求给轮胎充气，行驶时轮胎严重充气不足会导致其过热，轮胎过热可能失灵。

3）或尽快到相关汽车公司特约销售服务店进行系统检修。

4. 轮胎的检查与磨损

（1）轮胎的检查

1）除去所有异物并检查是否漏气。

2）轮胎侧壁或胎面是否凸起。若发现轮胎侧壁上有任何切口、裂口或裂缝，须更换轮胎。如果看到织物或绒线，或胎面磨损过度，须更换轮胎。

3）如果驾驶时感觉到持续振动，或胎面磨损不均匀，须到相关厂家特约销售服务店检查车轮定位。

（2）轮胎的磨损与寿命

1）轮胎磨损指示槽比轮胎上其他地方浅1.6mm。如果胎面磨损，露出磨损指示，须更换轮胎。

2）除了定期检查和充气压力保养外，轮胎使用5年后，建议进行年度检查。

3）轮胎使用10年后，不管轮胎的状态或磨损情况如何，都应拆下包括备胎在内的所有轮胎，不再使用。

5. 轮胎的换位与更换

（1）轮胎的换位

1）根据保养时间表进行轮胎换位，有助于更均匀地分配轮胎磨损并延长轮胎使用寿命。

2）没有换位标记的轮胎，应前后交叉换位；有换位标记的轮胎，只能前后换位。

（2）轮胎的更换

1）务必使用车辆上轮胎信息标签推荐的轮胎尺寸和类型，确保轮胎规格与原轮胎相符。

2）换上相同尺寸半径、负荷等级、速度记号以及最大冷胎标定压力的轮胎（如轮胎侧壁所示）。

3）最好同时更换所有4个轮胎；若不能，须成对更换前胎或后胎。

4）使用不同尺寸或结构的轮胎会使ABS、车辆稳定辅助系统和坡道起步辅助系统无法正确工作。

二、制动盘新技术简介

1. 全接触式制动盘

全接触式制动盘是一种由内侧制动盘、外侧制动盘、浮式制动盘、毂盘和散热片等组成的新型制动盘。它在制动盘两侧都另增加了 5 个制动块,因而制动盘与制动块的接触面积从传统单制动块的 15% 增加到 75% 以上。全接触式制动盘的外部盖着具有 6 个制动块的毂盘,在制动时,液压系统推动内、外侧共 12 个制动块夹紧制动盘,大大提高了制动效率。此外,在外侧制动块以及轮毂总成中均加盖有散热片,以保证制动效能的热稳定性。

2. 通风盘式制动盘

为了克服传统制动器的热衰退弊病,推出了前后通风的盘式制动器,利用制动盘高速旋转的离心力将制动热量快速散发到空气中。它不仅在内部开有通风槽,而且在其表面加工许多小孔。但一般小型车多采用前轮通风的盘式制动器,后轮采用鼓式制动器;中、高级轿车采用前后通风的盘式制动器;而在豪华商务车和跑车中,才会全部采用打孔式前后通风的盘式制动器。

3. 陶瓷制动盘

①陶瓷制动盘就是碳纤维材料制动盘,它有很高的强度,且表面硬度几乎与金刚石相同。②其制造工艺过程是,首先将碳纤维与合成树脂及液体聚合物压铸成制动盘毛坯。然后将毛坯放入充满氮气的高温分解炉中加热到 1000℃,直到碳聚合物完全转换成碳元素后形成碳纤维制动盘。最后将碳纤维制动盘置入硅化炉中,加热到 1500℃,让碳纤维制动盘表面吸收液态硅而形成高硬度的碳化硅。

第六节 车轮故障诊断检修方法

一、车辆跑偏的原因分析

车辆跑偏的主要原因有轮胎的影响、车轮定位的影响、路面质量情况的影响以及制动系统的影响等。

车辆跑偏的判断方法详见图 4-28 及其注解。

1. 轮胎的影响

轮胎受到的力及其对跑偏的影响详见图 4-29 及其注解。

2. 车轮定位的影响

与车辆跑偏有关的车轮定位详见图 4-30 及其注解。

3. 路面质量情况与制动系统的影响

路面质量情况与制动系统的影响详见图 4-31 及其注解。

二、车轮常见故障原因与排除方法

车轮常见故障原因与排除方法详见表 4-4。

第四章 汽车电控行驶系统故障诊断与检修

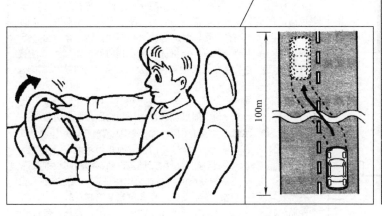

车辆跑偏的判断方法
引起车辆跑偏的原因比较复杂。车辆跑偏有时是由于车辆的缘故，有时是路面的条件或用户的使用习惯不同而造成的。因此，单纯使用一个电子测试仪很难判断车辆跑偏。
1) 试验法。通过路面试验来判断它有无跑偏现象发生。
2) 比较法。与另一辆同型号且无跑偏故障的正常车辆进行比较。
3) 测量一定行驶距离内车辆的行驶情况，如测量100m内车辆偏离的距离，从而将车辆跑偏程度定量化。

图4-28 车辆跑偏的判断方法

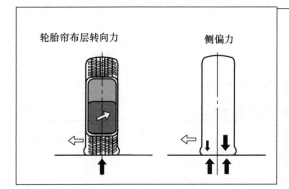

轮胎受到的力
1) 轮胎帘布层转向力。轮胎向前滚动时，由于轮胎胎体的帘布层方向而产生横向力。轮胎内部与胎体帘布层之间横向移动而产生的力，称为轮胎帘布层转向力。
2) 侧偏力。在车辆行驶过程中，路面侧向倾斜、侧向风力以及曲线行驶时的离心力等的作用，使得车轮中心沿横向方向产生侧向作用力，相应地在地面上产生相反方向的地面侧向反作用力，此力称为轮胎的侧偏力。
在向右和向左移动的力不均衡的情况下，会出现车辆跑偏现象。

图4-29 轮胎上产生的力

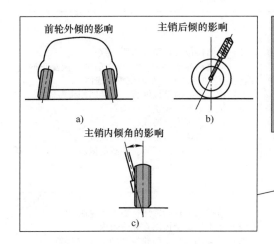

与车辆跑偏有关的车轮定位
1) 左右前轮外倾之间的不同，制动时向正倾角方向移动，如图4-30a所示。
2) 左右前轮主销后倾之间的不同，制动时向较小的一侧移动，如图4-30b所示。
3) 左右前轮主销内倾角之间的不同，制动时向负倾角方向移动，如图4-30c所示。

图4-30 与车辆跑偏相关的车轮定位

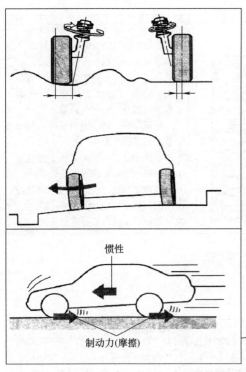

路面质量情况与制动系统的影响

1) 路面情况的影响。 对于车轮轨迹来说,左右车轮之间与地面的每一个接触中心都是不同的,所以左右主销偏置尺寸也不同。因此,左右主销轴线周围的力矩不同,转向盘就向力矩较大的一侧转动。具体影响情况:① 主销内倾拖距越深,影响程度越大;② 轮胎越宽,影响程度越大;③ 胎冠刚度越高,影响程度越高。

2) 制动系统的影响。 汽车直线行驶时,如果正常制动,此时车辆应沿直线行驶。如果偏离正常行驶路线,向一边偏斜,则称之为制动跑偏。其具体原因如下:① 两前轮或后轮制动鼓与摩擦片的间隙不一,两摩擦片的接触面积相差太大,两摩擦片的质量不同,两制动鼓内径相差过多,两制动蹄回位弹簧弹力不等。② 车轮某侧分泵活塞与缸筒摩擦过甚,某侧车轮分泵有空气,软管老化或分泵皮碗不良或车轮某侧制动鼓失圆,两轮胎气压不一致,某侧车轮摩擦片油污、水湿、硬化,铆钉外露。③ 两前轮或后轮制动蹄支承销偏心套磨损程度不一。④ 车架变形,前轴移位,前束不合要求,转向机构松旷,两前钢板弹簧弹力不等。

图 4-31 路面质量情况与制动系统的影响

表 4-4 车轮常见故障原因与排除方法

故障现象	故障原因	排除方法
轮胎异常磨损	1) 胎压不正常 2) 轮胎损坏 3) 左右轮胎花纹深度差别过大 4) 轮辋变形 5) 车轮定位不正确 6) 车轮不平衡	1) 调整胎压 2) 更换轮胎 3) 更换轮胎 4) 更换轮辋 5) 做四轮定位 6) 做动平衡
汽车跑偏	1) 装用了不合乎规格的轮胎,两侧轮胎大小不一;两侧轮胎气压不相等,或一侧轮胎磨损过甚 2) 前轮轮毂轴承调整不当,过紧或过松;两侧前轮定位角不同或发生变化;前轴弯曲变形 3) 前钢板弹簧断裂,钢板弹簧下陷;减振器失效 4) 车架一侧断裂;车架变形不正 5) 后桥壳弯曲变形或断裂 6) 后桥与车架错位 7) 偏载	1) 轮胎换位,轮胎气压要一致 2) 调整前轮轮毂轴承;校正前轴,恢复正确前轮定位角;调整汽车前束为正确值 3) 检查更换前钢板弹簧;更换两侧减振器 4) 维修车架,校正变形 5) 校正或更换后桥壳 6) 检查与调整后桥与车架的位置 7) 注意偏载,注意行驶中载荷偏斜
前轮摆振	1) 轮胎气压不一致;轮胎大小不一;磨损 2) 车轮动不平衡 3) 前轮轮毂轴承损坏或松动 4) 前轮定位不正确	1) 检查调整轮胎气压;更换新轮胎 2) 使不平衡量控制在允许值内 3) 检查调整汽车前轮轮毂轴承和松紧度 4) 汽车前轮定位和前束要正确

三、车轮定位故障的诊断与排除

1. 概述

四轮定位检测参数包括转向轮前束、转向轮外倾角、主销内倾角、主销后倾角、转向轴线内倾角、后轮前束、后轮外倾角、轮距、轴距、退缩角、推力角和左右轴距差等。

2. 车轮定位常见故障与排除

（1）概述

当车辆出现以下症状时有可能是由于车轮定位出现问题而导致的故障：转向沉重、发抖、跑偏、不正、不归位、轮胎单边磨损、波状磨损、块状磨损、偏磨等不正常磨损，以及驾驶时车感飘浮、颠簸、摇摆等现象。所以要先做四轮定位，保证车辆的车轮定位参数符合要求。

目前常用的四轮定位仪有拉线式、光电式、电脑拉线式和电脑激光拉线式等多种。其中，电脑激光拉线式由于其使用方便且存储了大量常见车型的四轮定位标准参数，目前使用较多。

（2）前桥或后桥前束和外倾角无法合格的原因

1）当车架有问题时，四轮定位可能无法调整到合格。必须先做大梁校正。

2）车辆车桥的杆件有变形，例如：转向拉杆弯曲，转向横拉杆及横向摆臂上变形或橡胶支座损坏。

3）减振器变形也会使四轮定位无法合格。

3. 车轮定位故障原因与排除方法一览表

车轮定位故障原因与排除方法详见表4-5。

表4-5 车轮定位故障原因与排除方法

故障现象	故障原因	排除方法
前桥前束无法合格	1）汽车未处于标准状况 2）转向横拉杆弯曲 3）转向横拉杆的球形万向节偏移 4）横向摆臂上的橡胶支座损坏	1）检查调整车辆高度 2）更换转向横拉杆 3）更换转向横拉杆 4）更换横向摆臂
前桥车轮外倾角无法合格	1）横向摆臂上的橡胶支座损坏 2）横向摆臂变形 3）减振支柱变形 4）导向节严重磨损 5）弹簧挠度太大 6）前桥架梁变形 7）减振支柱导向轴承支承变形 8）副车架（发动机支座）有张紧应力	1）更换横向摆臂 2）更换横向摆臂 3）更换减振支柱 4）更换导向节 5）更换螺旋弹簧，检查车辆高度 6）更换前桥架梁 7）修理车身前部结构 8）修理车身
前桥主销后倾角无法合格	1）压杆的橡胶支座损坏 2）压杆变形 3）横向摆臂变形 4）减振支柱变形 5）轮罩变形（减振支柱上的止推轴承） 6）副车架（发动机支座）有张紧应力	1）更换橡胶支座 2）更换压杆 3）更换横向摆臂 4）更换减振支柱 5）修理车身前部结构 6）修理车身

(续)

故障现象	故障原因	排除方法
后桥车轮外倾角偏差	1）汽车未处于标准状况，弹簧挠度太大 2）后桥架梁上的橡胶支座损坏 3）后桥架梁变形 4）横向摆臂变形 5）导向臂变形 6）副车架有张紧应力 7）摆臂变形	1）检查调整车身高度 2）更换橡胶支座 3）检查后桥架梁，如有必要，更换 4）检查横向摆臂，如有必要，更换 5）检查导向臂，如有必要，更换 6）修理车身 7）更换摆臂
后桥前束偏差	1）汽车未处于标准状况，或弹簧挠度太大 2）后桥架梁的橡胶支座损坏 3）横向摆臂变形 4）橡胶支座和摆臂损坏 5）后桥架梁变形 6）导向臂变形	1）检查调整车身高度 2）更换橡胶支座 3）更换横向摆臂 4）更换摆臂 5）检查后桥架梁，如有必要，更换 6）检查导向臂，如有必要，更换

第五章 汽车被动安全电控系统故障诊断与检修

第一节 安全气囊系统基础

安全气囊确切的名称是辅助防护系统（Supplemental Restraint System，SRS）。它是座椅安全带的辅助控制装置，SRS与安全带配合使用效果最佳，可使驾驶人和前排乘客伤亡人数减少43%~46%。

一、安全气囊系统的功能、组成与分类

1. 安全气囊系统的功能

当汽车发生碰撞时，汽车与汽车或汽车与障碍物之间的碰撞称为一次碰撞。发生一次碰撞后，因汽车急剧减速而导致驾驶人和前排乘客与转向盘、仪表板和风窗玻璃的二次碰撞。二次碰撞才是导致人员伤亡的主要原因。

汽车碰撞分为正面碰撞和侧面碰撞。当汽车发生正面碰撞时，在惯性作用下，驾驶人的头部或胸部可能与转向盘和风窗玻璃发生二次碰撞，前排乘客可能和仪表板和风窗玻璃发生二次碰撞，后排乘客可能和前排座椅发生二次碰撞。当汽车发生侧面碰撞时，驾驶人和乘客可能与车门、车门立柱和车门玻璃发生二次碰撞。车速越高，惯性力越大，遭受伤害程度也就越严重。汽车遭遇正面碰撞时SRS的作用情况如图5-1所示。

安全气囊的功能与其类型

1) 安全气囊的功能：当汽车遭遇碰撞而导致惯性力急剧增大时使气囊迅速膨胀，在人员与车内构件间铺垫一个气垫，利用气囊排气节流作用来吸收人体动能和减轻伤害程度。

2) 安全气囊的类型：安全气囊分为正面、侧面、窗帘式和护膝安全气囊。图5-1所示为正面碰撞时SRS作用情况。侧面安全气囊保护人体颈部和腰部，窗帘式气囊保护头部，护膝安全气囊保护膝部。

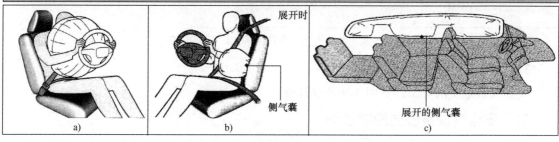

图 5-1 汽车遭遇正面碰撞时 SRS 的作用情况

a) 展开的驾驶人座椅正面气囊 b) 展开的驾驶人座椅侧面气囊 c) 展开的窗帘式侧气囊

2. 安全气囊系统的组成

安全气囊系统的组成与安全位置详见图 5-2 及其注解。SRS 控制电路详见图 5-3 及其注解。

> **安全气囊系统的组成**
> 1) 气囊系统组成。由碰撞传感器、防护传感器(一般均安装在SRS ECU内部)、SRS ECU、气囊组件、SRS警告灯等组成。
> 2) 正面SRS配装有左前碰撞传感器和右前碰撞传感器，正面SRS的控制部件安装位置如图5-2所示。
> 3) 侧面SRS：配装有左侧碰撞传感器和右侧碰撞传感器。

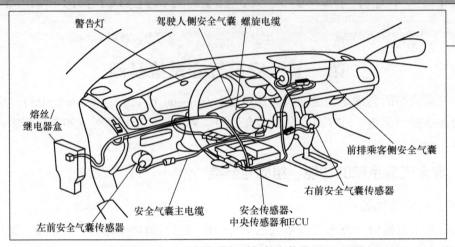

图 5-2　SRS 组成与零部件安装位置

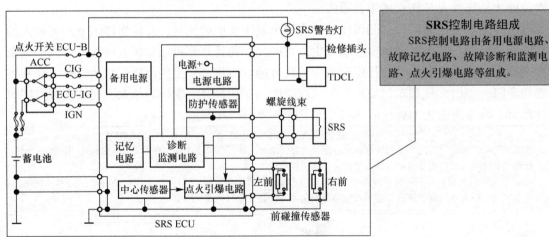

> **SRS控制电路组成**
> SRS控制电路由备用电源电路、故障记忆电路、故障诊断和监测电路、点火引爆电路等组成。

图 5-3　丰田佳美、花冠轿车 SRS 控制电路

3. 安全气囊系统的分类

安全气囊系统的分类详见图 5-4 及其注解。

二、安全气囊系统的控制过程

1. 安全气囊的控制原理

安全气囊系统的控制原理详见图 5-5 及其注解。

第五章　汽车被动安全电控系统故障诊断与检修

安全气囊的分类

1) 按功能分类，分正面SRS(保护面部、胸部)、侧面SRS(保护颈部、腰部)、护膝SRS、头部SRS四类。

2) 按气囊数量分类，分为①单SRS：只装备在驾驶人座椅；②双SRS：在驾驶人座椅和前排乘客各装备两个气囊；③多SRS：装备3个或3个以上气囊。

图5-4所示为驾驶人座椅和前排乘客两个气囊以及两侧两个气帘充气后膨胀时的状态。

图 5-4　气囊分类与膨胀时的状态

安全气囊系统的控制原理

1) **碰撞判断**。当汽车遭遇前方碰撞时，安装在汽车前部和SRS内部的碰撞传感器都会检测到汽车突然减速的信号，在0.01s内输入到SRS ECU。

2) **引爆**。当SRS ECU计算判断汽车减速度达到设定阈值时，立即向气囊组件中点火器发出指令，接通电雷管电路，电热丝将电雷管(发火极)引爆(此过程只需约0.05s)，电雷管爆炸引燃充气剂，固态叠氮化钠受热300℃后就会分解出氮气充入气囊。

3) **缓冲**。气囊冲开气囊组件上的装饰盖向驾驶人和乘客方向膨胀形成气垫，将人体与车内构件的刚性碰撞变为弹性碰撞，从而达到保护驾驶人和乘客的目的。

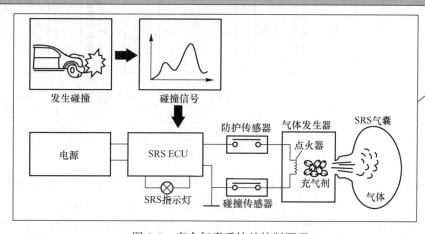

图 5-5　安全气囊系统的控制原理

2. 安全气囊系统的有效范围

正面碰撞SRS有效范围详见图5-6及其注解。

3. 安全气囊的工作程序

安全气囊的工作程序如图5-7所示。

4. 减速度阈值的设定

减速度阈值根据安全气囊系统的性能进行设定，不同车型装备的安全气囊的阈值各不相同。

美国，根据不佩戴安全带进行设计，其气囊体积大、充气时间长，减速度阈值设计较低，即汽车以25km/h左右速度行驶时，若发生碰撞，气囊就应引爆充气。

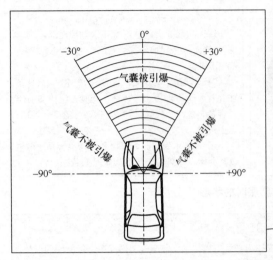

正面碰撞时SRS的有效范围

1) 对于正面碰撞，只有在汽车正前方或斜前方±30°范围内发生碰撞，纵向减速度达到设定阈值，且防护传感器和任意一只前碰撞传感器接通时，才能引爆气囊充气。

2) 下列条件之一正面气囊不会引爆充气：① 汽车侧面碰撞超过斜前方±30°；② 汽车遭受横向碰撞；③ 汽车遭受后方碰撞；④ 汽车发生绕纵向轴向侧翻；⑤ 纵向减速度未达到设定阈值；⑥ SRS ECU内部的防护传感器和所有前碰撞传感器未接通时；⑦ 汽车正常行驶、正常制动或不平路面行驶。

图 5-6　正面碰撞时 SRS 的有效范围

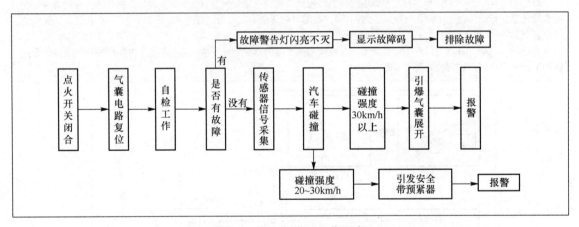

图 5-7　安全气囊的工作程序

欧洲和日本，根据佩戴安全带进行设计，其气囊体积小、充气时间短，减速度阈值设计较高，即汽车以 35km/h 左右速度行驶时，若发生碰撞，气囊就应引爆充气。

丰田汽车以 55km/h 与前方障碍物碰撞结果：① 虽然发动机舱和车身都已经变形，但气囊已经引爆，驾驶人并未受到伤害；② 侧面气囊和气帘只有在遭遇侧面碰撞且横向加速度达到阈值时，才能引爆充气。

三、安全气囊系统的结构原理

安全气囊系统由碰撞传感器、SRS ECU 和执行元件三部分组成。各部分的结构原理分述如下。

1. 碰撞传感器

按照用途不同，碰撞传感器分为碰撞信号传感器和碰撞防护传感器。

1) 碰撞信号传感器，又称碰撞烈度传感器，安装在汽车左前与右前翼子板内侧的两侧前照灯支架下面，或发动机散热器支架左右两侧，或左、右仪表板下面等。

2)碰撞防护传感器,又称安全传感器或保险传感器,一般安装在 SRS ECU 内部。其结构原理与碰撞信号传感器完全相同,唯一的区别是其设定的减速度阈值比碰撞信号传感器稍小。

按照结构不同,碰撞传感器分为机电结合式、水银开关式和电子式三种类型。机电结合式碰撞传感器是利用机械机构运动来控制电器触点动作,再由触点断开或闭合来控制气囊点火器电路接通或断开的传感元件。机电结合式碰撞传感器的常用结构形式有滚球式、偏心锤式和滚轴式三种碰撞传感器。

(1)机电结合式碰撞传感器

1)滚球式碰撞传感器。滚球式碰撞传感器的结构详见图 5-8 及其注解。滚球式碰撞传感器的工作原理见图 5-9 及其注解。

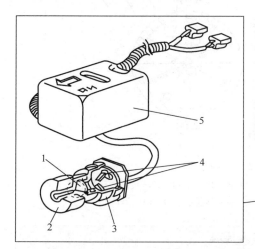

> 滚球式碰撞传感器的结构
> **1)结构组成**。由钢制滚球、永久磁铁、导缸、固定触点和壳体组成。钢球用来感测减速度的大小,可以在导缸内移动或滚动。
> **2)线路连接**。两触点分别与传感器引线端子连接。
> **3)安装方向**。壳体上印刷有箭头标记,其方向与传感器的结构有关。如雷克萨斯LS400规定箭头指向汽车前进方向、有的规定指向汽车后方,故应按照使用说明书规定来确定传感器箭头的方向。

图 5-8 滚球式碰撞传感器的结构
1—滚球 2—磁铁 3—导缸 4—触点 5—壳体

> 滚球式碰撞传感器的工作原理
> **1)静止状态**。当传感器处于静止状态时,在永久磁铁作用下导缸内的滚球被吸向永久磁铁,两个触点与钢球分离,如图5-9a所示,故传感器电路处于断开状态。
> **2)工作状态**。当汽车遭遇碰撞且其减速度达到设定的阈值时,钢球所产生的惯性力大于永久磁铁的吸引力,钢球沿导缸移向固定触点并将其电路接通,如图5-9b所示。
> **3)功能**。① 当传感器用作碰撞信号传感器时,固定触点接通后,将碰撞信号输入SRS ECU;② 当传感器用作碰撞防护传感器时,固定触点接通后,则将点火器电源电路接通。

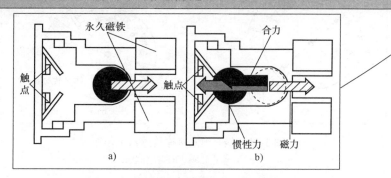

图 5-9 滚球式碰撞传感器工作原理
a)静止状态 b)工作状态

2）偏心锤式碰撞传感器。偏心锤式碰撞传感器的结构组成和工作原理详见图5-10、图5-11及其注解。

偏心锤式碰撞传感器的结构组成
转子总成安装在传感器轴18上，由偏心锤1、转动触点臂3和11、转动触点6和13组成，偏心锤偏心地安装在偏心锤轴上。 转动触点臂3和11的两端固定有触点6和13，触点随触点臂一起转动。 两个固定触点10和16绝缘地固定在传感器壳体上，并用导线分别与传感器接线端子7和14连接。

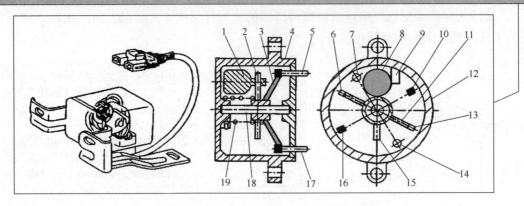

图 5-10　偏心锤式碰撞传感器的结构组成

1、8—偏心锤　2、15—垂臂　3、11—转动触点臂　4、12—壳体　5、7、14、17—传感器接线端子
6、13—转动触点　9—挡块　10、16—固定触点　18—传感器轴　19—回位弹簧

偏心锤式碰撞传感器的工作原理
1) 静止状态。在回位扭簧作用下，偏心锤与挡块保持接触，转子总成处于静止状态，如图5-10a所示。转动触点与固定触点相分离，传感器电路处于断开状态。 2) 工作状态。当汽车遭遇碰撞且其减速度达到设定阈值时，偏心锤所产生的惯性力矩大于扭转弹簧回位力矩，转子总成沿逆时针转动一定角度，同时带动转动触点臂转动使转动触点与固定触点相接触，如图5-10b所示。 3) 功能。①当传感器用作碰撞信号传感器时，固定触点接通后，将碰撞信号输入SRS ECU；②当传感器用作碰撞防护传感器时，固定触点接通后将点火器电源电路接通。

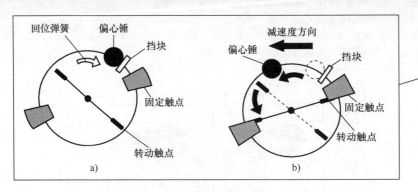

图 5-11　偏心锤式碰撞传感器工作原理
a) 静止状态　b) 工作状态

(2) 水银开关式碰撞传感器

水银开关式碰撞传感器的结构与工作原理详见图5-12所示及其注解。

1）水银开关式传感器的结构。水银开关式传感器由具有良好导电性能的水银、电极、壳体和密封螺塞等组成。

2）水银开关式传感器的工作原理。

① 静止状态。当传感器处于静止状态时,水银在其重力作用下,处于如图5-12a所示的位置,传感器的两个接线端子5和端子6处于断开状态。

② 工作状态。当汽车遭遇碰撞且其减速度达到设定阈值时,水银所产生惯性力在其运动方向分力将克服重力分力,将水银抛向传感器电极,使传感器的两个接线端子5和端子6处于接通状态,如图5-12b所示。

③ 功能。水银开关式碰撞传感器一般用作碰撞防护传感器,当传感器用作碰撞防护传感器时,两个接线端子接通后,则将点火器电源电路接通。当传感器用作碰撞信号传感器时,两个接线端子接通后,将碰撞信号输入SRS ECU。

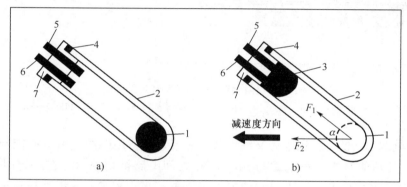

图5-12 水银开关式传感器的结构
a）静止状态 b）工作状态
1—水银（静态位置） 2—壳体 3—水银（动态位置） 4—密封圈 5—电极（接点火器）
6—电极（接电源） 7—密封螺塞
F_1—水银运动方向分力 F_2—惯性力 α—水银运动方向与水平方向之间的夹角

2. 安全气囊系统电控单元

安全气囊系统电控单元结构详见图5-13及其注解。

安全气囊系统电控单元组成电路分述如下。

(1) 专用中央处理器

专用中央处理器（Central Processing Unit，CPU）由模/数（A/D）转换器、数/模（D/A）转换器、串行输入/输出（I/O）接口、只读存储器（ROM）、随机存储器（RAM）/电可擦除可编程只读存储器（EEPROM）和定时器等组成。其主要功能是监测汽车纵向和横向减速度是否达到设定的阈值。

(2) 信号处理电路

信号处理电路主要由放大器和滤波器电路组成,其功能是对传感器检测的信号进行整形和滤波处理,以便SRS ECU能够接收和识别。

(3) 备用电源电路

1）SRS有两个电源,一个是汽车电源（即蓄电池和交流发电机）,另一个是备用电源电路。

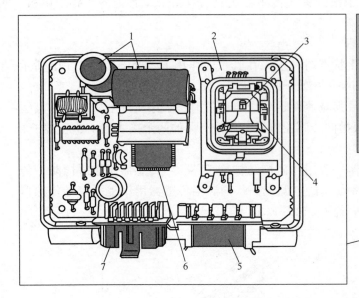

图 5-13 林肯城市轿车 SRS ECU 的结构
1—电容器 2—防护传感器 3—触点 4—滚轴 5—四端子插接器 6—专用 CPU 7—SRS ECU 插座

SRS ECU的结构组成

1) 安装位置。当防护传感器与SRS ECU组装在一起时,它必须安装在汽车纵向轴线上。

2) 结构组成。图5-13所示为林肯城市轿车SRS ECU的结构,它主要由专用中央处理器、备用电源电路、稳压电路、信号处理电路、保护电路、点火电路和监测电路等组成。

2) 备用电源的功能。备用电源又称后备电源或紧急备用电源,由电源控制电路和若干电容器组成。其功能是当汽车电源与 SRS ECU 之间电路被切断后,在一定时间(一般为6s)内维持 SRS ECU 供电,保持 SRS ECU 正常功能。当汽车遭遇碰撞而导致蓄电池或交流发电机与 SRS ECU 之间的电路切断时,备用电源能够在 6s 之内维持 SRS ECU 供电,保持 SRS ECU 能够测出碰撞和发出点火指令等正常功能;同时,点火备用电源能够在 6s 之内向点火器供给足够点火能量引爆点火剂。

(4) 稳压保护电路

汽车电路系统中,许多电器部件都带有电感线圈,且电器开关琳琅满目,电器负载变化频繁。当线圈电流接通或切断、开关接通或断开或负载电流突然变化时,都会产生瞬时脉冲电压。为防止 SRS 元件遭受损坏,SRS ECU 中须设置保护电路。

3. 气囊组件

气囊组件由气囊、点火器和气体发生器等组成。驾驶人侧与所有常用座椅侧气囊组件的结构和工作原理基本相同,但外形和结构尺寸有差别。

(1) 气囊组件分类

1) 按功能不同分类,可分为正面气囊组件和侧面气囊组件。

2) 按安装位置分类,分驾驶人侧、前排乘客侧、后排乘客侧和侧面气囊四种。驾驶人侧气囊组件安装在转向盘中央,前排乘客侧气囊组件安装在前排乘客座椅正前方仪表板上。

(2) 驾驶人侧气囊组件

1) 气体发生器的结构。气体发生器的结构详见图 5-14 及其注解。

2) 驾驶人侧气囊组件的结构及其特点。驾驶人侧气囊组件的结构及其特点详见图 5-15 及其注解。

气体发生器的结构

1) **组成与功能**。气体发生器由气体发生器盖、金属滤网、充气剂、点火器和引爆炸药等组成。用专用螺栓与螺母固定在转向盘上的气囊支架上。其功能是在点火器引爆点火剂时,产生大量气体使气囊充气膨胀。

2) **壳体结构**。气体发生器壳体由上盖和下盖组成。在上盖上制有长方形或圆形充气孔。下盖上有安装孔,用于将气体发生器固定在转向盘上的气囊支架上。上下盖用冷压工艺压装成一体,壳体内装充气剂滤网和点火器。滤网的作用是过滤充气剂和点火剂燃烧所产生的渣粒。

3) **充气剂与起爆炸药**。① 充气剂为叠氮化钠片状合剂(便于填装),分子式为NaN_3,是一种有剧毒的无色六方形晶体,密度$1.846g/cm^3$。② 起爆炸药为叠氮化铅$Pb(N_3)_2$。

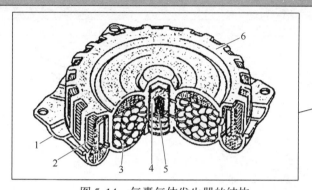

图5-14 气囊气体发生器的结构
1—下盖 2—金属滤网 3—充气剂 4—引爆炸药 5—点火器 6—上盖

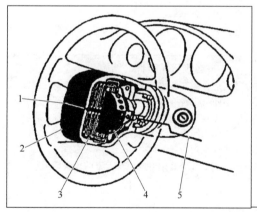

气囊组件的结构及其特点

1) **组成**。由气囊饰盖2、气囊3、气体发生器4和安装在气体发生器内部的点火器组成。

2) **气囊结构特点**:①气囊一般用聚酰胺织物(尼龙)制成,其内侧涂有密封剂聚氯丁二烯。早期气囊的背面制有2~4个用于排气节流的通气孔,目前普遍采用透气性良好的织物制作,故无通气孔。②气囊外形像未打开的降落伞一样折叠成包,安放在气体发生器上部与气囊饰盖之间。当充满氮气时,其体积约为35L。③气囊开口一侧用铆钉固定在气囊安装支架上。④气囊饰盖表明模压有撕裂印痕,以便气囊充气撕裂饰盖时减小阻力。

图5-15 驾驶人侧气囊组件的结构
1—饰盖撕印 2—气囊饰盖 3—气囊 4—气体发生器 5—点火器引线

3) 驾驶人侧气囊点火器的功能和组成。驾驶人侧气囊点火器的功能和组成详见图5-16及其注解。

(3) 乘客侧气囊组件

1) 乘客侧气囊组件的结构。乘客侧气囊组件的结构见图5-17及其注解。

2) 气体发生器。乘客侧气体发生器的结构见图5-18及其注解。

(4) SRS警告灯

1) 安装位置。SRS警告灯安装在驾驶舱仪表板的面膜下面,用气囊动作图形或字母"SRS""AIR BAG"或"SRS AIR BAG"等指示。

2) 功能。指示安全气囊系统的功能是否正常。当点火开关拨到"ON"或"ACC"位置后,若警告灯发亮或闪烁6s后自动熄灭,则表示其功能正常。若警告灯不亮或一直发亮或在汽车行驶中突然发亮或闪亮，则表明自诊断系统检测出 SRS 有故障，应及时排除。

气囊点火器的功能和组成

1) 功能。 当 SRS ECU 发出点火指令，使电热丝电路接通，红热的电热丝引爆炸药，引爆炸药爆炸产生热量，高温高压气体冲破药筒，使充气剂受热分解释放氮气充入气囊。

2) 组成。 如图5-16示，气囊点火器由引爆炸药1、药筒2、引药3、电热丝4、电极10和引出导线7组成。点火器所有部件均安装在药筒内，其外包铝箔，安装在气体发生器内部中央位置。

3) 引出导线。 引出导线与气囊插接器插头连接，插接器(一般均为黄色)中设有短路片(铜质弹簧片)，以防止静电或误通电将电热丝电路接通而造成气囊误胀。

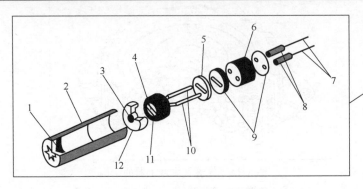

图 5-16　驾驶人侧气囊点火器零部件组成

1—引爆炸药　2—药筒　3—引药　4—电热丝　5—陶瓷片　6—磁铁　7—引出导线
8—瓷管　9—瓷片　10—电极　11—电热头　12—药托

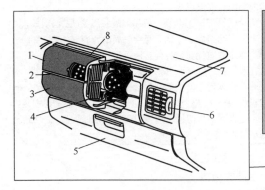

乘客侧气囊组件的结构

1) 结构特点。 乘客侧气囊的组成与工作原理与驾驶人侧气囊基本相同。所不同的仅有两点：一是由于乘客侧气囊距离乘客比较远，故体积比驾驶人侧气囊大，如捷达轿车前排乘客侧气囊充满气体后的体积约为65L(而驾驶人侧气囊为35L)；二是乘客侧气囊的气体发生器为长筒形。

2) 安装位置。 安装在前排乘客座椅正前方的仪表板上。

图 5-17　乘客侧气囊组件的结构

1—引线　2—饰盖撕印　3—气囊饰盖　4—气囊　5—杂物箱　6—空调风向开关　7—仪表板　8—气体发生器

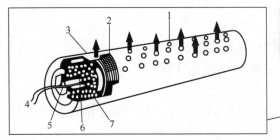

乘客侧气体发生器的结构

1) 外形。 长筒形，其充气剂质量一般约为500g。

2) 组成。 与驾驶人侧气囊基本相同。

图 5-18　乘客侧气体发生器的结构

1—充气孔　2—金属滤网　3—壳体　4—引线　5—点火器　6—点火剂　7—充气剂

四、安全保护装置的结构特点

安全气囊系统工作的可靠性直接关系人身安全,为此从设计上采取了许多安全保护措施。如设计有防止气囊误爆机构、线路连接诊断机构、插接器双重锁定机构、端子双重锁定机构等。此外,在外观颜色上与其他电器均有区别,一般采用黄色,欧洲车采用橘红色(奔驰车采用红色)。一汽丰田卡罗拉轿车SRS采用的安全保护机构如表5-1所示。

表5-1 丰田卡罗拉轿车SRS采用的安全保护装置

序号	保险机构名称	采用该装置的插接器代号
1	防止气囊误爆机构	2、5、8
2	电路连接诊断机构	1、3、7、9
3	插接器双重锁定机构	5、8
4	端子双重锁定机构	1、2、3、4、5、7、8、9

1. 防止气囊误爆机构

防止气囊误爆机构的结构原理详见图5-19及其注解。

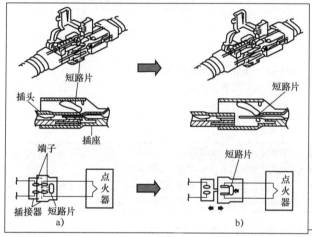

防止气囊误爆机构的结构原理

1) 短路片的功能。当插接器拨开或插头与插座未完全结合时,短路片自动将插座上两个引线端子短接,如图5-19b所示,防止静电或误通电将点火器电路接通使气囊误膨开。

2) 插接器正常连接时,如图5-19a所示,插头的绝缘壳体将短路片向上顶起,短路片与连接端子脱开,从而保证插头引线端子与插座引线端子良好接触。

3) 插接器未完全结合或拨开时,如图5-19b所示,短路片(弹簧片)将插座上两个引线端子短接,使点火器电热丝与短路片构成回路,达到防止气囊误爆的目的。

图5-19 防止气囊误爆机构的结构原理
a) 插接器正常连接时短路片与端子脱开 b) 插接器拨开时短路片将端子短接

图5-20所示线束连接图中,从SRS ECU至气囊点火器之间的插接器2、5、8均采用了防止气囊误爆机构。

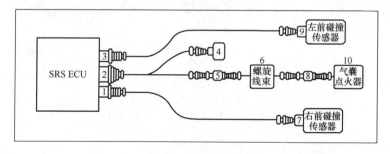

图5-20 丰田卡罗拉轿车SRS线束插接器位置示意图

1、2、3—SRS ECU插接器　4—SRS电源插接器　5—螺旋线束与SRS ECU之间中间线束插接器　6—螺旋线束　7—右碰撞传感器插接器　8—SRS气囊点火器与螺旋线束与之间的插接器　9—左碰撞传感器插接器　10—SRS气囊点火器

2. 电路连接诊断机构

电路连接诊断机构的功能是监测插接器插头与插座连接的可靠性，其结构详见图 5-21 及其注解。

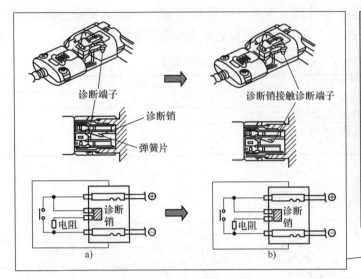

线束连接诊断机构的结构原理
1) 结构。插接器插头上设有诊断销，插座上设有两个诊断端子，端子上设有弹簧片。
2) 插头与插座未可靠连接时，如图5-21a所示，诊断端子与诊断销尚未接触，插接器引线"+"与"-"之间电阻为∞，SRS ECU判断连接不可靠，SRS ECU控制警告灯报警。
3) 插头与插座可靠连接时，如图5-21b所示，诊断端子与诊断销可靠接触，插接器引线"+"与"-"之间电阻为1kΩ，SRS ECU判断连接可靠。

图 5-21 线束连接诊断机构的结构原理
a）未可靠连接时　b）可靠连接时

插接器双重锁定机构结构详见图 5-22 及其注解。

插接器双重锁定机构的结构原理
1) 结构特点。在插接器插头上，设有主锁；在插接器插座上设有锁柄能够转动的副锁。
2) 工作过程。①当主锁未锁定时，插头上两个凸台会阻止副锁进入，如图5-22a所示；②只有当主锁完全锁定时，副锁的锁柄才能转动进入锁槽并双重锁定，如图5-22b和图5-22c所示，从而有效防止插接器脱开。

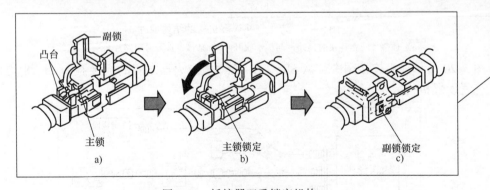

图 5-22 插接器双重锁定机构
a）主销打开，副销被挡住　b）主销锁定，副销可合上　c）双重锁定

3. 接线端子双重锁定机构

接线端子双重锁定机构如图 5-23 所示。

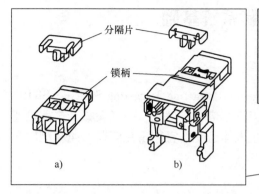

接线端子双重锁定机构功能与结构原理
1) 功能。防止接线端子滑动而导致接触不良。
2) 结构原理。该锁定机构由插接器壳体上的锁柄与分隔片组成。锁柄为一次锁定机构,防止端子沿导线轴线方向滑动。分隔片为二次锁定机构,防止端子沿导线径向移动。

图5-23 端子双重锁定机构
a) 插头 b) 插座

4. 螺旋弹簧与螺旋线束

螺旋弹簧与螺旋线束的结构如图5-24所示。

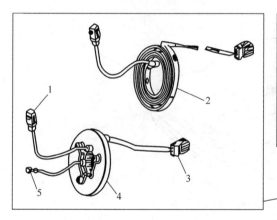

螺旋弹簧与螺旋线束的功能和安装
1) 功能。为保证转向盘有足够的转动角度而又不致损伤驾驶人侧气囊组件的线束,在转向盘与转向柱管之间采用了螺旋线束。
2) 安装。如图5-24所示,先将线束安装在螺旋弹簧内,再安装在弹簧壳体内,电喇叭线束也安装在螺旋弹簧内。
安装时应注意安装位置和螺旋方向,以免转向盘转向角度不足或转向沉重。

图5-24 螺旋弹簧与螺旋线束的结构
1、3—线束插头或插座 2—螺旋形弹簧 4—弹簧壳体 5—搭铁插头

五、安全气囊的智能化与预防车辆侧翻系统

目前绝大多数使用双级气囊系统的汽车还配合使用了预张紧安全带系统,为乘客提供更好的保护,且现代气囊的智能化程度越来越高。例如,规定气囊必须能够判断座位上是否有乘客,并且还与车身上碰撞力度传感器一起联合判断,以决定安全气囊弹出的等级。

预防车辆侧翻系统大多使用陀螺仪来监测转弯是否太快或因紧急避让而导致车身出现突然侧倾,这对于重心较高的越野车特别重要。当传感器判断车辆可能发生侧翻时,ECU则会通过牵引力控制系统或车身稳定控制系统关闭节气门并对相应车轮施加适当的制动,以修正车辆行驶轨迹。在主动预防侧翻的同时更加宽阔的头部安全气囊也被开发出来(如福特的头部侧气囊系统),当传感器判断车辆可能发生侧翻时,头部侧气囊系统能够覆盖乘客的头部区域和前两排65%的车窗面积,以保护乘客不受破碎玻璃的伤害。

第二节 安全带收紧系统基础

一、安全带收紧系统的结构特点

座椅安全带紧急收缩触发系统（Seat-Belt Emergency Retracting Triggering System，SRTS）简称安全带收紧系统或安全带预紧系统。其功能是当汽车遭受碰撞时，在气囊膨开之前迅速收紧安全带，缩短乘客身体向前移动的距离，以防止人体遭受伤害。雷克萨斯 LS400 型轿车 SRS 与 SRTS 的控制部件的安装位置详见图 5-25 及其注解。

> 安全带收紧系统的组成、安装位置与类型
>
> 1) 组成。SRTS是在SRS基础上，增设防护传感器和左、右座椅安全带收紧器构成。SRTS的碰撞传感器和控制单元一般均与SRS共用，防护传感器则设在SRS ECU内部，用于接通安全带收紧器的电源电路。
> 2) 安装位置。安全带收紧器是SRTS执行机构，装在座椅靠近左、右车身两侧或左、右车门立柱旁边。
> 3) 类型。按结构不同，安全带收紧器分为活塞式和钢珠式两种。如丰田和奔驰轿车采用活塞式收紧器，捷达和宝来轿车采用钢珠式收紧器。

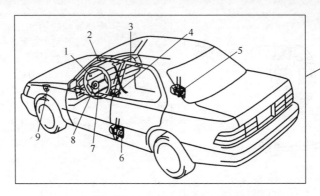

图 5-25 雷克萨斯 LS400 轿车 SRS 零部件位置
1—SRS 指示灯 2—右前碰撞传感器 3—乘客侧气囊组件 4—SRS ECU 5—右座椅安全带收紧器
6—左座椅安全带收紧器 7—驾驶人侧气囊组件 8—螺旋线束 9—左前碰撞传感器

二、安全带的分类与组成

1. 安全带的组成

（1）织带

织带是安全带的主体，一般采用尼龙、聚酯纤维等合成纤维纺织成宽约 50mm、厚约 1.5mm 的具有足够强度、延伸性、能够吸收能量的带子，且其质量必须符合相关标准。

（2）锁扣

锁扣是一种用特种钢制成的既能将乘客约束在安全带内，又能迅速解脱的连接装置。

（3）收卷器

收卷器是安全带总成中最复杂的机械部件。其功能是储存织带和锁止织带的拉出。具体作用包括：①在安全带不使用时，收卷与储存织带；②当使用安全带时，不需要乘客自己调节安全带长度；③乘客在使用时上半身的动作应比较自如；④为提高撞车时的约束可靠性，

应预先将织带收紧。

2. 安全带的分类

安全带按固定方式分为两点式、三点式、四点式三种。按智能化程度分为被动式安全带与主动式安全带，前者需要乘客自己佩带，但目前被普遍采用。

3. 安全带收卷器的分类

（1）按照收卷器锁止方式分类

按照收卷器锁止方式分为以下三类。

1）非锁止式收卷器（NLR）。它只有收、放功能。

2）自动锁止式收卷器（ALR）。其内部安装有棘轮机构。当织带从收卷器连续拉出过程中一旦停止，棘轮机构便会自动锁紧，阻止织带拉出，使安全带不会自动放松。

3）紧急锁止式收卷器（ELR）。其功能是在车辆遇到紧急状态时将织带自动锁紧；而在正常情况下，乘客可以在座位上自由地操作。

（2）按照收卷器敏感元件的敏感对象分类

按照收卷器敏感元件的敏感对象分为以下三类。

1）车感型传感器收卷器。是根据车身加速度控制的收卷器。

2）带感型传感器收卷器。带感型收卷器的锁紧装置是由织带拉出的加速度控制的。

3）双感型传感器。双感型收卷器的锁紧装置是由车身加速度和织带拉出的加速度双重控制的，因此兼有前两种类型的功能。

这些传感器都适用于三点式安全带。

（3）按照紧急式安全带收卷器的控制装置分类

按照紧急式安全带收卷器的控制装置分为以下两类。

1）电子式控制装置。ECU检测到汽车加速度非正常变化，经计算分析处理后将控制指令发给收卷器的控制装置，从而激发拉紧装置工作。此种预紧式安全带通常与辅助安全气囊组合使用。

2）机械式控制装置。传感器检测到汽车加速度非正常变化，控制装置激发拉紧装置工作。此种预紧式安全带可以单独使用。

第三节 安全气囊系统故障自诊断测试

SRS是一个可靠性要求极高的控制系统，为此专门设计有自诊断系统，且在控制电路中还设有相应的监测机构。SRS故障自诊断系统的功能是，一旦发现故障，就会控制组合仪表板上的SRS故障警告灯闪亮报警，同时将故障码存入SRS ECU的存储器中，以供检测维修时调用。

一、丰田汽车SRS故障自诊断测试

丰田汽车的SRS可用跨接线跨接诊断插座上的E_C和E_1两个端子，通过仪表板上的SRS警告灯的闪烁情况来读取与清除故障码。

1. 读取故障码

利用跨接线读取丰田汽车SRS故障码的操作程序与方法如下。

1）检查 SRS 警告灯：将点火开关置于 ON 或 ACC 位置，若 SRS 警告灯亮 6s（闪烁 6 下）后熄灭，说明 SRS 警告灯及其线路正常，可以读取故障码；若 SRS 警告灯不亮，说明 SRS 警告灯及其线路有故障，应在检修后才能读取故障码。

2）将点火开关转到 ON 或 ACC 位置，并等待 20s 以上时间。

3）用跨接线跨接诊断插座上的 E_C 和 E_1 两个端子。

4）根据仪表板上 SRS 警告灯的闪烁规律来读取故障码。

2. 清除故障码

(1) 清除故障码 41 以外的故障码

只有在 RAM 中所存储的故障码全部清除之后，SRS 警告灯才能恢复正常显示状态。读取故障码时，若 SRS 警告灯显示有故障，说明 SRS 发生过故障，但是无法区分故障发生的时间是当前还是过去。因此，每当排除故障之后，必须清除故障码，并在清除故障码之后，再次读取故障码，以确认 SRS 故障是否已经全部排除。

丰田车系 SRS 故障码的清除方法与其他控制系统有所不同。由于在汽车故障码 11~31 之后 SRS ECU 便将故障码 41 存入 RAM 中，以表示 SRS 发生过故障，所以清除 SRS 故障码必须分为两步进行：①清除故障码 41 以外的代码；②再清除代码 41。

清除故障码 41 以外的故障码的操作程序与方法：①将点火开关转到断开（OFF）位置；②拔下 1 号熔断器盒内的 ECU-B 熔断器（15A）或拆下蓄电池负极电缆端子 10s 或更长时间后，RAM 中的故障码即可被清除；③将点火开关转到锁止（LOCK）位置；④插上 ECU-B 熔断器或接上蓄电池负极电缆端子。

(2) 清除故障码 41

故障码 41 必须按照图 5-26 中的时间间隔和操作方法才能清除，否则无法清除。

1）取跨接线。取两根跨接线，分别连接诊断插座的 T_C 和 A_B 端子，分别称为 T_C 端子诊断线和 A_B 端子诊断线，如图 5-26 所示。

2）将点火开关置于 ON 或 ACC 位置，并等待 6s 以上时间。

3）如图 5-26 中 a 和 b 所示，首先将 T_C 端子诊断线搭铁（1.0±0.5）s，然后离开搭铁部位后 0.2s 内，将 A_B 端子诊断线搭铁（1.0±0.5）s。

4）如图 5-26 中 c 所示，在 A_B 端子诊断线离开搭铁部位之前 0.2s 内，将 T_C 端子诊断线第二次搭铁（1.0±0.5）s。

5）如图 5-26 中 d 所示，在将 T_C 端子诊断线第二次离开搭铁之后 0.2s 内，将 A_B 端子诊断线第二次搭铁（1.0±0.5）s。

6）如图 5-26 中 e 所示，在将 A_B 端子诊断线第二次离开搭铁后 0.2s 内，将 T_C 端子诊断线第三次搭铁。

7）将 T_C 端子保持搭铁、A_B 端子保持离开搭铁部位，直到数秒钟之后，SRS 警告灯以发亮 64ms、熄灭 64ms 的闪烁周期闪烁时，代码 41 即被消除。此时再将 T_C 端子离开搭铁部位。

(3) 清除故障码的注意事项

1）清除故障码之后，在插上 ECU-B 熔断器或接上蓄电池负极电缆端子之前，必须将点火开关置于锁止（LOCK）位置。否则（即当点火开关处于 ON 或 ACC 位置时，插上 ECU-B

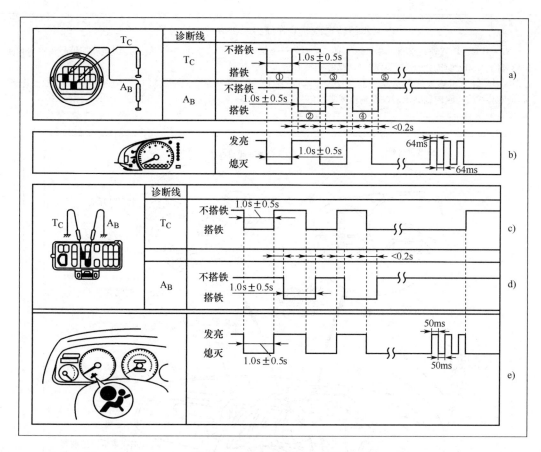

图 5-26 清除故障码 41 的方法

熔断器或接上蓄电池负极电缆端子），可能导致诊断系统工作失常。

2）上述方法只能清除故障码 41 以外的故障码，不能清除故障码 41。

3）若利用拆卸蓄电池负极电缆端子来清除汽车故障码，那么在拆卸蓄电池负极电缆端子之前，应先通知汽车用户将音响和防盗系统的密码记录下来。当读取故障码并排除故障之后，需要重新设定音响和防盗等系统的密码并调整时钟。

二、广州本田轿车 SRS 故障自诊断测试

广州本田轿车双气囊系统控制部件安装位置如图 5-27 所示。

1. 读取故障码的操作程序与方法

首先检查 SRS 警告灯。将点火开关置于 ON 位置，若 SRS 警告灯亮 6s（闪烁 6 下）后熄灭，说明 SRS 警告灯及其线路正常，可读取故障码；若 SRS 警告灯不亮或在行驶过程中突然发亮或闪烁，说明 SRS 警告灯及其线路有故障，应在检修后才能读取故障码。读取故障码操作程序与方法详见图 5-28、图 5-29 及其注解。

广州本田轿车双气囊系统控制部件的安装位置

1) SRS组成。由驾驶人座椅气囊组件、前排乘客侧气囊组件、SRS警告灯、螺旋线束、内装碰撞信号传感器和防护传感器的SRS ECU组成,零部件安装位置如图5-27所示。

2) 结构特点。其碰撞信号传感器和防护传感器均安装在SRS ECU内部,故SRS ECU安装在变速杆前面的装饰板内(必须安装在汽车纵向轴线上,以准确检测碰撞信号)。

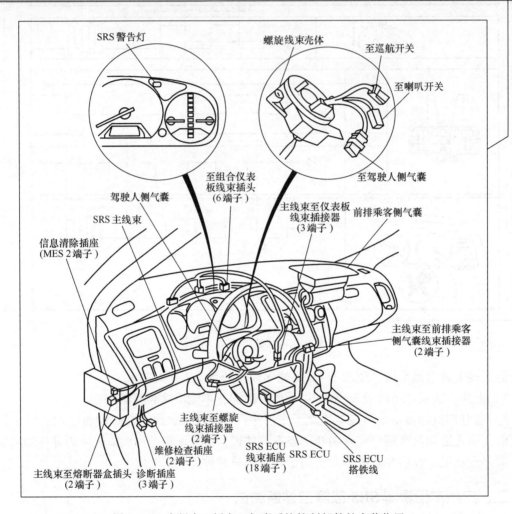

图5-27 广州本田轿车双气囊系统控制部件的安装位置

2. 清除故障码的操作程序与方法

清除故障码的操作程序与方法详见图5-30及其注解。

3. 连续性故障与间歇性故障的判断

连续性故障与间歇性故障的判断方法如下。

1) 首先,按照上述方法清除故障码。

2) 将变速杆置于空档(N)位置。

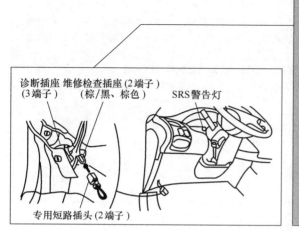

利用专用短路插头读取本田汽车SRS故障码的操作程序与方法

1）将点火开关转到OFF位置并等待10s后，再将专用短路插头SCS（具有一根跨接线和两个端子的插头）与维修插座的2端子连接，如图5-28所示。

2）将点火钥匙拨到ON位置，SRS警告灯亮6s后熄灭2s，然后开始闪烁显示故障码。本田SRS故障码由一个主码和一个副码的两位数字组成，读取一次可显示3个不同代码。若无故障，则SRS警告灯如图5-29a所示；若为连接性障碍，则SRS警告灯会重复显示故障码，如图5-29b所示；若为间歇性故障，则SRS警告灯只显示一次，然后一直点亮，如图5-29c所示；若既有连接性故障又有间歇性故障，则SRS警告灯只显示连接性故障码。

3）断开点火开关，等待10min后再拔下专用短路插头SCS。

图 5-28　连接专用短路插头

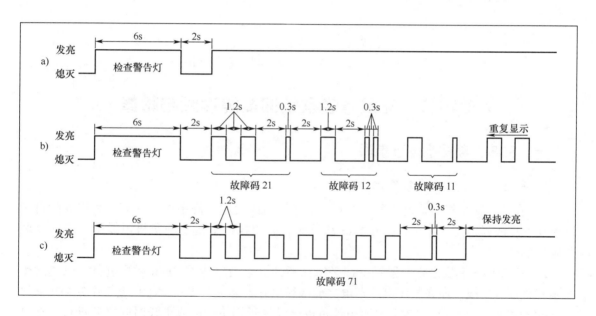

图 5-29　故障码显示情况

a) 系统正常　b) 连续性故障码　c) 间歇性故障码

3）起动发动机并怠速运转，摇动线束及其插接器。

4）进行路试（包括急加速、快速制动等），将转向盘向左、右旋转到极限位置，并保持 5~10s。

5）再次读取故障码，若 SRS 警告灯闪烁故障码，则说明 SRS 有连续性故障；若 SRS 警告灯不再显示故障码，则说明故障为间歇性故障，此时 SRS 系统正常。

清除故障码的操作程序与方法

1) 将点火开关转到OFF位置。
2) 将专用短路插头SCS(具有一根跨接线和两个端子的插头)与信息清除插座MES(2端子插座)连接,如图5-30a所示。
3) 将点火开关拨到ON位置,SRS警告灯亮6s后熄灭,在SRS警告灯熄灭4s之内,将专用短路插头SCS从信息清除插座MES上拔下,如图5-30b所示。
4) 当SRS警告灯再次发亮后,在4s之内,再次将专用短路插头SCS与信息清除插座MES连接。
5) 当SRS警告灯再次熄灭后,在4s之内,再次将专用短路插头SCS从信息清除插座MES上拔下,直到数秒钟之后,若SRS警告灯闪烁两次,说明故障码已被清除。
6) 断开点火开关,自诊断测试结束。

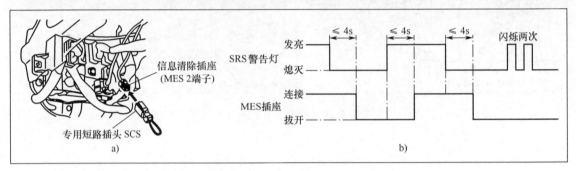

图 5-30　故障码显示情况
a）连接跨接线插头　b）指示情况与操作时间

第四节　安全气囊系统的故障诊断与检修

一、SRS诊断检修注意事项

1. 安全气囊系统检查维修注意事项

1) 在检查安全气囊系统之前,首先应当仔细阅读使用维修手册,并充分利用故障自诊断系统获取故障信息。在检查排除SRS故障时,必须在拆下蓄电池负极电缆端子之前读取故障码。

2) 检查SRS和安全带收紧系统都必须在断开蓄电池电源线3min后再进行,以免发生气囊意外展开事故。而在整车电路断电之前必须做好下述准备工作。①检查工作务必在点火开关转到锁止(LOCK)位置并将蓄电池负极电缆端子拆下20s或更长时间之后进行。这是因为,SRS装备有备用电源,如果检查工作在拆下蓄电池负极电缆端子20s以内就开始进行,由于备用电源供电,在检查中就有可能导致气囊误爆开。②汽车的音响系统、防盗系统、时钟、电控座椅、座椅安全带控制系统、驾驶位置设定的倾斜和伸缩转向系统以及电控车外后视镜等系统均具有存储功能。当拆下蓄电池负极电缆端子后,存储的内容就会丢失。因此,在检查工作开始之前,应通知用户将以上内容记录下来,待检查工作结束后,再重新设置密码和相关内容并调整时钟。③绝对不允许使用车外电源来避免存储内容的丢失,否则,将可能导致气囊误爆开。

3) 绝对不能检测点火器的电阻。
① 不能用万用表检测气囊点火器的各个连接部位,否则可能导致气囊引爆。

② 检测 SRS 其他零部件或线路电阻值时，必须使用阻抗大于 10kΩ/V 的数字式万用表，并确认在电阻档最小量程时，其输出电流不得超过 10mA，因为如果超过 10mA，就有可能引爆气囊。

③ 由于指针式万用表阻抗小，当表内电源电压加到气囊点火器上时，就有可能引爆气囊。因此，不得使用指针式万用表进行 SRS 零部件的检测。

4) SRS 对零部件的工作可靠性要求极高，要保证原厂包装，且单独和妥善地运输和保管。所有零部件均为一次性使用部件，绝不允许修复碰撞传感器、气囊组件、SRS ECU、座椅安全带收紧器等重要部件后重复使用。如需更换零部件，必须更换原厂新品，不允许使用不同车型上的零部件。

5) 非安全气囊专业维修人员不得进行安全气囊的检查和维修工作。

6) 气囊组件、前碰撞传感器、SRS ECU 等不得暴晒或接近火源。不能使安全气囊元器件承受 85℃ 以上的高温。气囊组件应当存放在环境温度低于 85℃、湿度不大并远离电磁场干扰的地方。当使用电弧焊修理汽车车身时，应在进行电弧焊作业之前，将气囊组件与螺旋线束之间的插接器拨开。

7) 不得任意改动安全气囊系统的线路和元器件结构。

8) 不能在装有气囊的部位粘贴饰物、胶条及摆放物品。

9) 碰撞传感器的动作具有方向性。安装前碰撞传感器和 SRS ECU 时，传感器和 SRS ECU 壳体上的箭头方向必须按照使用说明书规定进行安装。

10) 关于气囊维护工作注意事项。

① 严禁从车辆上拆下气囊部件。

② 一旦发生故障或发动机熄火，在气囊展开/安全带预紧器操作后，请寻求有资质的人员进行处理。

③ 建议不要使用废弃的气囊系统部件，包括气囊预紧器、传感器和控制单元。

2. 前碰撞传感器检查注意事项

1) 前碰撞传感器引出导线的插接器装备有电路连接诊断机构。安装插接器时，插头与插座应当插牢。当未插牢时，自诊断系统会自动检测出故障报警并存储故障码。

2) 前碰撞传感器的定位螺栓和螺母必须经过防锈处理，拆卸或更换前碰撞传感器时，必须同时更换定位螺栓和螺母。

3. 气囊组件检查注意事项

1) 气囊组件既不能沾水、粘油，不能用任何类型的洗涤剂清洗，也不能在气囊任何部位涂抹润滑脂。

2) 拆卸或搬运气囊组件时，气囊装饰盖一面应当朝上。在存放气囊组件时，不得重叠堆放气囊组件。气囊组件插接器的双重锁定机构的副锁应当置于锁定位置。

4. 控制单元检查注意事项

1) 当点火开关接通后，或断开时间不足 3min 时，切勿振动或敲击 SRS ECU。

2) 在拆卸或更换 SRS ECU 过程中，不得使用榔头或冲击扳手，以免气囊意外引爆。在拆卸 SRS ECU 固定螺栓之前，须将点火开关转到锁止（LOCK）位置，并应在拆下蓄电池负极电缆端子 20s 之后，再拆卸 SRS ECU 固定螺栓（因 SRS ECU 中备用电源在拆下蓄电池负极电缆端子20s内还在工作,可能引爆气囊)。

3) SRS ECU应当存放在环境温度40℃和相对湿度小于80%的地方。

4) 在安装SRS ECU时,应先将其固定,然后再连接SRS ECU插接器的插头与插座。因为如果先连接SRS ECU插接器的插头与插座,则SRS ECU内部的防护传感器就起不到作用。同理,在拆卸SRS ECU时,应先拨开插接器的插头与插座,然后再拆卸。

5) 汽车已经发生碰撞使气囊引爆后,SRS ECU将不能继续使用。

5. 座椅安全带收紧器检查注意事项

1) 绝对不能检测安全带收紧器中点火器的电阻,否则就可能引爆安全带收紧器。

2) 安全带收紧器既不能沾水、粘油,不能用任何类型的洗涤剂清洗,也不能在安全带收紧器的任何部位涂抹润滑脂。

3) 安全带收紧器应当存放在环境温度低于80℃、湿度不大并远离电磁场干扰的地方。

4) 当使用电弧焊修理汽车车身时,应在进行电焊作业之前,将安全带收紧器的插接器拨开。该插接器一般设在左前车门或右前车门门框下的地毯下面。

5) 在存放安全带收紧器时,其插接器的双重锁定机构的副锁应当置于锁定位置。

6. 插接器与线束检查注意事项

1) 安装转向盘时,必须使螺旋弹簧处于正中位置,否则会造成螺旋线束的电缆脱落或发生故障。

2) 安全气囊系统和安全带收紧器系统的线束套装在黄色塑料波纹管内,并与发动机舱线束、车颈线束和地板线束连接成一体,所有线束一般均为黄色以便区分。当发生交通事故导致安全气囊系统和安全带收紧器系统的线束折断或插接器破碎时,必须更换新的线束和插接器的新品,并对系统进行全面检查。

二、SRS故障诊断检修方法

丰田车系轿车装备的安全气囊和安全带收紧器系统,其SRS ECU线束插座如图5-31所示。

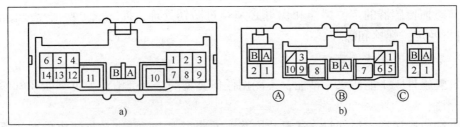

图5-31 丰田车系SRS ECU线束插座
a) 雷克萨斯轿车SRS ECU线束插座 b) 花冠、大霸王SRS ECU线束插座

1. 电源电压过低的诊断与检查

丰田车系SRS电源电路详见图5-32及其注解。

(1) 故障检查

电源电压过低时的故障检查方法如图5-33所示。

第五章　汽车被动安全电控系统故障诊断与检修

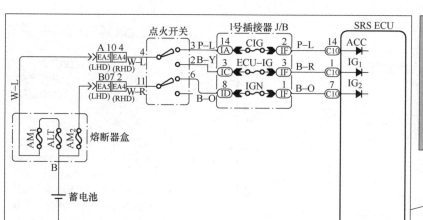

图 5-32　丰田车系 SRS 电源电路

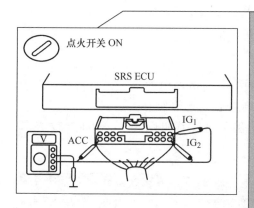

图 5-33　SRS ECU 插接器插头

电源电压过低时的故障检查方法
1) 将点火开关转到LOCK位置。
2) 拔下SRS ECU电源插接器插头。
3) 将点火开关转到ON位置，但不起动发动机，用万用表检测插头IG_1、IG_2或ACC端子电压，当接通除霜器、刮水器、前照灯和取暖器等电器设备电源，电源电压应为6.0~11.5V，如电压过低，说明蓄电池电量不足，需要充电或更换蓄电池。
4) 断开除霜器、刮水器、前照灯和取暖器等电器设备电源，将点火开关置于LOCK位置。
5) 如检测电源电压正常，则先将点火开关置于LOCK，然后再将SRS ECU插接器插头插回。
6) 将点火开关转到ON位置，如10s后，SRS警告灯仍然发亮，则读取故障码，如有故障码，则按照故障码指示排除故障；如输出为正常故障码，则说明SRS ECU内部的升压器有故障，需要更换SRS ECU。

（2）故障诊断

电源电压过低时的诊断流程图如图 5-34 所示。

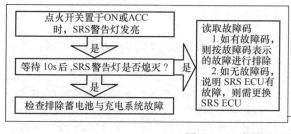

电源电压过低时的诊断流程
1) SRS警告灯一直发亮且读取故障码又为系统正常，说明升压系统有故障。
2) 电源电压恢复正常约10s后，SRS警告灯将自动熄灭。

图 5-34　电源电压过低时的诊断流程

2. 故障码 11 的诊断与检查

（1）气囊点火器电路

SRS 气囊点火器电路见图 5-35 及其注解。

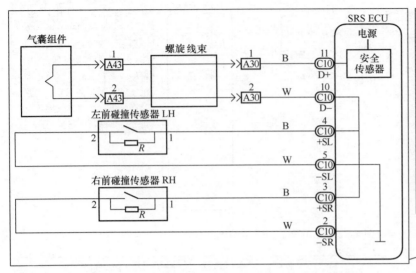

图 5-35　SRS气囊点火器电路

(2) 故障检查

1) 检查准备。将点火开关转到 LOCK 位置，拆下蓄电池负极电缆端子，等待 20s 以上时间后，拆下气囊组件。注意：放置气囊组件时，装饰盖表面必须朝上。

2) 检查前碰撞传感器电路。检查前碰撞传感器电路的方法详见图 5-36 和图 5-37 及其注解。

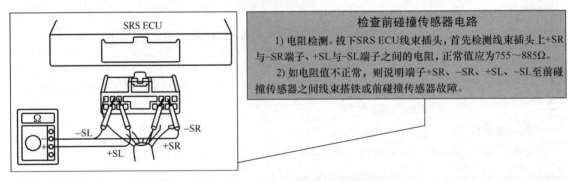

图 5-36　检查前碰撞传感器线路

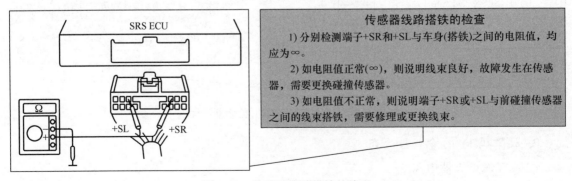

图 5-37　传感器线路搭铁的检查

3）检查前碰撞传感器。检查前碰撞传感器的方法详见图5-38及其注解。

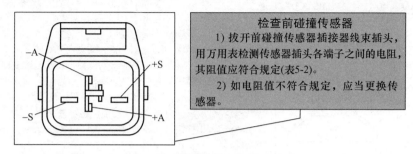

检查前碰撞传感器
1）拔开前碰撞传感器插接器线束插头，用万用表检测传感器插头各端子之间的电阻，其阻值应符合规定(表5-2)。
2）如电阻值不符合规定，应当更换传感器。

图5-38　碰撞传感器的端子位置

表 5-2　前碰撞传感器的阻值

被测端子代号	标准阻值
+S、+A	755～885Ω
+S、-S	∞
-S、-A	<1Ω

4）检查气囊点火器线路和螺旋线束。检查气囊点火器线路和螺旋线束的方法详见图5-39和图5-40及其注解。

检查气囊点火器线路和螺旋线束
1）如图5-39所示，拔开气囊组件与螺旋线束之间的插接器线束插头，用万用表检测螺旋线束一侧插头上端子D+与D-之间的电阻，其阻值应为∞。
2）如图5-40所示，如电阻值不是∞，则拔开SRS ECU与螺旋线束之间的插接器，再次测量螺旋线束一侧插头上端子D+与D-之间的电阻，其正常阻值应为0，因为螺旋线束靠近SRS ECU一侧设有防误爆机构，如电阻值不为0，则需要修理或更换螺旋线束。

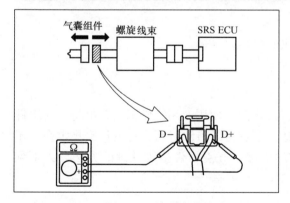

图5-39　检查点火线路

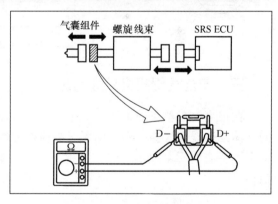

图5-40　检查螺旋线束

5）通过读取故障码检查SRS ECU。调码检查SRS ECU的方法详见图5-41所示及其注解。

6）通过读取故障码检查气囊点火器。读取故障码检查气囊点火器的方法详见图5-42及其注解。

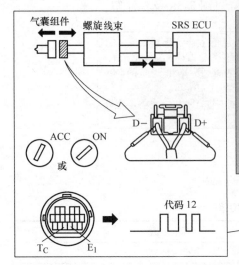

图 5-41　读取故障码检查 SRS ECU

读取故障码检查 SRS ECU 的方法

1) 检测准备。先将SRS ECU线束插头插上，然后用导线将靠近气囊组件一侧的螺旋线束插头端子D+与D-连接起来，再将蓄电池负极电缆端子接上，等待20s以上时间后，将点火开关转到ACC或ON位置，再等待20s以上时间后，用跨接线将诊断插座上的端子T_C与E_1跨接。

2) 读取故障码。利用SRS警告灯读取故障码，如无故障码输出或不输出11号故障码，则说明SRS ECU正常；如输出11号故障码，则说明安装在SRS ECU内部的防护碰撞传感器有故障，需要更换SRS ECU。

3) 当输出代码11以外的故障码时，可按照故障码所指示内容进行检查排故。

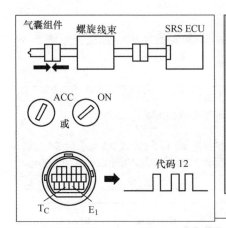

图 5-42　读取故障码检查气囊点火器

读取故障码检查气囊点火器的方法

1) 检测准备。先将点火开关转到LOCK位置，拆下蓄电池负极电缆端子，等待20s以上时间后将气囊组件与螺旋线束间的插接器插上，在将蓄电池负极电缆端子接上，等待20s以上时间后将点火开关转到ACC或ON位置，再等待20s以上时间后用跨接线将诊断插座TDCL上的端子T_C与E_1跨接。

2) 读取故障码。利用SRS警告灯读取故障码，如无故障码输出或不输出11号故障码，则说明气囊点火器正常；如输出11号故障码，则说明安装在SRS气囊点火器有故障，需要更换气囊组件。

3) 当输出代码11以外的故障码时，可按照故障码所指示的内容进行检查排故。

三、安全气囊报废处理方法

在报废汽车整车或报废气囊组件时，应在报废之前，使用专用维修工具SST将气囊组件的气体发生器和气囊引爆。引爆气囊应按照制造厂家规定的方法进行，有的厂家规定在汽车上引爆，有的厂家规定从汽车上拆下气囊组件后引爆。气囊组件报废处理的方法分为下列两种。

1. 车外引爆

引爆工作应在远离电磁场干扰的地方进行，以免电场过强而导致气囊误爆。操作引爆器的工作人员与汽车之间的距离至少应在 10m 以上。气囊在汽车外引爆的方法如图 5-43a 所示。

2. 车上引爆

气囊在汽车上引爆的方法如图 5-43a 所示。

第五章　汽车被动安全电控系统故障诊断与检修

气囊组件在车外引爆的报废处理方法
1) 拆下蓄电池负极电缆端子。
2) 拔开气囊组件与螺旋线束之间的插接器插头。
3) 剪断气囊组件线束，使插头与线束分离。
4) 将引爆器接线夹与气囊组件引线连接。
5) 先将引爆器距离气囊组件10m以上距离，然后再将电源夹与蓄电池连接。
6) 查看引爆器上的红色指示灯是否发亮，只有当红色指示灯发亮后才能引爆。
7) 按下引爆开关，引爆气囊；待绿色指示灯发亮之后，将引爆后的气囊装入塑料袋内再作为废物处理。

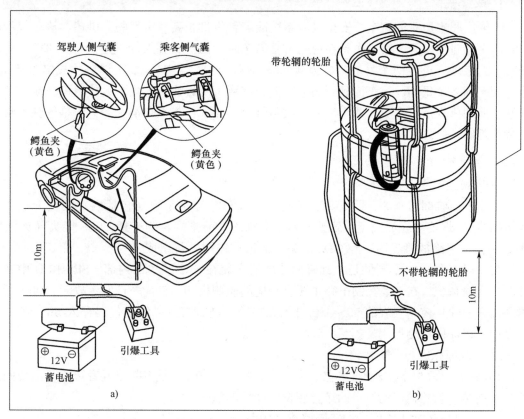

图 5-43　气囊组件报废处理方法
a) 车上引爆气囊　b) 车外引爆气囊

四、SRS 故障诊断案例

【案例 5-1】　奥迪 A6 事故车更换 SRS 控制单元和转向盘安全气囊后气囊灯仍长亮

1. 故障现象

一辆奥迪 A6，事故中转向盘上的安全气囊被触发，在一家修理厂修复后，更换了安全气囊控制单元和转向盘上的安全气囊后气囊灯仍长亮。

2. 故障诊断与排除

用故障诊断仪 V. A. G5052 对安全气囊系统进行检测，故障码为 01044，其含义为控制单元编码错误,且故障码无法直接清除。判定故障原因可能是控制单元的编码与此车不匹配。于是依据该车安全气囊系统的实际配置,对照维修手册中的编码表重新对其编码,即把原来的编码00104改为00004,故障即被排除。据此提醒广大维修人员,在奥迪A6车型上,因安全系统的配置不同,其控制单元的编码也不相同,所以在更换其控制单元时,必须重新对其进行编码。

【案例5-2】 本田雅阁SRS警告灯长亮

1. 故障现象

一辆广州本田雅阁轿车,安全气囊系统故障警告灯长亮。听驾驶人讲述:该车气囊已经连续两次被碰撞打开,第一次是在夜间行驶撞车时,由于驾驶人侧气囊的"呵护",他幸免于难。到修理厂更换两个气囊后,发现SRS故障灯亮,经工人多次消码,故障灯不亮了。但行驶不到一个星期,该车撞到石头上,安全气囊再次爆炸,把驾驶人打得口鼻流血,满脸青肿。回到修理厂再次更换两个气囊,故障灯又长亮了,怎么也消不掉,于是驾驶人将车转到特约维修站修理。

2. 故障诊断与排除

(1) 安全气囊系统结构特点

广州本田雅阁轿车SRSⅢ型安全气囊系统由SRS控制装置(包括内置安全传感器和碰撞传感器)、螺旋导线的线盘、驾驶人侧安全气囊、前排乘客侧气囊、SCS接头(诊断用)、MES接头(清除故障码用)和DLC接头(数据传输用)等组成。

与一般汽车SRS不同的是,其碰撞传感器安装在SRS装置的内部。SRS ECU中专门设计有自诊断系统,在气囊控制电路中还有相应的监测机构。SRS一旦发生故障,自诊断就能诊断出来,并且控制仪表的SRS警告灯闪亮报警,同时将故障编成代码存入SRS ECU的存储器中,以提供检测点用。

(2) 故障原因与分析建议

1)检查仪表板下熔丝/继电器盒内2号熔断线(10A)是否断路或者短路,出现问题的原因可能是一些比较旧的汽车的熔丝座发生严重的氧化。

2)U0与C3插头之间的线路断路或者短路。

3)仪表总成中SRS警告灯有故障,出现问题的原因可能是汽车维修人员在工作过程中没有按照一定的要求,导致线路出现断路或者短路,或汽车电路上的线路本身有质量问题。

4)SRS装置的电源电路是否正常,出现问题的原因可能是汽车维修人员在工作过程中没有按照一定的要求,导致线路出现断路或者短路,或汽车电路上的线路本身有质量问题。

5)SRS装置故障出现问题的原因:维修人员错误地认为SRS装置没有受到任何损伤,不必浪费,于是就只更换了气囊组件,而没有更换SRS装置,或者新的气囊组件与新的SRS装置在程序设定上不相匹配,造成广州本田雅阁轿车的安全气囊SRS故障灯亮。

【案例 5-3】 奥迪 A6 轿车正常使用过程中 SRS 警告灯有时亮

1. 故障现象

一辆奥迪 A6 轿车，当接通点火开关后，安全气囊警告灯有时亮。

2. 故障诊断与排除

用 VAS5051 对安全气囊系统进行检测，故障码为 00588，其含义是驾驶人侧安全气囊触发器 N-95 电阻过大或过小，故障特性为偶发故障。检查其插接件正常，清除故障码后故障灯熄灭，但车没使用几天，相同的故障再次出现。重新拆下安全气囊，检测触点单元（螺旋弹簧线圈）的电阻值，测量其阻值为 3Ω 左右，超过了其标准值 1Ω。更换该元件，故障排除。

奥迪轿车安全气囊系统布置详见图 5-44 及其注解。

> 奥迪轿车安全气囊系统布置
> 1) 气囊组件安装在转向盘内具有特殊形状的缓冲垫(气囊饰盖)内，饰盖表面有撕缝，以便气囊展开，气囊组件通过螺旋电缆与系统线束连接，线束插接器设有短接片以防气囊误爆。
> 2) 当气囊引爆时，约有80L的气体充入气囊。气囊背面有4个排气孔，当驾驶人压向气囊时，允许气体向外排泄以缓冲碰撞的动能，防止驾驶人受伤。
> 3) 依靠螺旋电缆完成气囊组件与转向盘的连接，拆卸转向盘时要对螺旋电缆定位，防止螺旋电缆移动。安装螺旋电缆时，一定要使汽车前轮朝向正前方，否则会引起干涉或转向沉重。
> 4) 加速度传感器、安全(水银开关式)传感器和系统ECU组装在一起构成ECU组件。壳体上箭头朝向汽车前方安装。当加速度传感器检测到减速度大于17.64m/s²时，气囊ECU发出指令点燃点火器引爆气囊。
> 5) 备用电源由控制电路和两只电容器组成，接通点火开关，蓄电池电压低于4V时升压器工作，将电压升到12V向系统供电。

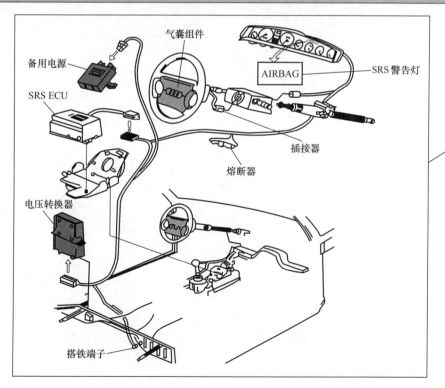

图 5-44 奥迪轿车安全气囊系统布置

【案例 5-4】 上海帕萨特 B5 轿车机油压力灯、SRS 灯同时报警

1. 故障现象

一辆上海帕萨特 B5 型轿车，行驶里程 8 万多 km，在使用中出现机油压力警告灯与安全气囊故障警告灯报警，同时发动机转速表不能运行的故障现象。

2. 故障诊断排除

（1）读取故障码

首先用 V. A. G1552 故障诊断仪读取发动机控制系统的故障码，发现有两个偶发性故障码：18044——安全气囊控制单元无信号输出；18048——仪表数据输出错误。

用 V. A. G1552 故障诊断仪读取仪表系统的故障码为 01314049——发动机控制单元无通信；01321049——安全气囊控制单元无通信。

（2）初步判断

通过读取故障码可以初步判断故障在轿车多路信息传输系统。

（3）排除故障操作

通过对轿车电气线路进行分析，电源系统引起故障的概率很小，故障很可能是节点或链路故障。用替换法试换安全气囊控制单元，故障得以排除。

第六章 汽车巡航控制系统故障诊断与检修

汽车巡航控制系统（Cruise Control System，CCS）的功能是根据汽车行驶阻力变化，自动调节节气门开度大小，使汽车保持恒速行驶。汽车巡航系统的组成及其部件安装位置详见图 6-1 及其注解。

巡航系统的组成及其控制部件安装位置

1）系统组成。 该系统由车速传感器、节气门位置传感器、控制开关、电控单元和执行机构组成。控制开关包括巡航开关、制动灯开关、驻车制动开关、点火开关、手动变速器的离合器开关、空档起动开关等，开关的功能是将各种状态信息输入 ECU。如巡航开关是将恒速、加速、减速、恢复巡航车速以及取消巡航车速等指令信号输入ECU。

2）执行机构。 执行机构分气动式和电动式两种。气动式由速度伺服装置和电磁阀组成；电动式由永磁式或步进式电动机、减速机构或电磁离合器组成。执行机构通过节气门拉索或电子式节气门控制器调节节气门开度，使车速保持稳定。

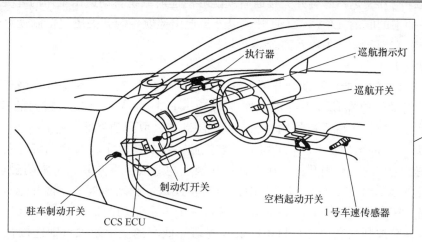

图 6-1 雷克萨斯 LS400 巡航控制部件安装位置

汽车巡航系统的主要优点：

1）减轻驾驶人疲劳，提高行驶安全性。当车速达到 40km/h 以上后，只要操作巡航开关设定一个想要的恒定速度，驾驶人就无须再踩加速踏板与换档而实现等速稳定运行。这对于长时间行驶在高速公路的汽车而言，减轻驾驶人疲劳和提高行驶安全的效果是可想而知的。

2）提高燃油经济性和改善排放性。大量的试验数据表明，使用 CCS 可获得 15% 左右的节油效果且能大大减少有害气体的排放。

3）保持车速恒定，提高乘坐舒适性。CCS可以在平路、上坡、下坡或风速变化等各种情况下，只要在发动机功率允许范围内，均能保证车速恒定和提高乘坐舒适性。

第一节　汽车巡航控制系统的结构组成

汽车巡航系统采用的车速传感器、节气门位置传感器、制动灯开关信号、驻车制动开关信号、点火开关信号、空档起动开关信号等均与发动机控制系统通用，本章仅就巡航系统新增巡航操纵开关、巡航执行机构和巡航电控单元做介绍。

一、巡航操纵开关

1. 巡航开关控制手柄

巡航开关是一个类似于风窗玻璃刮水与洗涤开关的组合式手柄开关，一般均由主开关、设置/巡航、恢复/加速和取消四个功能开关组成，它是巡航系统的主要控制部件。其功能是将巡航控制的各种指令（包括恒速、加速、减速、恢复巡航车速以及取消巡航行驶等）信号送入CCS ECU，以便其确定恒速控制的方式。

巡航开关控制手柄安装在转向盘右下侧偏上的位置，并随转向盘一起转动，以利于驾驶人操纵。当驾驶人转动转向盘同时，便可用右手食指拨动组合手柄开关进行巡航操作。在每项功能开关旁边均标注有其操作方向指示符号。

巡航开关操纵手柄外形结构、操作方法与内部电路见图6-2及其详解。

2. 退出巡航控制开关

退出巡航控制开关是指此类开关接通后就能够使巡航系统自动退出工作的开关。除了巡航开关操纵手柄中的取消（CANCEL）开关以外，退出巡航控制开关还包括制动灯开关、驻车制动灯开关、空档起动开关以及离合器开关。

（1）制动灯开关

1）制动灯开关的功能。制动灯开关为解除巡航控制信号之一，其功能是当驾驶人踩下制动踏板接通制动灯电路使其发亮的同时，向CCS ECU输入一个表示制动的信号，CCS ECU收到该信号后立即解除巡航控制状态，以便制动器采取制动降低车速。

2）制动灯开关的结构特点。在装备有巡航控制系统的汽车上，其制动灯开关不同于普通制动灯开关，它是一个双闸开关，在原有常开触点的两端，再并联一个常闭触点而构成。常开触点连接在CCS ECU的制动灯电路中，当驾驶人踩下制动踏板时，常开触点闭合，接通制动灯电路，使其发亮的同时向CCS ECU输入一个表示制动的信号，CCS ECU收到该信号后立即解除巡航控制状态，以便制动器采取制动降低车速。常闭触点则连接在CCS ECU与巡航执行机构（电磁离合器线圈或电磁阀线圈）电路中，当驾驶人踩下制动踏板时，常闭触点断开，切断巡航执行机构电路，使节气门处于完全关闭状态，保证行车安全。

（2）驻车制动开关

驻车制动灯开关的功能：驻车制动灯开关为解除巡航控制信号之一，其功能是当驾驶人踩下制动踏板接通驻车制动灯电路使其发亮的同时，向CCS ECU输入一个表示驻车制动的低电平信号，CCS ECU收到该信号后立即解除巡航控制状态。

当常规制动系统或防抱死制动系统发生故障失灵时就必须依靠驻车制动来降低车速。故

巡航开关操纵手柄的外形结构与内部电路

1) 主开关(MAIN)。 该开关为按钮式开关，设在手柄端部，为巡航控制系统总开关。① 当单击MAIN时，接通主开关触点，仪表板上巡航指示灯点亮，表明巡航控制系统处于待命状态，可进行恒速控制(注意：低于40km/h时不能进入巡航行驶)。② 再次单击MAIN时，按钮将弹出，主开关触点被断开，仪表板上巡航指示灯熄灭，表明巡航控制系统处于关闭状态，不能进行恒速控制。③ 从图6-2b可知，当MAIN触点接通时，CCS ECU的第4个端子CMS通过主开关触点MAIN搭铁，CCS ECU得到一个低电平(0V)信号，此时CCS ECU控制巡航执行机构处于待命状态，并接通巡航指示灯电路；若指示灯不亮，则表明巡航控制系统有故障。

2) 设定/巡航(SET/COAST)。 该开关为巡航速度设定开关，将手柄向下拨动并保持在向下位置时，即可接通巡航速度设定开关。① 当此开关处于接通位置时，只要按住手柄不动，汽车就不断加速。② 当车速达到驾驶人想要达到速度时，若松开手柄，手柄便会自动复位，此时汽车将以松开手柄时的车速保持恒速行驶。

3) 恢复/加速(RES/ACC)。 当汽车在以设定巡航速度行驶过程中，若驾驶人踩下加速踏板超车或踩下制动踏板制动，或将自动变速器手柄拨到非前进档"D"外的位置，就会导致车速升高或降低，若此时又想恢复原来所设定的巡航速度，可将巡航手柄向上抬起并保持该位置，汽车便可迅速恢复到原来设定的巡航速度行驶(但若车速低于40km/h，则巡航车速不能恢复)。

4) 取消(CANCEL)。 为取消巡航行驶操纵开关，将操纵手柄向驾驶人方向拨动时，即可取消巡航行驶。

5) 连接情况。 由图6-2b可知，SET/COAST、RES/ACC和CANCEL 3只开关的信号均从同一个端子18(CSS)输入到CCS ECU，只要3个端子中的一只接通时均可接通搭铁回路。但各个开关之间连接有不同电阻，因此，不同开关接通时的信号电压不同，CCS ECU根据信号电压高低即可判定是哪一只开关接通。

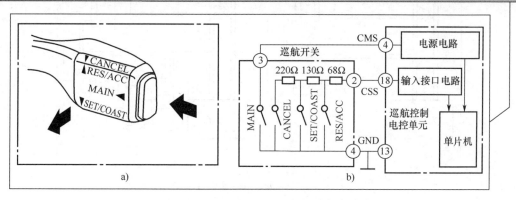

图6-2 巡航开关操纵手柄的外形结构与内部电路
a) 操纵手柄外形图 b) 巡航开关电路图

驻车制动灯开关接通时的信号必须作为解除巡航控制信号之一。

（3）空档起动开关

空档起动开关为解除巡航控制信号之一。当空档起动开关接通时，说明驾驶人想要减速停车。同时它还有一个功能，即向CCS ECU输入一个信号，以便CCS ECU解除巡航行驶状态。

（4）离合器开关

离合器开关也是解除巡航控制信号之一。因为在装备手动变速器而非自动变速器的汽车上，当驾驶人踩下离合器踏板换档时，车速就会降低，巡航控制系统就会发出指令提高发动机转速，所以可能导致发动机超速运转而损坏。为了避免此种现象发生，在离合器踏板下面设置一个离合器开关。当驾驶人踩下离合器踏板的同时，离合器开关就会闭合，并向CCS ECU输入一个电信号，以便CCS ECU解除巡航控制状态，同时也便于驾驶人变换变速器档位。

二、巡航执行机构

汽车巡航控制系统执行机构功能是根据 ECU 控制指令，通过控制节气门拉索调节节气门开度，以满足巡航恒速行驶对发动机输出转矩变化要求。根据结构形式不同，巡航控制转向机构分为气动式和电动式两种。气动式一般采用真空装置驱动；电动式一般采用直流电动机或步进电机驱动。

1. 真空驱动式巡航执行机构

真空驱动式巡航执行机构的结构组成与控制方法详见图 6-3 及其注解。

> **真空驱动式执行器控制方法**
>
> 1) 真空源。真空驱动式执行器依靠真空力驱动节气门。真空源有两种取得方式，一是仅从发动机进气歧管取得；二是从发动机进气歧管和真空泵两个真空源取得，如图6-3b所示。当进气歧管真空度较低时，真空泵参与工作，提高真空度。
>
> 2) 组成。真空驱动式执行器主要由控制阀、释放阀、膜片、拉杆、回位弹簧等组成。

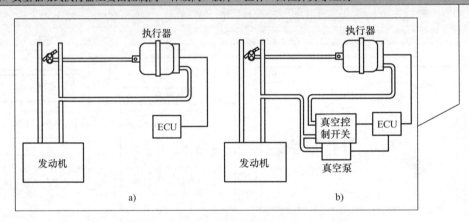

图 6-3　真空驱动式执行器的控制方法
a）从进气歧管取得真空源　b）从进气歧管和真空泵取得真空源

（1）控制阀结构原理

控制阀用来控制膜片后方的真空度，以改变膜片的位置，从而控制节气门的开度，详见图 6-4 及其注解。

（2）释放阀结构原理

释放阀的作用是当取消巡航控制时，空气能迅速进入执行器将巡航控制立即取消。释放阀的工作原理详见图 6-5 及其注解。

2. 电动式巡航执行机构

电动式巡航执行机构由驱动电动机、安全电磁离合器、减速机构和电位计等组成。其结构详见图 6-6 及其注解。

电动机驱动式执行器由电动机、传动机构、电磁离合器和电位器等组成。电磁离合器及其控制电路如图 6-7 所示。

巡航控制 ECU 控制电动机的工作，使电动机顺时针或逆时针旋转，从而改变节气门的开度。当 ECU 控制电动机工作时，电动机轴上的蜗杆带动电磁离合器外圆上的蜗轮旋转，

控制阀结构原理

1) 当ECU给控制阀电磁线圈通电时，与大气相通的空气通道关闭，与进气歧管相通的真空通道打开，执行器内的真空度增大，膜片左移将弹簧压缩，与膜片相连的拉杆将节气门开大。

2) 当控制阀电磁线圈断电时，与进气歧管相通的真空通道关闭，与大气相通的空气通道打开，空气进执行器，膜片右移，节气门关小。

3) ECU控制方式。 ECU通过占空比信号控制电磁线圈的通电与断电，通过改变占空比控制执行器内的真空度，从而控制节气门的开度。

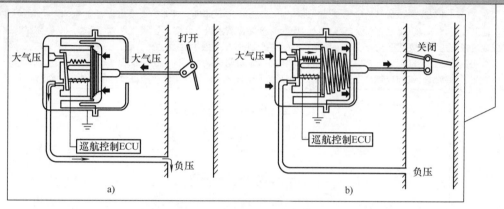

图6-4 控制阀结构原理
a）控制线圈通电 b）控制线圈断电

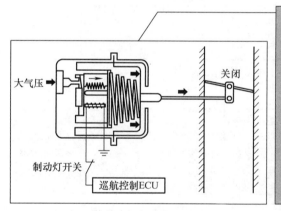

释放阀的结构原理

1) 巡航系统工作时，释放阀电磁线圈中有电流通过，与大气相通的空气通道关闭，由控制阀控制执行器内的真空度，从而控制节气门的开度，保持汽车等速行驶。

2) 取消巡航控制时，巡航控制ECU使控制阀电磁线圈断电，控制阀与大气相通的空气通道打开，释放阀电磁线圈断电，与大气相通的空气通道打开，让空气迅速进入执行器，使巡航控制制动灯开关立即取消。如果是因为制动而使巡航控制取消，除了上述取消巡航行驶的控制过程外，还由于串联于释放阀电磁线圈电路中的制动灯开关的断开，直接切断了释放阀电磁线圈电流，确保在制动时可靠地取消巡航系统的工作。

图6-5 释放阀的结构原理

蜗轮通过电磁离合器带动小齿轮旋转，小齿轮带动齿扇转动，齿扇通过齿扇轴带动控制臂转动，控制臂上的销轴通过拉索使节气门开大或关小。为了防止节气门完全打开或完全关闭后电动机继续转动，电动机安装了两个限位开关，用于控制电动机的转动。

电位器及其电路如图6-8所示。当电动机带动齿扇转动改变节气门的开度时，齿扇轴同时带动电位器主动齿轮旋转，然后电位器主动齿轮通过从动齿轮带动电位器内的滑动臂转动，电位器就可以产生控制臂位置信号。当对巡航控制系统进行巡航车速设定时，电位计将节气门控制臂信号送至巡航控制ECU，ECU将此数据存储于存储器内，行车中ECU以此数据作为参照，控制节气门控制臂，使实际车速与设定车速相符。

电动式巡航执行机构结构组成

1) 驱动电动机。 分永磁式直流电动机和步进电动机两种形式。其驱动过程是电动机转动,通过减速机构和电磁离合器带动控制臂转动。控制臂又通过节气门拉索拉动节气门摇臂转动,改变流过电动机电枢绕组的电流方向,即可改变电枢轴的转动方向,从而改变节气门摇臂转动角度的大小。为了防止发动机发生"飞车"事故,在电动机电路中安装有限位开关。当采用步进电动机时,CCS ECU通过控制脉冲的频率来控制步进电动机转过的角度(角度与频率成正比);CCS ECU通过控制脉冲的相序来控制步进电动机的步进方向。

2) 电磁离合器。 电磁离合器又称安全离合器。在巡航过程中,当驾驶人踩下制动踏板或汽车实际车速超过设定的巡航车速15km/h以上时,或车速传感器发生故障时,CCS ECU立即发出控制指令使离合器分离,以防事故发生。当未进入巡航控制状态时,将电磁离合器线圈电路设计为接通状态,即离合器初始状态为结合状态,以提高巡航执行机构响应速度,防止车速突然变化而发生"游车"(发动机转速时高时低)现象。

3) 电位计。 由滑动电阻器构成的转角或位移传感器。功能是检测执行机构中控制臂转动角度或拉索位移量,并输入ECU用于诊断执行机构故障。当ECU发出控制指令后若电位计信号无变化或超过设计值,则表明执行机构有故障。

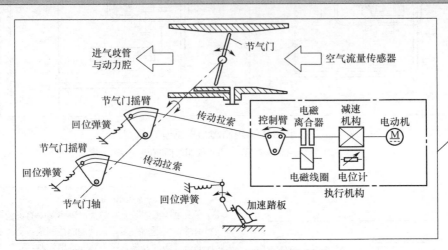

图6-6 电动式巡航执行机构结构组成

电磁离合器及其控制电路

1) 电磁离合器用于接通或断开电动机与节气门索缆之间的联系。当巡航控制ECU给执行器发出控制信号时,电磁离合器2和离合器片3接合,电动机通过蜗杆蜗轮传动和电磁离合器以及小齿轮和齿扇6的啮合带动控制臂5转动,通过销轴拉动索缆使节气门旋转。

2) 若取消巡航控制, 则ECU使电磁离合器断电分离,节气门不受电动机控制。

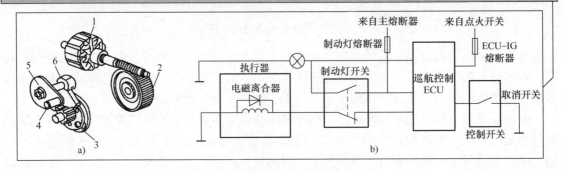

图6-7 电磁离合器及其控制电路
a) 结构 b) 电路
1—驱动电动机 2—蜗轮及电磁离合器 3—小齿轮及离合器片 4—节气门拉索轴 5—控制臂 6—齿扇

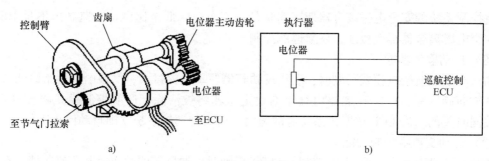

图 6-8 电位器及其电路
a) 电位器 b) 电位器电路

三、巡航控制单元

巡航控制 ECU 接收来自巡航控制开关、车速传感器信号和其他开关的信号，按照存储的程序对巡航系统进行控制。

1. 巡航控制单元的控制功能

巡航控制 ECU 有以下控制功能。

（1）记忆设定车速功能

当主开关接通，车辆在巡航控制车速范围内（一般为 40～200km/h）行驶时，操作设定/巡航（SET/COAST）开关，可以设定巡航车速。ECU 将设定的车速存储在存储器内，并将按设定车速控制汽车等速行驶。

（2）等速控制功能

ECU 将实际车速与设定车速进行比较。如果实际车速高于设定车速，则 ECU 控制执行器将节气门适当关小；若实际车速低于设定车速，则 ECU 控制执行器将节气门适当开大。

（3）设定车速调整功能

当汽车以巡航控制模式行驶时，若需要使设定车速提高或降低，只要操作恢复/加速或设定/减速开关，就可以使设定车速改变，巡航控制 ECU 将记忆改变后的设定车速，并按新的设定车速进行巡航行驶。

（4）取消和恢复功能

当汽车以巡航控制模式行驶时，如果接通取消开关或接通任何一个其他的退出巡航控制开关，ECU 将控制执行器使巡航控制取消。取消巡航控制以后，要想重新按巡航控制模式行驶，只要操纵恢复/加速开关，ECU 即可恢复原来的巡航控制。

（5）车速下限控制功能

车速下限是巡航控制所能设定的最低车速，一般为 40km/h，不同车型稍有不同。车速低于 40km/h 时，巡航车速不能被设定，巡航系统不能工作。当巡航行驶时，若车速降至 40km/h 以下，巡航控制将自动取消，ECU 存储器内存储的设定车速将被消除。

（6）车速上限控制功能

车速上限是巡航控制所能设定的最高车速，一般为 200km/h。当车速超过该数值时，巡航控制车速不能被设定。汽车在巡航控制模式行驶时，若操作加速开关，车速也不能加速到 200km/h 以上。

（7）安全电磁离合器控制功能

当汽车以巡航控制模式行驶时，若因为下坡汽车车速高于设定车速 15km/h，ECU 将切断巡航控制系统的安全电磁离合器使车速降低。当车速降低至比设定车速高出不足 10km/h 时，安全电磁离合器再次接通，恢复巡航控制。

(8) 自动取消功能

当汽车以巡航控制模式行驶时，若出现执行器驱动电流过大，伺服电动机始终朝节气门打开的方向旋转时，ECU 存储器内存储的设定车速将被清除，巡航控制模式将被动取消，主开关同时关闭。若 ECU 诊断出系统有故障时，将会使巡航系统立即自动停止工作。

(9) 自动变速器控制功能

当具有自动变速器的汽车以巡航控制模式行驶时，如果上坡时变速器在超速档，车速降至比设定车速低 4km/h 以上时，ECU 将超速档取消信号送至自动变速器 ECU，取消自动变速器超速档。反之，当车速升至比设定车速高 2km/h 时，ECU 将超速档恢复信号送至自动变速器 ECU，恢复自动变速器超速档。

(10) 诊断功能

若巡航控制系统出现故障，ECU 的自诊断系统能诊断出故障，并使仪表板上的巡航指示灯闪烁，以便提醒驾驶人，同时将故障码存储在存储器内。

2. 巡航控制单元的功能、结构与控制过程

数字式 CCS ECU 的结构组成、控制过程以及电路框图详见图 6-9 及其注解。

CCS ECU 的功能、结构与控制过程

1) 功能。接受车速传感器、巡航开关、制动灯开关、驻车制动开关、空档起动开关或离合器开关、发动机 ECU 及 ECT ECU 信号，经信号转换与处理、比例-积分计算、逻辑判断、记忆存储和功率放大等项处理后，向巡航执行机构输出控制指令信号，驱动执行器动作，实现汽车恒速控制或解除巡航行驶状态。

2) 结构。普遍采用大规模或超大规模专用集成电路与单片机组合而成。其多数传感器与开关可与发动机 ECU 和 ECT ECU 实现信息共享，只需编制控制程序调用该信息即可，故可大幅降低硬件成本。

3) 控制过程。CCS ECU 根据驾驶人设定的车速信号与车速传感器输入的实际车速等信号，按照 ROM 中预先存储的程序，进行计算与处理后，向执行器驱动电路发出指令，驱动步进电机或直流电机、电磁阀动作，通过节气门联动机构，改变节气门开度，使汽车实际车速达到设定的巡航车速行驶。

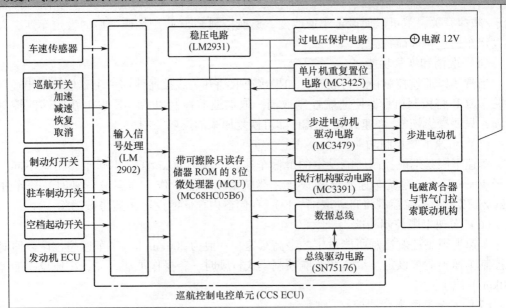

图 6-9　数字式 CCS ECU 电路框图

第二节 汽车巡航系统控制原理与控制电路组成

本节通过实例分析汽车巡航系统控制原理与控制电路的组成。

一、汽车巡航系统的控制原理

【案例 6-1】 丰田皇冠 3.0 轿车电控巡航系统控制原理

丰田皇冠 3.0 轿车巡航控制系统控制的原理详见图 6-10 及其注解。

> **巡航控制系统的控制原理**
>
> 1) 控制信号。CCS 是一个典型的闭环控制系统，其控制信号只有两个：驾驶人设定的巡航车速指令信号和车速传感器输入的实际车速反馈信号。
>
> 2) 控制过程。当上述两种信号输入 CCS ECU 后，通过 ECU 的比较器 A 的比较运算，得到两个信号之差（称为误差信号），误差信号再经过比例运算和积分运算后，经放大处理后得到节气门开度控制信号，然后输送到执行机构执行，驱动节气门拉索，调整节气门开度以保持汽车恒速行驶。当实际车速低于巡航车速时，执行机构发出增大节气门开度指令，使实际车速升高到巡航车速；反之，执行机构则发出减小节气门开度指令，使实际车速降低到巡航车速，达到始终保持汽车恒速行驶。

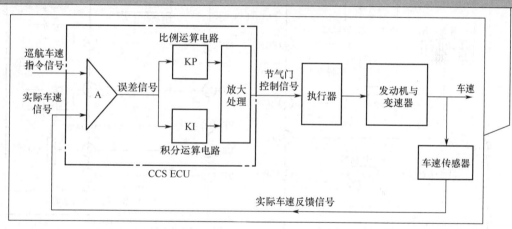

图 6-10　巡航控制系统的控制原理

二、汽车巡航系统控制电路的组成

丰田皇冠 3.0 轿车巡航控制系统控制电路详见图 6-11 及其注解，控制电路的组成如下。丰田皇冠 3.0 轿车 CCS ECU 接线端子编号、代号与连接部件名称见表 6-1。

1. 巡航控制电源电路

（1）备用电源电路

汽车所有电控系统都设有备用电源电路，电控单元备用电源端子始终与蓄电池相连，不受任何开关控制，只受易熔线控制，以便汽车停驶时，保存 RAM 中的故障码和临时存储的数据。

备用电源电路为蓄电池正极→易熔线 ALT、MAIN→熔断器 DOME→CCS ECU 端子 15（BATT）→CCS ECU 内部电路→端子 13（GND）搭铁→蓄电池负极。

丰田皇冠3.0轿车巡航控制系统的组成

1) 系统控制部件组成。 主要有传感器(节气门位置传感器、1号车速传感器)、控制开关(巡航开关、驻车制动开关、双闸制动开关灯、空档起动开关、离合器开关等)、CCS ECU、执行器(电磁离合器、驱动电动机与电位计等)。

2) 连接部件名称。 CCS ECU线束插座上各接线端子的编号、代号以及连接部件的名称见表6-1。

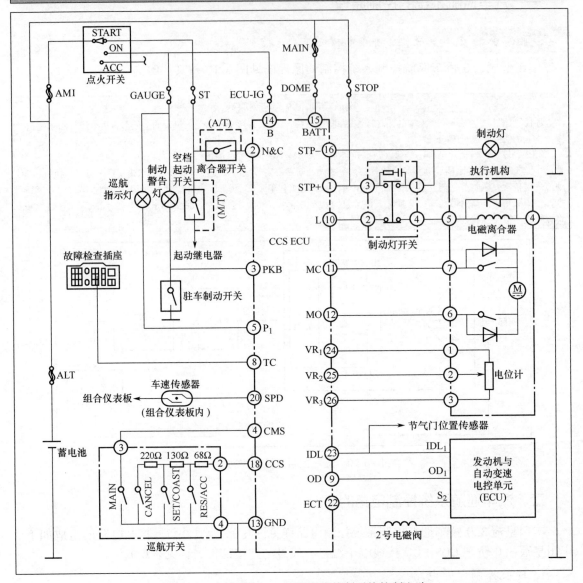

图6-11 丰田皇冠3.0轿车巡航控制系统控制电路

表6-1 丰田皇冠3.0轿车 CCS ECU 接线端子编号、代号与连接部件名称

端子编号	端子代号	连接部件的名称	端子编号	端子代号	连接部件的名称
1	STP +	制动灯开关	4	CMS	巡航主开关
2	N&C	离合器开关	5	P_1	巡航控制指示灯
3	PKB	驻车制动开关	8	TC	故障诊断插座 TDCL

(续)

端子编号	端子代号	连接部件的名称	端子编号	端子代号	连接部件的名称
9	OD	发动机和自动变速 ECU 超速与解除锁止信号输入端子 OD_1	18	CCS	巡航控制开关
10	L	制动灯开关的电磁离合器触点	20	SPD	车速传感器（仪表板上）
11	MC	驱动电动机	22	ECT	ECT ECU 端子 S_2 和自动变速系统 2 号电磁阀
12	MO	驱动电动机	23	IDL	节气门位置传感器怠速触点
13	GND	CCS ECU 搭铁端子	24	VR_1	控制臂电位计正极端子
14	B	电源（受点火开关控制）	25	VR_2	控制臂电位计信号端子
15	BATT	备用电源（接正极）	26	VR_3	控制臂电位计负极端子
16	STP –	制动灯（制动信号输入端子）			

（2）电源电路

当点火开关接通 ON 位置时，巡航控制系统电源接通。其电路为蓄电池正极→易熔线 ALT、AMI→点火开关点火（ON）档→熔断器 ECU-IG→CCS ECU 电源端子 14（B）→CCS ECU 内部电路→端子 13（GND）搭铁→蓄电池负极。

2. 巡航控制过程及其电路组成

接通巡航主开关（MAIN）时，仪表板上的巡航指示灯发亮 3~5s 后将自动熄灭，此时巡航控制系统处于待命状态，只有当车速达到或超过 40km/h 时巡航系统才能投入工作。

（1）巡航主开关电路（MAIN）

巡航主开关电路为蓄电池正极→易熔线 ALT、AMI→点火开关 ON 档→熔断器 ECU-IG→CCS ECU 电源端子 14（B）→CCS ECU 内部电路→端子→13（GND）→巡航主开关端子 4→主开关 MAIN 触点→巡航主开关端子 4→搭铁→蓄电池负极。

（2）巡航指示灯电路（MAIN）

巡航指示灯电路为蓄电池正极→易熔线 ALT、AMI→点火开关 ON 档→熔断器 GAUGE→巡航指示灯→CCS ECU 端子 5（P_1）→CCS ECU 内部电路→端子 13（GND）搭铁→蓄电池负极。

（3）设置/巡航开关电路（SET/COAST）

巡航开关具有 MAIN、SET/COAST、RES/ACC 和 CANCEL 四种开关的控制功能。在车速达到或超过 40km/h 的情况下，当 SET/COAST 开关接通时，电磁离合器线圈接通，执行机构投入工作，汽车将不断加速。SET/COAST 开关电路为蓄电池正极→易熔线 ALT、AMI→点火开关 ON 位置→熔断器 ECU-IG→CCS ECU 电源端子 14（B）→CCS ECU 内部电路→端子 18（CCS）→SET/COAST 开关→搭铁→蓄电池负极。

（4）电磁离合器线圈电路

电磁离合器线圈电路为蓄电池正极→易熔线 ALT、AMI→点火开关 ON 档→熔断器 ECU-IG→CCS ECU 电源端子 14（B）→CCS ECU 内部电路→CCS ECU 端子 10（L）→制动器开关常闭触点→电磁离合器线圈→搭铁→蓄电池负极。当电磁离合器结合时，驱动电动机动力传递路线便接通。

（5）驱动电动机电路

驱动电动机电路为蓄电池正极→易熔线 ALT、AMI→点火开关 ON 档→熔断器 ECU-IG→

CCS ECU 电源端子 14（B）→CCS ECU 内部电路→端子 24（VR$_1$）→电位计及其滑臂→端子 25（VR$_2$）→端子 11（MC）→驱动电动机→端子 12（MO）→CCS ECU 内部电路→端子 13（GND）→搭铁→蓄电池负极。

电动机转动时，通过减速机构和电磁离合器拉动控制臂以及节气门摇臂转动，使节气门开度增大，车速提高。与此同时，电位计滑臂随减速机构、控制臂或拉索移动，将执行机构动作情况从端子 25（VR$_2$）反馈给 CCS ECU，CCS ECU 根据反馈信号电压高低即可诊断执行机构是否发生故障。并将故障编成代码存储在 RAM 中，以便维修时查询；同时，CCS ECU 还将发出指令驱动巡航指示灯发亮。

（6）电位计电路

电位计电路为蓄电池正极→易熔线 ALT、AMI→点火开关 ON 档→CCS ECU 电源端子 14（B）→CCS ECU 内部电路→端子 24（VR$_1$）→电位计→端子 26（VR$_3$）→CCS ECU 内部电路→端子 13（GND）→搭铁→蓄电池负极。

在车速达到或超过 40km/h 的情况下，当驾驶人向下拨动巡航开关手柄使 SET/COAST 开关保持接通时，车速将持续升高。当实际车速升高到想要设定的巡航行驶车速时，放松开关手柄和加速踏板，设定的车速将被记忆在存储器中，CCS ECU 将控制转向机构通过节气门开度保持该车恒速行驶。

当汽车行驶阻力减小使实际车速高于设定车速时，CCS ECU 控制驱动电动机电路反转一定角度，使节气门开度减小来降速。此时驱动电动机电流从端子 12（MO）流入，经驱动电动机电枢后从端子 11（MC）流出。

（7）驱动电动机反转电路

驱动电动机反转电路为蓄电池正极→易熔线 ALT、AMI→点火开关 ON 档→CCS ECU 电源端子 14（B）→CCS ECU 内部电路→端子 24（VR$_1$）→电位计及其滑臂→端子 25（VR$_2$）→端子 12（MO）→驱动电动机→端子 11（MC）→CCS ECU 内部电路→端子 13（GND）→搭铁→蓄电池负极。

在汽车以设定的巡航速度行驶过程中，如果驾驶人踩下加速踏板超车或踩下制动踏板制动或将自动变速器变速杆拨到前进档 D 以外的位置等导致车速升高或降低而需要恢复到原来设定的巡航车速时，将 RES/ACC（恢复/加速）开关接通短暂时间，汽车即可迅速减速或加速并恢复到原来设定的巡航车速恒速行驶。但是，当实际车速已低于 40km/h 时，巡航车速则不能恢复。

3. 取消巡航控制过程及其电路

在汽车以设定的巡航速度行驶过程中，当遇到下列情况之一时，CCS ECU 将发出控制指令使巡航执行机构停止工作，立即解除巡航状态。

1）巡航开关的 CANCEL（取消）开关接通时，将从 CCS ECU 端子 18（CCS）输入一个表示解除巡航行驶的信号，CCS ECU 接受该信号时，立即解除巡航控制状态并驱动仪表板上巡航指示灯发亮。

2）制动灯开关接通时，当驾驶人踩下制动踏板时，双闸制动灯开关的常开触点闭合、常闭触点断开。当常开触点闭合时，一方面制动灯电路接通发亮报警；另一方面从端子 16（STP−）向 CCS ECU 输入一个高电平信号，CCS ECU 接收到该信号后，立即控制巡航指示灯发亮指示；如此同时，常闭触点断开，将电磁离合器线圈电路切断，离合器分离，控制电动机动力传递路线切断，巡航控制状态被解除。

3）当驻车制动拉紧时，驻车制动开关接通，一方面制动警告灯电路接通发亮指示；另一方面，从端子3（PKB）向CCS ECU输入一个低电平信号，CCS ECU接收到该信号后，立即解除巡航控制状态并控制仪表板上巡航指示灯发亮。

4）当配备手动变速器的汽车踩下离合器踏板时，离合器开关触点闭合，并从端子2（N&C）向CCS ECU输入一个高电平信号，CCS ECU接收该信号后，立即解除巡航控制状态并控制仪表板巡航指示灯亮。

5）空档起动开关或离合器开关接通时，当变速杆拨到空档N位，空档起动开关接通，并从端子2（N&C）向CCS ECU输入一个高电平信号，CCS ECU接收到该信号后，立即解除巡航控制状态并控制仪表板上巡航指示灯发亮。

第三节　汽车巡航控制系统故障诊断与检修

一、汽车巡航控制系统的自诊断测试

巡航指示灯设置在组合仪表上，在进行故障自诊断测试时，首先应检查巡航指示灯电路是否正常。在汽车巡航行驶过程中，若车速传感器或执行器等部件发生故障，CCS ECU就会自动解除巡航控制功能，并发出指令使巡航指示灯闪亮报警。与此同时，CCS ECU还将故障内容编成代码存入RAM中，以供维修参考。

将故障检测仪、调码器或跨接线等自诊断测试工具与汽车上的诊断插座连接后，接通点火开关，即可触发自诊断系统进行诊断测试。根据读取的故障码，查阅被测车型的维修手册，即可知道故障码所表示的故障内容与故障原因。诊断插座是故障诊断通信接口的简称，它一般安装在熔断器盒上、仪表板下方或发动机舱内。下面以丰田雷克萨斯LS400轿车的电控巡航系统为例，说明利用跨接线进行诊断测试的方法。读取丰田雷克萨斯LS400轿车的巡航系统故障码的方法详见图6-12及其注解。

1. 读取故障码

丰田车系设有两个诊断插座，驾驶舱和发动机舱各设一个。发动机舱内的检查插接器设在熔断器盒旁边，可用于读取与清除故障码；驾驶舱内的诊断插座设在仪表板左下方或仪表台下面的杂物箱内，用于数据传输。通过诊断插座可以进行EFI、ECT、ABS、TRC、CCS、EMS、SRS以及空调系统（A/C）等进行自诊断测试。丰田车系采用的诊断插座有3种形式，诊断插座上有防护盖，打开防护盖即可看到图中所示端子的排列情况。

2. 清除故障码

（1）清码的目的

根据故障指示灯（CRUISE或CRUISE MAIN）闪烁规律读取故障码，再从维修手册中查阅故障部位和故障原因，并将故障排除之后，故障码仍旧存储于RAM之中不会自行消除，并会增加下次读取故障码的麻烦。因此，为了方便以后的故障诊断，凡是故障排除后，均应清除故障码。

（2）清码的方法

有两种清除故障码的方法。方法一，拔下熔断器法。将熔断器盒中的"DOME"熔断器拔下10s以上的时间，即可清除RAM中存储的故障码。方法二，拔下蓄电池搭铁线法。

丰田雷克萨斯LS400轿车巡航系统故障码读取方法

1) 检查巡航指示灯电路。当点火开关和巡航主开关(MAIN)接通后，巡航指示灯应亮3～5s，然后自动熄灭。若指示灯不亮或常亮不灭，则表明指示灯或其电路有故障。
2) 接通点火开关。将点火开关拨到ON位置。
3) 用跨接线跨接有关端子。用跨接线连接端子T_C与E_1，如图6-12所示。
4) 读取故障码。根据巡航指示灯闪烁规律读取故障码，故障码的波形如图6-13b所示。故障码均为两位数字，先显示十位数字，后显示个位数字。同一数字灯亮与灯灭的时间均为0.52s，十位数字与个位数字之间间隔1.5s，如有多个故障码，则按其大小由小到大顺序排列。故障码之间的间隔为2.5s。故障码全部输完后，间隔4.5s再重复显示。若巡航控制系统正常，则其波形如图6-13a所示。故障码检索表见表6-2。
5) 后续工作。故障码读取完毕后，断开点火开关，拆下跨接线，盖好诊断插座护盖。

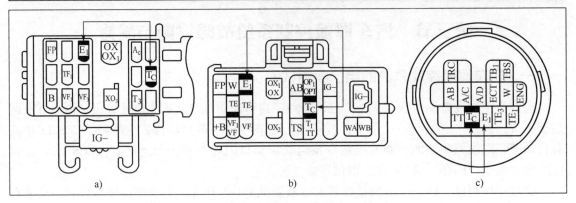

图6-12 丰田轿车诊断插座形式与接线端子排列位置

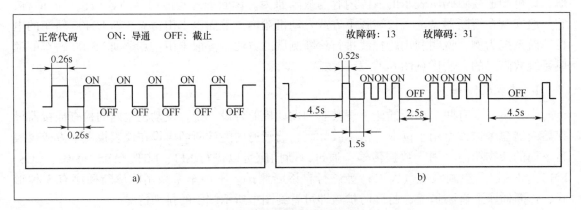

图6-13 故障码的显示时间
a) 正常代码显示时间　b) 故障码13、31的显示时间

表6-2 丰田雷克萨斯轿车巡航系统故障码的含义

故障码	故障内容	故障码	故障内容
11	电动机电流过大或电路短路	23*	实际车速低于设定车速16km/h以上
12	电磁离合器或其线圈电路故障	31	控制开关电路故障
13	电动机电路断路或电磁离合器线圈电路断路	32	控制开关电路故障
21	车速传感器或其线路故障	34	控制开关电路故障

注：表中*号表示当汽车上坡行驶速度降低时不属于故障，可重新设定车速继续巡航行驶。

二、汽车定速巡航系统常见故障现象及主要原因

汽车定速巡航系统常见故障现象及主要原因见表6-3。

表6-3 汽车定速巡航系统常见故障现象及主要原因

故障类型	故障现象	主要原因
定速巡航系统不工作	当车速达到设定速度时，操纵定速巡航控制开关，系统不工作，故障灯亮	电控系统故障，如开关失灵、线路短路或断路、ECU损坏，特别是执行机构不工作
定速巡航车速不稳	车辆在定速巡航状态行驶中，车速时高时低	伺服（执行）机构漏气或工作不良
巡航车速不准	车辆在定速巡航时，车速高于或低于预定值	真空系统漏气，节气门操纵杆脱落、卡滞或过紧，执行机构调节不当等

三、汽车定速巡航系统的检修技巧

1）当踩下制动踏板时，发现定速巡航不能解除，同时制动灯未亮。对策：可用导线短接制动灯开关，制动灯亮，表明制动开关有故障。只要更换制动开关，故障即可排除。

2）定速巡航有时能够设定，有时又不能设定。对策：可用手摸定速巡航系统组合开关导线，如果其中有一段导线较软，则说明导线已经断开，但在外皮挤压下还保持似断非断状态。将导线重新连接，故障即可排除。

3）若定速巡航系统ECU上的灵敏度开关和状态开关设置不当，则定速巡航将无法设定与进入。

4）当车速传感器失效，致使车速信号丢失时，也将无法进入定速巡航系统。需更换车速传感器。

5）若轮胎直径不符合厂家规定，则定速巡航系统不能设定。需更换符合规定的轮胎。

6）当定速巡航执行器上的真空单向阀的真空管泄漏时，将无法进入定速巡航系统。需更换真空管。

四、汽车巡航控制系统故障诊断方法与案例

【案例6-2】 雷克萨斯LS400巡航系统故障诊断方法

1. 雷克萨斯LS400巡航控制系统结构特点与诊断全过程

1）首先进行该巡航系统的故障初诊，即直观检查。检查巡航控制系统的线束及插接器是否完好，部件是否丢失或损坏等。

2）直观检查后一般应进行故障自诊断，其内容包括巡航控制系统状态指示的检查、读取故障码、输入信号检查、取消信号检查等。在进行故障自诊断时若读取到故障码，应进行故障码诊断，以进一步确定故障部位。

3）如果没有读取到故障码，则可按照故障征兆进行故障诊断。

4）当确定故障的具体部位后，对有故障的电路或部件进行修理或更换。

雷克萨斯 LS400 巡航控制系统为数字微型计算机控制型,巡航控制开关为手柄式开关,执行器为电动机驱动型。雷克萨斯 LS400 轿车巡航控制系统部件位置如图 6-1 所示,电路图如图 6-11 所示,巡航控制 ECU 插接器端子如图 6-14 所示,插接器端子名称见表 6-4。

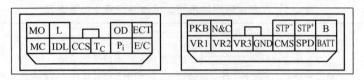

图 6-14　巡航控制 ECU 插接器

表 6-4　巡航控制 ECU 插接器端子名称

编号	代号	端子名称	编号	代号	端子名称
1/10	ECT	发动机和 ECT ECU	2/12	STP$^+$	制动灯开关
2/10	OD	发动机和 ECT ECU	3/12	STP$^-$	制动灯开关
3/10	L	安全电磁离合器	4/12	N&C	空档起动开关
4/10	MO	驱动电动机	5/12	PKB	驻车制动开关
5/10	E/G	发动机和 ECT ECU	6/12	BATT	备用电源
6/10	P_i	巡航指示灯	7/12	SPD	车速传感器
7/10	T_C	诊断插座 DTCL	8/12	CMS	主开关
8/10	CCS	巡航控制开关	9/12	GND	搭铁
9/10	IDL	节气门位置传感器	10/12	VR3	位置传感器
10/10	MC	驱动电动机	11/12	VR2	位置传感器
1/12	B	电源	12/12	VR1	位置传感器

2. 故障自诊断

(1) 巡航控制系统状态指示的检查

仪表板上的巡航指示灯的闪烁情况可以指示巡航控制系统的状态。巡航控制系统状态指示的检查步骤如下。

1) 接通点火开关。

2) 接通巡航控制主开关,巡航指示灯应点亮;关闭巡航控制主开关,巡航控制指示灯应熄灭。若指示灯不亮,应检查指示灯和指示灯电路。

3) 如果 ECU 诊断出系统有故障,巡航指示灯将闪烁 5 次,每次闪烁指示灯亮 0.5s,灭 1.5s,并且 ECU 将故障码存储在存储器内。

(2) 读取故障码

1) 接通点火开关。

2) 用跨接线将诊断座的端子 Tc 与端子 E$_1$ 短接。

3) 根据仪表板上的巡航指示灯的闪烁情况读取故障码。故障码为两位数,指示灯首先闪烁故障码的十位数,指示灯点亮、熄灭的间隔为 0.5s;显示完十位数后,间隔 1.5s 后闪烁个位数,个位数的显示方式与十位数相同。如果有多个故障码,故障码将按从小到大的顺序依次显示,相邻两个故障码的间隔时间为 2.5s。如果系统没有存储故障码,巡航指示灯

第六章 汽车巡航控制系统故障诊断与检修

将以点亮 0.25s、熄灭 0.25s 的方式持续闪烁。

4)检查完成后,拆下 T_c 与 E_1 端子之间的跨接线,关闭点火开关。

(3)清除故障码

排除故障后,关闭点火开关,拆下位于发动机舱的熔断器/继电器盒内的 DOME 熔断器 10s 以上,即可清除故障码。装上熔断器,重新读取故障码,应显示正常代码。

(4)输入信号的检查

输入信号包括巡航控制开关信号、制动灯信号、驻车制动信号和空档起动开关信号等。输入信号检查的目的是确认各输入信号是否正常地输入到 ECU。其方法是在巡航控制系统进入输入信号检查模式后,通过操纵输入信号开关或使汽车行驶时相应的输入信号进入 ECU,如果 ECU 收到相应的信号,将通过巡航指示灯闪烁输出相应的代码,确认接收到该输入信号。如果巡航指示灯没有输出相应的代码,表明 ECU 没有接收到相应的输入信号,说明信号输入装置或其电路有故障。

进入输入信号检查模式的步骤如下。①接通点火开关,将巡航控制开关置于设定/减速位置保持不动,接通巡航控制主开关,巡航指示灯应反复闪烁。②放松巡航控制开关使设定/减速开关关闭,按表 6-3 的操作方法进行检查。③根据巡航指示灯的闪烁读取代码,应如表 6-5 所示。当两个以上的信号输入 ECU 时,只显示最小的代码。④要退出输入信号检查模式,则关闭巡航控制主开关。

表 6-5 巡航控制系统输入信号的检查

序 号	操作方法	闪烁代码	诊 断
1	接通点火开关,接通取消开关	1	取消开关电路正常
2	接通点火开关,接通设定/减速开关	2	设定/减速开关电路正常
3	接通点火开关,接通恢复/加速开关	3	恢复/加速开关电路正常
4	接通点火开关,踏下制动踏板	6	制动灯开关电路正常
5	起动发动机,拉紧驻车制动	7	驻车制动开关电路正常
6	汽车行驶,然后将变速杆置于空档位置	8	空档起动开关电路正常
7	汽车以高于 40km/h 的车速行驶	持续闪烁	车速传感器正常
8	汽车以低于 40km/h 的车速行驶	常亮	

(5)取消信号的检查

如果正在进行巡航行驶的汽车其巡航行驶被不正常地自动取消,可能是某个取消开关或电路出现了故障。通过取消信号检查,可以确定发生故障的开关及其电路。对于间歇性故障,可以通过路试的方式使故障再现。一旦故障发生,导致故障的取消信号将储存在 ECU 的存储器内,通过取消信号检查,可以确定故障部位。

使巡航控制系统 ECU 进入取消信号检查模式的方法如下:接通点火开关,将巡航控制开关置于取消位置保持不动,接通巡航控制主开关,ECU 即进入取消信号检查模式。读取仪表板上的巡航指示灯闪烁的诊断码,见表 6-5。指示灯显示的代码即为取消巡航控制系统的取消信号代码,即发生故障的取消开关的代码。要退出取消信号检查诊断模式,关闭巡航主开关即可。

需要指出的是,当驾驶人通过操纵某一取消开关停止巡航控制系统的工作时,代表相应取消信号的代码同样会存储在 ECU 内，因此，表 6-6 中的代码不能理解为故障码。

表 6-6 巡航控制系统取消信号的检查

代码	诊　　断	代码	诊　　断
1	除故障码 23 以外的故障	5	接收到空档起动开关信号
2	故障码为 23 的故障	6	接收到驻车制动开关信号
3	接收到取消开关信号	7	车速传感器的信号降到 40km/h 以下
4	接收到制动灯开关信号	常亮	除上述以外的故障（如电源中断）

3. 汽车巡航系统主要部件及其电路检查诊断

当对巡航系统进行故障诊断时，无论是通过故障自诊断测试读取到了故障码，还是根据故障征兆表查出了故障可能的原因，都需要对部件或电路进行诊断，以确定故障的具体部位。雷克萨斯 LS400 轿车巡航控制系统主要部件和电路的检查诊断方法如下。

（1）电磁离合器及其电路的检查

电磁离合器与 ECU 的连接电路如图 6-15 所示。

1）电阻的检测。如图 6-16a 所示，用万用表电阻档检测电磁离合器电路端子 4 与 5 之间的电阻，其正常值应约为 38Ω。否则，说明电磁离合器电路有故障。

2）工作情况检查。当将执行器插接器端子 5 与电源正极连接，端子 4 与电源负极连接而使电磁离合器通电时，应该能够用手在位置 A 和位置 B 之间转动执行器控制臂；如果不给电磁离合器通电，不能转动执行器控制臂，如图 6-16b 所示。

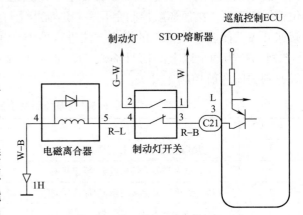

图 6-15 电磁离合器与 ECU 的连接电路

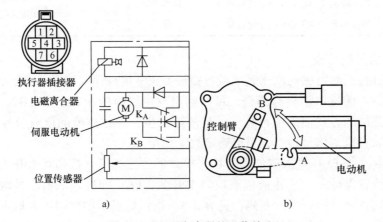

图 6-16 电磁离合器的工作检查

a）执行器插接器及电路　b）电磁离合器工作检查

3) 电路检查。检测执行器线束侧插接器端子 5 与巡航控制 ECU 线束侧插接器端子 3 (L) 之间线路的导通性，踏下制动踏板时不应导通，放松制动踏板时应导通。

（2）驱动电动机及其电路检查

驱动电动机与巡航控制 ECU 的连接电路及其检查方法详见图 6-17 及其注解。

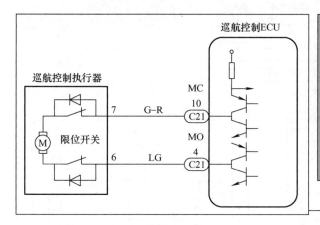

图 6-17 驱动电动机与巡航控制 ECU 的连接电路

（3）位置传感器及其电路的检查

位置传感器与巡航控制 ECU 的电路连接如图 6-18 所示。

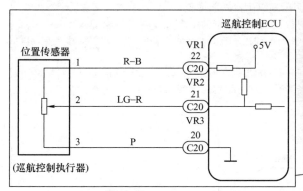

图 6-18 位置传感器与巡航控制 ECU 的连接电路

（4）巡航控制开关及其电路检查

巡航控制开关与 ECU 连接电路及检查方法详见图 6-19、图 6-20 及其注解。

（5）制动灯开关及其电路检查

制动灯开关与 ECU 连接电路及检查方法详见图 6-21、图 6-22 及其注解。

4. 故障征兆诊断

当对巡航控制系统进行自诊断测试后，若读取到故障码，则应根据故障码内容进行故障诊断，以确定故障具体部位。若未读取到故障码，但巡航系统仍有故障征兆存在，则可根据故障征兆表进行故障诊断。表 6-8 是汽车巡航控制系统故障征兆诊断表。同一个故障征兆有几种可能的原因,当对某一故障征兆进行故障诊断时,应按表中列出顺序对相应的部件或电路进行检查。

巡航控制开关与巡航控制ECU电路的检查

1) 电阻的检测。 拆下转向盘中心衬垫,脱开巡航控制开关插接器,测量巡航控制开关插接器的端子3与4以及端子3与5之间的电阻(图6-20)。当开关处于不同位置时的电阻值应如表6-7所示。

2) 电路检查。 检测巡航控制开关线束侧插接器端子3、4、5分别与巡航控制ECU线束侧插接器端子19、8、18之间的线路是否断路、短路或搭铁。

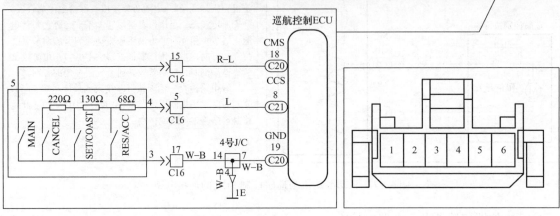

图 6-19 巡航控制开关与巡航控制 ECU 的连接电路   图 6-20 巡航控制开关插接器

制动灯开关与巡航控制ECU电路的检查

1) 检查制动灯开关。 拔下制动灯开关插接器,测量制动灯开关端子之间的导通性。当放松制动踏板时,端子1与2之间的电阻应为∞,端子3与4之间的电阻应为0。当踏下制动踏板时,端子1与2之间的电阻应为0,端子3与4之间的电阻应为∞。

2) 电路检查。 分别检查制动灯开关线束侧插接器端子1和3与ECU线束侧插接器端子12和3、制动灯开关线束侧插接器端子2和4分别与制动灯和巡航控制执行器线束侧插接器端子5之间是否断路、短路或搭铁。

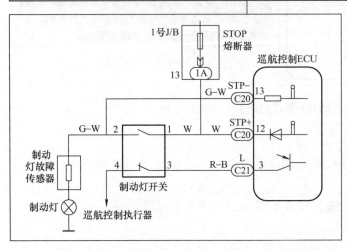

图 6-21 制动灯开关与巡航控制 ECU 的连接电路图

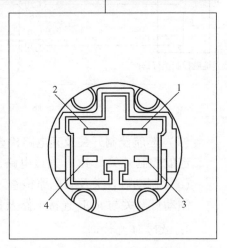

图 6-22 制动灯开关插接器端子

第六章 汽车巡航控制系统故障诊断与检修

表 6-7　控制开关电阻检查表

检测的控制开关插接器端子	开关位置	电阻值	检测的控制开关插接器端子	开关位置	电阻值
3 与 4	各开关均关断	∞	3 与 4	CANCEL（取消）开关通	约 420Ω
3 与 4	RES/ACC（恢复、加速）开关通	约 70Ω	4 与 5	MAIN（主）开关通	0
3 与 4	SET/COAST（设定、减速）开关通	约 200Ω			

表 6-8　汽车巡航控制系统故障征兆诊断表

检查部位＼故障征兆	驱动电动机电路	车速传感器电路	控制开关电路	制动开关电路	主节气门位置传感器电路	与电控自动变速器通信的电路	与EFI通信的电路	驻车制动开关电路	空档开关电路	电源电路	备用电源电路	主开关电路	诊断电路	执行器拉索	巡航控制ECU
不能设定或自动取消（故障码正常）	8	3	4	5			7	6	1		2				9
实际车速明显高于或低于设定车速	4	2			5	3								1	6
上坡行驶时档位在 3 档和 O/D 档之间频繁变换						1	2								3
踏下制动踏板不能取消巡航控制	3			2										1	4
施用驻车制动不能取消巡航控制	3							2						1	4
变速杆移至空档位置不能取消巡航控制	3								2					1	4

（续）

检查部位 故障征兆	驱动电动机电路	车速传感器电路	控制开关电路	制动开关电路	主节气门位置传感器电路	与电控自动变速器通信的电路	与EFI通信的电路	驻车制动开关电路	空档开关电路	电源电路	备用电源电路	主开关电路	诊断电路	执行器拉索	巡航控制ECU
巡航控制开关不工作（不能设定、滑行、加速、恢复、取消）	3		2											1	4
车速在40km/h以下可以设定或不能取消	3	2												1	4
加速或恢复响应差	3					2								1	4
即使在平路上O/D档也不能恢复						1									2
故障码记忆被清除											1				2
故障码不输出或不应输出时输出													1		2

第七章 车身辅助电控系统故障诊断与检修

车身辅助电控系统主要包括汽车前照灯、仪表报警系统、遥控中央门锁系统以及防盗器等。

第一节 汽车前照灯主要类型和仪表报警系统常见故障诊断

一、汽车前照灯的主要类型

1. 白炽灯

白炽灯是一种采用钨丝发光的最传统的前照灯，但目前仅限于少数低端车采用。

2. 卤素灯

1）原理。在白炽灯灯泡中掺入少量碘，从灯丝蒸发出来的钨原子与碘原子化合生成碘化钨，而当其与1450℃以上高温灯丝接触时又会分解为碘和钨，如此循环。卤素灯不仅亮度比白炽灯更亮，且寿命更长，灯泡不会发黑，灯丝也不易烧断，因此现在仍被广泛采用。

2）配光结构。每个灯泡内有远光和近光两组灯丝。近光都是朝下漫射，不会给对面驾驶人造成眩目。

3. 氙气灯

1）性能特点。所需电流仅为3.5A，而亮度是卤素灯的3倍；使用寿命1500~2500h，比卤素灯长10倍。出现故障时会逐渐变暗而不突然熄灭。

2）结构特点。为无钨丝高压气体（氙气、金属卤化物与少量汞）放电型前照灯。起动3s内即能产生相当于55W卤素灯3倍的光通量。

3）工作原理。它是由包裹在石英管内的高压氙气取代钨丝；当打开氙气灯时，氙气灯ECU通过增压器在几微秒内将12V直流电压瞬间提升到23000V以上，经过高压震荡激发氙气电子游离，与金属原子碰撞发光，在两极之间产生类似于太阳光的超强电弧光源。当灯光稳定后，镇流器提供85V电压保持其恒定运转。

4. LED灯

LED即发光二极管，其结构原理详见图7-1及其注解。

5. 激光灯

激光灯的发光元件为激光二极管，它比LED具有更大的优势，其亮度更高、导向更灵

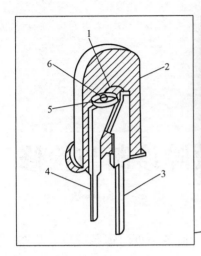

LED灯结构原理
1) 结构。LED灯由PN结芯片、正负电极、光学主附件等组成。
2) 工作原理。①在洁净的环氧树脂中封装有发光半导体晶片(面积 $0.248mm^2$)，当在PN结的P端加上正电压时，空穴就会流向N端，而电子由N端流向P端与空穴结合，且在结合过程中以光能形式释放出光子。②当电流从LED正极流向负极时，半导体晶体就会发出从紫外线到红外线不同颜色的光线，其强弱与电流大小相关。
3) 应用情况。LED用于近光灯、远光灯、转向指示灯、日间行车灯、驻车灯等，如奔驰、宝马、丰田、凯迪拉克、斯柯达、劳斯莱斯等的前照灯。
4) 环保效果。如飞利浦生产的"D4S型无汞氙气灯LED"可消除汞污染。

图 7-1　LED 灯
1—金线　2—环氧树脂　3—正极　4—负极　5—反光碗　6—PN 结芯片

活、照射距离更远。固体激光器有红宝石激光器，气体激光器分为氦-氖激光器与氩激光器，半导体激光器有激光二极管。半导体激光器由 P 层、N 层和形成双异质结构的有源层构成。激光二极管按照 PN 结材料类型分为同质结、单异质结（SH）、双异质结（DH）以及量子阱（QW）激光二极管。QW 具有阈值电流低、输出功率高的优点，为目前市场的主流产品。例如奥迪 Q7、宝马所采用的 QW 激光后雾灯可以在极端雾霾情况下具有很强的穿透力，且其激光束成扇形向斜下方照向地面，不会对后方驾驶人产生眩目影响。

二、仪表板显示内容与使用方法

仪表板显示内容有各类仪表、系统指示灯、信息显示中心与多信息显示中心。

1. **仪表显示部分**

仪表是反映车辆各系统工作状况的装置。它监测发动机运转状况，使驾驶人随时观察与掌握汽车各系统工作状态。现代汽车仪表普遍采用由集成电路组成的包括液晶显示、真空荧光数码显示以及二极管显示等在内的电子组合仪表。但目前大部分车型显示车速、发动机转速等信息的仪表仍采用传统的指针式。

（1）车外温度表

显示车外空气温度的仪表，单位是摄氏度（℃），目前拥有这种功能的车型基本上都在综合显示屏上直接用数字显示这一信息。

（2）瞬时油耗表

显示车辆某一瞬间油耗情况的仪表，单位是 L/100km。不少车型已经采用综合显示屏显示油耗，并能换算出剩余油量还能行驶的里程数。但奔驰、宝马等公司有些型号车辆仍使用传统仪表显示。

（3）自动档档位显示

用于指示自动档档位。不同车型的显示方法不同，有的使用指示灯配合图形，有的则通过显示屏直接显示。

(4) 转速表

驾驶人可以通过该表了解发动机的运转情况，并据此决定档位和加速踏板的配合，使车辆处于最佳运行状态，减少油耗，延长发动机使用寿命。

(5) 速度表

速度表是现代车辆必备的仪表之一，它显示的是汽车的时速，单位是千米/时（km/h），有些欧美国家同时采用英制单位（mile）。现代轿车已装备了使用传感器的电子车速表。

(6) 里程表

里程表是记录车辆行驶里程的仪表，多整合在速度表内。它对于车主判断车辆的整体状态、常见故障等有着特别的作用。同速度表一样，以前的里程表也是机械式的，目前有相当数量的车型采用了电子里程表。

小计里程表：记录车辆某一段短途行驶里程的仪表，多与里程表整合在一起，能够随时清零。它能帮助车主掌握某段路程的长短以及计算油耗等。

(7) 冷却液温度表

显示冷却液温度的仪表，单位是摄氏度（℃）。由于以前汽车发动机都是用水来充当冷却液的，所以该表俗称水温表。现代汽车基本上都已使用了专门的冷却液。

2. 指示灯部分

各指示灯符号与名称如图 7-2 所示。

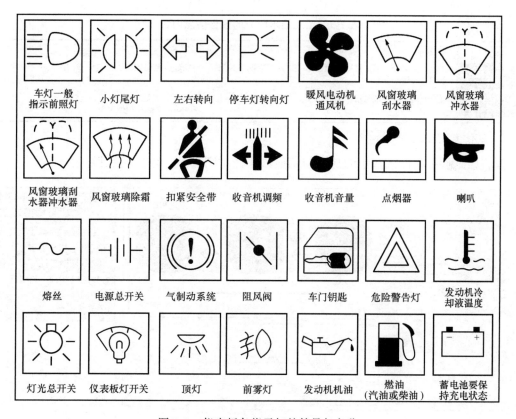

图 7-2　仪表板各指示灯的符号与名称

3. 信息显示中心部分

信息显示中心的功能与切换方法详见图7-3、表7-1及其注解。

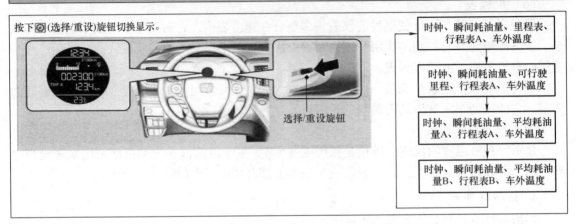

图7-3 信息显示中心的功能与切换方法

表7-1 信息显示中心的警告信息内容

信息	条件	说明
NO KEY	在电源模式处于ON且智能钥匙不在车内的情况下关闭车门时出现	将智能钥匙带回车内并关闭车门时,该信息消失
KEY BATT	当智能钥匙的电池电量微弱时出现	尽快更换电池 ▶ 更换纽扣型电池

4. 多信息显示中心部分

多信息显示中心低区显示的功能与切换方法详见图7-4、图7-5及其注解。

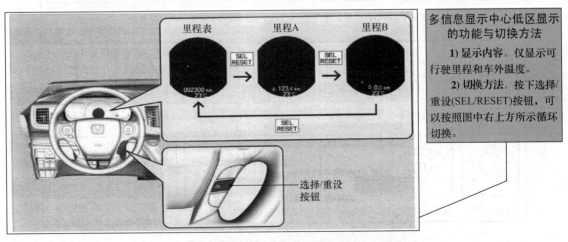

图7-4 多信息显示中心低区显示的功能与切换方法

多信息显示中心主要显示的功能与切换方法

1) **显示方式**。显示方式分主要显示和低区显示两种。
2) **主要显示的内容与切换方法**。① 显示内容包括平均耗油量/瞬时耗油量、可持续行驶距离、所经时间、平均车速、车辆设定等。② 显示重要信息，如警告信息与帮助信息等。③ 切换方法：按下信息按钮(▼)，可按照图中所示顺时针方向切换；按下信息按钮(①▲)可按照图中所示逆时针方向切换。

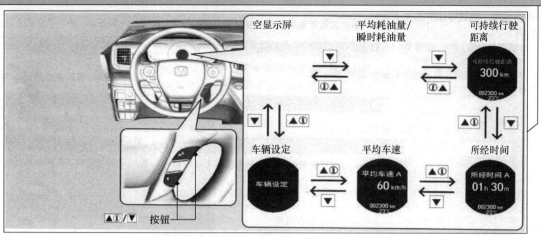

图 7-5　多信息显示中心主要显示的功能与切换方法

多信息显示中心显示警告信息内容可达约 30 种，包括车辆的行驶方向、平均车速、油耗、剩余燃油可以行驶距离、胎压、车外温度、维修提示等。信息会一条一条地显示，告诉驾驶人车辆状况的变化，并要求驾驶人采取相应措施加以修正。

5. 多信息显示中心的个性化设置功能

多信息显示中心的个性化设置功能详见图 7-6 及其注解。

多信息显示中心的个性化设置功能

1) **个性化设置功能**。使用多信息显示屏对某些功能进行个性化设定。
2) **设定方法**。①当点火开关在ON位置且车辆完全停止，即P档位时，按下(▲①/▼)按钮，选择"车辆设定"显示屏；②选择(选择/重设)按钮，以确定选中的显示项。
3) 个性化选项列表详见表7-2所列共7项内容。

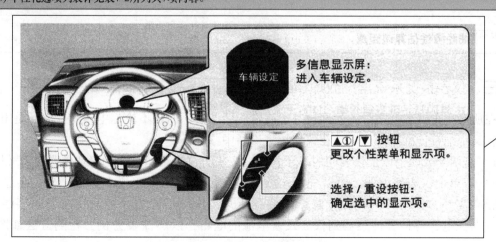

图 7-6　多信息显示中心的个性化设置功能

表7-2 多信息显示中心的个性化选项列表

设置组	个性化功能	说明	可选设置
胎压监测系统校准		初始化胎压监测系统（DWS）	取消/校准
驾驶辅助系统设定	盲区监测	更改盲区监测的设定	声音和视觉警报/视觉警报/关闭
仪表设置	语言选择	更改显示语言	中文/英文
	调节外部气温显示	调整温度读数若干度	-3℃ ~ ±0℃ ~ +3℃
	里程A重设条件的切换	更改如何重设行程表A、平均耗油量A、平均车速A和所经时间A的设置	与加油联动/关闭点火开关时联动/手动
	里程B重设条件的切换	更改如何重设行程表B、平均耗油量B、平均车速B和所经时间B的设置	与加油联动/关闭点火开关时联动/手动
	燃油消耗量显示时的背影照明	打开和关闭环境表功能	开启/关闭
	发动机节能自动起停显示	选择发动机节能自动起停显示是否出现	开启/关闭
设定智能钥匙系统	语音报警系统的音量	更改抓住任意前车门把手时的蜂鸣声音量	大/小
	遥控门锁蜂鸣器提示	解锁/锁止车门时使蜂鸣器发出声响	开启/关闭
设定灯光	车内灯光减光时间	更改关闭车门后车内照明灯保持点亮的时间长度	60秒/30秒/15秒
	前照灯自动熄灭时间	更改关闭驾驶人侧车门后车外灯保持点亮的时间长度	60秒/30秒/15秒/0秒
	自动点灯敏感度	更改前照灯点亮的时间	最高/较高/中/较低/最低
设定车门	遥控落锁提示	锁止/解锁-车外灯闪亮 锁止（第二次按下）-蜂鸣器鸣响	开启/关闭
	自动重锁时间	更改解锁车辆却未打开任何车门后车门重新锁止且启用防盗系统所需的时间	90秒/60秒/30秒
恢复原厂设定		取消/重设所有个性化设定为默认设置	取消/实行

三、仪表报警系统常见故障诊断与检修

在所有汽车仪表电路中，大部分都配有电源稳压器，而且不论是电磁式仪表还是电热式仪表，又都配有传感器。这样，在仪表故障诊断中：

1）若两个或两个以上仪表同时不工作，应先检查仪表熔丝和电源稳压器是否有故障。

2）若单个仪表不工作，应首先确定故障是在传感器还是在仪表。首先检查传感器的接线是否完好，如正常，可将传感器的接线断开，然后用万用表检测传感器的接线是否有电。若无电，应检查传感器到仪表及蓄电池的电路，以燃油表为例，检测方法如图7-7所示。

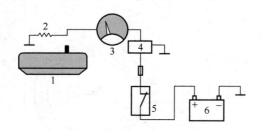

图 7-7 仪表故障检查方法

1—燃油箱 2—电阻 3—燃油表 4—电源稳压器 5—点火开关 6—蓄电池

1. 燃油表故障诊断与排除

1) 用变阻器代替传感器进行检测。以奥迪车燃油表为例，其检测标准是，当阻值为 40Ω 时，指针指示为 1；当阻值为 78Ω 时，指针指示为 1/2；当阻值为 283Ω 时，指针指示为 0。如果检测结果与上述相符，说明传感器工作正常。否则，仪表有故障，应更换仪表。

2) 如两个或两个以上仪表同时不工作，先检查熔丝；若熔丝正常，再检查电源稳压器，如图 7-8 所示。

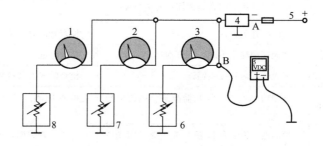

图 7-8 电源稳压器电路

1、2、3—仪表 4—电源稳压器 5—蓄电池正极 6、7、8—传感器

2. 车速里程表的故障诊断与排除

机械式车速里程表常见故障有噪声、不工作、读数不准或指针抖动等。

(1) 噪声

一般是软轴（里程表线）缺油、表轴磨损等。

(2) 车速里程表不工作、读数不准或指针抖动

首先检查软轴与其他线束是否有交错挤压现象，然后检查驱动齿轮啮合间隙和蜗轮蜗杆啮合间隙。

3. 转速表的故障诊断

以桑塔纳轿车为例，发动机转速表的常见故障是不工作，原因是线路或仪表本身有故障。检测方法详见图 7-9 及其注解。

4. 信号灯常见故障及其排除方法

信号灯常见故障及其排除方法见表 7-3。

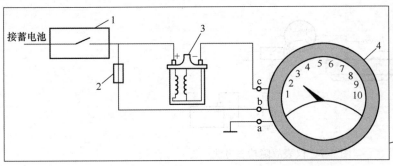

图7-9 转速表的检测

1—点火开关 2—熔丝 3—点火线圈 4—转速表

转速表的检测方法
1) 检查点火线圈负极接线柱是否接触良好。
2) 检查转速表后面黑色三孔插座是否接触良好。
3) 用万用表检查三孔插座的工作状况。

表7-3 信号灯常见故障及其排除方法

故障现象	故障原因	排除方法
尾灯和牌照灯不亮	熔断器断；灯光控制开关故障；配线或接地故障	更换熔断器；检查灯光开关，必要时更换；检修线路
停车灯不亮	熔断器断；停车灯开关故障；配线或接地故障	更换熔断器；调整或更换开关；检修线路
仪表灯不亮	灯光控制变阻器故障；配线或接地故障	检查变阻器，必要时更换；检修线路
危险警告灯不正常	熔断器烧坏；闪光器损坏；开关故障	更换熔断器；检修或更换闪光器；检修开关
两侧转向灯同时亮	转向灯开关失效	检查转向灯开关
两侧转向灯闪烁频率不同	两侧灯泡功率不同；有灯泡坏	检查灯泡
转向灯常亮不闪烁	闪光器损坏；接线错误	检查闪光器及接线
转向灯闪烁频率过高或过低	低频功率不当；闪光器故障；电源电压不正常	检查灯泡；检查闪光器；调整电压调节器
转向灯不工作	熔断器熔断；线路断路或短路；闪光继电器损坏；转向开关损坏	分别检查熔断器、线路、闪光继电器和转向开关
倒车灯不工作	灯泡损坏；倒车灯开关损坏；线路断路	分别检查灯泡、倒车灯开关和线路

5. 喇叭常见故障及其排除方法

喇叭常见故障及其排除方法见表7-4。

表7-4 喇叭常见故障及其排除方法

故障现象	故障原因	排除方法
喇叭不响	喇叭电源线路断路	找出断路处接好
	过载或电路短路，熔断器烧断	找出短路处，更换熔断器
	喇叭线圈烧坏或脱焊	更换或者重新焊接
	喇叭触点烧蚀或不能闭合	打磨触点，重新调整触点
	喇叭导线端头与转向器之间的接线脱开	插紧或重接
	导线在转向器轴管里扭断	更换或重接
	喇叭按钮上的连线脱焊或接触不良	重焊
	按钮搭铁或接触不良	检修
	继电器线圈断路，触点间隙过大，触点不能闭合	检修调整

(续)

故障现象	故障原因	排除方法
声音不佳	蓄电池亏电	充电
	喇叭触点烧蚀，接触不良	清洁并打磨触点
	喇叭膜片破损	更换
	膜片复位弹簧钢片折断	更换
按下喇叭按钮，只发出"哒"的一声	调整不当，喇叭触点不能张开	重新调整触点
	喇叭触点间短路	拆下触点固定螺钉，更换绝缘垫
	电容器或灭弧电阻短路	更换或检修
触点容易烧蚀	调整不当，工作电流过大	重新调整
	喇叭线圈有匝间短路，触点电流过大	检修
	电容器或灭弧电阻损坏	更换新件
喇叭常鸣不停	喇叭按钮线短路	检修
	喇叭继电器触点烧结一起	检修或更换

【案例 7-1】 桑塔纳 2000Li 轿车转向灯的左右闪光频率不均匀

1. 故障现象

该车的右侧转向灯闪光频率快，左侧转向灯闪光频率慢。

2. 故障分析与排除

一般出现转向灯左右闪光频率不均匀的可能原因有导线接触不良、灯泡功率选配不当或闪光器故障等。

1）首先进行线路检查，通过对转向灯开关、闪光器连接端子等处的接线检查，未发现松动或接触不良的地方。

2）检查转向灯灯泡功率，经查，两侧转向灯灯泡功率相同。

3）进行更换闪光器比较试验。由于该车闪光器为不可调的电容式闪光器，故更换一只同型号的新的正常的闪光器，但是故障仍未排除。

4）进行转向灯开关的检测。根据以上具体检查情况分析，本故障最大可能的原因在转向灯开关上。于是决定解体转向灯开关，以检测两侧转向灯输出线的电阻值。分别打开转向灯开关至左和至右，用万用表电阻档分别测量结果，发现右侧电阻值远远大于左侧电阻值。说明右侧的转向灯开关接触不良。继续拆检发现，右侧转向灯开关触点烧损十分严重，且弹簧片已经失去弹力，使得接触电阻增大。

5）解决方案：因开关烧损严重，修复比较困难，决定更换一个新组合开关。更换后故障彻底排除。

第二节　遥控中央门锁系统与防盗器原理及故障诊断

本节以桑塔纳 2000 轿车为例进行介绍。

一、中央门锁的工作原理

桑塔纳 2000 轿车中央门锁控制电路如图 7-10 所示。

1. 门锁闭锁

将左前门门锁提钮压下，集控开关第 2 位触点被接通。由于提钮压下过程中，集控开关附带的控制触点 K 已被短暂闭合过，故左前集控锁控制器 J_{53} 的动合触点闭合。这时，电源经熔断器并通过 J_{53} 的闭合触点及集控开关 2 号第 2 位加至集控门锁内部电源线 P_2；与此同时，电源的负极经集控开关 1 号第 2 位加至集控门锁内部电源线 P_1。电动机反转，带动各门锁闭锁。

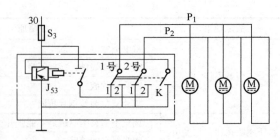

图 7-10　桑塔纳 2000 轿车中央门锁控制电路

电流回路为蓄电池正极→熔断器（S_3）已闭合的左前集控锁控制器（J_{53}）的动合触点→集控开关 2 号第 2 位 P_2→电动机→ P_1→集控开关 1 号第 2 位→接地→蓄电池负极。1 ~ 2s 后，左前集控锁控制器 J_{53} 控制其已闭合的触点断开，从而切断了为电动机供电的电源，电动机停转，门锁保持在闭锁状态。

2. 门锁开启

将左前门门锁操纵提钮拔起，集控开关第 2 位触点被断开，第 1 位触点闭合。在这一过程中，集控开关附带的控制触点 K 又被短暂闭合，从而使左前集控锁控制器 J_{53} 的触点再次闭合 1 ~ 2s。这时，电源经 J_{53} 的闭合触点和集控开关 1 号第 1 位加至内部电源线 P_1；而电源的负极经集控开关 2 号第 1 位加至内部电源线 P_2。内部电源的供电电压极性改变，电动机正转，各门锁开启。

电流回路为蓄电池正极→熔断器（S_3）→已闭合的左前集控锁控制器（J_{53}）的动合触点→集控开关 1 号第 1 位→ P_1→电动机→ P_2→集控开关 2 号第 1 位→接地→蓄电池负极。

门锁开启 1 ~ 2s 后，左前集控锁控制器 J_{53} 控制其已闭合的触点断开，电动机停转，门锁保持在开启状态。由于图 7-10 所示电源为车内常火线，与蓄电池直接相连，所以中央集控门锁装置对门锁的控制功能与点火开关的钥匙位置无关。

3. 故障诊断

1）用点火钥匙开启驾驶人侧车门门锁时，其余车门部分能自动开启。部分不能开启故障可能的原因有相关电路接触不良、断路，门锁电动机故障，中央门锁控制模块故障等。

2）用点火钥匙开启驾驶人侧车门门锁时，其余车门全部不能自动开启故障可能的原因有蓄电池无电，中央门锁控制模块的供电电路和接地电路故障、中央门锁控制模块故障、车门锁电动机的控制电路故障。

3）当拉杆变形、门锁锈蚀严重时，用手动拉钮操作时会不顺，应拆检门锁。

二、遥控门锁系统故障诊断案例

【案例 7-2】　丰田威驰轿车遥控门锁系统的故障诊断与检修

1. 门锁控制开关的检查

门锁控制开关的检查如图 7-11 和表 7-5 所示。

2. 门锁总成的检查

门锁电动机的检查和端子图如图 7-12、图 7-13 和表 7-6、表 7-7 所示。

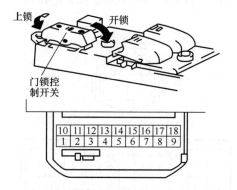

图 7-11 门锁控制开关的检查

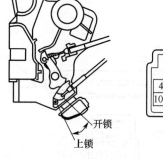

图 7-12 门锁电动机的检查和端子图

表 7-5 门锁控制开关端子检查

端子号	开关位置	标准状态
1-5	LOCK	导通
—	OFF	不导通
1-8	UNLOCK	导通

表 7-6 门锁端子的检查

测量条件	标准状态
蓄电池正极—端子4 蓄电池负极—端子1	上锁
蓄电池正极—端子1 蓄电池负极—端子4	开锁

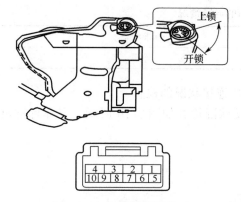

图 7-13 门锁端子的检查

表 7-7 门锁总成端子的检查

端子号	门锁位置	标准状态
7—9	上锁	导通
—	OFF	—
7—10	开锁	导通
7—8	上锁	不导通
	开锁	导通

3. 遥控器及遥控门锁的诊断

（1）遥控器基本功能的检查

1）当钥匙上的任何开关按 3 次时，检查发射器的发光二极管是否亮 3 次。若发光二极管没有闪烁，说明遥控器缺电，应进行电池的更换。

2）检查能否用遥控器锁上和打开所有的车门。

3）按下 LOCK 开关时，检查警告灯应闪烁一次，同时锁上所有的车门。

4）按下 UNLOCK 开关时，检查警告灯应闪烁两次，同时打开所有的车门。

5）按下 PANIC 开关时长不少于 1.5s 时，检查防盗警报器应该鸣叫，警告灯开始闪烁；

再次按下 UNLOCK 开关或 PANIC 开关时，声音和闪烁应停止。

(2) 门锁报警开关总成的检查

门锁报警开关总成的检查如图 7-14 和图 7-15 所示，具体标准可参考表 7-8 和表 7-9。

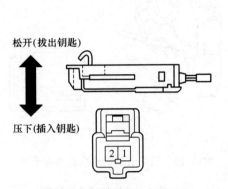

图 7-14 检查门锁报警开关的导通情况

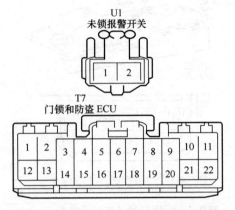

图 7-15 检查门锁报警开关的搭铁情况

表 7-8 检查开关的导通情况

端子号	开关动作	标准状态
1 – 2	开关松开（拔出钥匙）	不导通
	开关压下（插入钥匙）	导通

表 7-9 检查连接端子之间的导通情况

端子号	标准状态
U1-2 和 T7-11	导通

(3) 门锁控制继电器总成—门锁和防盗系统 ECU 连接状况的检查

门锁控制继电器总成—门锁和防盗系统 ECU 连接状况检查如图 7-16 所示，具体标准可参考表 7-10。

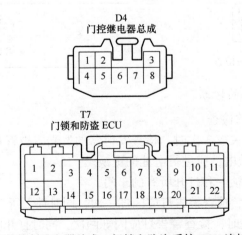

图 7-16 门锁控制继电器总成—门锁和防盗系统 ECU 连接状况的检查

第七章 车身辅助电控系统故障诊断与检修

表 7-10 检查连接端子之间的导通情况

端子号	标准状态
D4-6 和 T7-20	导通
D4-7 和 T7-21	导通

4. 防盗器常见故障诊断

防盗器常见故障及排除如表 7-11 所示。

表 7-11 防盗器常见故障及排除

故障现象	故障原因	排除方法
遥控操作不起作用，按遥控器各功能按键时，遥控器的红色 LED 指示灯不亮	电池电量用尽；电池正、负极簧片生锈或接触不良；遥控器被雨淋或进水、油浸等	将电路板取出，用酒精清洗后，用家用电吹风机吹干或待其自然干燥后就可以使用
汽车防盗系统工作正常，起动机运转正常，但车辆不能起动	报警器或汽车本身电器故障	切断点火继电器的两条粗线短接，若车辆能起动，说明防盗系统有故障，一般是继电器损坏。若车辆仍无法起动，则说明汽车本身电路有故障
遥控器某一功能键失效，按该键时 LED 指示灯不亮	本功能键损坏或按键端子与电路板的焊点脱焊	拆开遥控器进行检修
未使用遥控器时，指示灯经常自己亮，或只要装上电池指示灯即常亮，而操作遥控器没有反应	遥控器的按键没有弹性；按键有短路性损坏	更换遥控器按键导电胶皮

5. 车门电子锁常见故障诊断

车门电子锁常见故障及排除见表 7-12。

表 7-12 车门电子锁常见故障及排除

故障现象	检测条件	故障原因
车门锁系统未工作		①电源熔断器熔断；②门锁电动机有问题；③门锁控制继电器有故障；④门锁连接线路有故障或系统搭铁不良
车门锁不能工作	使用车门锁手动开关时	①门锁手动开关有问题；②门锁手动开关连接线路有故障
车门锁系统不能工作	使用车门钥匙时	①门锁连杆脱落；②门锁钥匙锁止和打开开关有故障；③门锁连接线路有问题

第三节 故障诊断案例

【案例 7-3】 通用雪佛兰景程 EF22 轿车熔丝易熔断

1. 故障现象

一辆配备 1.8LDVVT 型发动机的通用雪佛兰景程轿车，出现仪表指针异常，防盗指示灯点亮而背景灯不亮、收音机界面不显示、空调不能工作等多项故障。

2. 故障诊断与排除

检查熔丝盒。通过客户了解到，只要更换 EF22 熔丝，车辆就会恢复正常，但是用不了多久熔丝会再次熔断。根据图 7-17 可知，发动机舱熔丝 EF22 下辖仪表板熔丝盒中的多个熔丝。既然上游熔丝烧断，下游熔丝正常，说明短路在上、下游熔丝之间，故障点应该在发动机舱熔丝盒至仪表板熔丝盒之间线路上。但通过对该段线束进行检查，未发现任何异常。

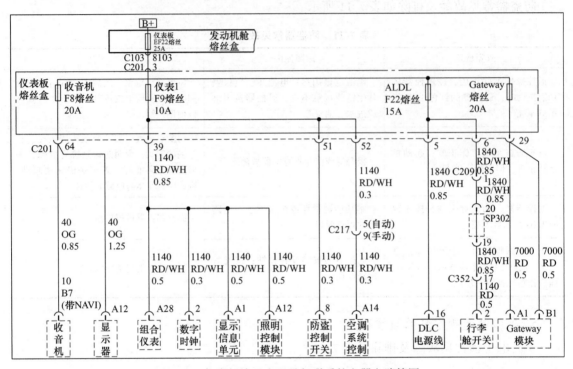

图 7-17 仪表板熔丝盒以及相联系的电器电路简图

会不会是下游熔丝规格过大，导致耐受电流超出额定值呢？为此，将下游熔丝的额定值全部调整降低。即将 F8 原 20A，更换为 15A 的；F9 原 10A，更换为 7.5A 的；F22 原 15A，更换为 10A 的。只有图 7-17 中的 Gateway（多功能模块）熔丝 20A 未做改动（因该熔丝位于熔丝盒的内部）。这样，若下游支路过载，则下游熔丝必定先熔断，这样就可判断故障点所在支路了。

用万用表测量熔丝电阻，然而故障再次出现，仍旧是只有 EF22 熔丝熔断。EF22 下游熔丝已经全部更换为比额定值小的熔丝了，为什么还是 EF22 熔断呢？难道是仪表板熔丝盒或发动机舱熔丝盒内部短路？用万用表测量 EF22 熔丝电流输出端至接地的电阻，结果万用表显示为"0"。当把仪表板熔丝拔掉后，变为"OL"。此测量结果说明仪表板熔丝盒内部短路。于是更换了仪表板熔丝盒。

但是用户使用了一段时间后，故障再次出现。这说明故障点不在仪表板熔丝盒。之所以会误判是由于万用表使用不规范，其原因有以下两种：其一，当用万用表 FLUKE 17B 测量电阻时，若电路存在电压，则会显示"0"而造成误导；其二，若被测量的电路中有集成电路（例如模块）时，电路中有电容，在测量初期，电容充电会显示"0"，而当电容充满时，则会显示"OL"。当然,这一读值变化过程需要一段时间,而恰恰是这一过程给测量人员造成了误判。

进行电路分析。通过电路图分析可知,仪表板熔丝盒内全部是电源线,没有搭铁线,所以不存在短路的可能。维修人员再次将发动机舱熔丝盒至仪表板熔丝盒之间的线束剥开,但没有发现短路的情况。于是又更换了发动机舱熔丝盒。但是客户反映,故障仍会频繁出现。

客户又提供了一个重要线索:当车辆经过凹坑,左前侧有较大起伏时,熔丝就会熔断。从EF22熔丝熔断处间距较大且呈爆开状分析,故障原因很可能是线路突然短路造成的。而根据电路图(图7-17),EF22其下辖的支路熔丝皆是完好的,EF22怎么会熔断呢?

现在只能怀疑电路图有问题了。从发动机舱熔丝盒处测量,EF22熔丝只有一根线去往仪表板熔丝盒,与电路图相符。从仪表板熔丝盒处测量,来自EF22熔丝的电源被仪表板熔丝盒分成了4条支路,且每条支路上都有熔丝。而实际情况是多出了1条支路,有5条。这与电路图描述是不相符的。该支路上的熔丝被称为ESP熔丝。

查维修手册,维修手册上关于该熔丝的描述是"F23电子稳定程序熔丝,30A,未使用"。然而此车并没有配置ESP系统,只有ABS系统,而且ABS有单独的熔丝。因此,这是一个闲置的熔丝。其输出端是不会有用电设备的。但事实并非如此,经检查发现,该熔丝为两前座椅加热模块供电。难道是座椅受挤压时引发的故障现象?检查左、右座椅下面的线束,未发现任何异常。如果真的存在短路,很可能在座椅线束至仪表熔丝盒之间。经检查,除仪表板内的线束无法看到,其余可见部位均无异常。至此,断定短路点一定在仪表板内部线束。

如果拆开仪表板检查,工作量太大,不划算,因此决定将线路稍做改动。将仪表板内部怀疑短路的线割掉(放弃),并重新增加一段从仪表板熔丝盒至座椅线束的供电导线。同时将该线连接到F23(ESP,30A)。客户使用一段时间后,故障未再现。至此,故障彻底排除。

3. 维修小结

这是一个典型的间隙性短路故障。之所以出现诊断波折,是由于厂家电路图错误所致。根据实际电路线路走向(图7-18),终于找到了故障点。同时也发现了线路布置中的不合理之处。

【案例7-4】 福特福克斯轿车行李舱门无法开启

1. 故障现象

一辆长安福特福克斯三厢轿车,行驶28580km,车主反映行李舱门无法打开。

2. 故障诊断与排除

故障验证与读取故障码。接车后,首先验证故障现象,确实如客户所述。为找到故障点,连接福特IDS专用诊断仪读取故障码。但无故障码存储。再用IDS读取车身控制模块(中控锁模块集成在车身控制模块内部)的数据流。

当未按下行李舱外部开启开关时,行李舱外部开启开关未激活(未被操作),行李舱门处于关闭状态,BCM也未给开锁电动机发出开锁指令。于是按下行李舱外部开启开关,读取BCM显示数据。

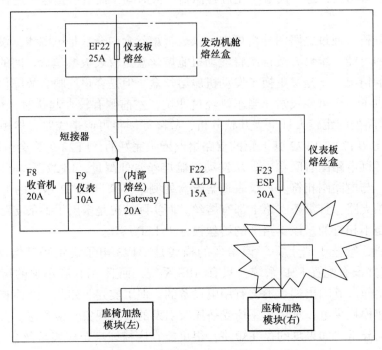

图 7-18 EF22 熔丝的实际线路走向图

从数据显示来看，BCM 确实已经控制相关电路导通，以开启行李舱门锁了，且显示门锁已经开启。但是实际情况是行李舱门锁仍处于关闭状态。故以此可以推断故障原因可能是①行李舱门锁坏了；②BCM 所控制的电源线路无法到达行李舱门锁，中间线路出现断路或短路。

查询相关电路（图 7-19）可知，门锁电动机开锁/闭锁电源直接来自 BCM，并通过 C44-E-6 号线。而门锁电动机作动/状态反馈都是通过 C44-E-7 线完成的。

线路排查。首先查看 F65 熔丝（10A），正常。掀开后排座椅，钻进行李舱内，将行李舱门锁锁扣固定螺栓拆下，打开行李舱，拆下行李舱门内饰板，拔下行李舱锁电动机的插头 C4PL7。从图 7-19 可知，C4PL17 的 1 号端子是行李舱门锁的电源线，2 号端子是接地线。于是将试灯接至 C4PL17 的 1 号及 2 号端子，按动行李舱开锁开关，发现试灯没有闪亮。说明行李舱门锁相关电路没有接通。顺着线路图往回找，在右后翼子板内侧有一个 C44-E 的插接器。其中的 C44-E-6 是行李舱锁的电源线，C44-E-9 是接地线。将试灯接至 C44-E 的 9 号端子和 6 号端子，在 3s 内按两次无线电遥控器上的行李舱开锁，行李舱门打开。

3. 维修小结

打开行李舱门锁有三种方法：①在 3s 内按两次遥控器上的行李舱开锁按钮；②按一次遥控器上的行李舱开锁按钮，然后在 4~5s 内按下行李舱门外部开启开关；③如果中控已经解锁，且驾驶人车门是打开的，则按下行李舱门外部开启开关即可。结合电路图得知，以上三种方法都要通过 BCM 去控制行李舱开锁电动机。倘若 BCM 损坏，三种途径都将失灵。

第七章 车身辅助电控系统故障诊断与检修

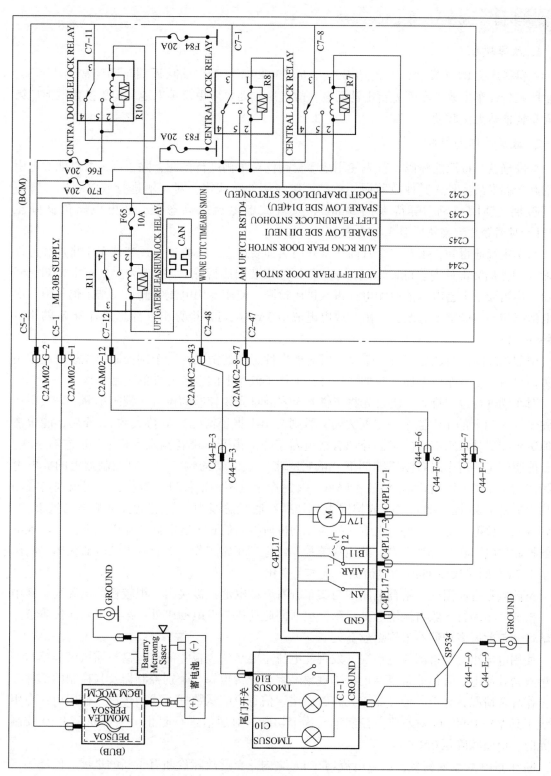

图 7-19 行李舱门锁电动机控制电路

【案例 7-5】 奥迪 Q5 静态放电故障

1. 故障现象

一辆搭载 2.0TSI 发动机的奥迪 Q5，行驶 73000km。车主反映近期车辆经常无法起动，车主朋友告知车主故障原因为蓄电池问题，故进店主动要求更换蓄电池。但更换蓄电池后第二天车辆依然无法起动。

2. 故障诊断与排除

故障确认与读取故障码。首先使用故障检测仪对车辆进行检测，除了因为蓄电池亏电引起的几个偶发故障外无其他故障码。连接厂家专用的电流钳，对车辆进行放电测量（降下车门玻璃，锁闭车辆，等待大约 3min），发现放电电流忽高忽低，放电电路最低降至 0.511A 时稍等片刻突然增至 3.20A 左右。

与车主沟通得知，该车三个月前在维修门店加装过无线接收器。遂建议车主将加装部件拆除（因该加装部件安装位置隐藏，车主开回原安装门店拆除）。第二天上午车主告知已经拆除，但当天早上蓄电池依然无电，再次进店检测。使用专用电流钳测量，结果仍与第一次放电情况相同，丝毫没有改善。由于放电电流为 3A，故可以推算出外部总共有 36W 的用电器部件工作。

引起该故障的可能原因有：①室内灯有偶发性工作的情况；②个别控制单元故障或控制开关信号错误；③车辆上还存有加装部件，干扰了汽车上的电子元件的正常工作。

对车辆进行逐项排查。①首先将车辆开至安静且光线较差的位置，锁闭车辆。一人留在驾驶舱（车门上的车内监控一定要关闭，否则会出现报警情况）等待大约 2min 后，能很清晰地听到在驾驶人正前方的车辆外部有继电器工作的声音，声音频次大概在 20s 左右一次。接着能听到车辆行李舱右侧连续四下"嘀嗒嘀嗒"快节奏的响声。此时控制器上的放电电流瞬间增至 3A 以上，随后电流逐渐降低。②对产生响声的部件进行查找，发现出现连续四次响声的是 J540 控制单元，一般情况下它挂靠在底盘总线中。使用电流钳单独测量 J540，未发现明显放电情况。出现一次响声的为发动机所控制的 645 继电器。在出现声音时发现继电器控制端电压在 11.5V 左右，此电压能控制继电器正常工作。③将 645 继电器拔掉，电压降至 1.2V，同时拔掉 J540 后电流大小基本无变化。

至此感觉有所困惑。结合电路图与实车查看，蓄电池正极接出三根较粗的电源线，其中第一根通向车辆行李舱右侧熔丝处；第二根通向起动机与发电动机处；第三根通向仪表板左侧熔丝盒与前风窗玻璃右下侧熔丝盒处。

使用电流钳分别检测放电情况，发现此电流主要是仪表板左侧熔丝盒与前风窗玻璃右下侧熔丝盒处放电。看似非常复杂的故障现象经综合分析得知，个别控制器及其控制的部件存在工作异常情况，导致其他控制单元异常，错误信息只能从数据总线中传出。使用奥迪专用总线工具 VAG1598/38 对左前方控制单元逐个切断，对通信进行阻止。当切断至 J519 控制单元时，电流骤降至 0.162A。

断开 J519 后反复测量，放电电流均在 1A 之内。至此故障诊断有了新的进展。问题锁定在 J519 自身及其所控制的用电器上。因为 J519 所控制的电器元件太多，只能对每个插头断开试验（前提条件是，尽量不要断开控制 J519 供电与搭铁的插头）。当断掉 T17L 黑色插头时，放电电流突然恢复正常。

反复试验后确定插头 T17L 黑色控制端子存在异常。经查找相关的电路图得知，此插头主要控制车内顶灯、刮水器电动机以及脚步照明灯。于是对所控制的部件逐个排查，当拆下车顶天窗控制盖板时发现，在顶灯处还安装有一个信号控制接收器。拆下该信号控制接收器后，再次测量放电情况，结果放电电路恢复至正常数值，即在 50mA 以内。反复测量放电电流，结果一直稳定在 46mA。三天后电话回访，车辆起动正常，故障彻底排除。

3. 维修小结

该故障诊断开始看似简单，但分析到发现 J540 与 J632 出现不正常现象时，感觉又比较复杂。当遇到这种比较复杂现象的故障时，需要冷静综合全面分析。引起这种复杂现象的故障原因，一般情况下应为某个控制单元损坏，例如控制单元的供电与搭铁存在虚接、外加电器设备信号干扰，以及外加电器设备的加入影响了总线原有的工作环境并引起工作错乱。该案例为典型的外加电器设备所引起控制单元工作异常，并导致对其他控制单元产生干扰所致。由于所加装的电器需要的供电直接接到 J519 控制顶灯的 T171/17 电路中，而顶灯供电为占空比供电，因此破坏了原有电路的外界负载状态，引发该故障。

【案例7-6】 福特蒙迪欧轿车天窗不能翘起

1. 故障现象

一辆配备 2.0T 发动机的福特蒙迪欧 GTD240 至尊版轿车，采用 6 档手自一体变速器，客户反映天窗不能翘起，影响通风功能。

2. 故障诊断与排除

故障确认。当按住通风键时，天窗确实没有反应。根据客户所述，购买该车后第一次使用天窗通风时，就没有这个功能。分析可能的原因有开关故障、电动机故障、线路故障、天窗初始化匹配问题等。

首先怀疑是天窗初始化匹配问题，故进行基本设定。本着由简到繁的原则，首先怀疑是天窗初始化匹配的问题，遂进行基本设定。初始化程序是①确保天窗在全关位置；②驾驶人车门打开，将点火开关置于 ON 位置；③关闭车门，并等待室内灯熄灭；④按动通风按钮 1 次，无论天窗玻璃是否有上翘动作，按动左侧阅读灯 1 次，按动右侧阅读灯 4 次，再按动左侧阅读灯 1 次；⑤关闭点火钥匙，打开车门，打开点火钥匙（这个步骤要求在 3s 内完成）；⑥按住上翘按钮保持不动，等待天窗玻璃执行全关；⑦关闭点火钥匙，设定完成。经反复尝试，结果没有成功。

与正常车辆对比。倘若天窗电动机损坏，天窗玻璃在开启位置。更换电动机后应从上述步骤②开始执行，执行到第⑥步时，天窗玻璃执行全关→上翘通风→关闭→全开→全关程序。若发现第⑥步天窗玻璃前进 10cm 后退回，则应在断开蓄电池 5min 后重新执行学习步骤。

怀疑是部件或线路故障。按照上述步骤，经过反复设置不能成功。于是怀疑是部件或线路故障。接着对天窗开关进行调换新件验证，故障依旧，说明故障点不在开关。再进行天窗电动机调换新件验证，故障依旧。

将故障点锁定在线路上。经查询电路图，得知天窗翘起是由 CPR38 号线控制。于是拔下天窗开关接插器 C930 和天窗开启面板模块 C921 插头，测量 C930 端子 19 与 C921 端子 7 之间的电阻，发现电阻值无穷大（即断路）。于是找到并断开 C919 插接器，发现 C919 插头的 4 号端子出现倾倒现象。随即修复倾倒端子，并重新插好 C919 插头，故障得以排除。

3. 维修小结

此故障虽然简单，但在实际维修过程中不可能每辆故障车都去查电路图。但通过查电路图，我们了解了每根线的作用。如果是脉冲宽度调制（Pulse Width Modulation，PWM）信号，甚至可以测这一根线的波形，因此故障会很快被发现。随着技术的进步，车辆智能模块增多，查询电路已经不是什么不专业的标志。行之有效的修理，是一次降低修理费用的极佳深度维修。

第八章 车载移动通信系统与汽车导航系统故障诊断与检修

第一节 车载移动通信系统

一、移动通信的分类及其在车辆定位系统中的应用

1. 移动通信的分类

移动通信又称移动无线数据传输，有如下多种分类方法。
(1) 根据工作方式分类

根据工作方式，可分为单工制、半双工制和全双工制移动通信。
(2) 根据使用地域分类

根据使用地域，可分为陆上移动通信、海上移动通信和空中移动通信。
(3) 根据基地台的网络组成分类

根据基地台的网络组成，可分为线状、块状和混合结构移动通信。
(4) 根据使用性质分类

根据使用性质，可分为公用移动通信、专用移动通信和特种移动通信；也可分为民用移动通信和军用移动通信。
(5) 根据服务区域分类

根据服务区域，可分为大区制、小区制、微小区（微微小区）制和混合制移动通信。
(6) 根据用户容量分类

根据用户容量，可分为大容量、中容量和小容量。若结合服务区域，则有大区小容量和小区大容量等。
(7) 根据业务种类和性质分类

根据业务种类和性质，可分为移动无线电话系统、指挥调度系统；也可分为专用电话通信和电话、数据兼有，甚至还包括图像传输的通信。
(8) 根据控制方式分类

根据控制方式，可分为集中控制式和分散控制式移动通信。

2. 移动通信在车辆定位系统中的应用

根据移动通信的特点与实现方式，在车辆定位系统中应用的移动通信可以归纳为以下六类。

(1) 常规通信网数据传输

最简单的车辆定位系统采用常规通信方法，即建立一个管理心，多个用户共用一个或多个信道。系统一旦设定完毕，各用户仅能利用自己的信道进行数据传输。基于常规通信网进行数据传输组成的车辆定位系统的作用范围与信道的频段、中心站天线高度、发射功率等因素有关。

(2) 集群通信网数据传输

集群通信系统是专用调度通信系统。其特点是频率复用，即系统内用户共同使用一组频率。用户每次建立通话前首先向调度台提出申请，调度台将搜索到的空闲信道分配给该用户。集群通信为用户提供的基本业务有话音通信、保密话音通信、数据及状态信息传输，并具有多种呼叫接续方式，如移动台到移动台、移动台到调度台双向、有线接续等。呼叫类型有单呼、组呼、全呼和无线互连呼叫等。

集群通信系统的分类方法有多种：按照信令类型分，有模拟信令、数字信令及混合信令系统；按照信令方式分，有共路信令方式和随路信令方式；按照话音分，有数字集群、模拟集群；按照控制方式分，有集中控制、分散控制等。

(3) 蜂窝移动通信方式

集群通信系统和常规通信系统都属于专用移动通信，由某一部门独立建设和使用，一般都只能在某一特定地区、特定部门中使用；覆盖范围较小，严重限制了车辆定位系统的应用范围，而且容量比较小；在有些专业频率十分拥堵的地方已无频率可以申请，以至于无法建网。蜂窝移动通信方式利用频率复用技术实现频率资源的有效利用；目前已经从模拟制式发展到数字制式，网络覆盖已达到全国范围。充分利用已有的蜂窝网实现车辆定位系统的无线数据传输业务是一种既有效又经济的手段。

(4) 专用无线数据通信网

国际上较流行的无线数据通信还有采用 Mobitex 和 DataTAC 技术的专用分组无线网络，Mobitex 技术由爱立信公司和瑞典电信联合开发，用于美国的 RAM 网以及挪威、芬兰、比利时、荷兰、澳大利亚、加拿大、法国和韩国等的移动数据网。工作在 900MHz 或 450MHz 频段，理论传输速率为 8kbit/s，实际有效吞吐量为 2.4~4.8kbit/s。DataTAC 技术由摩托罗拉公司开发，在美国的 Ardis 网及德国、英国、加拿大等的移动数据网中应用。其理论传输率达到 9.6kbit/s 和 19.2kbit/s，实际的吞吐量为 2~8kbit/s。

(5) 广播数据通信系统

广播数据通信系统（Radio Digital System，RDS）首先由欧洲广播联盟和各个欧洲广播公司，尤其是瑞典的 Telecom Radio 和 BBC 所定义。它在调频立体声广播中利用附加信道来传送数据信息，是对调频广播的重大发展。RDS 以 57kHz 为副载波，带宽为 4.8kHz，数据速率为 1.1875kbit/s。

(6) 卫星通信方式

卫星通信是利用通信卫星提供转发功能，实现远距离、覆盖面广的通信。利用卫星通信作为车辆定位的数据传输方式，适合于需要覆盖面较广的车辆。但是该系统的车载终端成本较高，对于小范围的车辆监控并不适用。因此，一般采用主动查询的方式对各移动车辆进行定位数据采集。

第八章 车载移动通信系统与汽车导航系统故障诊断与检修

二、车载移动通信系统的功能与分类

1. 车载移动通信系统的定义与功能

车载移动通信系统又称车载信息娱乐（In-Vehicle Infotainment，IVI）系统，其目的是给汽车提供更多的通信、娱乐及移动办公功能。它和汽车本身的性能并无直接关系。IVI系统能够实现包括三维导航、实时路况监测、辅助驾驶、故障检测、车辆信息监测、车身控制、移动办公、无线通信及基于在线的娱乐功能，包括汽车音响系统（车载MP3）、车载电视娱乐系统（车载DVD）等，和TSP服务等一系列应用，极大地提高了车辆网络化与智能化水平。

2. 车载移动通信技术分类

（1）移动通信技术

移动通信技术是指移动体之间的通信或移动体与固定体之间的通信。移动体是指在移动状态中的物体（包括汽车、火车、轮船、人等）。移动通信系统由移动台、基台和移动交换局组成。目前已经投入使用的移动通信系统除蜂窝电话系统外，还有宽带无线接入系统、毫米波局域网（Local Area Network，LAN）智能传输系统、同温层平台等。从车联网应用角度看，可以使用的接入技术包括车载电话、无线3G（它是车联网中具有广泛应用的移动通信技术）、4G。未来几代移动通信技术如5G等最明显的发展趋势是要求高数据传输率、高机动性和无缝隙漫游。

（2）移动互联网技术

移动互联网技术是将移动通信与互联网两者结合成为一体的技术。它已经成为当今世界发展最快、市场潜力最大、发展前景最诱人的技术之一。移动互联网向用户提供多媒体业务并向多媒体信息发展，是未来移动通信发展的主要潮流。

（3）移动电话技术

车载移动电话具有抗干扰与抗屏蔽强的特点。其接收信号的性能比一般商用手机高25%以上，且具有录音功能、网络遥控功能和报警功能，以及智能防盗功能等。驾驶人可以通过预先设定的电话对车辆实施GMS网络范围内的远程遥控（包括遥控起动、开启空调、切断油路和电路、追踪定位、声光报警等）。在智能防盗功能方面，例如当系统受到异常原因而开启车门或起动发动机时，车载电话会立即按照预设的报警电话语音提示警情与报警。此时即使切断车辆电源，通信防盗主机和后备电源仍可持续工作8h，以确保防盗功能持续进行。

（4）车载传真技术

它可以清晰准确地收发重要信息和指令，及时签发文件与合同，因此主要应用于全方位移动办公以及应急救援，尤其广泛应用于公安、海关、消防、部队、政府部门以及机要部门等。

3. 车载电话与车载电视

（1）车载电话

车载电话系统组成包括电话ECU、免提麦克风、免提扬声器、收音机、适配器、手机和天线等。

247

1)电话 ECU。电话 ECU 代替手机连接所有外部信号,控制着整个系统的工作。电话 ECU 安装在中央副仪表板后部的下面(驻车制动手柄附近)。

2)免提麦克风。车载电话在免提状态时,麦克风拾取通话人声音信号通过电话 ECU 从手机发送出去。

3)免提扬声器。当有来电或车载电话在免提状态工作时,通过靠近驾驶人一侧的扬声器来收听对方的话语。对于装有标准收音机的汽车,驾驶人车门内的低音扬声器作为免提扬声器使用。装有带 BOSE 音响的收音机或无收音机的汽车,驾驶人一侧的 B 柱内有一个单独的免提扬声器。

4)收音机。当有来电或拨打电话时,车上正在工作的收音机会自动静音,通过音响的扬声器进行话音传输。

5)适配器。手机与电话 ECU 之间的信号交换是由适配器完成的。

6)手机。装入适配器的手机,只是操作单元,不再进行信号处理。接收或拨号要通过手机,没有手机,车载电话系统就不能正常工作。连接手机前,应先对手机进行必要的设置,设置为车载免提或协议免提、自动接听等,设置方法可以参阅有关说明书。

7)天线。天线是发射和接收电磁波通信信号的一个重要的无线电设备。如奥迪轿车电话天线安装于车顶后部,其优点是可利用车内既有的集成外接天线接口,将电磁辐射导向车外,消除了电磁辐射对人体的危害。

(2)车载电视

车载移动数字电视简称车载电视。通常安装在公交车、地铁和出租车等公共交通工具上,采用数字电视技术,通过无线发射、地面接收的方式进行电视节目传播。车载电视系统可分为发送端和接收端两个子系统。从技术角度则可分为信源和信道两部分。车载电视系统主要由信源编码/解码、多路复用/解多路复用、信道编码/解码和调制/解调等部分组成。

三、车载移动通信系统的组成

车载移动通信系统组成包括音源、功率放大器、扬声器、天线放大器及其他辅助设备,详见图 8-1 及其注解。

四、车载蓝牙系统

当今车载导航系统最新发展趋势是利用蓝牙(Bluetooth)无线技术,接收导航系统传送过来的信号。因此,熟悉与掌握车载蓝牙系统(HFT)的使用方法是非常有用且十分必要的。下面以广州本田轿车为例进行介绍。

1. 车载蓝牙系统的基本操作方法

对于配备了导航系统的车型,其蓝牙系统的操作方法,请参见导航系统手册。

对于未配备导航系统的车型,蓝牙系统可供使用车载音响系统拨打与接听电话,而不需要使用手机。

(1)使用 HFT 的前提条件

首先需要有与蓝牙兼容的移动电话。同时必须在车辆停止状态下,先将和蓝牙兼容的移动电话与车载蓝牙系统配对。

车载音响系统组成与元件分布

1）准音源（主机）。主要有如下三种。① 收音机，接收空间传送的FM/AM射频信号，音源单一，音响内部结构简单。② 卡带机，是以录音磁带为音源，它使用的是模拟技术，故频响范围窄、噪声大。③ 碟片机，它使用的是数字技术，其音源有CD、VCD、DVD、MD、硬盘机以及记忆棒播放器等。

2）功率放大器。简称功放，又称信号放大器，即将音频信号进行功率放大（电流放大），以驱动扬声器播放声音。它是整个音响中至关重要的部分，且一般设置有过热保护与短路保护，当温度达到160℃时保护电路启动，而当输出端短路时，放大器自动关闭，无输出。

当音响开/关机、状态转换、磁带快进/快退及翻面、自动调谐、电台切换瞬间，静音电路工作，以免扬声器发出噪声。静音电路分为两级：第一级在音频处理电路，以切断噪声信号的功放输入；第二级在功放级，通过关闭放大器来避免扬声器发出"哐哐"的背景声。

3）扬声器。即喇叭，其作用是作为还原设备实现声道的还原，它是决定音响性能与音响效果的关键部件。其种类包括全频、高音、中音、低音以及超重低音等扬声器。一般普通立体声轿车的音响配备两个全频带扬声器，多安装于仪表板左右侧（或左右侧的前车门内）；高档轿车采用四个扬声器（或更多）。

4）天线。天线有两个作用。其一，接收发射台的电磁波；其二是将所截获的高频电磁波的能量转换成高频电流的能量送给收音机。一般天线均采用顶置可拆卸结构，某些高档轿车天线则将天线固化在后风窗玻璃上，以避免天线被盗。

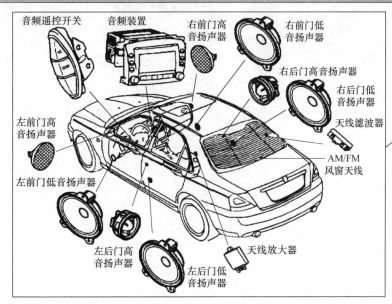

图 8-1　车载音响系统组成与元件分布

（2）掌握蓝牙按钮的使用方法

车载蓝牙系统按钮的使用方法详见图 8-2 及其注解。

（3）使用 HFT 之前的操作

需将蓝牙电话的开/关状态设置为开；同时点火开关必须在 ACCESSORY（Ⅰ）或 ON（Ⅱ）位置。

设置蓝牙电话开/关状态的方法（即进行"个性化功能设置"）：当车辆已经完全停止，且点火开关处于 ON 位置，然后进行以下设置：选择"设置"→选择"系统"→选择"蓝牙"→选择"蓝牙开/关状态"→选择"开"。

（4）熟悉蓝牙的状态显示

多功能综合信息显示系统会在有来电时通知车主（来电人姓名和来电人号码）。多功能综合信息显示系统上出现的信息因电话型号而异。可以使用个性化功能设置更改系统语音。

车载蓝牙系统的使用方法
1) **接听按钮**。按下该按钮以直接进入电话界面，或应答来电。
2) **挂断/返回按钮**。按下该按钮以结束通话，返回上一个指令或取消指令。
3) **通话按钮**。按下该按钮以呼叫带已存储语音标签的号码。
4) **双方框按钮**。按下该按钮以显示电话界面上的快速拨号、通话记录或重拨。
5) **箭头按钮**。按下该按钮以选择电话界面上显示的项目。
6) **SOURCE（媒体源）按钮**。按下该按钮以呼叫电话界面上所选项目中所列的号码。
   若要切换至"电话菜单"界面，选择"电话"，再选择"菜单"。

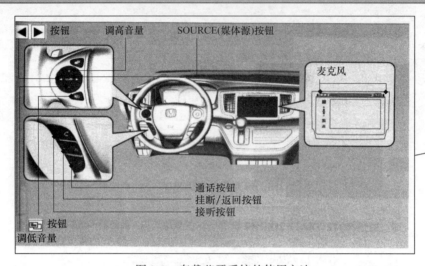

图8-2 车载蓝牙系统的使用方法

2. 熟悉HFT菜单

（1）熟悉电话设置界面

1）进入电话设置界面的方法：选择"设置"→选择"电话"。

2）电话设置具体项目设置方法。选择"连接电话/添加蓝牙设备"，将电话与系统配对。选择"连接电话/（现有条目列表）"，将电话连接至系统。选择"断开连接"，从系统断开配对的电话连接。选择"蓝牙设备列表/（现有条目列表）/编辑设备名称"，编辑之前配对的电话名称。选择"蓝牙设备列表/（添加蓝牙设备）"，将电话与系统配对。选择"快速拨号/新条目/手动输入"，输入电话号码存储为快速拨号。选择"快速拨号/新条目/从通话记录导入"，从通话记录选择电话号码存储为快速拨号。选择"快速拨号/新条目/从电话簿导入"，从电话簿选择电话号码存储为快速拨号。选择"快速拨号/（现有条目列表）/编辑"，编辑之前存储的快速拨号（包括变更名称、变更号码和创建/删除语音标签）。选择"快速拨号/（现有条目列表）/删除"，删除之前存储的快速拨号。选择"来电铃声"，选择来电铃声。选择"自动同步电话簿/通话记录"，设置为当一部电话与HFT配对时，电话簿数据自动导入。选择"初始值"，取消/重设所有电话设置组中的个性化项目为默认设置。

（2）熟悉电话菜单界面

1）进入电话菜单界面的方法：首先选择"电话"→选择"菜单"，便立即进入"电话菜单界面"（其中共有5个选项，即"快速拨号""电话簿""重拨""拨打""通话记录"）。

2）电话菜单内五个选项的具体设置方法如下：

① 选择"快速拨号"→"新条目"→"手动输入"→输入电话号码存储为快速拨号。

选择"快速拨号"→"新条目"→/"从通话记录导入"→从通话记录选择电话号码存储为快速拨号。

选择"快速拨号"→"新条目"→/"从电话簿导入"→从电话簿选择电话号码存储为快速拨号。

② 选择"电话簿"：显示配对电话的电话簿。

③ 选择"重拨"：重拨电话记录中拨打的最后一个号码。

④ 选择"拨打"：输入要拨打的电话号码。

⑤ 选择"通话记录"→"全部"（显示最后 20 个已拨、来电及未接电话）。

选择"通话记录"→/"已拨电话"（显示最后 20 个已拨电话）。

选择"通话记录"→/"已接来电"（显示最后 20 个已接来电）。

选择"通话记录"→/"未接来电"（显示最后 20 个未接电话）。

3. 掌握电话设置方法

（1）配对移动电话的方法

电话配对提示：车辆行驶时无法进行电话配对；最多可配对 6 部电话；电话与系统配对时，可能会加快蓄电池电量的消耗；如果电话未做好配对准备，或系统未发你的电话，则系统将返回上一个画面。

① 选择"电话"→选择"是"（确保电话处于搜索或发现模式）→选择"设定完成"。

选择"电话"→选择右向箭头按钮→HFT 自动搜索 Bluetooth 设备。

② 当列表出现时，请选择你的电话。

→选择右向箭头按钮→如果列表上未出现电话，选择刷新再次搜索。

→/ 如果仍然未出现电话，选择找不到电话，并使用电活搜索 Bluetooth 设备。

③ 系统会在多功能综合信息显示系统上显示配对码。

→ 选择右向箭头按钮→确认画面上显示的配对码是否与电话匹配。配对码可能因电话型号而异。

④ 如果配对成功，屏幕上将出现通知。

（2）更改当前配对电话的方法

若试着切换为其他电话时未发现或配对其他电话，则 HFT 会提醒重新连接原电话。

1）进入"电话设置界面"：选择"设置"→选择"电话"。

2）更改当前配对设置方法：选择"连接电话"→选择"你想要连接的电话"→选择右向箭头按钮→HFT 切断当前电话，并且开始搜寻其他可配对的电话。

（3）更改配对码设置的方法

默认配对码为 0000，直至更改设置。若要创建自己的配对码，请选择"固定"，并删除当前配对码，然后输入新的配对码。

1）选择"设置"→选择"蓝牙"→选择右向箭头按钮。重复此步骤选择 Bluetooth 标签，然后选择"编辑配对码"。

2）选择"固定/随机"（每次配对电话时，若要获得随机生成的配对码，则选择随机）。

(4) 编辑已配对电话名称的方法

1) 进入"电话设置界面": 选择"设置"→选择"电话"。

2) 编辑已配对电话名称的设置方法: 选择"蓝牙设备列表"→选择"您想要编辑的已配对电话"。选择"编辑设备名称"。编辑名称并选择"设置完成"。如果更改成功,将会出现通知。

(5) "删除已配对电话"的方法

1) 进入"电话设置界面"→选择"设置"→选择"电话"。

2) 删除已配对电话的设置方法: 选择"蓝牙设备列表"→选择"您想要删除的电话"。选择"删除此设备"。屏幕上出现确认信息→选择"是"。如果删除成功,将会出现通知。

4. 来电铃声更改方法

可以更改来电铃声的设定,方法如下。

1) 进入"电话设置界面": 选择"设置"→选择"电话"。

2) 更改来电铃声的设定方法: 选择"来电铃声"→选择"固定/手机端"。

3) 选择"固定": 扬声器中传出固定的来电声。选择"手机端": 扬声器中传出存储在已连接的移动电话中的来电声。

5. 自动导入移动电话簿和通话记录的方法

1) 当自动同步电话簿/通话记录设为开时,电话配对后,其电话簿的内容和通话记录会自动导入系统。

2) 从移动电话簿中的列表选择某人时,最多可以看到三个类别图标,这些图标表示该姓名存储的号码类型。

3) 更改自动同步电话簿/通话记录设置方法。

进入"电话设置界面": 选择"设置"→选择"电话"。

更改自动同步电话簿/通话记录的设定方法: 选择"自动同步电话簿/通话记录"→选择"选择开/关"。

注意: 在某些电话上,可能无法将类别图标导入系统。每次连接后,将更新电话簿,每次连接或通话后,将更新通话记录。

6. 熟悉快速拨号的方法

每部电话最多可存储20个快速拨号。若要存储快速拨号,进行如下操作。

(1) 进入电话菜单界面

选择"电话"→选择"菜单"→电话菜单界面(其中共有5个按键)。

(2) 进行快速拨号的设定方法

选择"快速拨号"→选择右向箭头按钮→重复此步骤→选择"新条目"→选择一个地方来挑选号码: ①从通话记录导入: 选择右向箭头按钮→从通话记录选择号码。②手动输入: 选择右向箭头按钮→手动输入号码。③从电话簿导入: 选择右向箭头按钮→从所连接移动电话的导入电话簿选择号→成功存储快速拨号后,要求创建号码的语音标签→选择"是/否"→选择"录音",为快速拨号条目存储语音标签→语音标签存储后→按下"通话"按钮并通过语音标签呼叫号码→说出语音标签姓名。

7. 掌握拨打电话的方法

共有以下 5 种拨打电话的方法。

(1) 使用"电话号码"拨打电话

1) 进入电话菜单界面：选择"拨打"→选择"号码"→自动开始拨号。选择"接听"→自动开始拨号。

2) 在车辆运动中，此项功能禁用。但是可以通过语音指令调出存储的语音标签进行快速拨号。

(2) 使用"导入的电话簿"拨打电话

1) 进入电话菜单界面：选择"电话簿"→选择"一个姓名"→自动开始拨号。

也可以通过字母搜索→选择"搜索"。

也可以使用触摸显示屏的"键盘"录入字母。

选择"拨打"→选择"号码"→自动开始拨号。

2) 在车辆运动中，此项功能禁用。但是可以通过语音指令调出存储的语音标签进行快速拨号。

(3) 使用"重拨"拨打电话

1) 进入电话菜单界面：选择"重拨"→自动开始拨号。

2) 也可以通过按住"接听"按钮→重拨电话记录中的最后一个号码。

(4) 使用"通话记录"拨打电话

通话记录分为全部、已拨电话、已接来电及未接来电。

1) 进入电话菜单界面：选择"通话记录"→选择"全部/已拨电话/已接来电/或未接来电"→选择"号码"→自动开始拨号。

2) 通话记录显示最后 20 个已拨/未接电话（仅当电话已经连接到系统时才会出现）。

(5) 使用"快速拨号条目"拨打电话

1) 进入电话菜单界面：选择"快速拨号"→选择"号码"→自动开始拨号。

2) 语音标签存储后，按下"通话"按钮并通过语音标签呼叫电话号码→快速拨号→选择"号码"→自动开始拨号。

3) 语音标签存储后，可以从任意界面通过语音拨打任意带有语音标签的快速拨号条目→按下"通话"按钮，并按照提示操作。

8. 接听电话的方法

有来电时，会出现语音通知音和来电中界面。

1) 按下"接听"按钮，以应答电话（暂停当前电话并接听来电）。

2) 按下"拒接"按钮，拒接或挂断来电（还可以选择触摸屏上的相应图标代替按钮）。

9. 接听通话期间的选项

通话期间，以下选项可用（可以选择触摸显示屏上的图标）。

1) 按下静音图标，使自己的语音静音（选择静音时，会出现静音图标）。

2) 按下手机接听图标，将通话从系统转换至手机接听。

3) 利用电话键盘，在通话间发送号码，在拨打自动语音服务功能的电话时很有用。

第二节 汽车导航系统

目前的导航系统已发展到利用"3C 技术"的十分先进的综合系统，即将计算机（Computer）、通信（Communication）及控制（Control）三种技术相结合的差分全球定位系统（Global Positioning System，GPS），建立了具有导航功能、防盗功能、调度功能、汽车主要工况的监测报警等功能的综合大系统。其民用精度已达到米级。车载导航系统最新发展趋势是利用蓝牙无线技术，接收车载 GPS 传送过来的信号。

一、汽车导航系统的主要功能

1. 对目的地进行最佳路线检索

该系统可以直接输入地名、经纬度、电话号码等进行路线检索，并能快捷地提供一条到达目的地的最佳路线。

2. 瞬时再检索功能

由于道路堵塞、路段施工或走错了路等意外情况，系统所推荐的最佳路线将行不通。这时要求系统具有瞬时自动再检索功能，重新提供新的行车路线。

3. 为检索方便提供丰富的菜单和记录功能

整个系统必须建立十分丰富的地名索引。大约应记录 1000 万件住所地名。30 万人口以上城市的电子地图应分 10 层表示，可以用街道、胡同、门牌号检索。

4. 提供实时语音提示

语音系统让人们直接与导航系统对话，用语音来提醒驾车人。例如一般道路在 300～700m 之前，高速公路在 2000m、1000m、500m 之前分别向驾驶人说明前方路面情况及可更改的方向、十字交叉路口名称、高速公路分支点、进出口、禁止左拐、禁止驶入的单行线等提示。此外还发展出许多其他用途，比如寻找附近的加油站、自动提款机、酒店，或者其他一些商店等。有的还可以提醒驾驶人如何避免危险地区或交通堵塞。

5. 扩大十字路口周围建筑物和交通标志功能

凡行驶在交叉十字路口前 300m 处，高速公路进出口前 300m 处，都要自动显示扩大了的十字路口附近全画面图，指出汽车位置、交叉点的名称、到交叉点的距离、拐弯后的道路名称及方向。

6. 导航系统和娱乐系统部件共用

即将许多导航部件与娱乐设备集成为一体。导航系统中的导航信号接收机、控制系统、存储器、可视显示设备、声音设备可同时支持导航和娱乐。集成收放机可设计成由 AM/FM 收音机、GPS 和蜂窝电话共用。为降低控制设备的复杂程度和方便使用，可开发声音激发控制、可变结构转向盘控制机、可变结构反馈显示器等控制方式。CD-ROM、硬盘或内存卡均可用来作为外部存储器。CD-ROM 播放器也可用来作为存储数字地图库和导航软件，还可用来播放音乐。内存卡既可作为导航系统的存储设备，也可用于其他的移动办公设备。显示监视器可用于导航地图显示和商业 TV 台。扬声器可用于聆听引导指令、普通 AM/FM 广播和免提蜂窝电话。

二、汽车导航系统的组成与基本原理

1. 汽车导航系统的组成

汽车导航系统的组成如图 8-3 所示。

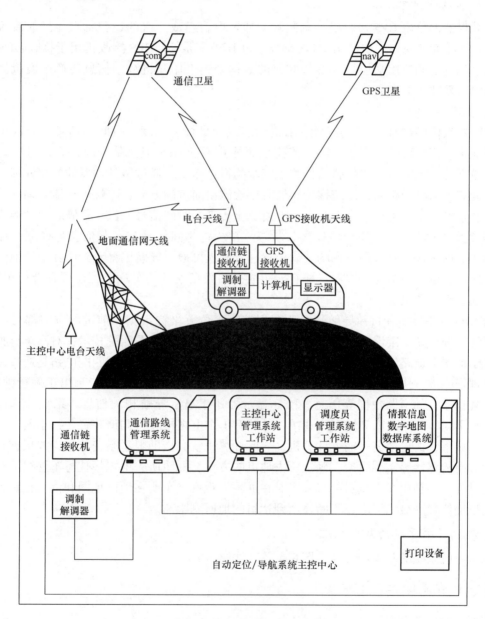

图 8-3 汽车导航系统的组成

汽车导航系统由主控中心、车载仪器部分和 GPS 接收机等组成。

（1）主控中心

主控中心由电台、调制解调器、计算机系统和数字地图四部分组成。主控中心的电台用来接收汽车上电台发出的位置信息，同时也可反控汽车。调制解调器负责反控命令和 GPS 信息的数/模转换工作。计算机系统在接收到汽车的位置信息后，进行简单的预处理，然后按事先约定的通信协议，包装该信息并通过 RS232 送往工作站。工作站则在矢量数字地图数据上显示汽车的位置，并提供空间查询功能。

（2）车载仪器部分

车载仪器部分由 GPS 接收机、调制解调器及电台组成。有的还包括自律导航装置、车速传感器、陀螺传感器、CD-ROM 驱动器、LCD 显示器等。GPS 接收机用于接收 GPS 发射的信号。调制解调器用来控制 GPS 接收机的数据采集工作并将数据信息转换成模拟信号后再通过电台发往主控中心。

（3）GPS 接收机

GPS 接收机接收 GPS 卫星信号，求出当前点的坐标、速度、时间等信息。当汽车行驶到地下隧道、高层楼群、高速公路等遮掩物而捕获不到 GFS 卫星信号时，系统可自动进入自律导航系统。此时由车速传感器检测出汽车的行进速度，通过微处理器的数据处理，由速度和时间算出前进的距离，由陀螺传感器直接检测出前进的方向，陀螺仪还能自动存储各种数据。装在汽车上的主动响应天线接收导航卫星传来的时间信号。汽车行驶时主动响应天线不断调整天线角度，使之处于最佳接收状态。系统将时间信号与车载信息数据进行综合处理，为人们提供最佳路线和车辆的精确位置，驾驶人可通过导航屏幕看到所在地区地图、车辆行驶路线、位置和最佳路线等。配有导航电视和激光视盘的车辆上，还可查看行车指南、道路交通、天气情况等。

由 GPS 卫星导航和自律导航装置所测到的汽车位置坐标数据、前进的方向都与实际行驶的路线轨迹存在一定误差。为修正这两者的误差，需采用地图匹配技术，对汽车行驶的路线与电子地图上道路误差进行实时相关匹配和自动修正。此时，地图匹配电路是通过微处理单元整理程序进行快速处理，得到汽车在电子地图上正确的位置，以指示出正确行驶路线。CD-ROM 用于存储道路数据等信息，LED 显示器用于显示导航相关信息。系统计算机内存储有汽车干线、公路地图和城市交通图，并装有 1 个电视接收机调谐装置。行车前，驾驶人把要去的城市、街道地名等输入计算机，导向计算机就会借助卫星系统信号，并根据车速传感器、方向传感器等实测数据，确定所去地点的方位，标明所去地点最佳行车路线。驾驶人在行驶过程中可利用车内显示装置，随时在屏幕上观察汽车所在地区地图和汽车在地图上任意时刻精确位置。显示屏上还不断显示到达目的地所剩距离。

2. 汽车导航系统的基本原理

汽车导航系统的基本原理详见图 8-4 及其注解。

三、汽车导航系统的分类

汽车导航系统有多种分类方法。

1. 按照功能分类

按照汽车导航系统的功能分类，可分为单功能导航系统和导航行驶综合系统。

汽车导航行驶综合系统是集汽车导航行驶、监控、防盗、旅游信息、交通控制与调度等的综合系统。

第八章 车载移动通信系统与汽车导航系统故障诊断与检修

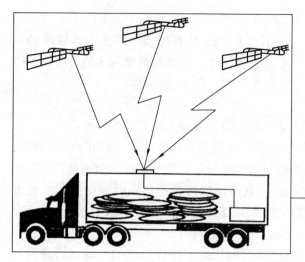

图 8-4　汽车导航系统的基本原理

汽车导航系统的基本原理
导航卫星在围绕圆形轨道运动时，发出事先决定的图像信息。接受侧根据卫星发出信号至接收到其反射信号的滞后时间，算出接收侧与卫星的距离 R。以卫星为圆心，以 R 为半径，就形成一个球面。当接收侧同时获得三颗导航卫星的距离时，就可形成三个球面，三个球面的交点就是接收侧的位置，也就是车辆的位置。这就是常说的"三星三维导航法"。

2. 按照车辆的信息是否实时返回控制中心分类

汽车导航系统按车辆的信息是否实时返回控制中心，可分为汽车开环导航系统和汽车闭环导航系统。

(1) 汽车开环导航系统

汽车开环导航系统是从控制中心或电台、卫星传感器等得到定位、方位、方向等信息，根据这些信息和电子地图可以确定起点到终点的最短行驶距离，但汽车的信息不能返回控制中心。如果某一道路上出现塞车、交通事故，桥梁出现断裂等天灾人祸时，驾驶人得不到来自控制中心或电台的信息，而汽车出现故障、被盗等问题时也无法和控制中心联系。

(2) 汽车闭环导航系统

汽车闭环导航系统不但有开环的所有导向功能，而且驾驶人可以使行车实时信息不断从控制中心返回。根据中心掌握的交通及气候等综合信息及时通知汽车改道行驶，在最短时间到达目的地。在汽车出现大故障无法返回或遇到盗抢等也可以报告控制中心，一方面告诉中心出现的问题；另一方面可随时报告自己的方位，以便营救。

3. 按有无引导功能分类

汽车导航系统可分为有引导功能的导航系统和无引导功能的导航系统，如图 8-5 所示。

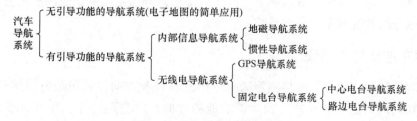

图 8-5　汽车导航系统的分类

(1) 无引导功能的导航系统

该系统只是简单的电子地图，驾驶人可以从车上 CD-ROM 存储器中调出本国城镇的方位、主干道、高速公路、桥梁等交通信息，也可以通过键盘方便地找到要到达的目的地，以及要行驶路线的各种所需信息，帮助驾驶人选择行车路线，但无引导功能。

(2) 有引导功能的导航系统

有引导功能的导航系统又可以分为内部信息导航行驶系统和无线电导航行驶系统。

1) 内部信息导航系统。这是一种装有电子陀螺或地磁等方向传感器（测出汽车行驶的方向）和距离传感器的汽车导航系统。它又可以分为地磁导航系统和惯性导航系统。

① 地磁导航系统（简称汽车导向行驶系统）：利用地磁传感器可随时测出汽车行驶方向，距离传感器测出距离，可以用计算机计算出汽车的行驶轨迹，及到达目的地的方向、剩余距离等，并可以在显示器上一一显示出来，以达到导航的目的。

② 惯性导航系统：惯性导航系统的方向传感器是利用电子陀螺制成的，其他设备及功能和地磁导航系统相同。

2) 无线电导航系统。该系统又分 GPS 导航系统和固定电台导航系统。

① GPS 汽车导航行驶系统有一个较灵敏的 GPS 信息接收装置，可接收到卫星发射的导航信息，经过计算处理后，可以得到汽车行驶的方位、速度、到达目的地的直线距离和已经行驶的里程。如和电子地图结合起来，其导航功能更加完善。

② 固定电台导航系统又分中心电台导航系统和路边电台导航系统。

中心电台导航行驶系统一般是一个集导向、车辆监控、防盗、差分 GPS 的应用等综合系统，并且具有闭环导航系统的所有功能。一般几十到几百公里为半径设一个中心站。除接收 GPS 信息外，还收发各个车辆的导航、防盗等综合信息。可以把任意车辆的实时轨迹显示在显示器上。较大的系统设一个中心站，下设若干个子站，每个子站带若干车辆，以扩大监控范围和导航的车辆数。

路边电台导航系统一般是交通控制和导航一体的综合系统。在高速公路的路边，每隔几百米到几千米设一个小功率电台。汽车上的小功率收发机通过经过的电台与交通控制中心交换信息，达到交通控制与导航的目的。

第三节 汽车内部信息导航系统

汽车内部信息导航系统主要由计算机、车速传感器、方向传感器、显示屏等组成。汽车车速传感器主要检测距目的地的距离；汽车行驶方向由方向传感器检测。这两个传感器信号通过计算机数据处理后显示在显示屏上。汽车内部信息导航系统的组成因所用方向传感器不同，分为地磁导航系统和惯性导航系统。

一、汽车地磁导航系统

地磁导航系统利用地磁方向传感器随时测出汽车行驶方向，利用距离传感器测出距离，用计算机计算出汽车的行驶轨迹、到达目的地的方向、所余距离等，并可由显示器显示出来，以起到导航作用。地磁方向传感器是一种以地磁为基准检测车辆方向的装置，按原理分为发电式方向传感器和霍尔元件式方向传感器。

1. 发电式车辆方向传感器

发电式车辆方向传感器结构与工作原理见图8-6、图8-7及其注解。

发电式车辆方向传感器的结构与工作原理

1) 结构组成。该传感器的结构如图8-6所示。它是一个双线圈发电机型地磁矢量传感器，由一个励磁线圈和两个垂直的线圈缠绕在具有高磁通率的圆环磁铁上组成。

2) 工作原理。如图8-7所示，通过检测地球的磁场确定汽车的绝对行驶方向。由于上、下线圈相位相反，故垂直方向磁感应电动势相抵消。若用电动机转动线圈和铁心，地磁的水平分量使铁心中的磁通密度产生变化，从而建立起磁场。在图8-7a位置，磁场方向朝内；在图8-7b位置，磁场强度为零；在图8-7c位置，磁场方向朝外。因此，在地磁检测线圈中，产生一个正弦交变电压，其相位由地磁场的方位决定。另一方面由光电断续器发出相位固定的脉冲信号，根据两个输出信号相位差，便可测出地磁方向。

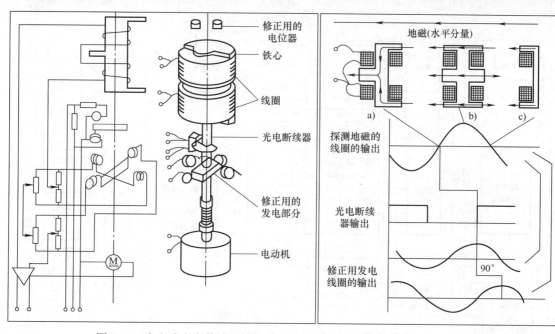

图8-6 发电式方向传感器结构　　图8-7 传感器工作原理

2. 霍尔元件式车辆方向传感器

该传感器是利用地磁磁场作为霍尔元件的外加磁场。霍尔电压（即传感器输出电压）正比于控制电流和磁感应强度。当电流一定时，霍尔电压与磁场强度成正比。如果地磁的磁场和霍尔元件平面法线成一角度，则作用在元件上的有效磁场是其法线方向的分量 $B\cos\theta$（B 是地磁的磁感应强度，θ 是地磁与霍尔元件法线的夹角）。元件是固定在汽车上的，因此这个角度可以转化为汽车与地磁的夹角。所以，霍尔电压与汽车和地磁的夹角有一定的数学关系。通过计算机的运算，即可从霍尔电压的大小求出汽车的方向。

二、汽车内部信息导航系统应用实例

本田惯性行驶系统借助于早期飞机导航装置，由于采用惯性方向传感器，所以又称本田电子陀螺仪。该系统由封入氮气的气体速度陀螺、霍尔式汽车速度传感器、行驶用计算机以及显示器组成。整个系统的硬件组成框图如图 8-8 所示。

> **惯性行驶系统电路组成**
>
> **1) 惯性方向传感器的结构和工作原理。** 惯性方向传感器的结构和工作原理如前所述。车速传感器由插入变速器的汽车速度表软轴带动一个具有8对永久磁铁磁极的转子和霍尔元件组成。转子每转一转，霍尔元件中就产生8个脉冲信号的输出。由于汽车驱动轮的圆周长是一定的(不考虑轮胎的气压及磨损)，霍尔传感器转子和驱动轮有一定的转速比，即每个脉冲对应汽车移动一定的距离。只要测出传感器输出的脉冲信号总数，经换算即可求出汽车行进的距离。如求汽车速度，需同时测出距离脉冲总数和总共经过的时间，经换算求出。
>
> **2) 系统的主计算机组成。** 系统的主计算机是由16位微处理器、10kB ROM、16kB DRAM(动态随机存储器)、1 kB SRAM(静态随机存储器)、A/D 转换器、可编程的接口器件和其他的 LC 器件组成。显示部分由 6in 的显示器、亮度及对比度调整电路、水平和垂直两个偏转线圈及其控制电路、人机对话用的输入开关群、显示器输出及其驱动等电路组成。

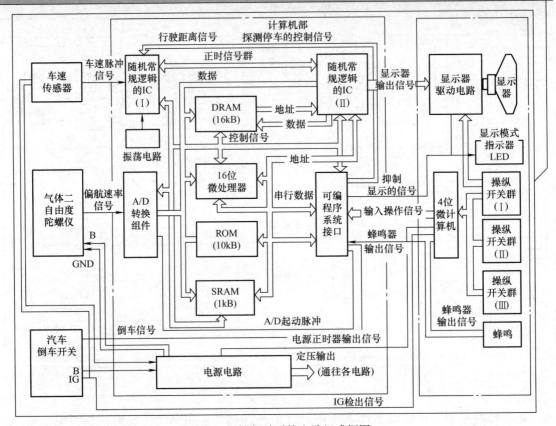

图 8-8 惯性行驶系统电路组成框图

三、汽车惯性导航系统的工作原理

惯性导航是利用惯性元件（即电子陀螺仪）来测量运载体本身的加速度，经积分和运算得到速度和位置，从而达到对运载体导航定位的目的。惯性车辆方向传感器实际上是一个电子陀螺，它比目前世界上现有其他 100 多种陀螺仪具有的优点有：其可靠性与寿命比一般陀螺仪高 1~2 个数量级，而价格为其他陀螺的 1/3~1/2；响应时间很短，约为 50~80ms；过载能力强等。同时它不像地磁方向传感器那样容易受外界磁场干扰。因此它越来越受到航天、汽车等领域的欢迎。

惯性车辆方向传感器的工作原理与电路如图8-9所示。

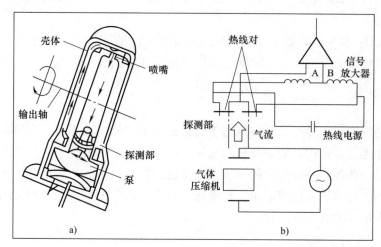

图8-9　惯性车辆方向传感器工作原理与电路

第四节　车载无线导航系统

一、车载无线导航系统的组成

1. 车载无线导航系统框图

无线导航是指通过测定无线电波从发射台到接收机的传播时间，或相位、相角来进行导航定位的方法。车载无线导航系统的组成如图8-10所示。

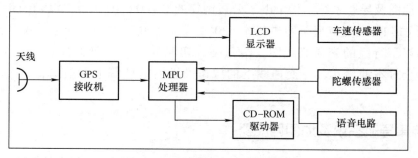

图8-10　车载无线导航系统组成

2. 车载GPS导航系统终端的组成

车载GPS导航系统终端通常由GPS接收机模块、无线通信模块、报警控制模块、语言控制模块、显示模块以及车载ECU等组成。

1) GPS模块：用来接收卫星发射的信息且安装到车辆上的小型装置。

2) 无线通信模块：用以完成信息交互功能，一般采用车载无线电话、电台或移动数据终端（MDT）。

3) 报警控制模块：向监控中心网络发出报警信号，通报车辆异常信息。

4）语言控制模块：完成声音控制及服务等功能。

5）显示模块：用来显示车辆位置、路况等视频图像信息，可选用 LED、显示器或 TV 方式显示。

6）车载 ECU：整合处理各个功能模块，并配合相应的软件完成指定功能。如进行数据处理、计算车辆所在位置的经度、纬度、海拔、速度和时间等。

二、电子地图

电子地图是现代汽车导航系统中最基本的也是最重要的组成部分。在早期只是单一地作为地图使用，并无引导作用。随着科技的发展，电子地图结合 GPS 技术、"3C" 技术、传感器技术等的发展，在各式各样先进的导航技术中已经广泛应用。绝大部分汽车导航系统中都包括有电子地图。目前已发展成应用比较成熟、多学科结合的数字化地图应用系统。其中比较有代表性、先进性的有以下两种。

1. Etak 导航电子地图

美国 Etak 公司等先后研制了各个国家、地区的高精度电子地图，包括美国、法国、德国等国家和我国香港地区的导航电子地图。其中美国 3.0 和 3.4 版本的电子地图覆盖了美国 100 多个主要城市。其使用地图比例为 1∶24000；版本 4.0 导航电子地图具有最佳路线寻找、地名匹配等功能。

2. 日本导航电子地图

日本导航电子地图联盟由 82 个日本公司组成。这些公司生产经营包括电子地图、车辆导航设备等。1988 年，联盟研制出第一版本的电子地图。地图比例为 1∶50000 和 1∶25000。到 1993 年，日本的城镇及农村公路网的电子地图数据量已达 2GB，并且有 50 多万辆汽车安装了电子地图及导航系统。松下电子公司销售的 CN-DV007D 型 DVD-ROM 车载导航系统只用一张 CD-ROM 光盘就可容纳日本 630 个大、小城市详细的交通情况，能从光盘中迅速检索出汽车行经的交通路线图，给驾驶人实时导航。光盘上录有上万个电话号码，有的还储有全日本的停车场、交通线上的旅馆、饭店地址等上百项内容，大大方便了车主的出行。

三、自律导航系统及地图匹配器

当汽车行驶在地下隧道、高层楼群、高架桥下、高山群间、密集森林等地段，会与 GPS 卫星失去联系，在中断信号的瞬间，汽车可自动进入自律导航系统。此时车速传感器从汽车前进的速度中检测出车速脉冲，通过汽车导航计算机（ECU）的数据处理，从速度和时间中直接求出前进的距离。

陀螺传感器直接检测出前进方向的变化和行驶状态（即汽车前进的角速度变化值）。例如，汽车行驶在发夹式弯路、环状盘形桥、轮渡过河等地段时，所有这些曲线距离与卫星导航的经纬度坐标产生了误差。通过陀螺传感器的检测和微处理器的运算才能得到汽车正确的位置。地图匹配器的功能及其修正路线详见图 8-11 及其注解。

地图匹配器的功能及其修正路线

1) 功能。 地图匹配器由GPS卫星导航与自律导航(包括车速传感器、陀螺传感器)所测到的汽车坐标位置数据及前进的方向与实际行驶的路线轨迹在电子地图上都存在一定误差。为修正这二者的误差,确保二者在电子地图上路线坐标相统一,必须采用地图匹配技术。即在导航系统控制电路中增加一个地图匹配电路,对汽车行驶路线(各处传感器检测到的轨迹)与电子地图上道路的误差进行实时数字相关匹配,做出自动修正。经过导航计算机(ECU)的整理程序进行实时快速处理,得到汽车在电子地图上指示出的正确位置路线。

2) 修正路线。 由于有了汽车行驶中接收到的GPS信息、陀螺传感器检测到的正确前进方向、车速传感器检测出的前进距离这三组数据,经过地图匹配器得到自动修正,从而完成了高精度的导航。

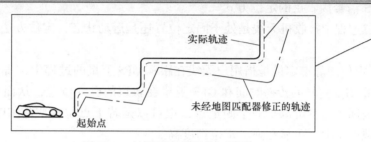

图 8-11　地图匹配器的修正路线

四、卫星定位系统

1. 卫星定位系统概述

卫星定位、导航系统目前已在美国、欧洲、俄罗斯以及我国先后建成使用。如美国的GPS、俄罗斯的GLONASS(格洛纳斯)、欧洲的GALILEO(伽利略)系统,以及我国的北斗系统(BDX)。现以GPS为例介绍。

GPS全称为导航卫星授时和测距全球卫星定位系统,它由空间部分、地面监控部分和用户部分三者组成。GPS能提供全球范围从地面到9000km高空间任一载体高精度的三维位置、三维速度和系统时间信息。

(1) 空间部分

空间部分使用24颗高度约20000km的卫星(其中21颗工作卫星,3颗备用卫星)组成卫星座。可保证全球任何地区、任何时刻有不少于4颗卫星以供观测。卫星发射两个载波无线信号,$L_1 = 1575.42$MHz,$L_2 = 1227.60$MHz,在L_1载波上调制1.023MHz的伪随机噪声码(称为粗码或C/A码)、10.23MHz的伪随机码(称为精码或P码)及50bit/s的导航电文;在L_2载波上只调制有精码和导航电文,C/A码用于低精度测距并过渡到捕获精码,精码用于精密测距。因美国政府对精码加密,故一般用户只能用C/A码。

(2) 地面控制部分

地面控制部分主要用来测量和计算每颗卫星的星历,编辑成电文发送给卫星,即卫星所提供的广播星历。地面控制部分由1个主控站、3个注入站和5个监测站组成。

(3) 用户部分

用户部分主要是GPS接收机,它接收卫星发射信号(导航电文),根据导航电文提供卫星位置和钟差改正信息,计算用户的位置。用户接收机按使用环境分为低动态接收机和高动态接收机,按所要求精度可分为C/A接收机和双频精码(P码)接收机。

2. GPS 信号接收机

(1) GPS 信号接收机的功能

GPS 信号接收机是一种能够接收、跟踪、变换和测量 GPS 信号的卫星接收设备。其主要任务是当 GPS 卫星在用户视界升起时,能够捕获到按一定卫星高度截止角所选择的待测卫星,并能够跟踪这些卫星的运行;对所接收到的 GPS 信号进行变换、放大和处理,以便测量出 GPS 信号从卫星到接收天线的传播时间并解译出 GPS 卫星所发送的导航电文,实时地计算出检测站的三维位置,甚至三维速度和时间。

(2) GPS 信号接收机的定位方式

根据定位过程中接收机天线是处于固定位置还是运动状态,定位方法可分为静态定位和动态定位。

1) 静态定位。静态定位是指用户天线在跟踪 GPS 卫星的过程中位置固定不变,接收机高精度地测量 GPS 信号的传播时间和 GFS 卫星在轨道的已知位置,从而算得固定不动的用户天线三维坐标。后者可以是一个固定点,也可以是若干点位构成的 GPS 网。静态定位的特点是多余观测量大、可靠性强、定位精度高。

2) 动态定位。动态定位是用 GPS 信号接收机测定一个物体的运动轨迹。动态定位的特点就是载体上的用户天线跟踪 GPS 卫星的过程中相对地球而运动,且接收机用 GPS 信号实时地测得运动载体的状态参数。GPS 信号接收机所在的运动物体叫作载体。按照载体的运行速度快慢,动态定位分成秒速为几米至几十米的低动态、秒速为一百米至几百米的中等动态,以及秒速为几千米的高动态三种形式。按照动态定位精度分为 20m 左右的低精度、5m 左右的中等精度,以及 0.5m 左右的高精度三种。

导航和动态定位虽难以严格区分,但导航侧重于"引导",一般它要求测定运动载体的七维状态数(三维位置、三维速度和时间)。因此,导航是一种广义的动态定位。

(3) GPS 信号接收机的结构组成

GPS 信号接收机的种类虽然较多,但从仪器结构来分析,则可概括为天线单元和接收单元两大部分,如图 8-12 所示。

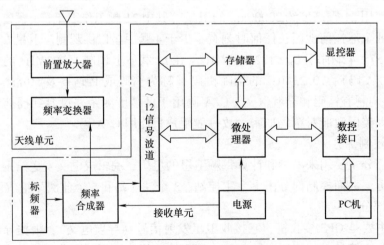

图 8-12 信号接收机的基本结构

1) 天线单元。天线单元由接收天线和前置放大器两个部件组成。GPS 信号接收机一般采用全向振子天线、小型螺旋天线和微带天线。

2) 接收单元。

① 信号波道。信号波道是接收单元的核心部分。它不是一种简单的信号通道，而是一种软硬件相结合的有机体，故以"波道"称之，予以区别。随着接收机的类型不同，它所具有的波道数目从 1~12 个不等。

② 存储器。为了差分导航和相对定位的检测后数据，许多接收机能够将定位现场所采集的伪距、载波相位测量和人工测量的数据，以及所解译的 GPS 卫星星历，都存储在机内。

③ 计算与显控。显控器通常包括一个视屏显示窗和一个控制键盘，它们均安装在接收单元的面板上。在工作过程中，使用者通过键盘按键的控制，可以从视屏显示窗上读取所要求的数据和信息。这些数据和信息是由微处理器及其相应软件提供的。接收机内的处理软件是实现 GPS 定位数据采集和波道自校检测自动化的重要组成部分，它主要用作信号捕获、环路跟踪和点位计算。在机内软件的协同下，微处理机主要完成下述计算和处理：当接收机接通电源后，立即指令各个波道进行自检，适时地在视屏显示窗内展示各自的自检结果，并测定、校正和存储各个波道的时延值。根据跟踪环路所输出的数据码，解译出 GPS 卫星星历，联同所测得的 GPS 信号到达接收天线的传播时间，计算出测试站的三维位置，并按照预置的位置数据更新率，不断更新（计算）点位坐标。

④ 电源。GPS 信号接收一般用蓄电池作电源。通常采用机内和机外两种直流电源。采用 12V 机内镉镍蓄电池，或者 12V 外接蓄电池。设置机内蓄电池的目的是，使在更换外接蓄电池时不中断连续观测。当机外蓄电池下降到 11V 时，便自动接通机内蓄电池。后者的容量为 67A·h，可供 3~4h 的观测之用。当机内蓄电池低于 10V 时，若没有连接上新的机外蓄电池，接收机便自动关机，停止工作，以免缩短使用寿命。在用机外蓄电池的工作过程中，机内蓄电池能够自动地被充电。

(4) GPS 信号接收机的类型

1) 按照 GPS 信号的不同用途分，GPS 信号接收机可分成三大类：导航型、测地型和守时型。

2) 按照 GPS 信号的应用场合不同分，可以分为袖珍式、背负式、车载式、船用式、机载式、弹载式和星载式七种类型的 GPS 信号接收机。

3. GPS 典型应用

GPS 系统应用非常广泛。在空间技术方面，可用于弹道导弹导航和定位、空间飞行器导航和定位；对飞机而言，可在飞机进场、着陆、中途导航、航速测定、飞机会合和空中加油、武器准确投掷及空中交通管制等方面进行服务。在陆地上，GPS 可用于各种车辆、坦克、陆军部队、炮兵、空降兵和步兵等的定位，还可用于大地精密测量、摄影测量、野外调查和勘探的定位。甚至可用于民用如建筑、汽车、旅行、狩猎等方面。对舰船而言，能在海上协同作战、海洋交通管制、海洋测量、石油勘探、海洋捕鱼、浮标建立、管道铺设、浅滩测量、暗礁定位、海港领航等方面做出贡献。由于 GPS 系统具有高精度和全天候的特点，可作为军用的首选定位系统。同时也是一些科研不可缺少的工具。

4. 差分式全球卫星定位系统（DGPS）

目前 GPS 卫星发射的信号有 P 码和 C/A 码。P 码精度高，但只供美国军方使用。供民用的都是 C/A 码，精度较低。为提高 GPS 的定位精度，人们发明了可把 C/A 精度提高一个数量级的方法 DGPS。即在标准的经纬度及高度的地方设置一个差分 GPS 接收装置。它把从卫星接收到的信息经计算机处理后得到的经、纬度及高度，然后与该处的标准值比较，得出 DGPS 三维校正值。把这些 DGPS 三维校正信号通过无线电台发射到空间，对装有 DGPS 接收机的汽车导航装置进行修正，从而提高了导航精度与可靠性。

五、车载无线导航系统（车辆混合导航系统）应用实例

1. 系统组成

车载无线导航系统（混合导航系统）组成如图 8-13 所示。图 8-14 所示为 GPS 显示的实景。

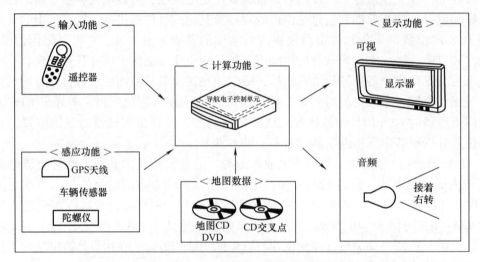

图 8-13　混合导航系统组成

图 8-14　实景导航显示状况

2. 混合导航系统运行过程

混合导航系统运行过程控制如图 8-15 所示。

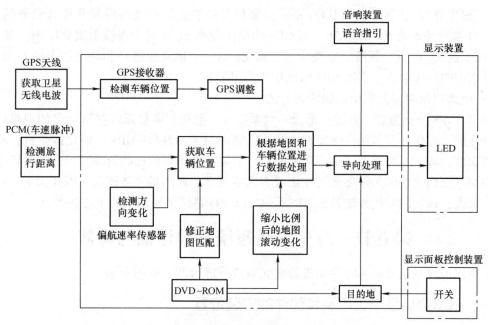

图 8-15　混合导航系统运行过程控制

【案例 8-1】　我国自主研制的北斗卫星导航系统

1. 北斗卫星导航系统概述

北斗卫星定位导航系统（BDX）是我国独立自主研发的全球卫星定位与通信系统，是继美国全球卫星定位系统（GPS）和俄罗斯 GLONASS 之后，世界第三个成熟的卫星导航系统。可在全球范围内全天候、全天时为各类用户提供高精度、高可靠定位（定位精度优于 20m）、导航和授时服务（授时精度优于 100ns），并具有短报文通信能力。该系统由空间端、地面端和用户端组成。空间站包括 5 颗静止轨道卫星与 30 颗非静止轨道卫星；地面站包括主控站、注入站和监测站等；用户端由北斗用户终端以及与美国 GPS、俄罗斯 GLONASS、欧盟 GALILEO 等卫星导航系统兼容的终端组成。

2. 北斗导航系统的功能

北斗导航系统具有如下四大特色。

1）精确定位：水平精度 100m，设立标校站之后为 20m（类似差分状态）。工作频率为 2491.75MHz。

2）精密授时：可向用户提供 20~100ns 的时间同步精度。

3）系统容量：最大用户数为每小时 540000 户。

4）短报文通信：北斗用户终端具有双向报文通信功能，一般情况下，用户可以一次传送 40~60 个汉字的短报文信息（有时可达一次传送 120 个汉字），这在远洋航行中具有重要应用价值。

【案例 8-2】　伽利略（GALILEO）卫星定位系统的主要特点

欧盟 GALILEO 系统是开放式的、全球性的系统，它与 GPS 全面兼容而又独立于它。其主要特点如下。

1)提供开放式服务:GALILEO 系统主要信号能够满足提供高质量开放式服务的需要。GALILEO 系统频率有 E5a 和 E5b,与 GPS 的民用频率 L_5 在同一频段上重叠应用。其 E_1 和 E_2 与 GPS 的 L_1 在同一频段上重叠应用。而 E_6 是一个供商业服务和政府服务的专用频率。从信号结构的整体来说,它比 GPS 的民用码信号复杂。

2)电离层延时误差采用双频修正方法。

3)与 GPS 全面兼容,并独立形成一套系统。一般用户需要跟踪尽可能多的卫星以增强其定位性能,并保证其可用性、完整性和连续性。对 GALILEO/GPS 一体化接收机,其设计尽可能简单,成本尽可能低。不同频率的信号需要几个不同的接收前端,但在接收机中易引入频率偏差。而这些偏差需要通过校正或者需要更多的观测量才能消除。因此,对一般的导航用户来说,最后的解决办法就是 GPS 和 GALILEO 系统使用相同的中心频率。

第五节 汽车导航系统故障诊断与检修

下面以一汽威驰导航系统为例进行导航系统故障诊断方法的介绍。

一、汽车导航系统组成及其部件的安装位置

一汽威驰轿车的导航系统组成与部件安装位置详见图 8-16 及其注解。

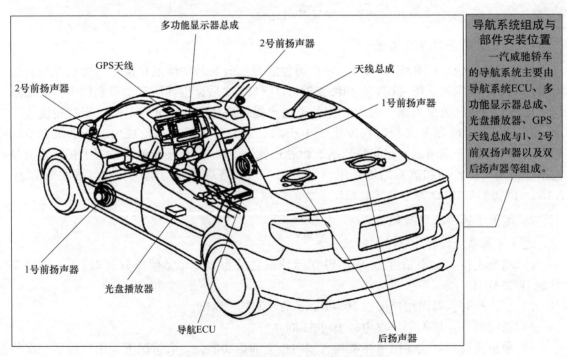

图 8-16 导航系统组成与部件安装位置

二、汽车导航系统故障诊断的步骤

导航系统故障诊断应遵循的一般步骤如下。

1)对车主所述故障的症状进行分析。

2) 确认故障症状,若症状出现,则进行第5) 步;否则,进行下一步。

3) 进行症状模拟。

4) 检查故障码。若为正常码,则进行第6) 步;否则,进行下一步。

5) 参阅故障码表,然后进行第7) 步。

6) 按故障症状进行检查。

7) 进行ECU端子检查。

8) 进行确认试验。

9) 进行修理或更换部件和/或线束。

10) 进行确认试验。

11) 完成。

三、汽车导航系统故障诊断的预检查过程

1. 在正常情况下导航系统可能出现的问题

1) 威驰轿车导航系统即使处于正常情况,但若存在以下情况,也不会执行语音导航:①未设定行驶目的地;②轿车未按指定路线行驶(指示轿车当前位置所剩余距离并显示在地图屏幕左下角);③未在其他模式中设置导航功能(在这种情况下只有地图屏幕,但无语音提示)。

2) 即使导航系统处于正常状态,但轿车图像在屏幕上是随意转动的。若点火开关处于ACC或ON位置,当轿车正在转弯时,导航系统把此时记录的角速度作为标准图像。为了解决此问题,应在轿车停车时,断开点火开关后,再将其置于ACC或ON位置,并观察此故障是否再次出现。

2. 检查故障发生时车辆的位置情况

检查轿车图像显示错误是否发生在相同或不同地点。注意,当轿车在高速公路上行驶或在环形路中与另外一条路平行的路面行驶,或轿车刚驶出停车场时,此时轿车图像可能偏离其实际所处位置。

3. 导航系统的诊断系统模式

威驰轿车导航系统的诊断系统模式如图8-17所示。

(1) 起动与诊断完成

注意:在起动导航系统前,应检查并确认接通点火开关后地图出现在屏幕上。

(2) 用灯控开关起动诊断

车辆处于静止状态,用驻车制动器制动车辆,把点火开关置于ACC或ON位置,按图8-18所示多功能显示屏上的"INFO"键,并按以下顺序操作灯控制开关:OFF→TAIL→OFF→TA→OFF→TAIL→OFF,此时的屏幕显示说明见表8-1。

注意:诊断系统起动时,显示系统检查菜单屏幕,并且维修检查开始。选择"Menu",显示诊断检查菜单。

(3) 用触摸开关起动诊断

车辆处于静止状态,用驻车制动器制动车辆,把点火开关置于ACC或ON位置,起动显示屏调节屏幕,交替地触摸图8-19所示屏幕左侧上、下开关3次,完成诊断模式,断开

点火开关。

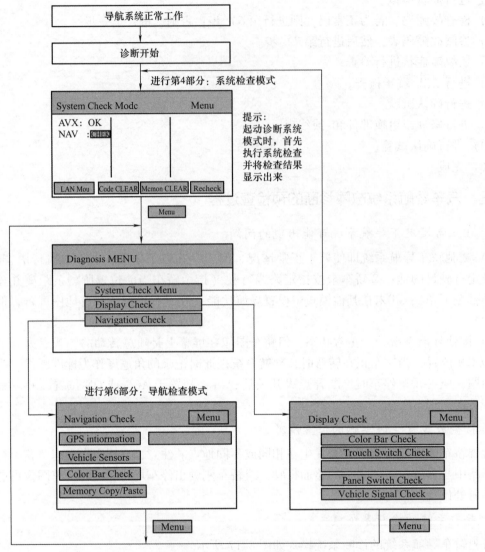

图 8-17　导航系统的诊断系统模式

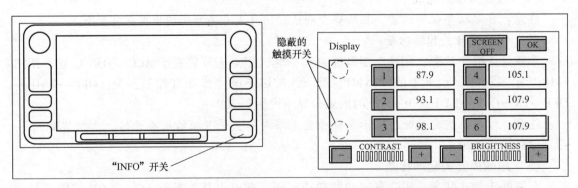

图 8-18　按下 INFO 开关　　　　图 8-19　交替地触摸屏幕左侧上、下开关

表 8-1　导屏幕显示说明

显示	描　述	显示	描　述
系统检查菜单	通过执行诊断系统的检查和收集诊断存储的数据，该模式检查每个连接设备目前和过去的工作情况	显示检查	在屏幕上显示"Display Check"
		导航检查	在屏幕上显示"Navigation ECU Check"

4. 导航系统的诊断检查模式

威驰轿车导航系统诊断检查模式如图 8-20 所示。

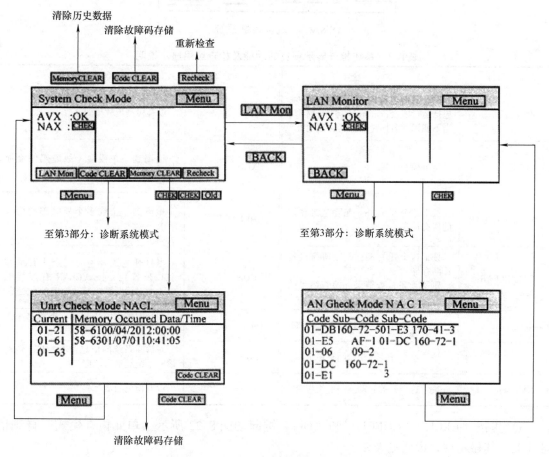

图 8-20　导航系统的诊断检查模式

（1）系统检查

1）按图 8-21 所示起动诊断系统，其显示项目的功能见表 8-2。

注意：系统检查是根据每个设备对"系统检查执行"和"诊断存储要求"以及来自"当前故障码通知"的信息显示检查结果（单元检查和网络检查信息则在下一屏幕显示）。

2）读取检查结果。检查显示结果说明见表 8-2。

注意：在检查并修理故障后，应按"Code CLEAR"键 3s 以上，以删除诊断存储。然后按"Recheck"键并确认屏幕显示出"OK"。

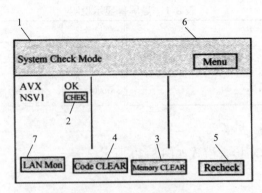

图 8-21　起动诊断系统

表 8-2　系统检查显示项目的功能及检查结果显示说明

显示项目	功　能	检查结果	含　义
1—设备名称	设备名称列表，显示一系列组件，包括运行的设备（最多15个设备），当不能识别名称时显示其物理地址	OK	没有检测出故障码
2—CHEK	显示检查结果	EXCH	检测到一个或多个故障码的交换请求
3—Memory CLEAR	按下这个开关3S，删除主机登记的所有信息	CHEK	检测到一个或多个故障码的检查请求
4—Code CLEAR	按下这个开关3s，删除所有设备诊断存储　删除设备检查结果和检查结果的屏幕显示	NCON	当打开电源开关时（点火开关在ACC位置），对AVCLAN有连接响应，而对诊断系统起动响应没有连接
5—Recheck	按下这个开关再次执行维修检查	Old	因为旧版本，检测到一个或多个故障码
6—Menu	按下这个开关起动诊断菜单屏幕	NRES	对诊断系统的信息没有响应，但对诊断系统起动有响应
7—LAN Mon	按下这个开关起动网络监视屏幕	NO Err	没有检测出故障码

3）可按"EXCH""CHECK"和"Old"键起动图 8-22 所示"单元检查模式"详细信息开关，其显示项目说明见表 8-3。

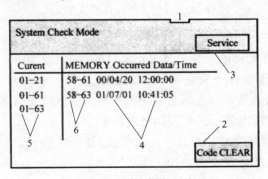

图 8-22　详细信息开关

第八章 车载移动通信系统与汽车导航系统故障诊断与检修

注意：检测单元故障码激活屏幕上的单元检查模式，而单元检查模式在维修检查中作为"EXCH"所检测到的故障码，按当前或历史故障码分类进行显示。

表8-3 显示项目说明

显示项目	功能
1—设备名称	显示检测出的组件名称
2—Code CLEAR	按下这个开关3s，删除所选择诊断设备的故障码存储
3—Service	按下这个开关返回到设备检查模式屏幕
4—Date/Time	显示故障码的时间顺序按年—月—日—时—分—秒（如果时间和日期无效，显示空白）
5—Curent	当显示系统检查时，可以检测多达6个故障码
6—MEMORY	存储故障码并显示当前的故障码表

（2）网络监视

1）起动诊断系统。网络监视起动诊断系统显示屏幕如图8-23所示，其显示项目的功能见表8-4。

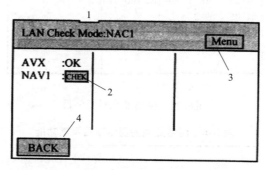

图8-23 网络监视起动诊断系统显示屏幕

表8-4 起动诊断系统显示项目的功能

显示项目	功能
1—设备名称	设备名称列表，包括选装设备（最大15个设备），当不能识别名称时显示其物理地址
2—CHEK	显示检查结果
3—Menu	按下这个开关激活诊断菜单屏幕
4—BACK	按下这个开关激活系统检查屏幕

注意：系统检查显示的检查结果是基于每个设备对"系统检查执行""诊断模式请求"以及来自"当前故障码通知"的信息（网络监视将在下一屏幕显示）。

2）读取检查结果。读取检查结果的显示说明见表8-5。

表8-5 读取检查结果的显示说明

检查结果	含义	检查结果	含义
OK	没有检测出故障码	Old	因为旧版本，检测到一个或多个故障码
EXCH	检测到一个或多个故障码的交换请求		

(续)

检查结果	含义	检查结果	含义
CHEK	检测到一个或多个故障码的检查请求	NRES	对诊断系统的信息没有响应,但对诊断系统起动有响应
NCON	当打开电源开关时(点火开关在ACC位置),对AVCLAN有连接响应,而对诊断系统起动响应没有连接	NO Err	没有检测出故障码

3) 用CHECK键激活网络监视,以获得图8-24所示项目及表8-6所列详细信息的功能。

注意: 经检查并修理故障后,按Code CLEAR键3s以上,以删除诊断存储,然后再按Recheck键并确认在屏幕上显示出"OK"。

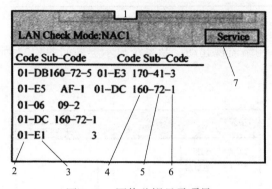

图8-24 网络监视显示项目

表8-6 网络监视的显示项目及其功能

显示项目	功　能
1—设备名称	显示检查设备的名称
2—程序段	显示与故障码对应的逻辑地址码
3—DTC	显示故障码
4—Sub-Code(相关设备的地址码)	与所显示的故障码一起存储的物理地址码
5—Sub-Code(连接确认码)	与所显示的故障码一起存储的连接确认码
6—Sub-Code(事件码)	与所显示故障码相同的事件码
7—维修检查模式屏幕开关	按下它返回系统检查模式屏幕

注意: 检测没有LAN DTC,激活屏幕上的LAN Check Mode。

5. 导航系统的显示检查模式

威驰轿车导航系统显示检查模式如图8-25所示。

(1) 显示检查模式

显示检查模式的屏幕显示如图8-26所示,其内容说明见表8-7。

注意: 按下屏幕上的MENU键,激活"诊断菜单"。

第八章 车载移动通信系统与汽车导航系统故障诊断与检修

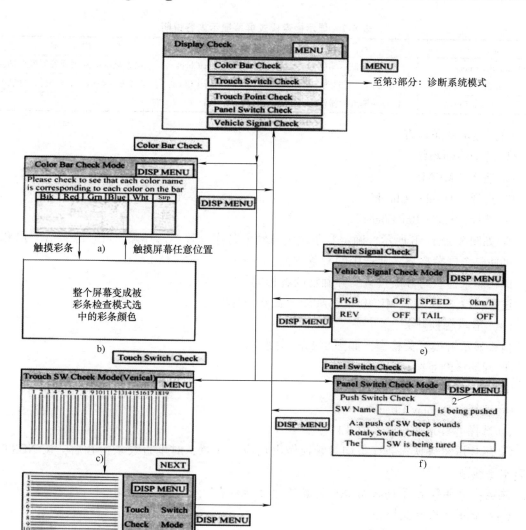

图 8-25 显示检查模式

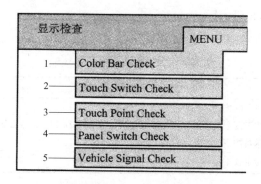

图 8-26 显示检查模式屏幕

表8-7 显示检查模式屏幕显示内容说明

显示	内容	显示	内容
1—Color Bar Check	检查显示颜色	4—Panel Switch Check	检查显示屏两侧开关的操作情况
2—Touch Switch Check	检查触摸开关的操作情况	5—Vehicle Signal Check	检查进入显示屏的车辆信号的状态
3—Touch Point Check	检查触摸点的操作情况		

(2) 显示彩条检查

① 起动诊断系统。

② 选样 "MENU"。

③ 选择 "Display Check"。

④ 选择 "Color Bar Check"。

⑤ 如图8-25a、b所示，确定彩条颜色与颜色名称一致。选择黑、红、绿、蓝、白和条线，可使整个屏幕格显示所选中的彩条颜色。

比较彩条检查与导航检查，并确定两者相同。

注意：按下 Display MENU 键，激活"显示检查"。

(3) 显示触摸开关

检查显示触摸开关检查，如图8-25c、d所示。

① 起动诊断系统。

② 选择 "MENU"。

③ 选择 "Display Check"。

④ 选择 " Touch Switch Check"。

⑤ 触摸屏幕确认每条线条均对触摸做出响应。注意，对垂直线条检查后，按 NEXT 键检查水平线条。

注意：按屏幕上的 Disp MENU 键激活"显示检查"。

(4) 显示面板开关检查

显示面板开关检查，如图8-25f所示。

① 起动诊断系统。

② 选择 "MENU"。

③ 选择 "Display Check"。

④ 选择 "Panel Switch Cheek"。

⑤ 按每个按钮确认屏幕有相应的显示，见表8-8。

表8-8 屏幕的相应显示与功能

显示项目	功能
1—按钮的名称	按下的按钮名称被显示 按下两个或两个以上按钮时，显示"MULTIPLE"，然后如果被按下的按钮变为1个，则显示被按下的按钮名称
2—Disp MENU	按下这个按钮激活"显示检查"

(5) 显示轿车信号检查

显示轿车信号检查如图8-25e所示。

第八章　车载移动通信系统与汽车导航系统故障诊断与检修

① 起动诊断系统。
② 选择"MENU"。
③ 选择"Display Check"。
④ 选择"Vehicle Signal Check"。
⑤ 检查显示屏显示的轿车信号项目与含义见表8-9。注意，轿车信号数据每隔1s更新一次。

表8-9　轿车信号检查显示项目与含义

显示项目	含　义	显示项目	含　义
PKB	IG（信号状态）被显示为ON/OFF（点火开关打开）	TAIL	TAIL（信号状态）被显示为ON/OFF（点火开关打开）
SPEED	通过脉冲信号计算车速显示SPD		
REV	REV（信号状态）被显示为ON/OFF（点火开关打开）	DISP MENU	按这个按钮激活显示检查菜单

6. 导航系统的导航检查模式

威驰轿车导航检查模式如图8-27所示。

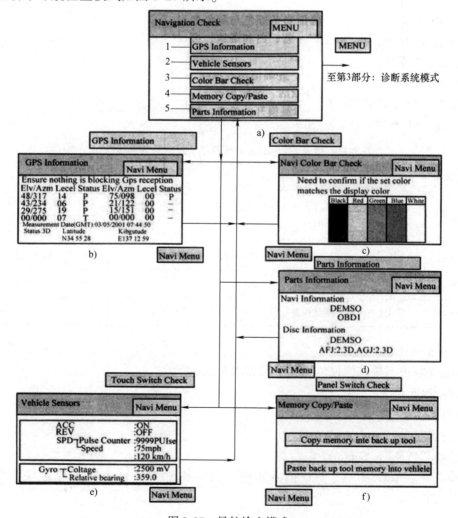

图8-27　导航检查模式

(1) 导航检查模式

导航检查模式显示如图 8-27a 所示。导航检查模式显示项目及说明见表 8-10。

注意：在导航检查模式（Navigation Check）进行以上所提到的检查，导航系统 ECU 操作每个导航检查屏幕。按屏幕显示项目 MENU 键激活"诊断菜单"。

表 8-10　导航检查模式显示的项目及其说明

显示项目	描　述
1—GPS Information	显示 GPS 相关信息（每秒更新）
2—Vehicle Sensors	显示传递到导航 ECU 的车辆信号信息（每秒更新）
3—Color Bar Check	检查导航 ECU 的彩色显示（"Display Check"状态与"Color Bar Check"比较）
4—Memory Copy/Paste	使用手持式测试仪读写已经存储的诸如商店、饭店的位置等用户数据
5—Parts Information	显示导航程序版本和光盘版本

(2) GPS 信息

GPS 信息显示如图 8-27b 所示。

① 起动诊断系统。

② 选择"MENU"。

③ 选择"Navigation Check"。

④ 按表 8-11 所列检查 GPS 相关信息。

表 8-11　检查 GPS 相关信息的显示数据及其测量状态

显示数据	描　述	显示	条　件
1—卫星信息	显示天线捕获卫星的"仰角""方位""信号电平"和"电波接收状态"（最多 8 个卫星）	2D	2 维测量
		3D	3 维测量
2—位置数据	用度、分、秒显示当前位置的经度和纬度	NG	GPS 信息不能利用
3—时间数据	显示从 GPS 接收器获得的日期和时间	Error	接收错误
Navi Menu	按这个键激活"导航检查"	—	其他

(3) 轿车传感器

威驰轿车导航系统陀螺仪传感器显示如图 8-27e 所示。

① 起动诊断系统。

② 选择"MENU"。

③ 选择"Navigation Check"。

④ 选择"Vehicle Sensors"。

⑤ 检查轿车 ACC、REV、SPD 信号和进入表 8-12 所列导航 ECU 的陀螺仪传感器输出信号。

第八章 车载移动通信系统与汽车导航系统故障诊断与检修

表 8-12 陀螺仪传感器输出信号状态及显示方法

项　目	显　示　方　法
ACC 信号状态	显示为 ON/OFF
REV 信号状态	显示为 ON/OFF
SPD 信号状态	累计输入脉冲值，显示车速（km/h）（当屏幕显示时，脉冲计数被清零，继续计数和显示）
陀螺仪传感器的输出信号	显示电压（V）和相对方位角（°）（当屏幕显示时，方位角被清零，在此基础上继续测量和显示方位角）
Navi Menu	按此键激活"导航检查"（当屏幕显示该内容时，车辆位置的方位角被置于0°，在此基础上，继续测量和显示相关的方位角）

（4）导航彩条检查

导航彩条检查显示如图 8-27c 所示。

① 起动诊断系统。

② 选择"MENU"。

③ 选择"Navigation Check"。

④ 选择"Color Bar Check"。

⑤ 确认设定颜色与显示颜色相对应。

⑥ 与显示检查的彩条进行比较，并确认两者相同。

注意：按下屏幕显示项目 Navi Menu 键激活"导航检查"。

（5）零件信息

① 起动诊断系统。

② 选择"MENU"。

③ 选择"Navigation Check"。

④ 选择"Parts Information"。

⑤ 如图 8-27d 所示，检查程序和光盘版本。

⑥ 如图 8-27f 所示的存储复制/粘贴功能目前不能使用。

按下屏幕显示项目 Navi Menu 键激活"导航检查"。

四、汽车导航系统的故障码表

威驰轿车导航系统的地址及其含义见表 8-13。

表 8-13 威驰轿车导航系统的地址及其含义

地　址	含　义
物理地址	为 AVC-LAN 中的每个设备定义三位码（十六进制），各符号与其功能相对应
逻辑地址	在 AVC-LAN 系统内部给每项功能定义两位码（十六进制）

1. 带显示的导航接收机总成的故障码

带显示的接收机总成故障码见表 8-14。

表 8-14 带显示的接收机总成故障码

逻辑地址	故障码	诊断项目	描述	操作
01（通信控制）	21	ROM 故障	检测到 ROM 工作不正常	更换多功能显示屏（LCD）
	22	RAM 故障	检测到 RAM 工作不正常	更换多功能显示屏（LCD）
	D5①	登记设备未连接	点火开关在 ACC 或 ON，子码所代表的设备与系统连接断开或曾经拆开，发动机起动后，与子码所代表的设备的通信没有被确认	1）检查子码所代表的设备的供电系统线束 2）检查子码所代表的设备的通信系统线束
	D8②	连接检查没响应	发动机起动后，子码所代表的设备与系统断开	1）检查子码所代表的设备的供电系统线束 2）检查子码所代表的设备的通信系统线束
	D9①	前一个模式错误	点火开关在 ACC 或 ON，发动机熄火前的设备操作（提供声音或图像）未连接	1）检查子码所代表的设备的供电系统线束 2）检查子码所代表的设备的通信系统线束
	DA	对于开/关没有响应	当改变模式时没有响应（音响或显示模式），检测到按钮操作不能改变声音和图像	1）检查子码所代表的设备的供电系统线束 2）检查子码所代表的设备的通信系统线束 3）如果再次发生故障，更换子码所代表的设备
	DB①	模式状态错误	检测到双警报	1）检查子码所代表的设备的供电系统线束 2）检查子码所代表的设备的通信系统线束
	DC④	传输错误	子码所代表的设备信号传输失效（检测到这个故障码并不意味着实际故障）	如果相同的子码在其他设备中被记录，检查子码代表的所有设备的电源和通信系统线束
	DE③	分机复位（瞬间中断）	发动机起动后，分机已经断开	1）检查子码所代表的设备的供电系统线束 2）检查子码所代表的设备的通信系统线束
	E2	ON/OFF 说明参数错误	多功能显示屏的 ON/OFF 控制命令错误被检测到	更换多功能显示（LCD）显示器
	E3①	登记请求传输	1）从属设备发出登记请求命令 2）接收设备检查说明，子-主设备 3）输出登记请求命令	由于这个故障码用于工程的需要，实际不存在故障也可能检测到故障码
21（开关）	10	面板开关故障	检测到面板开关输入零件故障（检测到开关控制零件故障或内部通信故障）	1）检查面板上所有开关、显示检查模式测试开关。如果它们失效，更换 A/C 控制总成 2）如果所有开关功能没有问题，再观察一会儿
	11	触摸开关故障	检测到触摸开关传感器故障（检测到 LED 的亮度低于固定值）	1）检查面板上所有触摸开关，显示检查模式测试触摸开关。如果任何线条没有响应，更换多功能（LCD）显示器 2）如果所有垂直线和水平线响应正常，再观察一会儿

第八章 车载移动通信系统与汽车导航系统故障诊断与检修

(续)

逻辑地址	故障码	诊断项目	描述	操作
34（前排乘客监视器）	10	图像电路故障	检测到图像电路电源系统故障（电压不正常）	更换多功能显示（LCD）显示器
	11	背光灯故障（无电流）	背光灯电源转换电路输出电压降低	更换多功能显示（LCD）显示器
	12	背光灯故障（电流过大）	背光灯电源转换电路输出电压过高	更换多功能显示（LCD）显示器
60（收音机）	43	AM 调谐错误	AM 调谐器故障	更换收音机总成
	11	FM 调谐错误	FM 调谐器故障	更换收音机总成
61（磁带播放器）	40	音响机械故障	检测到由于机械原因造成的故障或磁带断开或绞带	1）检查盒带 2）更换接收机总成
62（CD播放器）	42	找不到盘	不能读盘	检查 CD
	44	CD 播放器故障	检测到 CD 播放器故障	更换接收机和播放器
	45	弹出故障	光盘不能弹出	更换接收机和播放器
	47	CD 高温	检测到 CD 播放器高温	更换接收机和播放器
	48	CD 电流过大	提供给 CD 播放器电流过大	更换接收机和播放器

注：① 即使无故障，故障码也可能被存储，这取决于蓄电池状况和发动机起动电压。
② 发动机起动后，拔下电源线束插接器 180s 后，则存储此故障码。
③ 发动机起动后，当转动了点火钥匙时，则存储此故障码。
④ 发动机起动 1min 后，当转动了点火钥匙时，则存储此故障码。

2. 导航系统 ECU 的故障码（物理地址：178）

导航系统 ECU 故障码见表 8-15。

表 8-15 导航系统 ECU 故障码

逻辑地址	故障码	诊断项目	描述	操作
01（通信控制）	D6①	主机不存在	点火开关在 ACC 或 ON，存储这个故障码的设备已经与系统断开 当存储这个故障码时多功能显示（LCD）显示器未连接	1）检查多功能显示（LCD）显示器的供电系统线束 2）检查多功能显示（LCD）显示器的通信系统线束 3）检查导航 ECU 供电系统线束 4）检查导航 ECU 通信系统线束
	D7②	连接检查故障	发动机起动后，存储这个故障码的设备已经与系统断开或者多功能显示（LCD）显示器未连接	1）检查多功能显示（LCD）显示器的供电系统线束 2）检查多功能显示（LCD）显示器的通信系统线束 3）检查导航 ECU 供电系统线束
	DC③	传输错误	子码所代表的设备信号传输失效（检测到这个故障码并不意味着实际故障）	如果相同的子码在其他设备中被记录，检查子码代表的所有设备的电源和通信系统线束
	DD④	主机复位（瞬间中断）	发动机起动后，主机已经断开	1）检查多功能显示（LCD）显示器的供电系统线束 2）检查多功能显示（LCD）显示器的通信系统线束 3）如果错误频繁出现，更换多功能显示（LCD）显示器

(续)

逻辑地址	故障码	诊断项目	描 述	操 作
01（通信控制）	E0[①]	登记完成说明错误	来自主机的"登记完成说明"命令不能被接收	由于这个故障码用于工程的需要，实际上不存在故障也可能检测到故障码
	E2	ON/OFF 说明参数错误	来自主机的 ON/OFF 命令发生错误	更换多功能显示（LCD）显示器
	E3[①]	登记请求传输	1）显示故障码的设备输出登记请求命令 2）接收设备检查说明，子-主设备输出登记请求命令	由于这个故障码用于工程的需要，实际不存在故障也可能检测到故障码
	DF[④]	主机错误	由于带有显示的设备故障，主机的功能被切换到语音设备，在子-主机（语音）和主机设备之间通信发生错误	1）检查多功能显示（LCD）显示器的供电系统线束 2）检查多功能显示（LCD）显示器的通信系统线束 3）检查多功能显示（LCD）显示器和收音机总成之间的通信系统线束
	E4[①]	多路传输异常中断	多路传输失效	由于这个故障码用于工程需要，实际不存在故障也可能检测到故障码
58（导航系统 ECU）	10	陀螺仪故障	检测到陀螺仪传感器故障（检测到传感器的输出电压不正常的时间超出特定时间）	更换导航 ECU
	11	GPS 接收机故障	检测到 GPS 接收机工作故障	在户外空旷场地，操作显示 GPS 数据，如果 15min 后仍不能显示 GPS 标记，更换导航 ECU
	40	GPS 天线故障	检测到 GPS 天线开路情况（开路、插接器连接失效等）	检查天线必要时更换
	41	GPS 天线供电故障	检测到 GPS 天线电缆电压不正常或短路	1）检查 GPS 天线必要时更换（检测到芯线与屏蔽之间不通，则 GPS 天线是正常的） 2）如果 GPS 天线正常，则更换导航 ECU
	42	地图光盘错误	在某个时间，由于光盘表面划伤、脏污或插入错误光盘，不能读取数据	1）检查光盘，必要时更换（只检查盘表面并用软布擦拭） 2）即使更换光盘也不能显示地图，则更换导航 ECU
	43	车辆信号错误	检测到车辆信号输入错误（某个时间没有输入的车辆信号）	1）检查线束 2）如果线束正常，则更换导航 ECU

注：①～④同表 8-14 的表注。

【案例 8-3】 宝来轿车导航系统的结构与故障诊断

宝来轿车导航系统的结构如图 8-28 所示。导航系统的故障诊断可以采用大众专用诊断仪 V. A. G5051、V. A. G5052 和 V. A. S5051 进行，检测仪器的连接如图 8-29 所示。将检测仪器的插头接到汽车自诊断接口上，检查电路熔丝和供电电压正常后打开点火开关，按"1"

第八章 车载移动通信系统与汽车导航系统故障诊断与检修

键选择"快速数据传递"模式后,输入导航地址码"37",可对导航系统进行故障诊断和读取故障代码。

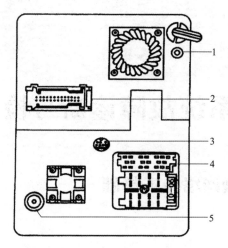

图 8-28 宝来轿车导航系统的结构
1—导航天线连接 2—传感器插座 3—RCB 连接
4—多孔插头 5—收音机天线

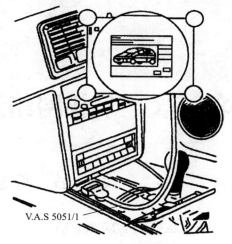

图 8-29 检测仪器的连接

第九章 车载网络通信系统故障诊断与检修

第一节 控制器局域网络技术基础

一、车载网络基本术语

1. 局域网

局域网是在一个有限区域内连接的计算机网络，通过该网络实现系统内的资源共享和信息通信。连接到网络上的节点可以是计算机、基于微处理器的应用系统或控制装置。车载网络作为一种局域网，其数据传输速度一般在105kbit/s之内，传输距离在250m范围内。汽车上通常使用的是控制器局域网称之为CAN（Controller Area Network）。

2. 数据总线

数据总线是指模块间运行数据的通道，即所谓的信息高速公路。如果模块可以发送和接收数据，则这样的数据总线就称为双向数据总线。汽车上的信息高速公路实际上是一条或两条导线。为了对抗电子干扰，双线制数据总线的两条线是绞在一起的。各汽车制造商一直在设计各自的数据总线，如果不兼容，就称为专用数据总线；如果是按照某种国际标准设计的，就是非专用的。但基本上都是专用的数据总线。

3. 局域网的拓扑结构

所谓拓扑结构，就是网络的物理连接方式。局域网的常用拓扑结构有三种：星型、环型、总线型。局域网多用总线型方式。总线型网络即所有入网计算机通过分接头接入到一条载波传输线上；其信道利用率较高，但同一时刻只能有两处网络节点在相互通信；网络延伸距离有限，网络容纳节点数有限；适用于传输距离较短、地域有限的组网环境。

现代汽车控制系统通信网络拓扑图详见图9-1及其注解。

4. 链路

链路指网络信息传输的媒体，分为有线和无线两种类型。目前汽车上使用的大多数链路都是有线网络。通常用于局域网的传输媒体有双绞线、同轴电缆和光纤。

1) 双绞线：是局域网中最普通的传输媒体，一般用于低速传输。双绞线成本较低，传输距离较近，是汽车网络使用最多的传输媒体。

2) 同轴电缆：可以满足较高性能的传输要求，连接的网络节点较多，跨越的距离较大。

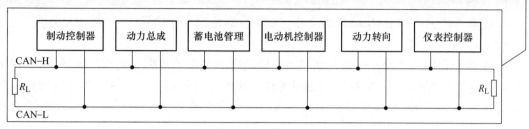

现代汽车控制系统CAN通信网络拓扑图

现代汽车控制系统中,每个微控制器都对应着各自要实现的应用,例如制动控制应用、动力总成控制应用、动力蓄电池管理应用、驱动电动机控制应用、动力转向控制及仪表控制应用等。这些应用(微控制器)之间的信息及数据交换,通过CAN通信网络实现,以达到数据共享并使它们协调工作,提高和改善车辆性能。

图9-1 现代汽车控制系统通信网络拓扑图

3)光纤:在电磁兼容性等方面有独特的优点,数据传输速度高,传输距离远。在车载网络上,特别是在一些要求传输速度高的车载网络(如车上信息与多媒体网络)上,光纤都有很好的应用前景。

5. 数据帧

为了可靠地传输数据,通常将原始数据分割成一定长度的数据单元,数据单元称为数据帧。一帧数据内应包括同步信号、错误控制、流量控制、控制信息、数据信息以及寻址信息等。

6. 传输仲裁

当出现数个使用者同时申请利用总线发送信息时,传输仲裁是用于避免发生数据冲突的机制。仲裁可保证信息按其重要程度来发送。

二、控制器局域网络的结构组成

1. 嵌入式微控制器

微控制器组成见图9-2及注解。

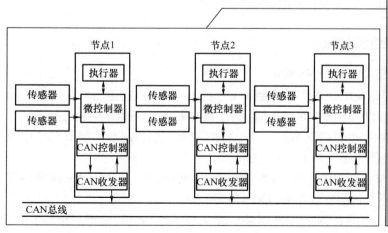

1)这里所说的嵌入式微控制器是指面向测控对象,嵌入到实际应用系统中,实现嵌入式应用的微控制器。人们经常在毫无察觉的情况下,使用着嵌入于汽车、手机、家用电器、医疗等设备中小巧的计算机系统。这种看不见和无所不在的特性,使得嵌入于实际应用系统中的计算机系统有别于传统的计算机系统。

2)为了实现CAN通信,每个应用节点的组成,除了对应有各自的微控制器外,还必须包含有CAN控制器和CAN收发器等硬件,详见图9-2。

图9-2 嵌入式微控制器

2. 节点

节点（Node）是指连接到 CAN 总线网络上并能够发送/接收数据的任何组件或单元。CAN 能通过总线实现各个单元（节点）之间的通信，以实现复杂的控制过程。CAN 总线节点由下列三部分组成。

（1）微控制器

接收来自传感器和 CAN 总线的信号，对执行器输出工作信号。

（2）CAN 控制器

CAN 控制器的功能是，接收控制单元中微处理器发出的数据，处理数据并传给 CAN 收发器。即在微处理器与 CAN 收发器之间接收、处理传递数据：一是接收微处理器送来的数据，处理并传送给 CAN 收发器；二是接受 CAN 收发器传来的数据，处理并传送给微处理器。

（3）CAN 收发器

CAN 收发器是一个发送器和接收器的组合。其功能是将 CAN 控制器提供的数据转化为电信号并通过数据线发送出去；同时接收总线上的数据，并将数据传送到 CAN 控制器。

三、控制器局域网络的功能

控制器局域网络的功能详见图 9-3 及其注解。

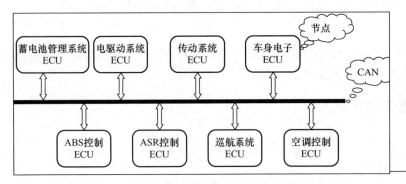

图 9-3 控制器局域网络的结构示意图

四、通信网络节点连接图的组成

CAN 通信网络节点连接图的组成详见图 9-4。

1）负载电阻 R_L。图 9-4 是某电动汽车的车载 CAN 通信网络节点连接图，双绞线总线两个末端均接有抑制反射的负载电阻 R_L。负载电阻 R_L 连接在 CAN-H 和 CAN-L 之间。

2）CAN 驱动器。图 9-4 中，电机控制节点、动力转向控制节点和制动控制节点采用独立 SJA1000 控制器。CAN 驱动器全部采用 PCA82C250。

3）动力总成和电源管理节点采用 32 位高性能微处理器 MC68376，实现 CAN 通信协议的 CAN 控制器 TouCAN 模块则是内嵌在这个 MC68376 中的。

4）仪表控制应用节点采用的 CAN 控制器则是集成在 FUJ 32 位高性能微处理器上的。

5）CAN 总线收发器提供 CAN 协议控制器与物理总线之间的接口，控制从 CAN 控制器到总线物理层或相反的逻辑电平信号。它的性能决定了总线接口、总线终端、总线长度和节点数,是影响整个总线网络通信性能的关键因素之一。

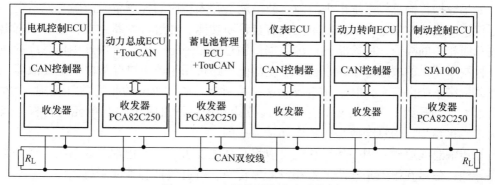

图9-4　CAN通信网络节点连接图

6) CAN 控制器执行在 CAN 规范里规定的完整的 CAN 协议,它通常用于报文缓冲和验收滤波,对外具有与主控制器和总线收发器的接口。

7) 微控制器负责执行应用的功能,例如设备控制命令的发送、读传感器和处理人机接口等。它通过对 CAN 控制器进行编程,来控制 CAN 总线的工作方式和工作状态,以及进行数据的发送和接收。

【案例9-1】　基于 CAN 总线控制的车辆驱动电机应用节点的实际构成

基于 CAN 总线控制的车辆驱动电机应用节点的实际构成详见图9-5 及其注解。

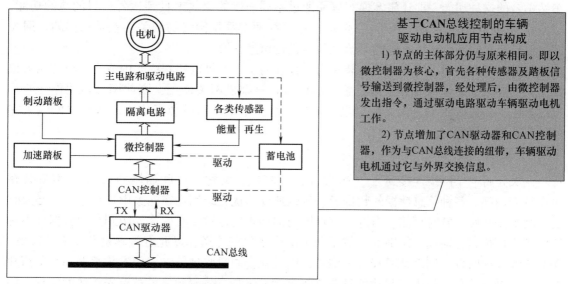

图9-5　基于 CAN 总线控制的车辆驱动电机应用节点构成

五、车载网络传输的基本原理

1. 数据传输基本原理

车载网络中数据传输总线的数据传递像一个电话会议。一个电话用户(控制单元)将数据"讲"入网络中,其他用户通过网络"接听"这个数据,对这个数据感兴趣的用户就会利用数据，而其他用户则选择忽略。

数据传输总线是车内电子装置中的一个独立系统，用于在连接的控制单元之间进行信息交换。如果数据传输总线系统出现故障，故障就会存入相应的控制单元故障存储器内。可以用诊断仪读出这些故障记录。控制单元拥有自诊断功能。通过自诊断功能，还可识别出与数据传输总线相关的故障。用诊断仪读出数据传输总线故障记录后，可按这些信息准确地查寻故障。控制单元内的故障记录用于初步确定故障，还可用于读出排除故障后的无故障说明。

车载网络系统由多个控制单元组成。这些控制单元通过所谓的收发器（发射/接收放大器）并联在总线导线上。所有控制单元的地位均相同，没有哪个控制单元有特权，因此也被称为多主机结构。信息交换是按顺序连续完成的。

数据传输总线原则上用一条导线就足以满足功能要求了，但通常总线系统上还是配备了第二条导线，信号在第二条导线上按相反顺序传送，可有效抑制外部干扰。

2. 网关基本原理

车载网络的网关具备从一个网络协议到另一个网络协议转换信息的能力。由于电压、电平和电阻配置不同，在不同类型的数据总线之间无法进行直接耦合连接。另外，各种数据总线的传输速率是不同的，这决定了它们无法使用相同的信号。这时需要在这两个系统之间完成一个转换。这个转换过程是通过所谓的网关来实现的。可以用火车站作为例子来清楚地说明网关的原理。在站台A（站台即网关）到达一列快车（CAN驱动数据总线，500kbit/s）在等待，车上有数百名旅客。在站台B已经有一辆火车（CAN舒适/信息数据总线，100kbit/s）在等待，有一些乘客就换到这辆火车上，还有一些乘客要换乘快车继续旅行。车站站台的这种功能，即让旅客换车以便通过不同速度的交通工具到达各自目的地的功能，与CAN驱动数据总线和CAN舒适/信息数据总线两个系统网络的网关功能是相同的。网关的主要任务是使两个速度不同的系统之间能进行信息交换。

根据车辆的不同，网关可能安装在组合仪表内、车上供电控制单元内或在自己的网关控制单元内。由于通过各种数据传输总线的所有信息都供网关使用，因此网关也用作诊断接口。过去，通过K线来查询诊断信息；现在，很多车型是通过数据传输总线和诊断线来完成诊断查询工作的。

3. 网关的功能

网关是将一个网络连接到另一个网络的"关口"，又称"网间插接器"，它一般安装在电子仪表内部。各种信息数据的数据量、传输速度与优先级别均在网关中进行过滤。必要时还会将数据在网关暂时存储。当两个节点同时向网络传送数据时，优先级别高的数据可不受影响地立即传送，而优先级别低的数据会主动停止数据传送，以此有效地避免了总线冲突。例如驾驶人同时踩下制动踏板和加速踏板，网关就会同时收到节气门位置传感器加大负荷和制动开关制动信号。但由于制动信号在总线上优先级高，故制动信号被首先传送而实现车辆有效制动，而节气门位置加大负荷信号则只能回到怠速状态。

第二节 现代汽车车载局域网

一、网络通信协议

控制器局域网是由许多具有信息交换和处理能力的节点互连而成的，两个节点要成功地通信，必须在通信内容、怎样通信、何时通信三方面，遵从相互可以接受的一组约定和规则。这些约定和规则的集合称为通信协议。其功能是控制并指导两个对话节点的对话过程，发现对话过程中出现的差错并确定处理策略。不同的节点之间必须使用相同的网络协议才能进行通信。

1. 网络通信协议的三要素

1）通信信息帧的格式。

2）通信信息帧的数据和控制信息。

3）确定事件传输的顺序以及速度匹配。

2. 网络通信协议的功能

1）差错监测和纠正。面向通信传输的协议常使用"应答—重发"和通信校验进行差错的检测和纠正工作。一般来说，协议中对异常情况的处理说明要占很大的比重。

2）分块和重装。为符合协议的格式要求，需要对数据进行加工处理。分块是将大的数据划分成若干小块，如将报文划分成几个子报文组。重装是将划分的小块数据重新组合复原，如将几个子报文组还原成报文。

3）排序。对发送的数据进行编号以标识它们的顺序，通过排序，可以达到按序传递、信息流控制和差错控制等目的。

4）流量控制。限制发送的数据量或速率，以防止在信道中出现堵塞现象。

二、车载网络系统的功能与优点

1. 车载网络系统的功能

车载网络系统具有如下四项主要功能。

1）多路传输功能。为减少线束的数量，多路传输通信系统可使部分数字信号通过共用传输路线进行传输。工作时，由各开关发送的信号通过 CPU 转换成为数字信号，以串行信号形式从传感器传输给接收器，并在接收器转换成为开关信号，再由开关信号对相关元件进行控制。

2）"休眠"与"唤醒"功能。该功能用以减少在断开点火开关时蓄电池的额外消耗。当系统处于休眠状态时，多路传输通信系统将停止信号传输和 CPU 控制等功能，以节约电能。而当系统一旦有人为操作时，处于休眠状态的有关装置立即开始工作，同时还将唤醒信号通过传输线路发送给其他控制装置。

3）失效保护功能。该功能包括硬件失效保护与软件失效保护两种功能。当系统的 CPU 发生故障时，硬件失效保护功能使其以固定的信号进行输出，以确保车辆能够继续行驶；而当某控制装置发生故障时，软件失效保护功能将不受来自有故障的控制装置的影响，同时还能对其他系统进行故障诊断。

4）故障自诊断功能。车载网络具有多路传输通信系统的自诊断模式和各系统输入线路的故障诊断模式两种模式，因此，既能对自身故障进行自诊断，又能对其他系统进行诊断。

2. 车载网络系统的优点

车载网络系统具有如下主要优点。

1）用一根总线取代了多根导线，减少了线路节点，不仅减少了导线数量和线束体积、重量，降低了成本，而且提高了信号传输可靠性与整车电气线路的工作可靠性；同时也便于实现控制器与执行器的就近安装，甚至采取控制器与执行器的一体化安装，以进一步节省安装空间，提高控制精度与实时性。

2）改善了系统的灵活性。通过系统的软件即可实现控制系统功能变化与系统的升级换代。

3）实现数据共享。通过网络结构将各个控制装置紧密连接，达到数据共享，使得各个控制器的协调性进一步提高。

4）为诊断提供通用接口。利用多功能测试仪对数据进行测试与诊断，方便维修人员的维修与诊断。

5）开放式的网络技术。为后续技术的开发留有充分余地。新的电控系统可很方便地融入已有系统而不必对现有系统做太大改动。

三、几种主要车载网络协议（标准）简介

车载网络系统（总线）主要包括 CAN 总线、LIN 总线、FlexRay 总线、MOST 总线、Byteflight 总线、VAN 总线、LAN 总线、TTP/C 总线、TTCAN 总线、DDB/Optical 总线、IEEE1394 总线、Bluetooth 总线、Ethernet（以太）总线等。主要车载网络的传输速度与适用范围详见表 9-1。几种最常见车载网络协议（标准）分述如下。

表 9-1 目前普遍使用的几种主要车载网络

车载网络的名称	适用范围	传输速度	主要应用车系
CAN	车身/动力传动系统控制	1Mbit/s	欧洲、美国、日本、韩国各大车系均有应用
VAN（Vehicle Area Network）	车身系统控制	1Mbit/s	法国车系
J1850	车身系统控制	41.6kbit/s	美国车系
LIN	车身系统控制	20kbit/s	德国车系
TTP/C（Time Triggered Protocol by CAN）	被动安全系统	2Mbit/s 25Mbit/s	
TTCAN（Time Triggered CAN）	被动安全系统	1Mbit/s	
Byteflight	被动安全系统	10Mbit/s	宝马车系
FlexRay	被动安全系统 行驶动态管理系统	5Mbit/s	宝马 F01/F02 车系
DDB（Domestic Digital Bus）Optical	音频系统通信协议，将 DDB 作为音频系统总线，采用光通信	5.6Mbit/s	奔驰车系
MOST（Media Oriented System Transport）	汽车多媒体系统	22.5Mbit/s	德国车系
IEEE1394	信息系统通信协议	100Mbit/s	美国车系
Ethernet	维修时车辆编程、多媒体系统	100Mbit/s	宝马 F01/F02 车系
Bluetooth	无线通信、语音、个人娱乐	1Mbit/s	欧洲、美国、日本、韩国各大车系均有应用

1. CAN 网络协议

CAN 是 ISO 定义的串行通信协议，也是欧洲汽车网络的标准协议，是目前包括奔驰、宝马、保时捷、劳斯莱斯、捷豹等世界著名厂商广泛采用的汽车网络通信协议。它是由双绞

线、同轴电缆或光导纤维等通信介质构成的多主总线,可以供多主机同时工作,其通信速率可达100kbit/s。具有总线仲裁功能,多个节点可以同时发送信息。节点有验收过滤功能,可以屏蔽自己不需要的帧。其通信方式灵活,不分主从,可以点对点、点对多点、点对网络等方式在任意时刻向任意节点发送与接收数据。

2. LIN 网络协议

LIN 总线是一种低成本的串行通信网络,主要用于实现汽车中的分布式电子系统的控制。其目标是为现有汽车网络提供辅助功能,因此是一种辅助的总线网络。

LIN 总线通信基于 SCI (UART) 数据格式,采用单主控制器、多重设备的模式,仅使用一根12V 信号总线和一根无固定时间基准的节点同步时钟线,构成一种低成本串行通信模式。在不需要 CAN 总线的宽带与多功能的场合下,例如在制动装置与智能传感器之间通信,使用 LIN 总线可大为节约成本。

3. TTCAN 网络协议

在一些对实时性要求很高的控制系统中,传统的事件触发型 CAN 协议已经无法满足控制要求。在采用车内线控(X-by-Wire)技术的下一代汽车中,CAN 总线已经不能满足要求,尤其是涉及安全的分布式控制系统对通信确定性和可靠性的要求。在这种背景下,出现了一些新数据传输速率高、可靠性高、通信时间离散度小且延迟固定的车用网络协议。这些协议都支持时间触发通信方式,例如 TTCAN、TTP/C、FlexRay、Byteflight 等。

2000 年 12 月,由国际标准化组织将 TTCAN 标准化,作为 ISO 11898 协议的一部分,即 ISO 11898-4。

TTCAN 中,消息的发送和接收都是基于时间过程来完成的。TTCAN 存在一个主节点(Master Node),它基于自己的时间控制器发送包含有全局时间的参考帧,网络中其他节点都要求与此全局时间同步。每两个参考帧之间的时间段称为一个基本循环,它包含有多个时间窗口。时间窗口可以分为独占时间窗、仲裁时间窗和空闲时间窗三类。其中,独占时间窗只允许某个特定消息发送;仲裁时间窗允许多个消息帧在这段时间内传送,但它们对总线访问仍然基于优先级仲裁完成;而空闲时间窗则用于今后系统扩展。整个网络需要传送的消息帧和发送时间都预先定义,因而构成一个系统矩阵。消息的发送与接收都将按照这个矩阵有序进行。此种方法使得消息响应时间大大缩短,因而有效地满足系统对实时性的要求。

4. FlexRay 网络协议

为满足未来汽车车内通信需求,各大汽车公司及半导体公司联合成立了 FlexRay 协会,并制定了 FlexRay 通信协议,以实现高性能的网络通信。

如宝马公司在其新一代 X5 系列产品上,已经将 FlexRay 技术应用于其悬架系统控制,并即将应用于发动机和底盘控制。FlexRay 网络上一个节点的组成如图9-6 所示。

(1) FlexRay 的设计特点

为保证高的数据传输量和可靠性,FlexRay 在设计上有如下特点:①支持静态时间和动态事件驱动两种通信机制;②高的数据传输速率和网络使用效率;③灵活的容错能力,支持单通道与双通道操作;④可靠的错误检测功能;⑤可采用多种网络拓扑结构;⑥能够满足汽车环境要求和质量要求的控制器和物理层。其各种特点均适合实时功能的实现,并面向众多车内线控操作,如线控转向系统、线控防抱死制动系统、线控车辆稳定性和线控车辆稳定助

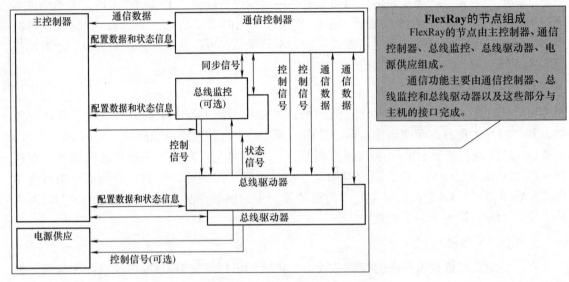

图 9-6　FlexRay 的节点组成示意图

手等。发展线控系统将为进一步实现无人驾驶做好准备。

（2）FlexRay 网络协议

FlexRay 遵循开放系统互连结构模型 OSI，FlexRay 使用了其中 4 层，分别为应用层、传输层、数据链路层和物理层，如图 9-7 所示。FlexRay 的时序如图 9-8 所示。

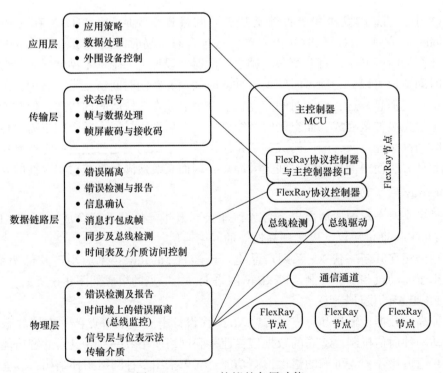

图 9-7　FlexRay 协议的各层功能

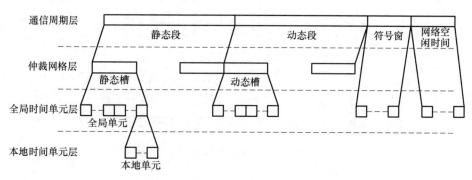

图 9-8 FlexRay 的时序示意图

四、车载网络的结构组成与分类方法

1. 车载网络的分类方法

（1）按数据传输速率的不同分类

按数据传输速率的不同分为两类，即 CAN 总线和子总线。CAN 总线用于对数据速率传输和带宽要求较高的场合，如发动机 ECU、ABS ECU 等。而子总线则用于对数据速率传输和带宽要求较低的场合，如车身系统的通信等。

（2）按总线用途分类

按总线用途分为三类，即 A 类网、B 类网和 C 类网，详见图 9-9 ~ 图 9-11 及其注解。

车载网络按照用途分类

1) **A 类网**。主要用于车身控制系统（又称舒适系统总线），如图 9-9 所示。连接中央门锁、电动车窗、照明开关、汽车空调、座椅调节、后视镜加热等车身电器的ECU，实现对车身电气系统的优化控制。

2) **B 类网**。主要用于安全信息控制，如图9-10 所示。

3) **C 类网**。主要用于动力与驱动系统控制（又称驱动CAN总线），如图9-11所示。C类网连接发动机、变速器、ESP、电子驻车制动、安全气囊、前照灯照程调节等的ECU，还包括故障诊断总线。

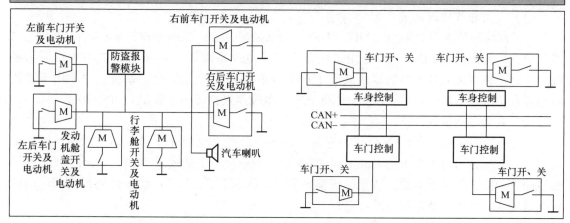

图 9-9　A 类网（舒适系统总线）的结构　　　图 9-10　B 类网（安全系统总线）的结构

2. 车载网络的结构组成

车载网络的结构组成如图 9-12 所示。

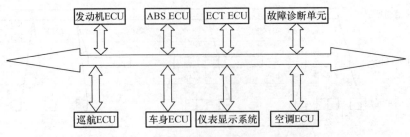

图 9-11 C 类网（驱动 CAN 总线）的结构

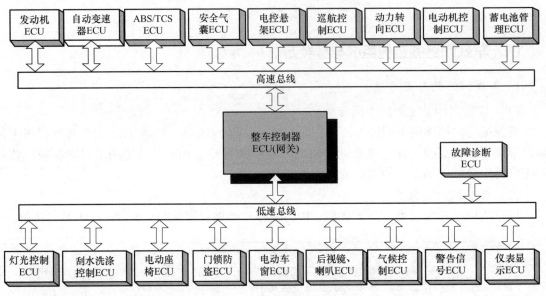

图 9-12 车载网络结构

3. 各类总线协议标准的特点

（1）A 类总线协议标准

A 类网络通信大部分采用 UART（Universal Asynchronous Receiver/Transmitter）标准。A 类目前首选的标准是 LIN。LIN 是用于汽车分布式电控系统的一种新型低成本串行通信系统。它是一种基于 UART 的数据格式、主从结构单线 12V 的总线通信系统，主要用于智能传感器和执行器的串行通信。LIN 采用低成本的单线连接，传输速度最高可达 20kbit/s。

（2）B 类总线协议标准

B 类中的国际标准是 CAN 总线，它是一种多主总线。通信介质可以是双绞线、同轴电缆或光导纤维，通信速率可达 1Mbit/s。CAN 总线通信接口中集成了 CAN 协议的物理层和数据链路层功能，可完成对通信数据的成帧处理。CAN 协议采用 CRC 检验并可提供相应的错误处理功能，保证了数据通信的可靠性。

（3）高速总线系统协议标准

高速总线系统协议标准又分为以下三类。

1）C 类总线协议标准。在 C 类标准中，欧洲汽车制造商采用的基本上都是高速通信的 CAN 总线标准 ISO 11898。而标准 J1939 主要在货车及其拖车、大客车、建筑设备以及农业设备上使用，是用来支持分布在车辆各个不同位置的电控单元之间实现实时闭环控制功能的高速通信标准，其数据传输速率为 250kbit/s。通用公司已开始在所有的车型上使用其专属的 GM LAN 总线标准，它是一种基于 CAN 的传输速率为 500kbit/s 的通信标准。

2) 安全总线和标准。安全总线主要用于安全气囊系统，以连接加速度传感器、安全传感器等装置，为被动安全提供保障。如德尔福公司的 Safety Bus 和宝马公司的 Byteflight。

3) X-by-Wire 总线协议标准。X-by-Wire 称为电传控制，在飞机控制中得到广泛应用。由于目前提高汽车容错能力和通信系统的高可靠性的需求日益增长，X-by-Wire 开始应用于汽车电子控制领域。这一类总线标准主要有 TTP、Bytefight 和 FlexRay。

（4）诊断系统总线协议标准

故障诊断是为了满足 OBD Ⅱ（On Board Diagnostics）、OBD Ⅲ 或 E-OBD（European-On Board Diagnostics）标准。目前，许多汽车生产厂商都采用 ISO 14230（Keyword Protocol 2000）作为诊断系统的通信标准，它满足 OBD Ⅱ 和 OBD Ⅲ 的要求。

（5）多媒体系统总线协议标准

汽车多媒体网络和协议分为三种类型，分别是低速、高速和无线。对应国际机动车工程师协会（Society of Automotive Engineers）SAE 的分类相应为 IDB-C（Intelligent Data BUS-CAN）、IDB-M（Multimedia）和 IDB-Wireless，其传输速率为 250kbit/s～100Mbit/s。低速用于远程通信、诊断及通用信息传送，IDB-C 按 CAN 总线的格式以 250kbit/s 的位速率进行信息传送。高速主要用于实时的音频和视频通信，如 MP4、DVD 和 CD 等的播放，所使用的传输媒体是光纤，这一类主要有 DDB、MOST 和 IEEE1394。DDB 是用于汽车多媒体和通信的分布式网络，通常使用光纤作为传输媒体，可连接 CD 播放器、语音控制单元、电话和因特网；在无线通信方面采用蓝牙规范，主要面向汽车的声音系统、信息通信等应用系统。

五、车载网络实例

【案例 9-2】 大众波罗轿车 CAN 总线的连接形式与控制器结构组成

波罗轿车 CAN 总线连接形式与控制器结构组成如图 9-13 所示。

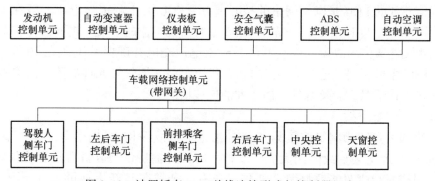

图 9-13 波罗轿车 CAN 总线连接形式与控制器组成

（1）发动机控制器

通过采集凸轮轴位置传感器、空气流量传感器、进气温度传感器、冷却液温度传感器、氧传感器与空调相关传感器等信息，经过比较、计算与分析，发出指令控制喷油量和点火正时等。

(2) 底盘部分的控制器

包括自动变速器控制器、动力转向控制器与 ABS 控制器等。例如波罗的动力转向控制器系统属于独立式电液伺服转向系统,采用一个专门的电动机控制,不需要发动机提供动力,故其液压补充十分迅速,即使在发动机熄火的情况下也可轻松地转动转向盘。

(3) 车身部分的控制器

包括车载电源控制器、安全气囊控制器、半自动空调控制器、组合仪表控制器、舒适性控制器、收放机控制器等。

车载电源控制器用继电器控制大用电量的设备,如音响、刮水器、后窗加热以及两条 CAN-BUS 总线通信等。

舒适性控制器控制电动车窗、中控门锁、电动后视镜遥控、刮水器以及车内各个阅读灯的自动延时关闭等。

安全气囊控制器控制安全气囊的打开与排气,并配合爆燃式安全带的使用。在安全气囊打开的瞬间,安全带将乘客勒紧在座位上,防止乘客撞在打开的安全气囊而受伤。在气囊排气时则放松安全带,以最大限度减少撞击后人的惯性力与安全带勒紧对人的伤害。

组合仪表控制器负责各类信息的显示与自诊断,并内置防盗系统。在车辆无合法钥匙的情况下无法起动发动机,即使采用其他跨接方法起动后也会在起动后 2s 内熄火。

半自动空调控制器控制变排量空调,可根据用户要求和进风口、出风口和室外温度三种信号,通过分析计算为用户提供舒适的排量。

第三节 车载网络通信系统故障诊断基本方法

一、车载网络故障的主要类型、典型故障和诊断特点

1. 车载网络故障的主要类型及特点

(1) 车载网络电源系统故障

含有通信芯片的 ECU 是汽车网络的核心部分。ECU 的正常工作电压一般在 10.5~15V 范围内。当电源电压低于 10.5V,ECU 将出现短暂停止工作的情况,进而使得整个多路信息传输系统出现无法通信的故障。修复方法是给蓄电池充电并确保其电压在 10.5~15V 范围内。此类故障的主要原因是蓄电池、发电机、供电电路、熔丝等元件故障,故需检查蓄电池电压、发电机工作情况,以及熔丝、插接件的连接情况等。

(2) 车载网络节点故障

网络系统的节点即为网络连接的各个 ECU,节点故障即 ECU 本身故障。节点故障包括 ECU 的软件故障与硬件故障两大类。软件故障即传输协议与软件程序存在缺陷或冲突,此类故障一般成批出现且无法修复。此外,还有一种情况是新更换的 ECU 没有激活或未匹配软件。硬件故障主要是通信芯片或集成电路损坏,它一般单独出现,采用更换 ECU 并重新自适应匹配的方法即可修复。节点故障主要原因是各类 ECU、传感器等元器件故障。对于传感器,可通过其电压值、电阻值的测量来诊断。元器件故障一般通过替换法排除。

(3) 车载网络链路故障

链路是指各个节点之间的通信连接线路。链路故障包括短路、断路以及线路因物理性质改变而引起的信号衰减或失真。判断链路故障一般采用示波器或汽车专用的光纤诊断仪，观察当前通信信号数据是否与标准数据相符；也可通过 OBD 诊断口检测终端电阻值来判断。例如短路故障，若线路与电源短路，则通信线路电压应为 12V；若对地短路，则通信线路电压应为 0V。一般采取逐个拔下 ECU 的插头查找确定（注意：在拔下 ECU 的插头前，应先关闭点火开关且断开蓄电池搭铁线）。

2. 各类总线的典型故障

(1) CAN 总线网络故障

CAN 总线网络故障分为 CAN 总线（CAN-H 或 CAN-L）对正极短路故障、CAN 总线（CAN-H 或 CAN-L）搭铁短路故障、CAN 总线（CAN-H 或 CAN-L）彼此之间短路故障、CAN 总线（CAN-H 或 CAN-L）对某个 ECU 短路故障、CAN 总线（CAN-H 或 CAN-L）在某一段信号反向传输故障等。

(2) LIN 总线网络故障

LIN 总线网络故障分为 LIN 总线主 ECU 断路故障、LIN 总线从 ECU 断路故障、LIN 总线对正极短路故障、LIN 总线对搭铁短路故障等。

(3) FlexRay 总线网络故障

FlexRay 总线网络故障分为 FlexRay 总线一条导线（BM 或 BP）对搭铁短路故障、FlexRay 总线一条导线（BM 或 BP）对正极短路故障、FlexRay 总线两条导线（BM 或 BP）彼此之间短路故障、FlexRay 总线一条导线（BM 或 BP）断路故障、FlexRay 总线一条导线（BM 或 BP）对某个 ECU 断路故障等。

(4) MOST 总线网络故障

MOST 总线网络故障分为信号衰减故障和环断裂故障等。

(5) 蓝牙总线网络故障

蓝牙总线网络故障分为电话故障、主 ECU 故障、天线故障等。

3. 车载网络故障诊断的基本特点

1) 应从技术基础工作着手。在车载网络系统的故障检测中，故障码、数据流和波形分析是判断故障的主要手段；维修手册阅读和专业技术资料的查询是进行故障诊断维修的重要环节；规范化的操作工艺流程是掌握维修技能的基本条件。

2) 车载网络基本上是由 ECU、插接器、数据链接头（诊断接头）和数据总线线路组成的。所谓网络修理，实际上只能进行线路修理、插接器修理或 ECU 更换。线路维修方法一般是修复短路、断路的双绞线线路。

【案例 9-3】 大众开迪多功能商务车长期存在漏电故障

1. 故障现象

一辆一汽-大众开迪多功能商务车，长期存在漏电现象。

2. 故障诊断与排除

接车后测量该车的休眠电流，发现为 0.56A，过大。这表明系统可能未进入休眠状态。

查看网关 ECU001 组数据，其中 1 区数据代表休眠唤醒状态。经过足够长的时间观察，发现上述数据一直为唤醒状态。再看 130 和 132 组数据，发现舒适系统数据总线为单线模式。拆下空调控制面板，测量舒适系统数据总线的信号波形，发现高位线波形异常。逐一断开舒适系统中的各 ECU，当断开车身 ECUJ519 时，波形恢复正常，这说明车身 ECUJ519 有故障。更换车身 ECU 后，数据总线变为双线模式。再次测量休眠电流，此时电流变为正常电流 0.02A，表明故障已经彻底排除。

二、CAN 总线常见故障分析方法

CAN 总线常见的通信故障有 CAN-L 或 CAN-H 通信线路短路或断路、插接器连接不良（端子损坏、脏污、锈蚀）、车用电源系统故障、某个控制单元中的通信部件故障，以及某个控制单元的供电故障（蓄电池电量快耗尽或蓄电池电压缓慢下降，可能导致故障记录存储）。CAN 总线常见故障及其影响见表 9-2。

表 9-2 CAN 总线常见故障及其影响

常见故障	影　　响
网络上任一模块的电源损失	除受到影响的模块不能够通信之外，CAN 使其他模块通信继续进行
失去与网络上任一模块连接的地线	
失去与非端接模块连接的 CAN + 和（或）CAN -	
失去与端接模块连接的 CAN + 和（或）CAN -	受到影响的模块不能通信，系统其他部分以信噪比降低后的值继续工作
CAN +/CAN - 断路	断路对侧的模块之间无法进行通信，断路同侧的模块之间可以进行通信，但是由于端接端电阻器的合成作用，抗扰能力降低了
CAN +/CAN - 导线对蓄电池正极短路	无法实现网络通信
CAN + 导线对地短路	无法实现网络通信
CAN - 导线对地短路	可以实现网络通信，因为总线电压在共模电压范围内。通信继续进行，同时抗扰度降低，电磁辐射增加

1. 某个控制单元故障查询方法

如果诊断仪显示自动变速器控制单元有故障，但实际上并不一定是变速器控制单元的故障，则可以关闭点火开关，逐个断开 CAN 总线上的控制单元端子，当断开 CAN 总线上某个控制单元端子并重新打开点火开关后故障灯不再亮，说明该控制单元有故障。

2. 某个控制单元硬件故障查询方法

如果诊断仪显示某个控制单元硬件故障，则可以关闭点火开关，断开所有控制单元的端子，连接上其中一个控制单元，打开点火开关，先清除故障码，然后关闭点火开关，再重新打开点火开关，10s 后读取故障码，若显示"硬件损坏"，则更换该控制单元；若没有显示，则继续检查下一个控制单元，直到找到有问题的控制单元为止。

3. 优先原则

数据总线具有优先权和仲裁功能，采用非破坏性仲裁技术，当两个节点同时向网络上传送数据时，优先级低的节点主动停止数据发送。例如，前面所述的加速信号和制动信号相比，制动信号优先级高，可继续传输数据。即使已经踩下加速踏板，发动机也会回到怠速状态。由于优先级高的节点可不受影响而继续传输数据，这就有效地避免了总线冲突。

4. 广播式传递方式

车载网络控制采用广播式传递方式，某个控制单元或传感器发生故障后，调取故障码，总是显示同一条数据线上最后一个传感器有故障。

5. 系统控制单元故障可能引发某个子系统故障

例如，一辆帕萨特1.8T轿车全自动空调有时制冷有时不制冷，维修站更换过空调系统所有的零部件，均未排除故障。该车更换了舒适系统控制单元后，故障得以解决。空调系统的数据是通过舒适系统数据总线来传输的，而舒适总线又和舒适系统控制单元是连接的。若舒适系统某个控制单元有故障，空调系统就有可能受到影响。

三、车载网络系统故障诊断注意事项

1）当线路或插接器需要修理时，一定要用维修手册中指定的方法进行修理。在确认ECU有故障之前，一定要仔细检查所有ECU的电源和搭铁线路。首先根据电路图识别出该模块的电源和搭铁线路，然后用数字万用表进行检查。所有双绞线每2.5cm就要拧绞一次（为防止电磁干扰），并且距所连模块25cm以内必须拧绞。

2）在修理数据总线时，必须使用正确规格的导线。若数据总线线路的阻抗偏高，将更容易导致网络出现故障。导线修理必须焊接，并且焊接修理部分用胶带缠绕。不要在修理部分使用支线连接，否则结合线易分开，绞线性能会丧失。

3）CAN系统诊断应注意以下事项。

① 使用测试仪，其开放端口电压应为7V或更低。不要在测量端口施加7V或更高的电压。

② 在检查电路之前确保关闭点火开关，断开蓄电池负极电缆。禁止在点火开关接通时断开或重新连接动力系统接口模块线束插接器。

③ 在利用电焊设备进行焊接时，必须从动力系统接口模块上断开线束插接器。

④ 不要触摸动力系统接口模块线束插接器端子或动力系统接口模块电路板上的锡焊元件，以防静电放电造成损坏。

⑤ 为避免损坏线束插接器端子，在对动力系统接口模块线束插接器进行测试时，务必使用合适的线束测试引线。

⑥ 动力系统接口模块对电磁干扰（EM）极其敏感，在执行维修程序时，确保动力系统接口模块线束布设正确且牢固装在安装夹上。

⑦ 由于动力系统接口模块电路具有一定的敏感性，所以制订了专门的线路修理程序。

⑧ 确保所有线束插接器正确固定。

⑨ 发动机运行时，不得从车辆电气系统上断开蓄电池。

⑩ 在充电前，务必从车辆电气系统上断开蓄电池。

⑪ 切勿使用快速充电器起动车辆。

⑫ 确保蓄电池电缆端子牢固。

⑬ 在安装新的动力系统接口模块前,确保要安装的类型正确,务必参见最新的备件信息。

4)当接头需要更换时,只能更换认可的电气接头,以保证正确的配合,并防止线路中电阻过大。在更换新的 ECU 后,必须对新的 ECU 进行重新编码(即 Recoded)。ECU 的编码工作可用厂家专用诊断仪进行,只要按照菜单操作即可。

四、车载网络故障诊断案例

【案例 9-4】 奔驰 E260 轿车无法起动

1. 故障现象

一辆奔驰 E260 轿车,行驶 37000km。客户反映车辆正常行驶时,仪表上多个警告灯突然点亮,转向盘失去助力,停车熄火后车辆无法起动,打开点火开关仪表上显示"请勿换档,请去特许服务中心"的字样。

2. 故障诊断与排除

1)读取故障码。接车后尝试起动车辆,可以顺利起动,并没有发现多个警告灯点亮现象。于是连接诊断仪进行快速测试,读取到若干关于通信方面的故障码(表 9-3)。

表 9-3 读取到的故障码

故障码	说 明	状态
U103288	中央网关与底盘控制器局域网络(CAN)通信存在故障。总线关闭	A + S
U103212	中央网关与底盘控制器局域网络(CAN)通信存在故障。存在对正极短路	S
U118200	底盘控制器局域网络(CAN)管理不稳定	A + S
U021287	多功能摄像机(MFK)与转向柱模块通信存在故障。信息缺失	S
U012287	多功能摄像机(MFK)与牵引系统控制单元的通信存在故障。信息缺失	A + S

2)根据故障现象及维修经验判断,肯定是 CAN 线路或者 CAN 线上某个部件出现了问题。但因为故障码太多,一时无法确定到底是哪里出了问题。清除故障码后并再次读取,发现故障码全部消失,故障现象也不存在。故障排除一时失去了方向。

幸运的是,过了一会儿再次起动时,故障现象终于又出现了。此时起动机不能运转,仪表上多个警告灯点亮。确实如客户所述,再次连接诊断仪读取故障码依然是若干与通信相关的故障码。同时发现检测仪检测不到发动机控制单元、变速器控制单元、转向柱模块、两个安全带拉紧器等。

3)查找网络框图,发现这些检测不到的控制单元都在 CAN E 上(图 9-14)。看来此故障引起了整个 CAN E 系统的瘫痪,因此中央网关报了 CAN E 总线关闭的故障码。

4)检查 CAN 分配器。掀开驾驶人侧地毯,用万用表测量 CAN 线电压,发现在 12V 左右。正常情况下 CAN 线电压应为 2V 左右,这说明某个地方存在对电源短路。对于此类故障,最简单、最有效的方法就是逐个拔掉 CAN 分配器上的插头,直到系统恢复正常,那么所断开的那一路 CAN 线就是故障点所在的线路了。

5)参考电路图,逐个拔去 CAN 分配器上插头,当拔掉其中一个插头时,发动机可以顺利起动了。此时把快速测试中的控制单元列表与正常车辆相比,发现少了两个后部保险杠雷达传感器。会不会是雷达传感器坏了?于是举升车辆,拔掉雷达传感器的插头,故障依旧,说明故障点在线路方面。从电路图(图9-14)上可以看到,两个后部雷达传感器共用X172/2插头,当拔下此插头时,发现插头内已经被腐蚀,造成线路短路,并引起CAN总线系统紊乱。

6)对插头X172/2进行清洗处理后重新插好试车,一切恢复正常。

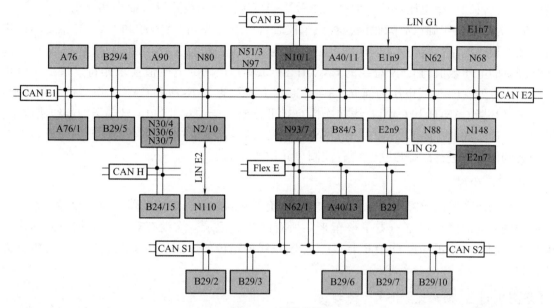

图9-14 网络框图

A76-左前双向安全带紧急拉紧器　　N80-转向柱模块　　N2/10-辅助防护装置控制单元　　A76/1-右前双向安全带紧急拉紧器
B29/4-左后保险杠雷达传感器　　N62—驻车系统控制单元　　A90-防碰撞辅助系统控制单元　　B29/5-右后保险杠雷达传感器

【案例9-5】 东风日产轩逸车钥匙无法匹配

1. 故障现象

一辆东风日产轩逸轿车,行驶里程152131km,该车车主因丢失一把智能钥匙去专业钥匙店匹配,当连接专用诊断仪进行通信时,却始终无法和车身模块进行通信,因此不能读取PIN码进行钥匙匹配。

2. 故障诊断与排除

1)进行车身模块故障诊断。维修技师接车后使用诊断仪C3+,连接OBDⅡ诊断接口,进行车身模块故障诊断,发现无法建立通信。

2)再对全车所有电控系统进行故障诊断,只能扫描到安全气囊、发动机和ABS三个控制单元。该车在使用过程中仪表指示无任何异常,维修技师通过专用诊断仪C3+的CAN诊断功能,进行全车电控系统的CAN系统的诊断。诊断结果显示CAN总线节点及链路报告。

3)为判断故障所在,将蓄电池负极断开,测量CAN总线的总电阻值为61Ω,正常。

4)该车CAN总线终端电阻分别在发动机控制单元和智能电源单元内。由于与发动机电控单元能进行通信,而与智能电源单元无法建立通信,故更换智能电源单元。更换后故障依旧。在此之前车身电控单元也更换过，均无效果。后来又与正常车辆对调 TCM、1-KEY、EPS/DAST 三个模块，故障依旧。维修技师测量了所有无法通信模块的 CAN 线束之间的导通情况，均正常。经过几天的检查，均不能解决问题。

CAN 总线诊断显示报告给出的数值显示，该车 1GN 开关在 ON 状态下蓄电池的电压为 12.519V；CAN-H 最大值为 2.543V，最小值为 0.983V；CAN-L 最大值为 3.978V，最小值为 2.305V。CAN-H 和 CAN-L 最大值和最小值均与正常值不符。经仔细查看，虽然该车有一定的年限，行驶里程也比较长，但并无事故维修痕迹，全车线路没有损伤和改动。

5）为了进一步确认故障原因，将该车仪表台拆下，找到 CAN-H 和 CAN-L 总线的汇集点。经万用表测量，蓝色 CAN-H 线上的电压为 2.61V；粉色 CAN-L 线上的电压是 2.33V。此时测量的电压数值与 CAN 总线的 CAN-H 和 CAN-L 正确的电压值要求相符。进一步分析此两汇集点处，CAN 线电压为何同 C3+诊断仪上显示的 CAN-H 和 CAN-L 电压值不相符呢？于是怀疑 CAN-H 和 CAN-L 线在连接 OBDⅡ诊断座上的 6 号和 14 号端子的插线错位了，经检查，确实如此。将 CAN 总线上 CAN-H 线及 CAN-L 线从 OBD 插座上拔出，并重新按要求安装到位后再进行故障诊断，所有控制单元均能通信了。

3. 维修小结

车载网络系统的故障类型包括汽车电源系统引起的故障、链路故障、节点故障。这是一起典型的人为故障。4S 店查看了该车来店所有的维护记录，均没有对该车电控单元的作业项目。询问车主也不知道 OBDⅡ上 CAN 诊断总线插错位的原因，至于此故障何时发生已无从查起。

【案例 9-6】 别克英朗轿车无法起动

1. 故障现象

一辆别克英朗轿车，搭载 1.6L 发动机，配备电动助力转向控制系统，在事故维修完成后，车辆出现无法起动现象。

2. 故障诊断与排除

此车因事故维修，修复完成后，起动车辆时起动机不运转，在给新换的 ECU 做编程时，不能进入上海通用售后维修编程网（SPS）进行编程。用故障诊断仪 GDS2 进行扫描，发现诊断仪与很多通信模块都无法通信。

1）诊断仪在车身控制模块内读到两个 U 类故障码：

① U 0100（与发动机控制模块失去通信）；

② U 0121（与电子制动控制模块失去通信）。

2）根据 GDS2 诊断仪读取的信息以及故障现象分析，此故障应该出现在 CAN 高速网络通信上。首先，将万用表置于欧姆档，测量诊断接口 DLC 的 6 号端子和 14 号端子之间的 CAN 高速总线终端电阻为 120Ω（正常情况下应为 60Ω）。在高速网络上，诊断仪除了可与网关（车身控制模块）和远程通信接口控制模块通信外，与其他连接在高速网络上的模块都无法通信。

3）推断此故障的原因为高速网络通信线路断开，参照高速通信总线线路图（图 9-15），对高速通信线路进行检查分析。根据 GDS2 诊断仪只能与车身控制模块和远程通信接口控模块通信可以判断问题应该出在插接器 X200 以后的线路或模块上。

4）于是拆下左前 A 柱下装饰板，找到插接器 X200，发现 X200 插接器没有腐蚀和松旷现象。然后准备用万用表检查 X200 与 X114 之间的线束导通情况。顺着电动助力转向控制模块出来的高速网络线束，在发动机舱保险杠下方找到了 X114 插接器。

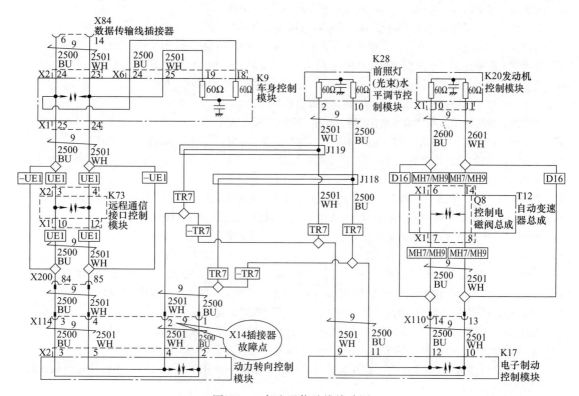

图 9-15　高速通信总线线路图

3. 维修小结

该故障是人为故障，可能是钣金工没有插紧 X114 线束插接器所致。

参 考 文 献

[1] 余志生. 汽车理论 [M].5 版. 北京：机械工业出版社，2009.
[2] 陈家瑞. 汽车构造 [M].3 版. 北京：机械工业出版社，2013.
[3] 黄费智. 汽车评估与鉴定 [M].2 版. 北京：机械工业出版社，2018.
[4] 黄费智，黄理经. 汽车发动机电控技术图解教程 [M]. 北京：机械工业出版社，2013.
[5] 黄费智，黄理经. 汽车底盘和车身电控技术图解教程 [M]. 北京：机械工业出版社，2013.
[6] 黄费智. 电动汽车维修快速入门一本通 [M]. 北京：机械工业出版社，2019.
[7] 张建俊. 汽车检测技术 [M]. 北京：高等教育出版社，2006.
[8] 崔选盟. 汽车故障诊断技术 [M].2 版. 北京：人民交通出版社，2011.
[9] 李建秋，赵六奇，韩晓东. 汽车电子学教程 [M].2 版. 北京：清华大学出版社，2011.
[10] 鲁植雄，冯崇毅，肖茂华，等. 汽车电子控制技术 [M].3 版. 北京：人民交通出版社股份有限公司，2018.
[11] 舒华，郑召才. 汽车电子控制技术 [M].4 版. 北京：人民交通出版社股份有限公司，2017.
[12] 谢剑. 汽车修理工技师鉴定培训教材 [M]. 北京：机械工业出版社，2001.
[13] 屠卫星. 车辆技术评估检测员必读 [M]. 南京：江苏科学技术出版社，2008.
[14] 杨清德，尤宜村. 轿车电子电器维修 [M]. 北京：电子工业出版社，2007.
[15] 潘明明，徐峰. 汽车故障诊断方法与案例（图解版）[M]. 北京：化学工业出版社，2018.
[16] 曹红兵. 汽车发动机电控技术原理与维修 [M].2 版. 北京：机械工业出版社，2014.
[17] 于京诺. 汽车底盘及车身电控系统维修 [M]. 北京：机械工业出版社，2011.
[18] 刘建民，左建. 精选轿车故障快速诊断排除 400 例 [M]. 北京：金盾出版社，2005.
[19] 吴文琳. 汽车新技术原理与维修 500 问 [M]. 北京：化学工业出版社，2019.
[20] 杨意品，巩建强，苟春梅，等. 汽车电控发动机故障诊断与检修 [M]. 北京：人民交通出版社股份有限公司，2017.
[21] 钟利兰. 汽车故障诊断方法及应用实例 [M]. 北京：化学工业出版社，2013.
[22] 赵航，史广奎. 混合动力电动汽车技术 [M]. 北京：机械工业出版社，2012.
[23] 陈全世，朱家琏，田光宇. 先进电动汽车技术 [M]. 北京：化学工业出版社，2018.